TESI GREGORIANA
Serie Teologia
―――――― 76 ――――――

JOSÉ JAVIER PARDO IZAL

PASIÓN POR UN FUTURO IMPOSIBLE
Estudio literario-teológico de Jeremías 32

EDITRICE PONTIFICIA UNIVERSITÀ GREGORIANA
Roma 2001

Vidimus et approbamus ad normam Statutorum Universitatis

Romae, ex Pontificia Universitate Gregoriana
die 26 mensis iunii anni 2001

> R.P. Prof. BRETON SANTIAGO, S.J.
> R.P. Prof. CONROY CHARLES, MSC

ISBN 88-7652-894-6
© Iura editionis et versionis reservantur
PRINTED IN ITALY

GREGORIAN UNIVERSITY PRESS
Piazza della Pilotta, 35 - 00187 Rome, Italy

*A mis padres, José y Jesusa,
a mis hermanas, Luchi y Rosa,
que me han iniciado en la pasión
por futuros imposibles*

INTRODUCCIÓN

En los últimos años se ha dado en el ámbito de la teología bíblica una importancia creciente al tema de la tierra como categoría central en el Antiguo Testamento. En concreto el libro de Jeremías adquiere nueva luz visto desde esta perspectiva. La paradoja del mensaje de Jeremías corre paralela a la paradoja del destino de la tierra. Israel está a punto de perder la tierra de la promesa y esto supone el final de su historia como pueblo. Será necesaria la experiencia del exilio para convencer al Israel bíblico de que también sin habitar en la tierra puede ser pueblo de Dios. Pero antes del exilio semejante afirmación es históricamente impensable y teológicamente imposible. Corresponde a la función profética en general abrir brecha empujando la historia por caminos nuevos, Jeremías, en particular, debe preparar al pueblo para la experiencia histórica del exilio, matriz de toda auténtica fe tanto para judíos como para cristianos. Nadie pone en duda la sólida justificación teológica del exilio: castigo ejemplar por el pecado del pueblo. Pero el hecho es que Israel se encuentra ahora frente a la quiebra de la promesa, o mejor dicho, frente a la quiebra de la realización de la promesa. La pregunta es inevitable: ¿Israel puede ser verdadero pueblo de Dios al margen de la posesión de la tierra? Sin embargo, en su castigo el pueblo recibe un nuevo anuncio de restauración (Jr 30–33, «libro de la Consolación»), la promesa inesperada de un Dios que parecía desdecirse, viniendo a menos su especificidad de ser el Dios Fiel. En este contexto de restauración el capítulo 32 de Jr articula su mensaje salvífico con una acción simbólica que tiene que ver con la tierra (el rescate de un campo). Y si el pueblo recibe el mensaje de reconstrucción, la tierra profanada por el pecado de Israel y devastada por el castigo del Señor, ahora recibe un anuncio de fecundidad. ¿Qué motiva esta doble restauración del pueblo y de la tierra?

El texto de Jr 32 presenta al profeta encarcelado por sus oráculos contra la ciudad y contra el mismo rey. Asistimos a los momentos finales de Jerusalén, sitiada por las tropas de Nabucodonosor. En esta situación crucial Jeremías compra un terreno a su primo Janamel. Se trata de una acción simbólica; los versículos finales del capítulo 32 precisan su sentido:

> [42]Porque así dice Yahveh, como he traído sobre este pueblo toda esta gran calamidad, así yo traeré sobre ellos toda la prosperidad que les prometo. [43]Se comprarán campos en esta tierra de la que vosotros decís que está desolada, sin hombres ni ganados, entregada en manos de los caldeos. [44]Comprarán campos con dinero y escribirán la escritura...

Israel puede esperar en una futura restauración, y además en su tierra. De este modo, el hecho de la compra trasciende el mero símbolo; es inicio de un nuevo futuro. Esta acción supone un brusco giro en la orientación del mensaje de Jeremías. Su mensaje inicial de juicio y castigo machaconamente repetido (cf. p.e. la compra del cinturón de lino Jr 13, la jarra de loza Jr 19, su propio celibato Jr 16...) se torna anuncio de esperanza. Como en sus oráculos de destrucción, Jeremías compromete su persona con lo que anuncia. Pero ante todo, ¿por qué este cambio? ¿Qué nuevas implicaciones teológicas adquiere ahora su mensaje? Nosotros vamos a examinar este significado de la compra de Jeremías que trasforma una *desesperada situación para la inversión* en una *inversión de la situación desesperada*.

La acción provoca sorpresa en el mismo Jeremías: si el castigo anunciado por Dios ha comenzado a cumplirse, ¿por qué anunciar simultáneamente la restauración? Más todavía, ¿por qué anunciarla cuando el pueblo no da muestras de conversión? Tampoco Janamel reconoce su culpa (por la oposición previa al profeta cf. Jr 11,18-23 y 12,6: «Porque incluso tus hermanos y la casa de tu padre, ésos también te traicionarán y a tus espaldas gritarán. No te fíes de ellos cuando te digan hermosas palabras»); y sin embargo Jeremías rescata su campo en calidad de *goel*.

El recorrido por los distintos análisis metodológicos nos ha de suministrar las claves de lectura que permiten la comprensión de la acción simbólica que actualiza la palabra de Jeremías. Palabra y acción no son patrimonio del profeta, tienen su origen y su fuerza en Dios. Palabra fielmente trasmitida y actualizada en un momento crítico. Nosotros intentamos entrar en lo paradójico y contradictorio del mensaje profético, para descubrir la potencia de la acción simbólica. En definitiva, queremos entrar en la dimensión misteriosa de un Dios que justamente allí donde toda esperanza está perdida sin remedio, él proclama su decisión última de salvación. Salvación que, sin embargo, no elimina la catástrofe sino que se manifiesta en ella, y a través de ella.

En Jr 32 la compra no se reduce a una acción legal o a una transacción económica. El trozo de tierra es paradigmático de toda la tierra que Israel ha poseído y ahora pierde. La «tierra» es un tema grávido de teología. La narración une y trata conjuntamente la restauración de la infraestructura económica y la realidad teológica de la promesa a los padres. Oponiéndose al Señor Israel cree salvar su vida. En realidad la está perdiendo. Y cuando la catástrofe se ha consumado, una nueva intervención gratuita del Señor vuelve a dar vida a su pueblo. La historia abocada a un final maldito, se abre ahora a un futuro de bendición sin límites.

Hasta este momento el mensaje de Jeremías había insistido en el pecado del pueblo y en sus consecuencias (exilio, destrucción). A partir de ahora, se vuelve palabra de esperanza. Palabra ya en acción, anuncio de futuro ya iniciado en el presente. La seguridad del profeta en su mensaje, al margen de una comprensión total, le hace apostar y empeñarse por esa esperanza. Reaccionando así, Jeremías revaloriza el presente. Invierte en el futuro y el futuro es *invertido*. Es en la unión de palabra y acción donde el capítulo 32 aporta su sello específico al libro de la Consolación. La belleza de la poesía de los cc. 30-31 se complementan con el vigor convincente del compromiso profético. Si la «Nueva Alianza» de Jr 31,31-34 nos abren a una trascendencia histórica, el gesto solidario de Jr 32 inicia esa nueva alianza como una historia trascendente que en la perspectiva cristiana alcanzará su máximo cumplimiento en el gesto de Jesús en la cruz. El profeta propicia la trascendencia no fuera de la historia sino en la historia y a partir de la solidaridad. Por ello el cómo y cuándo de su acción simbólica adquieren valor paradigmático para nuestra propia historia.

Pero el primer paso de Jeremías hacia la solidaridad es asumir el rechazo. Sólo quien ha probado la experiencia de maldición y la asume con el mensaje divino que encierra en ella, sólo quien entra en la misteriosa dimensión del sufrimiento humano y de la muerte capta plenamente el alcance de la alianza pactada por el Señor, alianza que va más allá de la muerte. Así, paradójicamente cuando Israel pierde todo, reencuentra su propia verdad, encuentra a Dios, su único y verdadero valor.

La introducción histórica de los versículos iniciales del capítulo 32 hace presagiar lo peor: asedio de la ciudad, acusación y prisión del profeta, rendimiento incondicional del rey y de la ciudad. Sin embargo en ese paisaje de derrota Jeremías anuncia lo inesperado. El cambio de mensaje provoca extrañeza en el texto como estrategia repetida con diversos elementos: el destino de Sedecías (vv. 1-5), la oración del profeta (vv. 16-25), el destino de la tierra (vv. 43-44); y especialmente la ruptura de la lógica que introduce el v. 36 (a la retahíla de pecados del pueblo sigue un anuncio de restauración):

> [35] Construyeron lugares de culto a Baal en el valle de Ben-Hinnón para sacrificar a Moloc sus hijos y sus hijas, cosa que no les mandé, ni se me pasó por la cabeza que hicieran semejante abominación para hacer pecar a Judá. [36] *Pues bien ahora* así dice Yahveh el Dios de Israel acerca de esta ciudad, de la que vosotros decís que es entregada en manos del rey de Babilonia por la espada, el hambre y la peste: [37] He aquí que yo los reúno...les haré volver...y les haré habitar seguros...

La perplejidad expresada por Jeremías en el v. 25 pone al lector ante la paradoja: «¡Y tú me dices, Señor Yahveh: "compra el campo con dinero y aduce testigos", cuando la ciudad es entregada en manos de los caldeos!». Paradoja, porque anuncia un futuro imposible dada la situación presente; ya la pretensión de anunciarlo suena a necedad, sobre todo cuando el prometido bienestar futuro no ahorra el desastre presente. Paradoja, además, porque era de esperar que el anuncio de un futuro de promesas pusieran fin al encarcelamiento que Jeremías sufre; y esto no ha de ocurrir. Y con todo se proclama un futuro que no es un mero después.

A este carácter contradictorio alude el título del trabajo: «pasión por un futuro imposible». La pasión es un elemento constitutivo del mensaje y vida del profeta a lo largo del libro de Jeremías (rasgo presente ya en su vocación profética, cf. 1,17-19). Pero el término «pasión» juega con la ambigüedad, o mejor dicho, con su riqueza de significados. Pasión como persecución externa y como sufrimiento interior; pasión como impulso irrefrenable que empuja al profeta y como anhelo íntimo del cumplimiento de la voluntad divina. He ahí las dos dimensiones inseparables de la dinámica que desencadena la Palabra de Dios: una palabra de vida atravesada por la muerte. Fuego ardiente que no se puede acallar (cf. Jr 20,9) y martillo que golpea y fragua causando pena y aflicción (cf. Jr 20,18; 23,29).

Pero pasión, ¿de quién? De Jeremías encarcelado, sufriendo por su anuncio actual y futuro; del pueblo, ya condenado a un camino de exilio para recuperar la tierra; y también de Dios, impelido por la utopía de esa alianza nueva y eterna, de ese rehacer al hombre, a su pueblo.

«Pasión *por*», indica por una parte, la causa, evoca el presente de Jeremías y del pueblo: es pasión por la Palabra de juicio que se cumple; y por otra, apunta también al fin, donde el sufrimiento tiene un sentido, un para qué: es Palabra de salvación. En el anuncio de salvación encuentra el profeta el significado de su misión y de su pasión: «*arrancar y plantar*». El anuncio profético es doble sí, pero no disociado. Con frecuencia, se contempla la misión de Jeremías como doble y sucesiva: arrancar y destruir para después plantar y construir. Sin embargo lo que en el tiempo se presenta como subsiguiente debemos integrarlo ya en el momento primero. La imagen de la poda del mundo agrario puede ayudarnos a aunar ambas facetas de la única misión. Sólo que la poda que debe llevar a cabo el profeta es tan radical que desborda el sentido del término «poda». Hay que renovar la planta *desde la raíz* para que pueda florecer en la nueva primavera. Con todo, el anuncio de salvación es centro de gravedad del mensaje de Jeremías, también en la destrucción. Desde aquí podemos corregir la popular imagen de nuestro profeta como hombre de lamentos y anunciante de calamidades. Sin esta perspectiva salvífica sería siniestro el destino humano del profeta (cf. Jr 15,10-21; 20,7-18): ¡«agravar la culpa y precipitar la desgracia»[1]!

La radicalidad de la desolación nos lleva a postular una mayor radicalidad en la consolación. Dios no puede admitir apaños con el mal: el pecado debe ser borrado de la superficie de la tierra, no basta un lánguido perdón del pecador. Entender la salvación como curar heridas, ayudar al necesitado, perdonar pecados... también se queda corto. La restauración es algo más primordial: es recreación como experiencia histórica, en parte poseída y en parte como esperanza.

Un «futuro imposible» es el contenido del doble anuncio de Jr. En primer lugar, cuando anuncia el castigo, éste resulta impensable; y, cuando ante los hechos consumados, o ineludibles, de la destrucción y exilio de Israel, el anuncio del profeta de una esperanza contra toda esperanza resulta más loco todavía. ¿Qué esperanza cabe albergar tras estas palabras del Señor?: «Si un hombre repudia a su mujer, ella se separa y se casa con otro, ¿volverá a ella?, ¿no está esa mujer infamada? Pues tú has fornicado con muchos amantes, ¿podrás volver a mí?» (Jr 3,1)[2]. La *Torah* sanciona tajantemente: ¡no! (cf. Dt 24,1-4: «[1]Si un hombre toma un mujer y se casa con ella, y resulta que esta mujer no

---

[1] L. ALONSO SCHÖKEL – J.L. SICRE, *Profetas*, I, 489.
[2] Traducción de la Biblia del Peregrino.

halla gracia a sus ojos, porque descubre en ella algo que le desagrada, le redactará un libelo de repudio... [4]el primer marido que la repudió no podrá volver a tomarla por esposa después de haberse hecho ella impura. Pues sería una abominación a los ojos de Yahveh, y tú no debes hacer pecar a la tierra que Yahveh tu Dios te da en herencia»). El Señor ha hecho lo indecible por evitar a su pueblo un drástico final, no se puede pedir más.

Imposible pensar en un futuro regreso del esposo, del Señor después de la inobservancia del pueblo; imposible anunciarlo, imposible actuarlo en acciones concretas... y sin embargo para Dios nada es imposible, y lo realiza. Estamos ante el vigoroso contrasentido del mensaje del profeta: sobre la tierra prometida a los padres desde siempre y para siempre, sobre esa misma tierra recae ahora la maldición de Dios. Y esa misma tierra es simultáneamente lugar de nueva bendición futura.

Este estudio de Jeremías permitirá acercarnos a ese mundo de referencias y evocaciones que el mensaje del profeta suscitaba en los oyentes, y en los lectores posteriores. También para ellos este mensaje resulta sin duda sorprendente, desconcertante y contradictorio. Sorprendente, porque la situación no está para mensajes optimistas: el pueblo está perdiendo todo lo más preciado: sus casas, sus campos... Desconcertante, porque el cambio anunciado para el futuro ya se está cumpliendo en un presente sin salida. Contradictorio, porque detrás de todo ello está la mano de Dios que cambia el castigo en promesa. Ya era difícil proclamar la fidelidad del Señor que desposee a su pueblo de los dones prometidos a los padres. Ahora resulta simplemente inconcebible que en la enajenación el Señor está realizando una nueva y definitiva entrega.

Con ello descubrimos la riqueza simbólica de la acción de Jeremías. Ésta no adquiere su carácter simbólico mediante significados adicionales. Jeremías no usa elementos convencionales. Está jugando con lo más *sagrado*. Perder y rescatar un campo supone tocar lo más íntimo de la persona: quitar y restituir su propiedad más entrañable, su ser o no ser ante Dios. Como otras veces Jeremías usa aquí el lenguaje de los gestos para dar a su fe la mayor potencia posible; emplea el lenguaje de las obras para ser más contundente y explícito.

Pero más allá de palabras y gestos nada más contundente y arrollador que la misma vida de Jeremías. Ella será la clave última de interpretación de su mensaje y de sus hechos. Su propia vida es el mejor instrumento de la Palabra; por ello la vida de Jeremías deviene profecía. Jeremías no es profeta como oficio ocasional o accidental. Elegido y consagrado desde el seno materno, antes incluso por difícil que sea pensarlo (Jr 1,5-6), la llamada del Señor entreteje y constituye toda su vida como anuncio más allá de su propia muerte. Si su tarea es preparación del pueblo para el momento del exilio, no podemos entenderla como un adiestramiento externo. Él encarna en su cuerpo la experiencia que promulga. Precisamente en su última «acción» profética Jeremías permanece totalmente pasivo, a merced del poder de los hombres y del poder del Señor: su muerte. Arrastrado a Egipto, contra su voluntad de permanecer en la tierra de Judá (Jr 43,1-7), desaparece en la ausencia de una muerte anónima. La vida misma del profeta es la gran contradicción (para el mismo y para el pueblo). Al final el profeta de castigo, con su vida y muerte es profecía de esperanza. De lo contrario, hubiera concluido su fracasada vida de «buenos servicios mal pagados, buenas palabras mal cumplidas»[3]. Jeremías ha sido vencido; y, sin embargo, en su derrota anuncia victoria y esperanza: Dios le prolonga su existencia en profecía que perdura hasta nuestros días en el libro que lleva su nombre. Ser profeta es consagrar toda la existencia, incluida la muerte. Y es propiamente en la muerte — mejor dicho en su vida tras la muerte —, donde nuestro protagonista alcanza su plenitud profética. Rozamos así el anuncio pascual de la muerte de Jesús. Desde ahí se puede releer la vida y anuncio de Jeremías: su soledad profética, su celibato, su tenacidad en favor del pueblo y su mismo cansancio ante la negativa obstinada de un pueblo empecinado en su pecado; en definitiva, su pasión vivida en la docilidad a la Palabra.

Porque es la Palabra, y no otro, el protagonista de la existencia del profeta. Lo manifiesta en un modo ejemplar el texto de nuestro estudio. La imponente presencia de la «Palabra de Yahveh» en Jr 32 evidencia la relación entre acción y palabra, y entre Jeremías y el Señor que actúa en y a través del profeta. Ya el mismo título del capítulo nos sitúa ante el verdadero centro de atención: el acontecimiento de la palabra (v.1: «La palabra que fue dirigida a Jeremías de parte de Yahveh en el año décimo de Sedecías rey de Judá, que corresponde al año decimoctavo de Nabucodonosor»). Palabra que no se reduce únicamente a lo referido verbalmente por Dios con ocasión de una acción u oración del profeta (en este sentido, la palabra de Dios no se limita al mensaje que se recoge bajo la fórmula del mensajero «Así dice el Señor»). Ya desde la vocación profética, Jr 1, la palabra del Señor se entiende desde la perspec-

---

[3] L. ALONSO SCHÖKEL – J.L. SICRE, *Profetas*, I, 490.

tiva paradigmática de todo el proceso desencadenado bajo el efecto de esa alocución. Jr 32 constituye la narración no tanto de una compra cuanto del poder de la palabra que modela la realidad presente y futura. El anuncio se convierte en mandato de rescate y la ejecución del mandato se convierte en anuncio de restauración, todo bajo la soberanía de la palabra. Por ello, la acción misma es anuncio y condición de posibilidad para entender el mensaje. Pero como subraya Jr 32,1 la encarnación de la palabra en la acción sucede en un tiempo y espacio concreto. De esta manera el momento histórico de la realización de la Palabra es significativo para una recta comprensión de la acción llevada a cabo.

El contexto histórico subraya los aspectos antropológicos y sociales del mensaje teológico. El gesto de Jeremías abre canales de solidaridad que equivalen a avivar la esperanza. En medio de su experiencia de sufrimiento el profeta *engendra* esperanza. No cae en la tentación de la palabra fácil que promete ilusiones a un mundo desencantado. Jr se *com-promete* con la solidaridad silente que sufre el destino del pueblo. Es, pues, un anuncio responsable ante la realidad presente; si Jeremías no proclama futuro no lo hará nadie. El profeta abre así camino de respuesta teológica ante una sociedad desolada, desesperanzada y desinteresada por el otro. Si Jeremías es «boca del Señor» (Jr 1,9), lo es porque en su persona toma cuerpo la misericordia divina, porque invadido por el sentir divino reacciona desde la *com-pasión*.

Este estudio encierra además una fuerte componente práctica en el intento de conjugar una pluralidad de métodos y enfoques exegéticos. En el documento *La interpretación de la Biblia en la Iglesia* la Pontificia Comisión Bíblica afirma la necesidad de complementariedad y de enriquecimiento mutuo de distintas perspectivas y aportaciones. Este objetivo práctico de iniciación en las metodologías bíblicas y en la investigación teológica requiere un amplio recorrido por diversos métodos de análisis antes de entrar de lleno en la problemática teológica. Como apuntamos en el subtítulo («Estudio literario-teológico de Jeremías 32») dos grandes bloques o perspectivas componen esta tesis: la literaria y la teológica. El lector irá descubriendo que éstos no son dos momentos separados y distintos; ya desde el inicio intentamos aunar ambos enfoques propiciando una reflexión teológica que tenga su base en el texto propuesto[4]. Partiendo de esta premisa señalamos las principales aportaciones y límites de nuestro trabajo.

En primer lugar, Jr 32 no ha sido objeto de análisis extensos desde una perspectiva sincrónica; este examen puede ayudar a comprender mejor la acción simbólica que contiene. En concreto, el análisis narrativo del relato pone de manifiesto la total iniciativa divina en la escena y en el anuncio de restauración; lo que debe hacer el hombre es sencillamente abrirse y aceptar el mensaje. Además, el análisis narrativo ilumina un aspecto importante: el carácter incondicional de la alianza y, por lo tanto, el aspecto cercenado de la relevancia sobre la conversión o no por parte del pueblo, aspecto que normalmente sólo es considerado desde la perspectiva histórico-crítica.

Por su parte el análisis retórico desvela la dinámica de contraste del anuncio de salvación en la desgracia, mediante diversos recursos y la estructura-composición del texto final.

En segundo lugar, el estudio proyecta luz nueva para la comprensión del mensaje de Jeremías; y ya dentro de este mensaje, revaloriza el concepto bíblico de «la tierra» al centrar la atención sobre una acción profética que tiene que ver con la tierra y con el significado teológico que ella contiene. El estudio muestra que la acción simbólica de Jr 32 marca una ruptura entre la nueva situación anunciada por Jeremías y la situación precedente. No se trata sólo de una restauración material de la vida económica (como indica en una primera mirada el anuncio de restauración de la actividad comercial: «se comprarán»); a la luz de otros textos de Jr, nosotros la denominamos *nueva creación*.

Numerosos estudios han abordado el anuncio de consolación de los capítulos 30 y 31. Sin olvidar ese contexto inmediato, la visión del capítulo 32 concede una mayor concreción a la nueva alianza prometida en Jr 30–31 y enmarca su comienzo en una perspectiva escatológica. En la tradición cristiana el mensaje de Jeremías y la esperanza de restauración se interpreta a la luz de la encarnación de la Palabra de Dios en Jesucristo. Una alianza sellada en favor de todos los hombres, como *redención* del género humano donde Dios actúa desde la solidaridad y la misericordia.

---

[4] Esta doble perspectiva comporta una cierta impresión inevitable de repetición en algunos aspectos centrales, considerados unas veces más desde una perspectiva literaria y otras desde una perspectiva más teológica.

En tercer lugar, la acción de la compra es acción simbólica, garantía del futuro, y simultáneamente una metáfora del pasado; es presente y futuro de Israel, y de toda la historia con Dios. La relación con otras páginas de la historia bíblica confirma la importancia y sentido de este texto de Jeremías, también para nuestro momento presente. La amenaza de destrucción es una dimensión siempre presente en la historia de Israel, y de toda la humanidad.

En cuanto a los límites, el tipo de análisis efectuado nos obliga a ocuparnos de un único capítulo del «libro de la consolación». Un estudio más temático aconsejaría tratar todo el libro de la consolación, capítulos 30-33; de todos modos se ha procurado tener en cuenta el resto de los capítulos del libro.

En el análisis de nuestro texto no hemos agotado todas las posibles orientaciones metodológicas: análisis semiótico, interpretación dentro de la tradición judía, tradición patrística, un análisis comparativo de las acciones simbólicas en Jeremías, etc.

Los límites más notables afectan sin duda al desarrollo teológico. Los dos últimos capítulos apuntan temas que merecerían mayor examen, superando los límites del capítulo 32 y contemplándolos en amplia panorámica de todo el libro de Jr e incluso de toda la Biblia: p.e. la relación de creación y salvación; alianza condicionada o incondicional, necesidad de la conversión, el sufrimiento... Nosotros hemos señalado temas teológicos que están en juego sin pretender un tratamiento exhaustivo. En este sentido, el trabajo suministra más bien claves de lectura, susceptibles de una mayor sistematización.

En cuanto a su organización concreta, el trabajo consta de tres partes. La primera parte introductoria se ocupa de la delimitación del texto; la segunda ofrece el estudio literario, mientras que la tercera es propiamente teológica.

La primera parte contiene un *primer capítulo* dedicado a la circunscripción del texto: delimitación de la unidad y su justificación; fijación del texto hebreo con nuestra propuesta de traducción y una primera exposición de la estructura del texto. La presentación de elementos temáticos, de composición literaria y de análisis histórico-crítico nos autorizan tratar el cap. 32 como unidad literaria y nos permite establecer las divisiones y estructura interna de dicho capítulo.

La segunda parte presenta cuatro capítulos dedicados a diversos análisis literarios del texto: dos de tipo diacrónico y dos sincrónico. Si bien nuestro estudio se basa principalmente en la forma final del texto nos parece indispensable un acercamiento diacrónico al texto de Jr mediante la metodología histórico-crítica. Como sabemos, ésta recalca la importancia, no sólo de la situación histórica que dio origen al texto, sino de todo su proceso histórico de producción, transmisión e interpretación. Así el *segundo capítulo* lo dedicamos al estudio de la redacción y composición de Jr 32. En primer lugar recogemos lo que ha dicho sobre él la historia de la exégesis. En un segundo momento presentamos el estado actual de la cuestión aprovechando para nuestro estudio sus aspectos más sobresalientes. En el recorrido histórico nuestro interés no se entretiene en discusiones de autores sobre versículos originales y añadidos; interesa más descubrir con qué criterios los diversos autores diferencian lo original de lo secundario.

El *capítulo tercero* examina aquellas tradiciones que completan y confirman nuestro capítulo 32. La situación social y política esclarece muchísimo el conflicto surgido en torno a la interpretación de Jr en la historia posterior de Israel. Estudiamos para ello tres aspectos: antecedente del conflicto en el pre-Exilio, reflejo literario de las distintas tradiciones y la situación del post-Exilio que explica dichas tradiciones. Un segundo apartado de este capítulo trata los géneros literarios en dos momentos: primero, estudia separadamente las pequeñas unidades para posteriormente pasar a una visión global del texto final.

El *capítulo cuarto* somete Jr 32 al análisis narrativo destacando en el texto elementos que conciernen a la intriga, a los personajes y al punto de vista tomado por el narrador. Nos fijamos en el cómo se cuenta una historia para implicar al lector en el «mundo del relato» y en su sistema de valores.

El *capítulo quinto* completa el análisis sincrónico desde una perspectiva retórica de composición y estructura del texto final. Dicha perspectiva manifiesta la importancia de la composición literaria como medio de influjo sobre el lector-oyente. Examinamos la cohesión literaria y la lógica interna partiendo de la estructuración. Objeto de especial atención son los paralelismos, oposiciones y relaciones internas del texto.

La tercera parte, decididamente teológica, consta de dos capítulos: el primero versa sobre la acción simbólica de la compra; el segundo, se centra más en la oración y en la dificultad que implica aceptar el mensaje de la acción simbólica.

El *capítulo sexto* contempla la compra como rescate, resaltando los aspectos económicos, sociológicos y teológicos implicados en la acción. La comprensión de Jeremías, actuando como redentor (*goel*), dramatiza una esperanza para el futuro; y además, actualiza la acción redentora de Yahveh como «Goel» de Israel. Por ello acentuamos y profundizamos esta clave de interpretación del texto.

El *capítulo séptimo* se concentra sobre todo en el Dios que redime. Intentamos aprehender esa presencia desde cinco ángulos: la teología de la tierra, la presencia del Señor en la redención, la Soberanía de Dios, el sufrimiento en Dios y la redención como re-creación. No descuidamos sin embargo, la presencia de Jeremías. Ser profeta no significa pronunciar y actuar una palabra impersonal; significa entrar en un diálogo fecundo. Por ello la acción del profeta, como la Palabra divina que la origina, es palabra creadora de vida. Así, la compra y anuncio de Jr 32 es *realidad* de la nueva existencia prometida bajo nueva alianza (Jr 31,31-34).

Antes de concluir esta introducción señalamos algunas notas prácticas sobre la elaboración de este trabajo. Hemos preferido reproducir directamente el texto hebreo, o en su caso griego, sin recurrir a la transliteración. Cuando ocasionalmente — en citas de autores o en términos de uso común en los estudios bíblicos — se hace uso de ésta tendemos a una simplificación, sin detrimento de una fácil identificación del término. Basamos nuestro estudio en el texto hebreo de la BHS[5]. Para las referencias de LXX seguimos la edición de J. Ziegler[6]. Los textos bíblicos citados en traducción española corresponden normalmente a la Biblia de Jerusalén, excepción hecha de Jr 32 donde proponemos nuestra propia traducción. Indicamos cuando se hace uso de otra traducción distinta.

Para terminar, permítaseme expresar mi más sincero agradecimiento a todas aquellas personas que me han alentado en la ardua tarea de llevar adelante la presente investigación. Ante todo, al P. Santiago Bretón, director de esta tesis, por acompañarme como maestro académico con precisión para elaborar el trabajo y con una palabra siempre de ánimo. Al P. Charles Conroy, segundo relator, por sus valiosas indicaciones para la revisión del trabajo. Al P. Georg Fischer, que en vísperas de la presentación de la tesis, la examinó atentamente y me propuso diversas sugerencias para proseguir la investigación.

---

[5] K. ELLIGER – W. RUDOLPH, *Biblia Hebraica Stuttgartensia*.
[6] J. ZIEGLER, *Ieremias*.

PARTE PRIMERA
CIRCUNSCRIPCIÓN DEL TEXTO

Capítulo I

Delimitación y fijación del texto

Comenzamos esta primera parte de la tesis delimitando el objeto de nuestro estudio: el texto. Por una parte, la tarea podría parecer obvia y ya realizada. Si nos vamos a centrar en el capítulo 32 del libro de Jeremías, ¿por qué ulteriores precisiones? Efectivamente se trata de una opción ya tomada, pero ahora pretendemos justificarla, dar razón de nuestra opción. Por otra parte, este proceso puede convertirse en un recorrido arduo y sinuoso que es mejor ahorrar al lector, quien seguramente se contenta con los resultados. Sin embargo, nosotros consideramos que este trabajo previo introduce, condiciona y posibilita todo el estudio posterior. Se impone no sólo como algo «inevitable»; es piedra angular, es «imprescindible».

Este primer capítulo comprende tres apartados: justificación de la delimitación de la unidad de nuestro estudio; fijación del texto original hebreo con nuestra propuesta de traducción y una primera presentación de la estructura del texto.

1. Delimitación de la unidad seleccionada

El capítulo 32 es una unidad autónoma y en sí misma susceptible de estudio. Es decir, goza de una relativa independencia dentro de su contexto. Con ello hacemos dos afirmaciones en cierta tensión: por una parte, que una comprensión amplia del sentido del pasaje no puede prescindir del contexto donde se inserta[1]; y por otra, que Jr 32 constituye en sí mismo una «unidad literaria»[2]. Esta justificación nos exige dar tres pasos:

1.– Unidad del contexto inmediato cc. 30–33;
2.– Dentro de esa unidad separación de los cc. 30–31 y 32–33;
3.– Por último, separación de 32 y 33.

1.1 *Unidad de los capítulos 30–33*

¿Cuál es el contexto, la unidad mayor o sección[3] del cap. 32? No es nuestra pretensión presentar y discutir las diversas posibilidades de estructuración del entero libro de Jeremías, sino partir de una opinión comúnmente aceptada por los diversos autores de la unidad de los capítulos 30–33[4]. La relación del capítulo 32 con su contexto más amplio

---

[1] Nos referimos a su contexto inmediato; es evidente que en último término su contexto es todo el libro de Jeremías, e incluso en una visión más amplia, todo el canon de la Escritura.

[2] Topamos con la dificultad clásica de definir lo más común. Muchos autores utilizan la expresión «unidad literaria» como un término ya adquirido y que no necesita mayor precisión; pero, ¿qué rasgos definen una unidad literaria? Nosotros partimos de la siguiente descripción: «The literary unit is in any event an indissoluble whole, an artistic and creative unity, a unique formulation. The delimitation of the passage is essential if we are to learn how its major motif, usually stated at the beginning, is resolved [...] One must admit that the problem is not always simple because within a single literary unit we may have and often do have several points of climax», cf. J. MUILENBURG, «From Criticism and Beyond», 9. En sentido estricto afirmamos que «el todo indisoluble» estaría constituido por la unidad formada por los capítulos 30–33. Desarrollar una tesis, con nuestros objetivos, tomando los cuatro capítulos nos llevaría lejos. Nos detenemos en el análisis de esa unidad mayor y de la relación con nuestra unidad de estudio para dar el «tono», el enfoque en el que se inserta el cap. 32. El capítulo 32 constituye una unidad menor, «simple unit», en cuanto encierra un mensaje formulado artísticamente, con una creatividad singular dentro de la sección. Constituye así una formulación única del mensaje total, el cual está formulado desde diversos enfoques a través de las diversas unidades menores.

[3] Adoptamos la siguiente terminología para referirnos a las divisiones en orden decreciente en el libro de Jr: *partes* del libro, *secciones* dentro de una parte, *secuencias* dentro de una sección, *perícopas* dentro de una secuencia, *bloques* de una perícopa y *segmentos* dentro de un bloque. Así p.e. hablaremos de los cc. 30–33 como una sección con tres secuencias: cc. 30–31, cap. 32 y cap. 33.

[4] No podemos hablar de unanimidad en la división del libro de Jr, pero sí de una cierta convergencia entre los autores en distinguir tres grandes partes: 1–25, 26–45 y 46–51(52). Los motivos para esta división son principalmente tres: la distinta colocación de los tres mismos bloques en LXX y en TM, la homogeneidad literaria (de con-

será objeto de estudio en el apartado de análisis retórico; de todos modos, nos parece oportuno presentar aquí las razones para circunscribir estos capítulos dentro del conjunto de la obra de Jr.

Debemos salir al paso de una posible confusión originada por la diversa terminología que suele aplicarse a estos capítulos. Más exactamente, bajo un mismo término — «libro de la consolación» — se agrupan distintos capítulos. Para algunos autores el llamado «libro de la consolación» o «libro de la restauración» incluye sólo los capítulos 30–31[5], mientras que 32–33 son una continuación, un añadido. Otros autores engloban bajo ese mismo título los cuatro capítulos, refiriéndose en algunos casos a los cc. 32–33 como «la segunda parte del libro de la consolación»[6]. La razón de esta doble terminología la encontramos en la cesura al inicio del capítulo 32 y que posteriormente analizaremos. Dicha cesura permite considerar como unidades independientes los cc. 30–31 por una parte y los cc. 32–33 por otra, por tanto pueden estudiarse por separado, y así lo hacen los autores señalados. La belleza poética y la carga teológica de algunas perícopas de los capítulos 30–31 ha atraído más la atención de los exegetas[7] y se ha apropiado del nom-

---

tenido y formal) de cada sección y la crítica literaria. Para una más amplia información cf. J. BRIGHT, *Jeremiah*, lv-lxxxv; R. SMEND, *Die Entstehung des Alten Testaments*, 156-164; L. ALONSO SCHÖKEL – J.L. SICRE, *Profetas*, I, 411-421; R. RENDTORFF, *Das Alte Testament*, 212-219; J.M. ÁBREGO, *Los libros proféticos*, 154-157; J. BLENKINSOPP, *A History*, 129-147. Entre los autores que presentan divisiones distintas podemos destacar: A. ROFÉ, «The Arrangement», 395 (propone una división en seis partes: I. cc.1-24 Visiones y profecías de castigo; II. cc. 25-36 Discursos de Jr y episodios de su vida, todos datados; III. cc. 30-33 Palabras de consolación; IV. cc. 37-45 Biografía de Jr; V. cc. 46-51 Oráculos contra las naciones; VI. cap. 52 Apéndice); y C.R. SEITZ, «The Prophet Moses», 3-27 (apunta la siguiente división en cuatro partes: I. cc.1-20; II. cc. 21-36; III. cc. 37-45; IV. cc. 46-52). En cualquiera de estas propuestas de división se respeta la unidad de 30-33.

[5] Cf. como ejemplos significativos los estudios de autores como: J.M BRACKE, *The Coherence*; B. BOZAK, *Life 'Anew'*; o los comentarios de W.L. HOLLADAY, *Jeremiah*, II, 148-201; G.L. KEOWN – P.J. SCALISE – T.G. SMOTHERS, *Jeremiah 26–52*, 82-139.

[6] Cf. entre otros autores: L. ALONSO SCHÖKEL – V. COLLADO – J.L. SICRE, «Jeremías 30–33»; B.S. CHILDS, *Introduction*, 350-353; J. BRIGHT, *Jeremiah*, 267-298; M. BIDDLE, «The Literary Frame»; A. ROFÉ, «The Arrangement»; K. SCHMID, *Buchgestalten des Jeremiabuches*, 10-12; W. BRUEGGEMANN, *A Commentary on Jeremiah*, 264-322; J.R. LUNDBOM, *Jeremiah 1–20*, 97-98.

[7] El ejemplo más patente es la abundante bibliografía a propósito del texto sobre la nueva alianza de Jr 31,31-34. Véase por ejemplo la bibliografía recogida en algunos comentarios sobre cada uno de estos pasajes como W.L. HOLLADAY, *Jeremiah*, II, 148-150, 202.203.221; G.L. KEOWN – P.J. SCALISE – T.G. SMOTHERS, *Jeremiah 26–*

bre, quedando así la segunda parte de la sección (cc. 32–33) como la hermana pobre olvidada. También han podido influir los estudios de crítica literaria que, sin negar el carácter composicional de los cc. 30–31, reconocían en ellos un material auténtico del profeta Jeremías; mientras que los capítulos 32–33 constituían una composición más tardía, un desarrollo de los capítulos precedentes. Por este motivo, hablar de la segunda parte como «adiciones» al libro de la consolación resulta un lugar común. Nosotros preferimos encerrar bajo el término «libro de la consolación o de la restauración» los capítulos 30–33. Esta sección constituye el contexto apropiado de estudio de nuestro texto.

Las razones para otorgar a esta sección el título de unidad mayor las exponemos a continuación, siendo estas mismas razones las que nos ayudarán a comprender las posibles divisiones o unidades menores de estudio dentro de la sección. Pero antes de comenzar esa exposición debemos precisar que, aunque por motivos de claridad expositiva distingamos entre razones temáticas y razones formales o literarias, partimos de la convicción de que el contenido se expresa a través de la forma, y como tal van unidos.

En algunos momentos contemplaremos un mismo fenómeno bajo dos perspectivas diversas: desde el punto de vista del contenido y desde el punto de vista formal, lo cual da pie a una aparente repetición del argumento. Evidentemente como hecho literario es único.

Nuestra decisión en favor de la unidad de la sección se basa en el conjunto de estas razones tomadas globalmente, ya que algunas de ellas pueden tener un valor doble: unifican la sección frente a los capítulos circundantes y, al mismo tiempo señalan las posibles divisiones al interno de la sección. Privilegiar los criterios de división descuidando los de unificación significaría afirmar la independencia absoluta de una de las secuencias dentro de la sección[8].

52, 82-83.140.141.164. Un dato significativo que ilustra esa concentración de estudios: Holladay aporta sobre los capítulos 30–31 un total de 51 referencias bibliográficas; del capítulo 32, 14 referencias y del capítulo 33, solamente 6.

[8] Hay que evitar también el mismo riesgo, pero de signo contrario: acentuar los elementos que unifican la sección dentro de la parte del libro. La sección presenta nexos (temáticos, de léxico, etc.) con los capítulos que preceden y que siguen, ya que se busca presentar una lectura *encadenada*. El exceso induciría a negar la legitimidad de separar para el estudio tanto la unidad de la sección como de cualquiera de sus secuencias.

1.1.1 Razones temáticas

Comencemos por lo más evidente: el contenido. Ya el título genérico otorgado a estos capítulos: «libro de la consolación o de la restauración» hace referencia al mensaje de esperanza que atraviesa esta sección. Pero, ¿es algo específico de estos capítulos el mensaje de consolación? Desde este punto de vista temático debemos considerar que este mensaje, por una parte es distinto del anunciado en los capítulos precedentes y siguientes (justificando así su separación); y por otra, que se manifiesta a lo largo de todos los capítulos 30–33 (justificando su unificación).

Es cierto que en los capítulos anteriores Jr comienza ya a insinuar un mensaje de esperanza, pero lo hace tímidamente y en contextos polémicos, cuando no de claro anuncio de castigo (23,3-8; 24,5-7; 27,21-22; 29,10-14)[9]. Lo mismo puede decirse del cap. 34: este capítulo contiene una anuncio positivo para Sedecías (34,2-5) seguido de un largo oráculo de castigo contra los jefes del pueblo por revocar la manumisión de los esclavos (34,8-22). Sin embargo, en los cc. 30–33 «el tema» es sin duda la restauración. En los cc. 29 y 34 se parte de una situación de cierta esperanza y se anuncia un castigo; en 30–33 se parte de situaciones trágicas para anunciar un cambio de las mismas. Ante una situación desesperada (pánico, herida incurable, ciudad en ruinas, lloro amargo, falta de propiedades e instituciones...) Jr anuncia la completa restauración (habitar tranquilos, curación-salud, reconstrucción de la ciudad, alegría, posesiones e instituciones renovadas...). A través de diversos estilos y géneros — poesía y prosa, oráculos y narraciones, súplicas e imprecaciones —, a través de diversas imágenes — la ciudad, la herida, el campo, la danza, ...—, y a través de diversos motivos — retorno del exilio, curación, la reconstrucción, alianza...—, Jeremías desarrolla un único tema[10]: la restauración.

---

[9] Tenemos un ejemplo claro en la carta a los exiliados, Jr 29: contiene un mensaje de esperanza; pero en primer término trata de combatir las falsas esperanzas de un retorno rápido. Es, además, una polémica con la falsa profecía, y concluye con el anuncio de castigo sobre Ajab, Sedecías y Semaías, vv. 21-32.

[10] «El *tema* es más amplio, más genérico, menos diferenciado [...] El *motivo* es más menudo y más diferenciado [...] El motivo se ofrece muchas veces en forma de imagen», L. ALONSO SCHÖKEL, *Manual de poética hebrea*, 209. Para una más amplia descripción de tema, motivo e imagen, cf. *Ibid.*, 118-167.209-212.

Por todo lo dicho podemos afirmar con diversos autores que la restauración es el elemento aglutinante y unificador de estos textos «*heterogéneos en su origen y agrupados aquí con criterio temático*»[11].

Por contraste, la llamada a la esperanza separa estos capítulos del resto. Si los cc. 29 y 34 contienen el mensaje ambivalente de salvación y castigo, en los cc. 30–33 predomina la salvación. Elevando la mirada a un contexto más amplio (a la llamada segunda parte del libro: los cc. 25–45 en la división más extendida[12], los cc. 25–36 en la propuesta de Rofé[13], o bien los cc. 21–36 en la división de Seitz[14]), el tono pesimista es claramente perceptible[15]. Podemos afirmar que dentro de la perspectiva pesimista que engloba la segunda parte del libro de Jr, los capítulos 30–33 rompen ese tono proclamando una futura esperanza[16].

---

[11] L. ALONSO SCHÖKEL – V. COLLADO – J.L. SICRE, «Jeremías 30–33», 1.

[12] Esta división englobaría todos los relatos de la vida de Jeremías y la narración de los últimos acontecimientos de Jerusalén: su destrucción, el final del reino. Una sección dominada por el cumplimiento del castigo anunciado por el profeta en la primera parte.

[13] A. Rofé se basa para esta división en criterios literarios. Otros autores que proponen esa misma división, centran el tema de esta parte en la reacción a la Palabra de Dios en la polémica de la falsa profecía claramente rechazada al final de esta parte, en el capítulo 36. M. Kessler lo formula de la siguiente manera: «The first complex [26–36] needed a sequel, for the "word" as faithfully communicated by Jeremiah was not "heard" (implied: obeyed) and therefore the question as to whether it would be fulfilled is yet unanswered.[...] Hence, the second complex [37–45] is more truly historically oriented: history which vindicated the rejected word by relating its fulfilment in historical events», M. KESSLER, «Jeremiah Chapters 25–45 Reconsidered», 84.

[14] Seitz caracteriza estos capítulos con las siguientes palabras: «serve the purpose of stressing that there are to be not refinements or modifications in the sentence of judgment over Jeremiah's generation», C.R. SEITZ, «The Prophet Moses», 12.

[15] Como hemos afirmado no negamos la existencia de ciertos tímidos esbozos que anuncian salvación; pero dado el contexto pesimista éstos tienen el valor de ir anticipando lo que el libro de la consolación desarrollará largamente. Esto resulta claro en el anuncio del capítulo 29, donde el uso del mismo motivo (el retorno) y de la misma terminología (cambio de suerte, habitar, casas...) prepara a modo de «preludio» nuestra sección. Sobre la relación del vocabulario entre 29 y 30–33 cf. G. FISCHER, *Das Trostbüchlein*, 177-181.

[16] Con la misma rotundidad se expresa Hobbs: «A possible exception to the overtly pessimistic nature of 26–36 is the section 30–33 [...] But the reason for the present context of 30–33 still remains something of a mystery», T.R. HOBBS, «Some Remarks», 268.

CAP. I: DELIMITACIÓN Y FIJACIÓN DEL TEXTO

Añadamos una segunda consideración temática basándonos en el «título»[17] mismo del escrito tal y como se presenta en el capítulo 30. Leamos los versículos 1-3:

> ¹La palabra que fue dirigida a Jeremías de parte del Señor: ²Así dice el Señor Dios de Israel: Escribe todas las palabras que te he hablado en un libro. ³Pues he aquí que vienen días, oráculo del Señor, en los cuales cambiaré la suerte de mi pueblo, Israel y Judá, dice el Señor, y les haré volver a la tierra que di a sus padres y la poseerán[18].

Por una parte se menciona un libro (סֵפֶר); esto separa nuestra sección del capítulo 29 que habla de otro escrito con las palabras de Jeremías a los exiliados («Estas son las palabras de la carta (סֵפֶר) que envió Jeremías...» 29,1). Tenemos por tanto dos documentos distintos. Pero, ¿hasta dónde se extiende ese escrito? En el capítulo 32 encontramos referencias a una escritura (סֵפֶר o סֵפֶר הַמִּקְנָה) cf. vv. 11,12,14,16 y 44. Este escrito está ensamblado en una narración, que sigue anunciando palabras divinas de restauración tal y como anunciaba el título en 30,1-3. Por este motivo, no parece ser indicio de un comienzo de otro escrito. Sin embargo, un nuevo libro (מְגִלַּת־סֵפֶר) aparece en 36,2 formando parte de un título:

> ¹En el año cuarto de Joaquín, hijo de Josías, rey de Judá, fue dirigida esta palabra a Jeremías de parte del Señor. ²Toma un rollo y escribe todas las palabras que te ha hablado sobre Israel y sobre Judá y sobre todas las naciones, desde la fecha en que te vengo hablando, desde los días de Josías hasta hoy (Jr 36,1-2)[19].

Esta referencia sí parece marcar el comienzo de un nuevo argumento, o al menos de un nuevo documento. Aquí está nuestra pregunta: ¿se extiende el contenido del libro (iniciado en 30,1-3) hasta el capítulo 35? Una respuesta afirmativa iría contra nuestra delimitación de la sección 30–33. Esta dificultad puede superarse examinando más detenidamente el título de 30,1-3.

---

[17] En adelante emplearemos el término «título» no ya a la denominación que dan los estudiosos a estos capítulos (libro de la consolación), sino a la presentación, «*inscription*», que el mismo Jeremías o los redactores del libro dan a esta unidad en los primeros versículos de la misma.

[18] La traducción es nuestra.

[19] La traducción es nuestra.

En primer lugar preguntémonos por el destinatario último del libro (está claro que el primer destinatario es Jr): ¿a quién se dirigen esas palabras? Dado que abordan el destino de Israel y Judá, es obvio que el receptor último no puede ser otro que Israel y Judá. Desde esta base segura podemos limitar el contenido del libro a los capítulos 30–33. Los capítulos 34 y 35 contienen mensajes para interlocutores tanto individuales (Sedecías 34,2-7) como grupos limitados (jefes del pueblo 34,8-22; los recabitas 35,2-19), pero no se dirigen a todo Israel y Judá. Esta misma razón refuerza la separación del capítulo 29, cuyas palabras se dirigen sólo a los exiliados (29,2).

En segundo lugar el mensaje dirigido a Israel y Judá anuncia un cambio de suerte de signo positivo sobre la entrada y la posesión de la tierra. Esta perspectiva excluye tanto el capítulo 34, porque no es anuncio positivo (a Sedecías le promete una muerte honrosa pero en Babilonia), como el capítulo 35 (promesa positiva que no tiene como objeto la posesión de la tierra; al contrario, el cap. 35 garantiza una sucesión a los recabitas, grupo cuyo estilo de vida no consiente disfrutar de una tierra). Por el contrario la entrada y posesión de la tierra están presentes en los cuatro capítulos de nuestra sección. Podemos hacer en grandes líneas una primera caracterización[20]:

- Cc. 30–31: Cambio del pánico y la angustia a la residencia tranquila 30,5-11; la ciudad herida y abandonada será curada y desquitada ante sus saqueadores 30,12-17; restauración del pueblo como comunidad de la alianza 30,18–31,1; reconstrucción de la ciudad y replantación de los campos en medio de cantos 31,2-6; retorno del exilio en plenitud de dones; mutación del duelo en regocijo 31,7-14; restauración sinónimo de filiación y nueva creación 31,15-22; la promesa futura simbolizada en una nueva siembra 31,23-30; la alianza sellada con Israel y Judá 31,31-34; garantía de fidelidad a la promesa 31,35-37; reconstrucción de Jerusalén 31,38-40.

- Capítulo 32: Narración de la compra del campo 32,1-15 (Janamel, no es expropiado de su campo o vuelve a poseerlo) con su simbolismo: el pueblo poseerá de nuevo tierras, casas y viñas 32,15-44.

---

[20] Este breve recorrido por los capítulos es sólo un guión de lectura, que resalta el hilo conductor temático de las distintas perícopas. Nos basamos en la estructura generalmente admitida en los distintos comentarios, p.e. G.L. KEOWN – P.J. SCALISE – T.G. SMOTHERS, *Jeremiah 26–52*, 86-87.145.168-189 y B.A. BOZAK, *Life 'Anew'*, 18-25. No la damos como estructuración definitiva, ni la discutiremos en detalle, a excepción, claro está, del cap. 32.

- Capítulo 33: Promesa de reconstrucción y residencia en la tierra 33,1-13, renacimiento de las instituciones que la posibilitarán 33,14-26.

1.1.2 Razones formales o de composición literaria

En estrecha conexión con las razones temáticas, el primer aspecto formal que salta a la vista es la repetición del motivo: «el cambio de suerte» (שׁוּב שְׁבוּת). Encontramos esta expresión en los siguientes versículos:

30,3: וְשַׁבְתִּי אֶת־שְׁבוּת עַמִּי יִשְׂרָאֵל וִיהוּדָה,

30,18: הִנְנִי־שָׁב שְׁבוּת אָהֳלֵי יַעֲקוֹב,

31,23: עוֹד יֹאמְרוּ אֶת־הַדָּבָר הַזֶּה בְּאֶרֶץ יְהוּדָה [...] בְּשׁוּבִי אֶת־שְׁבוּתָם,

32,44: כִּי־אָשִׁיב אֶת־שְׁבוּתָם נְאֻם־יְהוָה,

33,7: וַהֲשִׁבֹתִי אֶת־שְׁבוּת יְהוּדָה וְאֵת שְׁבוּת יִשְׂרָאֵל,

33,11: כִּי־אָשִׁיב אֶת־שְׁבוּת־הָאָרֶץ כְּבָרִאשֹׁנָה,

33,26: כִּי־אָשׁוּב אֶת־שְׁבוּתָם וְרִחַמְתִּים,

El motivo no es exclusivo de nuestra sección. Además de las citas señaladas, Jeremías lo emplea otras cuatro veces: 29,14; 48,47; 49,6.39. Todas juntas suman un total de 11 veces. Ya es significativo, que de 11 citas, siete se concentran en nuestra sección. Si analizamos ahora el sujeto afectado por el cambio de suerte, constatamos que 8 apariciones se refieren a Israel (Jr 29,14; 30,3.18; 31,23; 32,44; 33,7.11[21].26), las otras tres a otros pueblos (48,47 Moab; 49,6 Amón; 49,39 Elam).

Por lo tanto todas las referencias al cambio de suerte de Israel en el libro de Jr las encontramos en nuestra sección, a excepción de 29,14 que sirve como primera referencia inaugural de la sección a modo de obertura. Estas observaciones literarias confirman en una primera lectura la unidad y especificidad de la sección. El motivo del cambio de suerte resuena como *estribillo*[22] justamente en estos capítulos. Esa repetición supera su mero carácter o función formal, impregnando la entera sección con su mensaje.

---

[21] Propiamente este versículo se refiere al cambio de suerte de la tierra, del país (כִּי־אָשִׁיב אֶת־שְׁבוּת־הָאָרֶץ), pero en último término es una afirmación sobre el pueblo como se desprende de la lectura de 33,7. Tomamos nota de paso, de lo que parece ser una identificación de pueblo y tierra, o al menos la unión-simultaneidad de las dos cosas: cambio de suerte del pueblo-cambio de suerte de la tierra.

[22] Para la definición de «estribillo» cf. L. ALONSO SCHÖKEL, *Manual de poética hebrea*, 219.

Pero además de su repetida y específica presencia es significativa también su posición. Encontramos esta expresión formando diversos niveles de *inclusión*[23]. No podemos entretenernos aquí en un estudio minucioso sobre la aparición de este motivo a lo largo de la sección, sólo destacamos lo más importante:

– La expresión crea una inclusión mayor de toda la sección. Está presente marcando el inicio y el final de la unidad expresando a modo de anuncio y conclusión la síntesis del mensaje, en:
- ✓ 30,3: «Pues he aquí que vienen días — oráculo de Yahveh — en que *cambiaré la suerte* de mi pueblo Israel y Judá, y les haré volver a la tierra que di a sus padres en posesión»[24] y,
- ✓ 33,26: «también es cierto que no rechazaré el linaje de Jacob y de mi siervo David, para no escoger más de su linaje a quienes gobiernen sobre el linaje de Abraham, Isaac y Jacob, cuando yo *cambie su suerte* y les tenga misericordia».

– La presencia de esta expresión tiene una función introductoria de bloques en:
- ✓ 30,18: «Así dice Yahveh: He aquí que *yo cambiaré la suerte* de las tiendas de Jacob y de sus mansiones me apiadaré; será reedificada la ciudad sobre sus ruinas y el palacio como era será restablecido» y,
- ✓ 31,23: «Así dice Yahveh Sebaot, el Dios de Israel: Todavía dirán este refrán en tierra de Judá y en sus ciudades, cuando *yo cambie su suerte*: "Te bendiga Yahveh, estancia justa, monte santo"»;

una función intermedia en:
- ✓ 33,7: «*Cambiaré la suerte* de Judá y *la suerte* de Israel y los reedificaré como en el pasado»,
- ✓ 33,11: «voz de gozo y de alegría, la voz del novio y la voz de la novia, la voz de cuantos traigan sacrificios de alabanza al Templo diciendo: Alabad a Yahveh Sebaot, porque es bueno, porque es eterna su misericordia, porque *cambiaré la suerte* de esta tierra, y volverán a ser como antes —dice Yahveh—»;

y una función conclusiva en:
- ✓ 32,44: «Comprarán campos con dinero y escribirán la escritura, sellarán y aducirán testigos en la tierra de Benjamín y en los alrededores de Jerusalén y en las ciudades de Judá y en las ciudades

---

[23] Sobre la «inclusión», L. ALONSO SCHÖKEL, *Manual de poética hebrea*, 219.
[24] Para estos versículos presentamos nuestra propia traducción.

de la Montaña, y en las ciudades de la Sefela y en las ciudades del Negueb; *porque cambiaré su suerte*, oráculo de Yahveh».

Nos interesa ésta última por ser el final de nuestro capítulo. Podemos así entrever que en 32,44 forma una inclusión menor respecto a 30,3 y 33,26[25].

Una segunda consideración de tipo formal se funda en la presencia de las fórmulas típicamente proféticas, cuyo empleo son indicadores de inicio y final de las distintas unidades[26].

La primera fórmula que encontramos es «la fórmula de acontecimiento de la palabra»: הַדָּבָר אֲשֶׁר הָיָה אֶל־יִרְמְיָהוּ מֵאֵת יְהוָה en 30,1.

---

[25] Sobre la distinción «inclusión mayor» e «inclusión menor» cf. L. ALONSO SCHÖKEL, *Manual de poética hebrea*, 100. En función de esta distribución podemos reconocer en nuestra sección una estructura simétrica de las apariciones de esta expresión:
30,3 inicia sección
   30,18 Inicia perícopa
   31,23 Inicia perícopa
  32,44 concluye secuencia
   33,7 Intermedia dentro de una perícopa
   33,11 Intermedia dentro de una perícopa
33,26 concluye secuencia y sección.
Se confirman así los principios de composición que perfila Rofé como propios de todo el libro: – formación de colecciones basándose en amplios tópicos; – la disposición simétrica de las colecciones; – la inclusión, cf. A. ROFÉ, «The Arrangement», 390-391.

[26] Entendemos por fórmula una expresión verbal fija que puede admitir pequeñas sustituciones en algunos de sus elementos, cf. G. FLOR SERRANO – L. ALONSO SCHÖKEL, *Diccionario terminológico*, 37. Nuestra expresión שׁוּב שְׁבוּת es por tanto una fórmula. Hemos preferido reservar el término «fórmula» para las expresiones más comunes a los escritos proféticos y cuyo carácter estructural es más patente. Mayor información en S. BRETÓN, *Vocación y misión*, especialmente el capítulo 1, «Fórmula-formulario: terminología y estudios», 7-30. En esas páginas justificamos nuestro «largo rodeo» para definir nuestra unidad de estudio: «La primera tarea del exégeta, impaciente por entrar en el sentido de un texto, no puede ser otra que la delimitación de sus confines: dónde empieza, dónde concluye la unidad. Aquí, en la parte más externa de un escrito, comienza la fórmula a prestar sus primeros servicios. Gracias a fórmulas introductivas y conclusivas, la separación de los materiales se realiza con cierta facilidad. La fórmula, no contenta con influir en la superficie del texto penetra en su interior delatando allí los esquemas típicos [...] La aportación de un estudio de fórmulas no es meramente literario. En mucho casos las fórmulas son magníficos indicadores de las líneas de pensamiento de un escritor, de una tendencia o de una escuela», *Ibid.*, 21-22.

La fórmula de acontecimiento tiene una función introductoria. La mayoría de las veces nuestra fórmula abre un libro o un capítulo [...] la fórmula del acontecimiento, diseminada por todo el libro de Jeremías, delimita pequeñas unidades, inicia también grandes secciones; se emplea en los desplazamientos de una unidad y en la inserción en su nuevo contexto[27].

Esta misma fórmula הַדָּבָר אֲשֶׁר הָיָה אֶל־יִרְמְיָהוּ מֵאֵת יְהוָה encontramos en 30,1; 32,1; 34,1[28]. Su presencia confirma el inicio de una sección en 30,1. Pero, ¿por qué afirmamos que nuestra sección se extiende hasta el capítulo 34 (en 34,1 surge una nueva fórmula) y no hasta el 32? Una visión de conjunto de las fórmulas presentes al inicio de estos capítulos puede ayudarnos en la respuesta[29]:

- Capítulo 30:

1 הַדָּבָר אֲשֶׁר הָיָה אֶל־יִרְמְיָהוּ מֵאֵת יְהוָה לֵאמֹר

2 כֹּה־אָמַר יְהוָה אֱלֹהֵי יִשְׂרָאֵל לֵאמֹר

3 כִּי הִנֵּה יָמִים בָּאִים נְאֻם־יְהוָה וְשַׁבְתִּי אֶת־שְׁבוּת ... אָמַר יְהוָה

- Capítulo 32:

1 הַדָּבָר אֲשֶׁר־הָיָה אֶל־יִרְמְיָהוּ מֵאֵת יְהוָה (+ cronología)

- Capítulo 33:

1 וַיְהִי דְבַר־יְהוָה אֶל־יִרְמְיָהוּ שֵׁנִית ... (referencia cronológica a 32,1)

2 כֹּה־אָמַר יְהוָה

- Capítulo 34:

1 הַדָּבָר אֲשֶׁר־הָיָה אֶל־יִרְמְיָהוּ מֵאֵת יְהוָה (+ cronología)

2 כֹּה־אָמַר יְהוָה אֱלֹהֵי יִשְׂרָאֵל

Algunas observaciones:
– Gran acumulación de fórmulas en 30,1-3.
– Tanto en 30,1-2 como en 34,1-2 las fórmulas de acontecimiento de la palabra se encuentran acompañadas de una «fórmula larga» del mensajero כֹּה־אָמַר יְהוָה אֱלֹהֵי יִשְׂרָאֵל. La fórmula de mensajero כֹּה־אָמַר יְהוָה también tiene una función introductoria, señalando el inicio de una uni-

---

[27] S. BRETÓN, *Vocación y misión*, 45.
[28] Podemos prestar atención también a diversas variantes de esta fórmula; así en 32,26; 33,1.19.23: הָיָה דְבַר־יְהוָה y en 32,6: וַיְהִי דְבַר־יְהוָה אֶל־יִרְמְיָהוּ. Cf. S. BRETÓN, *Vocación y misión*, 31-47.
[29] Reproducimos las fórmulas aparentemente de inicio de secuencia o perícopa, no las que inician un oráculo particular.

dad literaria generalmente breve[30]. Si la fórmula, como en nuestro caso, viene ampliada con la aposición אֱלֹהֵי יִשְׂרָאֵל encontramos una señal del inicio de una unidad literaria especial[31]. Es cierto que en la sección 30–33 encontramos también esta fórmula ampliada en 32,36 pero aislada. Es precisamente la presencia de las dos fórmulas juntas (acontecimiento de la palabra y del mensajero con la aposición) la que nos hacen pensar en un intencionado refuerzo para marcar el inicio de unidades distintas.

– Una última consideración a propósito de las fórmulas en la sección 30–33 la sugiere el uso de הִנֵּה יָמִים בָּאִים, «fórmula de introducción a una descripción de un futuro de salvación» (*Einleitungsformel zur Schilderung kommender Heilzeit*). Esta fórmula, en su origen relacionada con un anuncio de salvación, denota inmediatamente un futuro positivo. Se presenta normalmente unida a la expresión בַּיָּמִים הָהֵם[32]. La encontramos en 15 versículos de Jr:

7,32;	23,5.7;	48,12;
9,24;	30,3;	49,2;
16,14;	31,27.31.38;	51,47.52.
19,6;	33,14;	

En la segunda parte del libro aparece sólo en nuestra sección: al inicio, en los versículos finales del capítulo 31 y al final del capítulo del 33. En los dos últimos casos aparece acompañada de בַּיָּמִים הָהֵם[33]:

---

[30] Cf. S. BRETÓN, *Vocación y misión*, 84-85: «estaba originariamente dentro de un esquema de embajada. [...] Pronto la fórmula se desvincula del esquema e introduce toda suerte de materiales proféticos. Desligada del esquema de embajada, la fórmula mitiga su significado original y se transforma en un elemento de composición del texto narrativo». Para una visión más detallada véase el apartado «Fórmula del mensajero: "Koh 'amar N"», pp. 70-94, de dicha obra.

[31] Cf. B.A. BOZAK, *Life 'Anew'*, 19-25, la fórmula del mensajero כֹּה־אָמַר יְהוָה sirve para delimitar las perícopas dentro de 30–31, mientras que la fórmula ampliada כֹּה־אָמַר יְהוָה אֱלֹהֵי יִשְׂרָאֵל es probablemente señal del inicio de una unidad literaria especial. Esto nos da una pista para estructurar nuestra secuencia. Similar criterio propone P. Bovati en su curso no publicado «Geremia 30–31», a él debemos parte de estas observaciones.

[32] Cf. C. LEVIN, *Die Verheissung*, 22-31.

[33] Esta introducción de un oráculo futuro va unida a la aparición de otros elementos como (אִם ... נְאֻם־יְהוָה/בָּעֵת הַהִיא). No nos interesa ahora entrar en su composición y estructura, baste notar su presencia como propia de esta sección; para un estudio más detallado cf. las páginas citadas en nota anterior; para una propuesta de división apoyada en la función de esta fórmula véase M. BIDDLE, «The Literary Frame», 409-413.

- Cap. 31:

²⁷הִנֵּה יָמִים בָּאִים נְאֻם־יְהוָה וְזָרַעְתִּי אֶת־בֵּית יִשְׂרָאֵל וְאֶת־בֵּית יְהוּדָה[...]
²⁹בַּיָּמִים הָהֵם לֹא־יֹאמְרוּ עוֹד אָבוֹת אָכְלוּ בֹסֶר וְשִׁנֵּי בָנִים תִּקְהֶינָה

- Cap. 33:

¹⁴הִנֵּה יָמִים בָּאִים נְאֻם־יְהוָה וַהֲקִמֹתִי אֶת־הַדָּבָר הַטּוֹב [...]
¹⁵בַּיָּמִים הָהֵם וּבָעֵת הַהִיא אַצְמִיחַ לְדָוִד צֶמַח צְדָקָה [...]
¹⁶בַּיָּמִים הָהֵם תִּוָּשַׁע יְהוּדָה וִירוּשָׁלַם תִּשְׁכּוֹן לָבֶטַח [...]

El uso de esta fórmula nos ofrece una nueva pista para delimitar la unidad. Su aparición inicial de 30,3 supera su valor formal inicial dando a la sección un tono de mensaje positivo futuro y se convierte, al mismo tiempo, en un indicador de las fronteras de su propia unidad.

Por todo lo dicho hasta ahora, podemos concluir que los cc. 30–33 forman una sección en cuyo contexto inmediato se integra nuestro capítulo 32. Afrontemos ahora la división interna dentro de esta sección.

1.2 *Separación de 30–31 y 32–33*

Como hemos indicado anteriormente las mismas observaciones que nos han ayudado a limitar la sección y en parte también a estructurarla, sirven para marcar su división interna; por ello no repetiremos el análisis detallado, recogeremos parte de lo ya indicado en el apartado anterior, centrándonos en los aspectos nuevos.

El elemento más decisivo para la separación es la mencionada cesura de 32,1[34]. Es el momento de dar razón de ella. Sostenemos que en 32,1 hay una interrupción, en primer lugar, por la presencia de la fórmula del acontecimiento de la palabra que indica el inicio de una nueva unidad. Esta observación viene reforzada además por la cronología, elemento novedoso y significativo, ya que en 30–31 no alude a ninguna datación. Sin embargo, los dos capítulos siguientes se abren con una referencia temporal y local (año décimo de Sedecías, sitio de la ciudad y en el patio de la guardia):

– 32,1-2: «La palabra que fue dirigida a Jeremías de parte de Yahveh en el año décimo de Sedecías rey de Judá, que corresponde al año decimoctavo de Nabucodonosor. En aquel momento el ejército del rey de

---

[34] Cf. H. MIGSCH, *Jeremias Ackerkauf*, 85-86; K. SCHMID, *Buchgestalten des Jeremiabuches*, 49-52.86.

Babilonia asediaba a Jerusalén y el profeta Jeremías estaba encerrado en el patio de la guardia, en el palacio del rey de Judá»;

– 33,1: «De nuevo fue dirigida la palabra de Yahveh a Jeremías, que estaba aún detenido en el patio de la guardia, en estos términos».

Por tanto, el elemento temporal une formalmente[35] los capítulos 32–33 y a su vez los separa del capítulo 34[36].

Como hemos señalado más arriba la fórmula הִנֵּה יָמִים בָּאִים está presente al final de la introducción, al final de la sección, y su presencia en 31,27.31.38 corrobora que algo está concluyendo y se abre paso una nueva unidad. Esta impresión es confirmada por el valor conclusivo de לֹא...עוֹד en 31,34.40[37]. Esto es especialmente válido para la aparición final seguida de לְעוֹלָם, de manera que es posible reconocer en el final del v. 40 una cierta conclusión: לֹא־יִנָּתֵשׁ וְלֹא־יֵהָרֵס עוֹד לְעוֹלָם («no volverá a ser arrasado ni destruido nunca jamás»).

La segunda razón para hablar de cesura la suministra el estilo: los cc. 30–31 están principalmente en poesía, mientras que los cc. 32–33 están en prosa[38].

Por todas estas consideraciones, hacemos nuestra la afirmación de Biddle: «Jeremias 30–33, llamado el libro de la Consolación, desde hace tiempo se reconoce en cierto sentido como una unidad coherente que afirma, en poesía una esperanza futura para el pueblo (Jr 30–31) y, en prosa, para la tierra (Jr 32–33)»[39].

1.3 *Separación del capítulo 32 como unidad.*

1.3.1 Razones de contenido

No sólo es el género (de poesía a prosa) lo que cambia entre 30–31 y 32–33. En los cc. 32 y 33 el objeto de la promesa es diverso. Si los cc.

---

[35] Signo de esa continuidad son los términos שֵׁנִית y עוֹדֶנּוּ; 33,1: «*De nuevo* fue dirigida la palabra de Yahveh a Jeremías, que estaba *aún* detenido en el patio de la guardia...».

[36] En el cap. 34 aparece también una nueva cronología pero ésta señala un momento histórico diverso: el ataque caldeo no se centra sólo en Jerusalén sino que se extiende a otras ciudades; además esta nota cronológica ensancha el escenario).

[37] Así también, B.A. BOZAK, *Life 'Anew'*, 25.

[38] Esta misma diferencia es una razón ulterior para separar los cc. 30–31 del precedente cap. 29 (en prosa).

[39] M. BIDDLE, «The Literary Frame», 409. En las páginas sucesivas, cuando presentamos la traducción de una cita tomada de un trabajo que no se encuentra en castellano evitamos repetir en cada una de ellas que «la traducción es nuestra».

30–31 anuncian la restauración al pueblo, los capítulos 32–33 constituyen la restauración de la tierra. Pero podemos precisar más. Los cc. 32–33 se centran en las condiciones de posibilidad de la restauración del pueblo a través de la restauración de la tierra, o mejor, de una restauración en la tierra. Dentro de esas condiciones precisas, materiales, hay diversos grados: el capítulo 32 mira a las posesiones (la compra del campo vv. 7-14; y desde allí se extiende a casas y viñas v. 15); por su parte, el 33 apunta a las instituciones (la imagen de los pastores vv. 12-13, al culto en el Templo v.11, el rey vv. 14-17 y los sacerdotes levíticos v. 18). Lógicamente esto deja su huella en el vocabulario. De esta forma encontramos un vocabulario específico del capítulo 32 que no aparece en ninguna ocasión en el 33[40]:

– el término שָׂדֶה (campo): 32,7.8.9.15.25.43.44;
– la raíz קנה (comprar): 32,7(2×).8(2×).9.15.25.43.44;
– סֵפֶר הַמִּקְנָה (escritura de compra): 32,11.12(2×).14.16
– el término כֶּסֶף (dinero): 32,9(2×).10.25.44;
– עֵדִים (testigos) en 32,10.12.25.40;
– el verbo עוּד (hifil: aducir como testigo): 32,10.25.44.

No sólo se trata de un vocabulario específico, algunos de estos términos provocan una doble inclusión, en sentido amplio, dentro del capítulo. Es decir, términos presentes al inicio del relato vv. 7-10, reaparecen en el v. 25 y vuelven a aparecer al final del capítulo vv. 43-44.

Es el caso de los siguientes términos:
– שָׂדֶה (campo): 32,7.8.9.15.25.43.44,
– la raíz קנה (comprar): 32,7.8.9.15.25.43.44,
– כֶּסֶף (dinero): 32,9.10.25.44 y,
– el verbo עוּד (aducir como testigo): 32,10.12.25.44.

El hecho de que sean varias palabras las que entran en juego refuerza la presencia de la inclusión, marcando la estructura y límites de la unidad[41].

---

[40] Se podría intentar la operación inversa: buscar un vocabulario específico del cap. 33 ausente en el 32. Nos centramos en este capítulo por ser el objeto de nuestro estudio. Sirva como orientación algunos términos que aparecen en el cap. 33 y no en el 32: בֵּית יְהוָה (Templo), דָּוִד (David), כִּסֵּא (trono), הַלְוִיִּם (levitas), עוֹלָה (holocausto), מִנְחָה (ofrenda), שָׁרַת (prestar un servicio cúltico). Es un vocabulario ligado a la que hemos llamado instituciones.

[41] Cf. L. ALONSO SCHÖKEL, *Manual de poética hebrea*, 100: «[la inclusión] recurso frecuente para definir los límites de un poema, para "redondear" (el poema se muerde la cola); a veces para subrayar una palabra importante. Se suele llamar inclu-

1.3.2 Razones formales

Encontramos las primeras señales formales para la delimitación de la unidad en las fórmulas iniciales en 32,1 y 33,1[42]. Éstas señalan el comienzo y final de nuestra unidad. Pero en 32,6 y 32,26 tropezamos con dos fórmulas de acontecimiento de la palabra dentro de nuestra pretendida unidad:

32,6: וַיֹּאמֶר יִרְמְיָהוּ הָיָה דְבַר־יְהוָה אֵלַי לֵאמֹר,

32,26: וַיְהִי דְבַר־יְהוָה אֶל־יִרְמְיָהוּ לֵאמֹר.

¿Es esto un obstáculo para nuestra delimitación? Una mirada al contexto puede ayudar, ya que fuera de él «la fórmula de acontecimiento no nos revela una de sus características principales, como es la tendencia a vincularse con otras fórmulas»[43]. Es de nuevo la acumulación de fórmulas el índice de distintos niveles de división:

- final del capítulo 31 e inicio del 32:

31[40] לֹא־יִנָּתֵשׁ וְלֹא־יֵהָרֵס עוֹד לְעוֹלָם

32[1] הַדָּבָר אֲשֶׁר־הָיָה אֶל־יִרְמְיָהוּ מֵאֵת יְהוָה (+ cronología)

- en torno a 32,6:

[5] נְאֻם־יְהוָה

[6] וַיֹּאמֶר יִרְמְיָהוּ הָיָה דְבַר־יְהוָה אֵלַי לֵאמֹר

- en 32,26:

[26] וַיְהִי דְבַר־יְהוָה אֶל־יִרְמְיָהוּ לֵאמֹר

- final del capítulo 32 e inicio del 33:

[44] כִּי־אָשִׁיב אֶת־שְׁבוּתָם נְאֻם־יְהוָה

33[1] וַיְהִי דְבַר־יְהוָה אֶל־יִרְמְיָהוּ שֵׁנִית (+ referencia cronología a 32,1)

[2] כֹּה־אָמַר יְהוָה

Las fórmulas por consiguiente de 32,6.26 tienen una función de división intermedia dentro de la unidad mayor del entero capítulo. Esta interpretación viene reforzada por su uso en todo el libro de Jr. Así, la expresión וַיְהִי דְבַר־יְהוָה אֶל־יִרְמְיָהוּ aparece en 29,30; 32,26; 33,1.19.23; 34,12; 35,12; 36,27; 37,6; 42,7; 43,8. En todas estas recurrencias la

---

sión menor la que no abarca el poema entero, sino una de sus secciones. La inclusión se refuerza cuando se repiten más de una palabra».

[42] Como hemos mencionado ambas tienen una función de introducir unidades más o menos amplias, cf. pp. 31-33.

[43] S. BRETÓN, *Vocación y misión*, 42.

fórmula indica la misma división intermedia[44]. Mientras que la expresión הָיָה דְבַר־יהוה אֵלַי aparece sólo en 25,3 y 32,6; y por lo que respecta a 25,3 es claro que no pretende iniciar una nueva unidad.

Digamos una palabra sobre la nueva fórmula en el cuadro precedente: la fórmula oracular נְאֻם־יהוה. En este capítulo aparece en los vv. 5.30.44. Sus funciones son variadas: en 32,5 señala la conclusión final de un oráculo dirigido principalmente a Sedecías y va seguida de la fórmula del acontecimiento[45]; en 32,30 se sitúa en medio de la intervención de Yahveh sin ninguna fórmula alrededor; y en 32,44 está precediendo inmediatamente la fórmula de acontecimiento de la palabra. «Más abundantes son los casos de la fórmula al final del oráculo o temática. Es su puesto natural. En esta postura, es fácilmente reconocible cuando sigue inmediatamente después otra fórmula de apertura»[46].

1.4 *Perspectiva histórico-crítica de la sección*[47]

A estas alturas puede resultar superfluo continuar con la justificación de la unidad de estudio; este recorrido sin embargo, nos está proporcionando un rico conocimiento del texto como punto de partida. A estas razones de contenido y de composición literaria del texto en su forma final quisiéramos añadir, antes de concluir, la aportación de diversos autores hecha desde una perspectiva histórico-crítica, especialmente en el ámbito de la historia de la redacción de estos materiales. Dos preguntas nos planteamos para guiar nuestro estudio: ¿es posible distinguir distintos orígenes en los materiales que forman la sección 30–33? y, en caso afirmativo, ¿se puede perfilar una historia de la composición redacción hasta llegar a su forma actual?

---

[44] A excepción de 33,1; aquí, ya lo hemos dicho, la aparición de la cronología y otras fórmulas acentúan la división, pero dejando entrever una unión estrecha con 32.

[45] Es curioso en esta aparición que ni está al final del versículo y que la fórmula analizada en el versículo 6 no está al comienzo del mismo, parecen ser indicios de marcar una separación menor.

[46] S. BRETÓN, *Vocación y misión*, 220. Para un estudio más detallado cf. el apartado «La fórmula "nᵉʼum + N"» de la citada obra, pp. 213-233.

[47] Aunque la finalidad de este capítulo es la delimitación del texto de Jr 32 en su forma final, añadimos en este apartado un breve resumen de las principales aportaciones de la perspectiva diacrónica que, a nuestro juicio, ayuda a compaginar y completar las observaciones hechas hasta este momento. No nos proponemos aquí un estudio detallado de la formación, composición y redacción de cada una de las unidades de esta sección sino de las principales conclusiones que afectan a la entera sección. Para mayor información se puede consultar las obras que se irán dando como bibliografía.

Un breve recorrido por la historia de la investigación nos ayuda a situar el problema y comprender los resultados[48]. La obra de B. Duhm[49] es punto obligado de partida. Este autor guiado por los textos en prosa y poesía distinguía 3 fuentes: en la obra de Jeremías:
— «las palabras de Jeremías», es decir, los poemas de Jr contenidos principalmente en 1–25 y 30–31,
— «las narraciones de Baruc» contando la vida de Jr: capítulos 26–45,
— un material suplementario añadido por otras manos. Sus redactores escribieron más teología que historia, hay que destacar en él los oráculos mesiánicos de 30–31 y 46–51.

S. Mowinckel[50] da un paso adelante. Según Mowinckel la división de Duhm era demasiado tajante (en especial en la atribución a Jr exclusivamente del material poético). Él distingue 4 fuentes literarias: A, B, C y D, al frente de las cuales existe el propio redactor: R^A, R^B, R^C y R^D; así los cc. 1–45 son el trabajo de R^{ABCD}. Los capítulos 46–52 son un apéndice tardío siguiendo Is 40–66; se completa el libro 1–52, como fruto de otro redactor: R^J.

Mowinckel describe las cuatro fuentes de la siguiente manera[51]:

A.— colección de oráculos poéticos en los cc. 1–25 con poco trabajo redaccional;

B.— colección de narraciones históricas sobre la actividad del profeta principalmente en 26–44;

C.— comprende los discursos que no pertenecen ni a A ni a B, en estrecha relación con el lenguaje y la teología deuteronomista (entre ellos señala 32,1-2, 6-16, 24-44);

D.— es una colección tardía inserta en el libro y abarca los cc. 30–31 comprendiendo los oráculos de salvación. A este material se le añadie-

---

[48] Nos basamos para esta presentación en R. SMEND, *Die Entstehung des Alten Testaments*, 156-164, y R.P. CARROLL, *Jeremiah. A Commentary*, 38-50. Puede verse también W. MCKANE, *Jeremiah*, II, clvi-clxiv.

[49] B. DUHM, *Das Buch Jeremia*, XX-XXII. Si bien esta obra es de comienzos del siglo XX y se ha avanzado mucho en este campo de la investigación es todavía cierta la observación de Carroll: «Although modern scholarship has moved considerably from the time of Duhm and would hardly now regard the book of Jeremiah as the product of three kinds of material, it seems to me that much of what Duhm has to say about the supplements and their relation to later literature is quite sound», cf. R.P. CARROLL, *Jeremiah. A Commentary*, 39.

[50] S. MOWINCKEL, *Zur Komposition des Buches Jeremia*.

[51] Cf. S. MOWINCKEL, *Zur Komposition des Buches Jeremia*, 20-24.31.45-48.

ron una serie de adiciones posteriores como son 31, 29-40 y el capítulo 33[52].

Autores como Rudolph, Hyatt y Thiel han seguido trabajando sobre esta misma línea reestructurando las fuentes y el contenido de cada una de ellas. En concreto no se habla ya de una fuente D, y por lo que respecta a C ya no se entiende como una fuente sino como el resultado de un trabajo redaccional. De esta forma el interés de los autores se ha desplazado progresivamente hacia la historia de la redacción, reconociendo al redactor un verdadero trabajo literario y teológico[53]:

> La redacción no se ha limitado a seleccionar el material existente, a componerlo y enriquecerlo con pequeñas añadidos o con un título general. Su intervención es aquí más evidente y más extensa que en los otros libros proféticos y ha supuesto verdaderas y propias contribuciones originales. A ellas pertenece en primer lugar un sistema de anotaciones introductivas, como el título esteriotipado «Esta es la palabra que fue dirigida a Jeremías de parte de Yahveh» [...] Pero sobre todo, la redacción — al igual que en la obra histórica deuteronomista — ha formulado ella misma una gran cantidad de textos, más o menos extensos, sobre todo discursos, sirviéndose a veces sí y a veces no del texto preexistente, haciendo uso frecuentemente de su propia habilidad literaria[54].

Efectivamente, muchas de las afirmaciones de Duhm y Mowinckel han sido criticadas y son todavía objeto de discusión[55]. Pero sus observaciones, sobre nuestra sección, resultan válidas y sobre ellas han seguido trabajando y matizando los diversos autores.

---

[52] Cf. R.P. CARROLL, *Jeremiah. A Commentary*, 40. Una crítica reciente a esta presentación de Mowinckel puede verse en B.D. SOMMER, «New Light», 646-666.

[53] De hecho, uno de los grandes puntos de debate en los últimos años es la consideración de esta fuente C o nivel deuteronomista de tradición y su influencia en la construcción del libro de Jr. Cf. R.P. CARROLL, «Surplus Meaning», 115-159; K. SCHMID, *Buchgestalten des Jeremiabuches*, 29-35.

[54] R. SMEND, *Die Entstehung des Alten Testaments*, 158.

[55] He aquí algunos puntos discutibles: la relación entre poesía y prosa en el libro de Jeremías y el problema del autor; la relación entre la forma final, redacción y la figura histórica del profeta Jr; el papel de Baruc en la construcción del libro; la relación del libro, y del mismo profeta, con la corriente deuteronómica. En el fondo de estos debates late siempre la cuestión del «Jeremías histórico»: ¿podemos llegar a través de la obra final a concretar la vida y las palabras-pensamiento del profeta? Para un estudio más amplio cf. R.P. CARROLL, «Surplus Meaning», 115-159; T.R. HOBBS, «Some Remarks», 257-275.

Una propuesta reciente del desarrollo de composición y redacción de nuestra sección proviene de W. L. Holladay[56]. Este autor propone tres núcleos distintos para la entera sección:
– Distingue el primer núcleo originario en 30,1-7.10-21; 31,1aβγb.2-9.15-22.27-28. El autor sitúa la colección en el festival de los Tabernáculos en Septiembre-Octubre de 587[57].
– Por otra parte establece un núcleo originario del capítulo 32 en los vv. 8-13.16.25-27.36-37.41.44. La compra del campo tuvo lugar a lo largo del verano del 588 con lo cual la porción más auténtica del relato fue recogida poco después.
– Por lo que respecta al capítulo 33, Holladay afirma que el núcleo primitivo está formado por los vv. 1-9, cuyo origen hay que situarlo después de la destrucción. Sigue en cuestión de semanas o meses al capítulo 32.
Atribuye a Baruc la unión de los materiales de 30–31 y los del capítulo 32 (con un primer trabajo redaccional para dar coherencia a esa unión) y la adición en ese momento del material de 33, 1-11. A partir de los materiales presentes en 30–33 se fueron añadiendo los capítulos hasta formar el rollo separado de los capítulos 26–36.
La diversidad de propuestas a la hora de fijar el contenido exacto de los materiales originales demuestra que nos movemos en un terreno complejo, enrevesado, ya desde las primeras investigaciones pero, ¿podemos concluir algo más a parte de la constatación de un material confuso e incierto? Dejando de lado el deseo de precisar el número de versículos y la datación exacta de los materiales, hay que añadir que los

---

[56] Cf. W.L. HOLLADAY, *Jeremiah*, II, 22-24, 206-211, 222-224, 228-231. A lo largo de estas páginas desarrolla este proceso ofreciendo posibles dataciones de esa historia de composición redacción. No nos interesa tanto determinar con precisión los versículos auténticos de Jr, ni la datación, o el contenido exacto de los bloques del texto en cada momento. Solamente pretendemos ilustrar un proceso y mostrar una cierta unanimidad en distinguir tres núcleos de materiales. En su momento entraremos en detalle en el estudio del capítulo 32. Un extenso estudio del conjunto de los capítulos 30-33 ofrece K. SCHMID, *Buchgestalten des Jeremiabuches*; especialmente interesantes resultan para el desarrollo de la composición de los cc. 30–33 las páginas 107-110.185-196. Por su parte B.D. SOMMER, «New Light», mantiene, como Holladay, que los diversos núcleos de 30–33* estaban formados antes del exilio.

[57] Holladay organiza la actividad profética de Jr partiendo de la tesis de la lectura periódica (cada 7 años) de una forma primitiva del Dt durante la fiesta de los Tabernáculos. Ésta tuvo lugar, a partir de su hallazgo en el 622, por tanto en los años 622, 615, 608, 601, 594, 587, cf. W.L. HOLLADAY, *Jeremiah*, II, 27.

diversos autores atribuyen un origen diverso (tanto de tiempo, como de autor) a los materiales a partir de los cuales se han desarrollado las unidades menores de nuestra sección (30–31, 32, 33).

La reconstrucción de la historia de la redacción nos mete en un ambiente fuertemente polémico, donde conviven las opiniones más disparatadas entre sí. El carácter hipotético es tan vehemente que uno se rinde al escepticismo. Sin embargo también aquí aflora un aspecto común: ha tenido que existir un último redactor (o varios redactores) que unifica los cuatro capítulos, que imprime esquemas, modelos y expresiones literarias, tratando al texto como una totalidad. Así lo reconocen desde distintas perspectivas algunos autores:

– Desde una perspectiva «hacia fuera», más atenta al entorno, por ejemplo A. Rofé afirma:

> el editor que creó el pequeño «libro de la restauración» en los capítulos 30–33 declaró su intención en la introducción [30,2-4]. Así nació el «libro de la restauración». No obstante, puesto que la composición de la pequeña colección de los capítulos 30–33 descuidó la estructura de la segunda colección (cc. 25–36), es evidente que en los cc. 30–33 trabajó un redactor diferente y que trabajó después del editor responsable de la estructura general del libro[58].

– M. Biddle desde una perspectiva «hacia dentro», más interna:

> Los dos primeros de estos capítulos contienen material cuyo origen e intención es muy discutido[...] Sea cual sea la forma en que se enfoque la cuestión, está claro que el proceso por el cual estas profecías encontraron su puesto en el presente libro de Jeremías supone una re-orientación del mensaje para incluir a los dos reinos de Israel [...] Varios factores indican que

---

[58] A. ROFÉ, «The Arrangement», 395. Sobre una datación de las diversas manos afirma más adelante: «When did the dominant arrangement of the Book of Jeremiah (disregarding chs. 30; 31; 33) come into existence? The clue to the answer lies in the second collection (chs 25–36). Here Deuteronomistic sermons, such as chs. 25; 27; 29; 32; 34; 35, alternate with reports of events that were only partly affected by Deuteronomistic phraseology — chs. 26; 28; 36 —[...] It follows, then, that if the Deuteronomistic reworking into sermons took place during the first half of the 5th century, the overall arrangement of the scroll was accomplished somewhat later, further down into the Persian period. [...] The case of the "book of restoration" stands to prove that the history of the Book of Jeremiah did not end with the arrangement considered above. At least two more editorial readjustments are evident», *Ibid.*, 395-396.

esta estructura[59] fue impuesta a los capítulos 32 y 33 a imitación de los capítulos 30–31[60].

En este rápido recorrido hemos ido sorteando conscientemente grandes problemáticas, porque no era nuestra intención adentrarnos en la espesura de esta discusión. Nos contentamos con un poco de luz para nuestro primer contacto con el texto en su contexto. Al menos podemos afirmar que cada una de las secuencias de la sección 30–33 ha tenido un origen diverso y ha alcanzado su situación actual gracias a un esfuerzo intencionado en imprimirles coherencia literaria y teológica.

Llegamos así al final de este primer apartado. La conclusión a la que llegamos es descontada, pero damos por justificado el esfuerzo, muy enriquecedor, por todos los hallazgos que nos han salido al encuentro. Emprendemos ahora el análisis del capítulo 32 contemplado como una unidad susceptible en sí misma de estudio.

2. Crítica textual y traducción

En esta sección nos proponemos realizar un análisis lingüístico cuyo objetivo es doble:

---

[59] La estructura que presenta es la siguiente:
I –   Promises to the people
  B –   "Behold" introduction (Jer 30, 1-3)
    A –   "Juda" introduction (Jer 30,4)
    A –   "Juda" coda (Jer 31,23-26)
  B–   "Behold" coda (Jer 31, 27-34)
      C–   Promises assured by ordinances of nature (Jer 31,35ff.)
II –   Promises to the city
  B –   "Behold" introduction (Jer 31,38ff.)
  B –   "Behold" coda (Jer 33,14ff)
      C–   Promises assured by ordinance of nature (Jer 33,19-26).

Desde esta estructura afirma: «as the Jeremiah tradition continued to grow beyond the form crystallized in the LXX, an editor of Jeremiah 31,38–33,16 sought to weld the Jerusalem and land prophecies of these two chapters of the Book of Consolation to the core of the collection more firmly by reproducing pre-existing material and shaping it into a frame similar to that which he found already surrounding the core of the Book of Consolation[…]. Recognizing the end of Jr 31 as a promise to Jerusalem in the form of a "Behold, the days are coming" introduction, he concluded the Jerusalem material with a similar promise, adapted from a earlier David promise. He also reproduced the assurance of God's promise which included the first section of the Book of Consolation at the end of the whole collection», cf. M. BIDDLE, «The Literary Frame», 412-413.

[60] M. BIDDLE, «The Literary Frame», 410-411.

– presentación de los aspectos problemáticos del texto original, de las dificultades que pudieran condicionar su comprensión y estudio de las variantes textuales que nos llevan a la fijación final del texto.

– propuesta de traducción que en lo sucesivo nos servirá de base para nuestro estudio.

En el análisis nos detenemos únicamente en los puntos de discordia entre diversos autores y que sin embargo, resultan importantes para nuestro estudio[61]. En dos apartados distinguimos, por una parte problemas relacionados con la fijación del texto y la crítica textual y por otra, los problemas relacionados con la traducción[62].

El resultado final será una propuesta personal de traducción.

---

[61] Para el resto de cuestiones más sencillas véase las obras de referencia siguientes: W.L. HOLLADAY, *Jeremiah*, II,202-206; G.L. KEOWN – P.J. SCALISE – T.G. SMOTHERS, *Jeremiah 26–52*, 143-144; W. MCKANE, *Jeremiah*, II, 836-852. Sobre todo el comentario de McKane que presta especial atención a los aspectos filológicos. Una presentación sistemática de la crítica textual puede verse en H. MIGSCH, *Jeremias Ackerkauf*, 53-62.

[62] Para facilitar la compresión de estas dificultades en primer lugar presentaremos el versículo en hebreo señalando gráficamente dónde se centra el problema. El texto hebreo utilizado es el de la BHS, cf. K. ELLIGER – W. RUDOLPH, *Biblia Hebraica Stuttgartensia*. Hemos cotejado el texto propuesto por *The Bible Proyect of Hebrew University*, y no hemos encontrado diferencias significativas en este capítulo. Únicamente la introducción de un maqqep en el versículo 13 (y dos diferencias en los *Petuchot* y *Setumot*: al inicio del capítulo 32 y después del v. 25); cf. C. RABIN – S. TALMON – E. TOV, *The Book of Jeremiah*. Para las referencias de LXX seguimos la edición de J. ZIEGLER, *Ieremias*. No es nuestro objetivo tomar parte en el debate sobre la antigüedad y relación entre TM y LXX, un estudio de la transmisión del texto griego nos apartaría de nuestro objetivo. Optamos por trabajar por el TM y las referencias a LXX serán de cara a resolver o tomar postura ante las posibles dificultades. Para la relación TM y LXX, cf. J.G. JANZEN, *Studies*; S. SODERLUND, *The Greek Text of Jeremiah*; J.G. JANZEN, «A Critique», 16-47; H. COUSIN, *La Biblia griega*, 89-100; F.D. HUBMANN, «Bemerkungen», 263-270; R.P. CARROLL, «Surplus Meaning», 115-159; P.-M. BOGAERT, «De Baruch à Jérémie», 168-173; G. FISCHER, «Zum Text des Jeremiabuches», 305-328; E. TOV, «Some Aspects», 145-167; *The Text-Critical Use*, 243-245; A.G. SHEAD, «Jeremiah 32»; J.R. LUNDBOM, *Jeremiah 1–20*, 57-62. Para los aportes de los textos de Qumran en este debate, cf. G.J. BROOKE, «The Book of Jeremiah», 183-205. Una comparación de los dos textos referentes al cap. 32 de Jr puede verse, P.-M. BOGAERT, «Les documents», 53-77; H. MIGSCH, *Jeremias Ackerkauf*, 63-74.

2.1 *Versículos discutibles del texto*
2.1.1 Versículo 8

וַיָּבֹא אֵלַי חֲנַמְאֵל בֶּן־דֹּדִי כִּדְבַר יְהוָה אֶל־חֲצַר הַמַּטָּרָה וַיֹּאמֶר אֵלַי קְנֵה נָא
אֶת־שָׂדִי אֲשֶׁר־בַּעֲנָתוֹת אֲשֶׁר בְּאֶרֶץ בִּנְיָמִין כִּי־לְךָ מִשְׁפַּט הַיְרֻשָּׁה וּלְךָ הַגְּאֻלָּה
קְנֵה־לָךְ וָאֵדַע כִּי דְבַר־יְהוָה הוּא

El versículo en sí mismo no presenta una dificultad de crítica textual o gramatical, ahora bien resulta una repetición extraña, o al menos innecesaria:

«me dijo: "*Compra, te ruego*, mi campo de Anatot que está en la tierra de Benjamín, porque a ti te corresponde el derecho de propiedad y a ti te corresponde el rescate. *Cómpralo*"».

וַיֹּאמֶר אֵלַי *קְנֵה* נָא אֶת־שָׂדִי אֲשֶׁר־בַּעֲנָתוֹת אֲשֶׁר בְּאֶרֶץ בִּנְיָמִין
כִּי־לְךָ מִשְׁפַּט הַיְרֻשָּׁה וּלְךָ הַגְּאֻלָּה *קְנֵה־לָךְ*

Holladay presenta una opción interesante[63]. Propone un cambio del texto basándose en los siguientes datos:

– la omisión en LXX de esta segunda petición,

– la extrañeza de la doble petición especialmente cuando falta un mandato explícito de parte del Señor en el versículo 7,

– en el versículo 25 aparece ese mandato de compra como ordenado por el Señor: וְאַתָּה אָמַרְתָּ אֵלַי אֲדֹנָי יְהוִה קְנֵה־לְךָ הַשָּׂדֶה.

Holladay traslada este imperativo al final de v. 7, como parte del mandato divino y no como palabras de Janamel: El texto quedaría así:

⁶וַיֹּאמֶר יִרְמְיָהוּ הָיָה דְבַר־יְהוָה אֵלַי לֵאמֹר ⁷הִנֵּה חֲנַמְאֵל בֶּן־שַׁלֻּם דֹּדְךָ בָּא אֵלֶיךָ
לֵאמֹר קְנֵה לְךָ אֶת־שָׂדִי אֲשֶׁר בַּעֲנָתוֹת כִּי לְךָ מִשְׁפַּט הַגְּאֻלָּה לִקְנוֹת *קְנֵה־לָךְ*
⁸וַיָּבֹא אֵלַי חֲנַמְאֵל בֶּן־דֹּדִי כִּדְבַר יְהוָה אֶל־חֲצַר הַמַּטָּרָה וַיֹּאמֶר אֵלַי
קְנֵה נָא אֶת־שָׂדִי אֲשֶׁר־בַּעֲנָתוֹת אֲשֶׁר בְּאֶרֶץ בִּנְיָמִין כִּי־לְךָ מִשְׁפַּט הַיְרֻשָּׁה
וּלְךָ הַגְּאֻלָּה וָאֵדַע כִּי דְבַר־יְהוָה הוּא

La argumentación de Holladay es razonable. Sin embargo juzgamos por una parte que las variantes textuales no dan pie a este cambio y, por otra parte, es un cambio innecesario en el orden del texto[64].

---

[63] Cf. W.L. HOLLADAY, *Jeremiah*, II, 203.

[64] Analizaremos este aspecto con más detalle en la crítica literaria del texto. La hipótesis de Holladay es comprensible desde su valoración de la historia de la composición del texto, cf. W.L. HOLLADAY, *Jeremiah*, II, 210. Pero creemos que se

2.1.2 Versículo 9

וָאֶקְנֶה אֶת־הַשָּׂדֶה מֵאֵת חֲנַמְאֵל בֶּן־דֹּדִי אֲשֶׁר בַּעֲנָתוֹת וָאֶשְׁקֲלָה־לּוֹ אֶת־[A]הַכֶּסֶף שִׁבְעָה שְׁקָלִים וַעֲשָׂרָה [A]הַכָּסֶף

La repetición del término הַכֶּסֶף implica también problemas de traducción[65]. En la primera aparición כֶּסֶף indicaría el «precio»[66], el dinero fijado: וָאֶשְׁקֲלָה־לּוֹ אֶת־הַכֶּסֶף «le pesé el dinero», (así, por ejemplo, en Gn 23,13 נָתַתִּי כֶּסֶף הַשָּׂדֶה קַח מִמֶּנִּי, «Te doy el precio de la finca acéptamelo...», cf. Gn 31.15).

En la segunda: שִׁבְעָה שְׁקָלִים וַעֲשָׂרָה הַכֶּסֶף significa «plata», corrigiendo a כָּסֶף. Esta corrección del TM puede explicarse como una ditografía[67] de la letra ה del versículo siguiente: וָאֶשְׁקֹל הַכֶּסֶף בְּמֹאזְנָיִם («y le pesé la plata en la balanza»).

2.1.3 Versículo 11

וָאֶקַּח אֶת־סֵפֶר הַמִּקְנָה אֶת־הֶחָתוּם [A]הַמִּצְוָה [A]וְהַחֻקִּים וְאֶת־הַגָּלוּי

Nos hallamos ante una estructura gramatical compleja. ¿A qué se refiere la expresión הַמִּצְוָה וְהַחֻקִּים? Una mirada a LXX no ayuda ya que omite ambos términos: καὶ ἔλαβον τὸ βιβλίον τῆς κτήσεως τὸ ἐσφραγισμένον καὶ τὸ ἀνεωγμένον.

Encontramos dos propuestas de solución:
– cambio del TM[68], anteponiendo la preposición עַל y colocarlo al final del versículo anterior:

[10]וָאֶכְתֹּב בַּסֵּפֶר וָאֶחְתֹּם וָאָעֵד עֵדִים וָאֶשְׁקֹל הַכֶּסֶף בְּמֹאזְנָיִם עַל הַמִּצְוָה וְהַחֻקִּים

[11]וָאֶקַּח אֶת־סֵפֶר הַמִּקְנָה אֶת־הֶחָתוּם וְאֶת־הַגָּלוּי

[10]Redacté la escritura, la sellé, aduje testigos y pesé la plata en la balanza, según la ley y los preceptos. [11]Tomé la escritura de la compra, la copia sellada y la copia abierta.

Esta corrección mejora el sentido de ambas frases: es una descripción de las costumbres legales de compra[69].

---

pueda dar razón de esta colocación en la forma final del texto, aspecto que trataremos en el análisis sincrónico.

[65] Tratamos en este apartado la traducción sin esperar al siguiente apartado para evitar repeticiones.

[66] Cf. W. McKane, *Jeremiah*, II, 839.

[67] Cf. W. McKane, *Jeremiah*, II, 839.

[68] Cf. W. Rudolph , aparato crítico de la BHS.

– La segunda propuesta es mantener TM: הֶחָתוּם הַמִּצְוָה וְהַחֻקִּים «la copia sellada, lo estipulado y las condiciones». Gramaticalmente ambos nombres funcionan como aposiciones: «lo estipulado y las condiciones» del contrato. Barthélemy opta por respetar el TM y entiende que hace referencia a «lo estipulado y las condiciones» que formaban parte de la porción sellada[70].

Consideramos más convincente esta segunda explicación y optamos por respetar el texto masorético.

2.1.4 Versículo 12

וָאֶתֵּן אֶת־[A]הַסֵּפֶר הַמִּקְנָה אֶל־בָּרוּךְ בֶּן־נֵרִיָּה בֶּן־מַחְסֵיָה לְעֵינֵי חֲנַמְאֵל [B]דֹּדִי וּלְעֵינֵי הָעֵדִים הַכֹּתְבִים בְּסֵפֶר הַמִּקְנָה [C]לְעֵינֵי כָּל־הַיְּהוּדִים הַיֹּשְׁבִים בַּחֲצַר הַמַּטָּרָה

A. El primer punto oscuro de este versículo es la primera aparición del término סֵפֶר (אֶת־הַסֵּפֶר הַמִּקְנָה «la escritura de la compra»). Está en estado constructo[71] y no admite gramaticalmente el artículo. Dos posibles soluciones:

– supresión del artículo[72] apoyándose en algunos manuscritos orientales;

– lectura en aposición de los dos sustantivos[73]: «la escritura, la compra».

Preferimos la primera solución basándonos en las otras apariciones de la expresión en este mismo texto:

32,11: וָאֶקַּח אֶת־סֵפֶר הַמִּקְנָה אֶת־הֶחָתוּם הַמִּצְוָה וְהַחֻקִּים וְאֶת־הַגָּלוּי;
32,14: אֵת סֵפֶר הַמִּקְנָה הַזֶּה וְאֵת הֶחָתוּם וְאֵת סֵפֶר הַגָּלוּי הַזֶּה;
32,16: אַחֲרֵי תִתִּי אֶת־סֵפֶר הַמִּקְנָה אֶל־בָּרוּךְ.

B. El aparato crítico de la BHS propone introducir el término בֶּן־. Además de los diferentes manuscritos siríacos y targúmicos, nos viene confirmado por:

– TM: חֲנַמְאֵל בֶּן־שַׁלֻּם דֹּדְךָ en los versículos 8 y 9, y חֲנַמְאֵל בֶּן־דֹּדִי en el versículo 7;

---

[69] Cf. G.L. KEOWN – P.J. SCALISE – T.G. SMOTHERS, *Jeremiah 26–52*, 143.
[70] Cf. D. BARTHÉLEMY, *Critique Textuelle*, II, 693-694.
[71] Así ha aparecido ya en el versículo 11: וָאֶקַּח אֶת־סֵפֶר הַמִּקְנָה («entregué la escritura de la compra») y lo mismo en el versículo 16.
[72] Cf. W. RUDOLPH, aparato crítico de la BHS.
[73] Cf. A.E. COWLEY, *Gesenius' Hebrew Grammar*, §§ 127h y 131.

– LXX: Αναμεηλ υἱοῦ ἀδελφοῦ πατρός μου («Janamel hijo del hermano de mi padre»).
Adoptamos esta introducción[74].
C. לְעֵינֵי («a la vista de»). Diversos manuscritos anteponen la conjunción וּ: וּלְעֵינֵי כָּל־הַיְּהוּדִים. De esta forma la frase gana en coherencia («...a la vista de Janamel, ... y a la vista de los que habían escrito...y a la vista de todos los judíos...»). Aceptamos esta propuesta.
Después de estas modificaciones el versículo queda de la siguiente manera:

וָאֶתֵּן אֶת־סֵפֶר הַמִּקְנָה אֶל־בָּרוּךְ בֶּן־נֵרִיָּה בֶּן־מַחְסֵיָה לְעֵינֵי חֲנַמְאֵל בֶּן־דֹּדִי וּלְעֵינֵי הָעֵדִים הַכֹּתְבִים בְּסֵפֶר הַמִּקְנָה וּלְעֵינֵי כָּל־הַיְּהוּדִים הַיֹּשְׁבִים בַּחֲצַר הַמַּטָּרָה

2.1.5 Versículo 14

כֹּה־אָמַר יְהוָה צְבָאוֹת אֱלֹהֵי יִשְׂרָאֵל לָקוֹחַ אֶת־[A]הַסְּפָרִים הָאֵלֶּה אֵת סֵפֶר הַמִּקְנָה הַזֶּה וְאֵת הֶחָתוּם וְאֵת סֵפֶר הַגָּלוּי הַזֶּה וּנְתַתָּם בִּכְלִי־חָרֶשׂ לְמַעַן יַעַמְדוּ יָמִים רַבִּים

Bajo el punto de vista de crítica textual es el versículo más complicado de esta secuencia. Hasta ahora Jr ha mencionado sólo un documento:

v. 10: וָאֶכְתֹּב בַּסֵּפֶר וָאֶחְתֹּם;

v. 11: וָאֶקַּח אֶת־סֵפֶר הַמִּקְנָה;

v.12: וָאֶתֵּן אֶת־הַסֵּפֶר הַמִּקְנָה אֶל־בָּרוּךְ;

y posteriormente en el v. 16 vuelve a hablar de un documento:

וָאֶתְפַּלֵּל אֶל־יְהוָה אַחֲרֵי תִתִּי אֶת־סֵפֶר הַמִּקְנָה אֶל־בָּרוּךְ.

En el v. 11 aclaraba que tenía dos partes («Tomé la escritura de la compra: la copia sellada con lo estipulado y las condiciones, y la copia abierta»). De repente el texto pasa a hablar de אֶת־הַסְּפָרִים הָאֵלֶּה, por lo tanto de documentos en plural. Además su descripción no concuerda con la anterior אֵת סֵפֶר הַמִּקְנָה הַזֶּה וְאֵת הֶחָתוּם וְאֵת סֵפֶר הַגָּלוּי הַזֶּה.

La versión de LXX no ayuda a la comprensión por dos motivos:

– omite partes del texto: אֶת־הַסְּפָרִים הָאֵלֶּה, אֵת הֶחָתוּם, הַזֶּה;

---

[74] Barthélemy respetando el TM le da la misma traducción e interpretación, cf. D. BARTHÉLEMY, *Critique Textuelle*, II, 696: «le comité a estimé probable que le *M est ici le témoin du texte primitif, quoique les posibilités d'une mutilation du texte existent. Interprétation porposée: [...] En 12: "mon cousin Hanaméel"».

— es gramaticalmente inconsistente: «varios documentos» y sin embargo el verbo está en singular: διαμείνῃ,

Λάβε τὸ βιβλίον τῆς κτήσεως τοῦτο καὶ τὸ βιβλίον τὸ ἀνεῳγμένον καὶ θήσεις εἰς ἀγγεῖον ὀστράκινον, ἵνα διαμείνῃ ἡμέρας πλείους.

El uso del plural podría justificarse: TM no habla de varias escrituras sino que hace referencia a sus distintas partes[75]. En cuanto a las partes descritas LXX no es coherente. Esto obliga a suponer diversas adiciones o ignorancia de los escribas en materia de procedimientos legales y su documentación[76].

Sigo la propuesta de Rudolph (BHS) que omite los términos: הַזֶּה y סֵפֶר en su segunda aparición. El versículo queda así:

כֹּה־אָמַר יְהוָה צְבָאוֹת אֱלֹהֵי יִשְׂרָאֵל לָקוֹחַ אֶת־הַסְּפָרִים הָאֵלֶּה אֵת סֵפֶר הַמִּקְנָה הַזֶּה וְאֵת הֶחָתוּם וְאֵת הַגָּלוּי וּנְתַתָּם בִּכְלִי־חָרֶשׂ לְמַעַן יַעַמְדוּ יָמִים רַבִּים

De esta forma el texto resulta más comprensible, suponiendo que el contrato de compra tenía dos documentos según se deduce del versículo 11[77].

---

[75] Cf. A.E. COWLEY, *Gesenius' Hebrew Grammar*, § 124a.

[76] Janzen propone una historia de las posibles adiciones de este versículo: «It is clear from verses 10, 11, 12, 16, that only *one* "book" or document was involved in the transaction of 32.6-25. Contracts and deeds from Elephantine and Palestine illuminate the significance of verse 11[...] the document consisted of two parts, one rolled up, bound and sealed, the other rolled loosely and left open for reference. In verse 14, therefore, הספרים האלה את and נתח(ם) reflect scribal misunderstanding of, or inattention to, the nature of the document being drawn up», cf. J.G. JANZEN, *Studies*, 15. Este autor apunta la posibilidad de dos lecturas primitivas A: הספר הזה y B: הזה ספר המקנה את, preferimos conservar el texto masorético con las mínimas modificaciones, si bien el estudio de las fases nos ayuda a comprender el sentido.

[77] Esta hipótesis viene confirmada por los hallazgos arqueológicos de Elefantina y el desierto de Judea, cf. W.L. HOLLADAY, *Jeremiah*, II, 215; G.L. KEOWN – P.J. SCALISE – T.G. SMOTHERS, *Jeremiah 26–52*, 154; y la correspondiente bibliografía aportada por estos autores. En especial considero clarificadores los siguientes artículos: Y. YADIN, *«Expedition D»*, 227-257; Y. SHILOH – D. TARLER, «Bullae», 197-209. Así describe Yadin el proceso en relación con la escritura: «The original deed was first written on the upper part of the document (*scriptura interior*), usually in a small, specially cursive script. The scribe left a blank space of 2-3 cm., (according to the size of the particular deed), after which he copied out the whole deed (*scriptura exterior*) usually verbatim in a large and clear hand. Next, he rolled and folded the inner part (*interior*) of the deed, including also the lacuna between its two sections. This folded part of the deed was then tied with a thread (in most cases two-ply) which ran vertically down the front [...], and was drawn diagonally across the back to the second loop after having been knotted at the end of every loop. The witnesses signed their names on the back (the *verso*) [...] After this, the deed was

2.1.6 Versículo 26

וַיְהִי דְבַר־יְהוָה [A]אֶל־יִרְמְיָהוּ לֵאמֹר

Aisladamente el versículo no presenta dificultad. Pero en el contexto crea problema a los distintos autores. La dificultad está en parte motivada por la diferencia entre LXX y TM. El texto de LXX presenta la fórmula en primera persona: Καὶ ἐγένετο λόγος κυρίου πρός με λέγων, mientras que TM lo hace en tercera persona (אֶל־יִרְמְיָהוּ). En el v. 6 el TM también ha presentado la primera persona (הָיָה דְבַר־יְהוָה אֵלַי). Parecería preferible también aquí la primera persona, sobre todo si se tiene en cuenta que en 32,16 la oración esta dirigida en primera persona «y oré». Así el aparato crítico de BHS propone la lectura de אֵלַי (a mí)[78].

El problema de este cambio no es sólo el cambio en sí, sino que además conlleva otras correcciones, pues supone entender las palabras del Señor como respuesta directa a la oración de Jeremías. De esta manera sería necesaria la corrección en los vv. 36 y 43 de אַתֶּם אֹמְרִים («vosotros decís») por אַתָּה אֹמֵר («tú dices») siguiendo también aquí LXX[79].

Por nuestra parte, — siguiendo a Barthélemy[80] que reconoce en el TM una *lectio difficilior* —, optamos por mantener la tercera persona en este versículo (y consiguientemente respetar también el texto en los vv. 36 y 42). Por lo tanto distinguimos entre la oración de Jeremías dirigida en primera persona («Oré a Yahveh después...»), y una respuesta

---

again rolled up, but not tied this time. The object of this procedure was, of course, to safeguard the original deed from falsification while at the same time enabling its holder to use the lower, *exterior* half for daily reference, as required; in case of doubt, and only then, the interior could be opened in the appropriate office», *Ibid.*, 236-237. El artículo de Shiloh y Tarler no sólo confirma la propuesta de Yadin sino que presenta directamente los nuevos hallazgos en relación con el texto del capítulo 32 de Jeremías. Para una interpretación diversa, cf. P.-M. BOGAERT, «Les documents», 53-77.

[78] Esta es la opción de Holladay, cf. W.L. HOLLADAY, *Jeremiah*, II, 205. En esta misma línea se sitúa la traducción de la Biblia de Jerusalén: «Entonces me dirigió Yahvé la palabra en estos términos».

[79] Cf. aparato crítico de ambos versículos en BHS y W.L. HOLLADAY, *Jeremiah*, II, 205-206. Además Holladay considerando secundaria la fórmula del mensajero propone una revocalización en vv. 36 y 42 (אֹמֵר en lugar de אָמַר) de tal manera que son palabras dirigidas por Dios en ese momento.

[80] Cf. D. BARTHÉLEMY, *Critique Textuelle*, II, 696. Esa misma opción sigue W. MCKANE, *Jeremiah*, II, 846.

del Señor introducida en tercera persona («Fue dirigida la palabra del Señor a Jeremías...»), con lo cual no se presenta directamente como una respuesta en un diálogo oracional entre Jr y el Señor.

2.1.7 Versículo 33

וַיִּפְנוּ אֵלַי עֹרֶף וְלֹא פָנִים ᴬוְלַמֵּד אֹתָם הַשְׁכֵּם וְלַמֵּד וְאֵינָם שֹׁמְעִים לָקַחַת מוּסָר

El aparato crítico de BHS propone corregir el primer וְלַמֵּד, infinitivo absoluto, por וָאֲלַמֵּד un tiempo finito que facilitaría la gramática de la frase. Es la lectura que sigue LXX y cuya presencia puede explicarse por el segundo וְלַמֵּד. No cambia el sentido de la frase, sin embargo vemos injustificado la corrección; explicamos la doble presencia del infinitivo absoluto como fenómeno propio de una «descripción o narración viva», de una acción que se quiere enfatizar, y para ello es suficiente indicar la idea verbal[81].

2.1.8 Versículo 44

שָׂדוֹת בַּכֶּסֶף ᴬיִקְנוּ וְכָתוֹב בַּסֵּפֶר וְחָתוֹם וְהָעֵד עֵדִים בְּאֶרֶץ בִּנְיָמִן וּבִסְבִיבֵי יְרוּשָׁלִַם וּבְעָרֵי יְהוּדָה וּבְעָרֵי הָהָר וּבְעָרֵי הַשְּׁפֵלָה וּבְעָרֵי הַנֶּגֶב כִּי־אָשִׁיב אֶת־שְׁבוּתָם נְאֻם־יְהוָה

Después de haber encontrado en los vv. 15 y 43 el verbo קנה (comprar) en nifal, es extraño encontrar aquí la misma raíz en qal en un contexto de afirmación genérica que parece recoger los dos versículos citados. Por ello algunos autores, siguiendo la Vulgata, prefieren vocalizar el verbo como nifal יִקָּנוּ[82]. Dos razones nos mueven a decantarnos a favor del TM:

– Por una parte la estructura de la frase no es similar a la de los vv. 15 y 43. En estos casos la construcción es verbo + sujeto, sin embargo en el v. 44 la frase comienza anómalamente por el objeto directo seguido por un complemento circunstancial:

32,15: עוֹד יִקָּנוּ בָתִּים וְשָׂדוֹת וּכְרָמִים בָּאָרֶץ הַזֹּאת

32,43: וְנִקְנָה הַשָּׂדֶה בָּאָרֶץ הַזֹּאת

32:44: שָׂדוֹת בַּכֶּסֶף יִקְנוּ וְכָתוֹב בַּסֵּפֶר

---

[81] Cf. A.E. COWLEY, *Gesenius' Hebrew Grammar*, §§ 113y.z.ff.

[82] Así proponen una traducción con sentido pasivo numerosos autores, entre ellos W. MCKANE, *Jeremiah*, II, 849 («Fields will be bought and sold»); L. ALONSO SCHÖKEL – J.L. SICRE, *Profetas*, I, 568, o la Biblia de Jerusalén.

Por lo tanto aunque el sentido último de los tres versículos sea el mismo, no nos parece justificado el cambio en nombre de una cierta similitud, es más nos parece intuir una estructura intencionadamente distinta.

– Como afirma Holladay, la presencia de una serie de infinitivos absolutos que siguen en este mismo versículo (כָּתוֹב, חָתוֹם, הָעֵד) hace suponer que el sujeto de todos estos verbos sea el mismo[83].

Así pues, juzgamos que hay que mantener la forma presente del TM.

2.2 Versículos discutibles para la traducción

2.2.1 Versículo 3

^Aאֲשֶׁר כְּלָאוֹ צִדְקִיָּהוּ מֶלֶךְ־יְהוּדָה לֵאמֹר מַדּוּעַ אַתָּה נִבָּא לֵאמֹר

כֹּה אָמַר יְהוָה הִנְנִי נֹתֵן אֶת־הָעִיר הַזֹּאת בְּיַד מֶלֶךְ־בָּבֶל וּלְכָדָהּ

El v. 3 nos presenta la primera dificultad de traducción. Este versículo está introducido por la partícula de relativo אֲשֶׁר. Falta la preposición con el pronombre retrospectivo o adverbio de su antecedente[84]. Su omisión crea cierta ambigüedad gramatical en nuestro texto[85]. ¿Qué valor tiene la partícula אֲשֶׁר? Dos posibilidades:

– Relativo, trata de especificar el lugar donde estaba preso Jr: «en donde le había encerrado...».

– Valor causal[86], indicando la razón de su prisión: «porque le había encarcelado Sedecías».

LXX ha optado por el relativo: ἐν αὐλῇ τῆς φυλακῆς, ἥ ἐστιν ἐν οἴκῳ τοῦ βασιλέως, ³ἐν ᾗ κατέκλεισεν αὐτὸν ὁ βασιλεὺς Σεδεκιας λέγων. Personalmente nos inclinamos a dar al término este valor de relativo.

---

[83] Cf. W.L. HOLLADAY, *Jeremiah*, II, 218. Sobre el uso del infinitivo absoluto véase lo dicho a propósito del versículo 33.

[84] Aunque ésa sea la regla gramatical, es frecuente su ausencia. Cf. P. JOÜON – T. MURAOKA, *A Grammar of Biblical Hebrew*, II, §158j; Gn 35,13.14; Is 64,10; Nm 13,27; 20,13).

[85] Cf. W. MCKANE, *Jeremiah*, II, 837.

[86] Cf. A.E. COWLEY, *Genesius' Hebrew Grammar*, § 158b. Según esta interpretación King James Version traduce: «For Zedekiah king of Judah had shut him up, saying...»; y en la misma línea el comentario de G.L. KEOWN – P.J. SCALISE – T.G. SMOTHERS, *Jeremiah 26–52*, 143: «because Zedekiah, the king of Judah, had confined him, saying...».

2.2.2 Versículo 5

וּבָבֶל יוֹלִךְ אֶת־צִדְקִיָּהוּ וְשָׁם יִהְיֶה ᴬעַד־פָּקְדִי אֹתוֹ נְאֻם־יְהוָה כִּי תִלָּחֲמוּ אֶת־הַכַּשְׂדִּים לֹא תַצְלִיחוּ

El problema de traducción esta relacionado con el término פָּקְדִי. Es un término ambiguo, o mejor ambivalente[87]. La raíz פקד (en qal) tiene teológicamente hablando dos significados básicos:

– un sentido positivo, «como concepto que expresa el interés salvador de Yahvé por el individuo o por Israel como pueblo, en el sentido de "cuidar atentamente de, prestar atención o mirar por, interesarse por él"»;

– un sentido negativo: «"visitar" en el sentido de una intervención de Yahvé para pedir cuentas por las faltas y omisiones»[88]. Schottroff incluye en el primer grupo el texto de Jr 32,5[89]. Sin embargo, antes de elegir, debemos preguntarnos: ¿Se trata, en nuestro caso, de una ambigüedad pretendida? La tentación es respetar la ambigüedad del término traduciendo «hasta que yo le visite», sin especificar el carácter de la visita. De todos modos es posible obtener una información más precisa sobre nuestro término:

– En 27,22 encontramos un oráculo similar:

בָּבֶלָה יוּבָאוּ וְשָׁמָּה יִהְיוּ עַד יוֹם פָּקְדִי אֹתָם נְאֻם־יְהוָה
וְהַעֲלִיתִים וַהֲשִׁיבֹתִים אֶל־הַמָּקוֹם הַזֶּה

«A Babilonia serán llevados y allí estarán hasta el día que yo los visite — oráculo de Yahveh — y entonces los subiré y devolveré a este lugar».

Este versículo especifica el carácter de la visita, que es de signo positivo, puesto que la segunda parte del versículo se refiere a los instrumentos de culto אֹתָם, el objeto de la visita. Sin embargo en 32,5 no se determina; en un giro brusco, el discurso habla del futuro de un «vosotros» (que hay que identificar con los habitantes de la ciudad).

---

[87] Cf. C. BEGG, "Yahweh's "Visitation"", 113-114: «The connotations of the reference here to Yahweh's future "visiting" of Zedekiah have long perplexed scholars. Their puzzlement arises from several factors: the well-known ambiguity of the stem *paqad* which the OT uses both *in malam* and *in bonam partem*, the lack of clear indications in the context as to which sense should be preferred in this case, and finally the fact of the Bible's virtual silence concerning the fate of Zedekiah in Babylon». Sobre la pluralidad de sentidos de esta raíz cf. G. ANDRÉ, «פָּקַד», 707-719.

[88] Cf. W. SCHOTTROFF, «פקד», 603.

[89] Cf. W. SCHOTTROFF, «פקד», 601.

– En 34,2-5 se presenta otro oráculo a Sedecías similar[90] al de 32,3-5 en el que se le asegura un final feliz («En paz morirás. Y como se quemaron perfumes por tus padres, los reyes antepasados que te precedieron, así los quemarán por ti...»).

– Si bien las razones precedentes parecen orientar la traducción hacia un sentido positivo no las consideramos satisfactorias. La razón definitiva la ofrece el análisis de los distintos usos de la raíz פקד — con sus variadas contrucciones —, dentro del libro de Jeremías.

El término aparece 49 veces[91]. Podemos organizarlas del siguiente modo:

– פקד + preposición עַל (con o sin sufijos pronominales, en alguna ocasión la preposición אֶל): 5,9.29; 9,8.24; 11,22; 13,21; 15,3; 21,14; 23,2(segunda aparición).34; 25,12; 27,8; 29,32; 30,20; 36,31; 44,13(2×).29; 46,25; 49,19; 50,18 (2×).44; 51,27.44.47.52. En todas aparece con un sentido negativo, es decir una visita de castigo.

– פקד + marca de objeto directo אֵת (con o sin sufijos pronominales): 23,2(primera aparición) 27,22; 29,10. Todas con un sentido positivo de restauración.

– פקד + objeto directo (o sufijo pronominal de objeto directo) + una expresión temporal עֵת: 6,15; 49,8; 50,31, en los tres casos también con sentido negativo[92].

Jr 23,2 es el versículo paradigmático para percibir los matices de significado de las construcciones:

לָכֵן כֹּה־אָמַר יְהוָה אֱלֹהֵי יִשְׂרָאֵל עַל־הָרֹעִים הָרֹעִים אֶת־עַמִּי אַתֶּם הֲפִצֹתֶם
אֶת־צֹאנִי וַתַּדִּחוּם וְלֹא פְקַדְתֶּם אֹתָם הִנְנִי פֹקֵד עֲלֵיכֶם אֶת־רֹעַ מַעַלְלֵיכֶם
נְאֻם־יְהוָה

---

[90] La semejanza de estos dos oráculos será objeto de estudio en el capítulo de análisis diacrónico.

[91] 1,10; 3,16; 5,9.29; 6,6.15; 9,8.24; 11,22; 13,21; 14,10; 15,3.15; 21,14; 23,2(2×).4.34; 25,12; 27,8.22; 29,10.32; 30,20; 32,5; 36,20.31; 37,21; 40,5.7(2×).11; 41,2.10.18; 44,13(2×).29; 46,25; 49,8.19; 50,18 (2×).31.44; 51,27.44.47.52. Nos limitamos a su uso en qal, por tanto fuera de este análisis: 1,10; 6,6; 23,4; 36,20; 37,21; 40,5.7.11; 41,2.10.18.

[92] Begg considera estos versículos como excepciones, cf. C. BEGG, «Yahweh's "Visitation"», 115. Nosotros sostenemos que constituyen un sintagma propio en relación con la expresión עֵת פְּקֻדָּה (tiempo del castigo) presente en Jr 8,12; 10,15; 46,21; 50,27; 51,18. Sólo dos expresiones se salen de esta catalogación: 14,10 y 15,15. En ambas el verbo פקד se encuentra en paralelismo con זכר; el sentido es comprensible en función del objeto y el sentido de זכר, recordar los pecados con sentido negativo, mientras que recordar al profeta con sentido positivo.

Pues así dice Yahveh, el Dios de Israel, tocante a los pastores que apacientan a mi pueblo: Vosotros habéis dispersado a las ovejas y no las atendisteis. Mirad que voy a pasaros revista por vuestras malas obras — oráculo del Señor — (Jr 23,2).

Estos datos nos permiten situar nuestro versículo 32,5 (עַד־פָּקְדִי אֹתוֹ) en el segundo grupo por el tipo de construcción (פקד + marca de objeto directo אֵת) y le atribuimos por tanto un sentido positivo[93].

La traducción, «hasta que yo le muestre mi favor», otorga al oráculo un alto grado de contraste y paradoja, rasgo propio de la sección y muy importante para la comprensión de nuestra secuencia. Ya el inicio del texto acentúa el contraste castigo-liberación. Además, el punto no está tanto en el castigo a Sedecías, sino en el *anuncio* de castigo y dentro del castigo una *liberación* que no presupone una necesaria conversión; al menos no se explicita.

2.2.3 Versículo 6

וַיֹּאמֶר יִרְמְיָהוּ הָיָה דְבַר־יְהוָה אֵלַי לֵאמֹר

El problema de este versículo no es la traducción cuanto la interpretación de esa traducción. El TM puede entenderse de dos formas:

— como respuesta a la pregunta de Sedecías en los vv.3-4 («¿Por qué has profetizado…»)[94]; por lo tanto el resto del capítulo, o al menos hasta el versículo 25, sería una respuesta a la acusación de los versículos 3-5:

³en donde le había encerrado *Sedecías*, rey de Judá, *acusándole*:«¿Por qué has profetizado: Así dice Yahveh: "He aquí que yo entrego esta ciudad en manos del rey de Babilonia y él la conquistará. ⁴Sedecías, rey de Judá, no escapará de manos de los caldeos, sino que será entregado sin remisión en manos del rey de Babilonia, con él tendrá que vérselas y hablar cara a cara. ⁵A Babilonia ha de llevar a Sedecías y allí permanecerá hasta que yo le visite, oráculo de Yahveh, aunque luchéis contra los caldeos no triunfaréis"».

---

[93] En su extenso estudio sobre la raíz פקד, André afirma: «the עד פקדי אתו of Jer 32:5 thus proclaims the future acquittal of the king who is at the moment being convicted», cf. G. ANDRÉ, *Determining the Destiny*, 84. A la misma conclusión llega Begg. Este autor en favor de una interpretación positiva utiliza además un argumento de tradición de midrash y targum, y el cambio que debe introducir la particula עַד, cf. C. Begg, "Yahweh's "Visitation"», 113-117.

[94] Cf. W. MCKANE, *Jeremiah*, II, 839, presenta estas dos posibilidades; también G.L. KEOWN – P.L. SCALISE – T.M. SMOTHERS, *Jeremiah 26-52*, 143.

⁶*Dijo* [en el sentido de respondió] *Jeremías*: «Me fue dirigida la palabra de Yahveh, como sigue...»;

– como referencia que recupera la introducción del v. 1:
הַדָּבָר אֲשֶׁר־הָיָה אֶל־יִרְמְיָהוּ מֵאֵת יְהוָה.

El texto de LXX apoya la segunda posibilidad (versículo 1: Ὁ λόγος ὁ γενόμενος παρὰ κυρίου πρὸς Ιερεμίαν... ; y versículo 6: καὶ λόγος κυρίου ἐγενήθη πρὸς Ιερεμίαν λέγων). Personalmente seguimos esta segunda opción, consideramos la frase como fórmula de transición que resume el v. 1. Por una parte, se trata de una fórmula de acontecimiento con un valor de composición más que de narración. Hay, además razones temáticas para no entender el texto como una respuesta:

– las palabras de Jeremías no responden directamente a la pregunta[95],

– el contenido de dichas palabras suceden *después* de la pregunta. Se supone un diálogo entre Sedecías y Jeremías en el momento de encarcelarlo. En la respuesta Jr hace mención al acontecimiento de la compra que ocurren cuando Jr está ya encarcelado.

Por lo tanto la pregunta es retórica y el v. 6 no ha de entenderse como respuesta directa. Lo cual no significa afirmar que la pregunta carezca de valor, al contrario, es una cuestión que pertenece a la «ambientación» presentada en esta introducción necesaria para entender la narración, no tanto por su alcance cronológico o histórico cuanto por el teológico. Es una pregunta que queda flotando en el aire.

2.3 *Nuestra propuesta de traducción*

Teniendo en cuenta las observaciones precedentes de crítica textual y de traducción, presentamos a continuación nuestra traducción de trabajo. En ella, respetamos ante todo el texto sin omitir repeticiones, sin purificar su estilo recargado. Es la siguiente:

¹La palabra que fue dirigida a Jeremías de parte de Yahveh en el año décimo de Sedecías rey de Judá, que corresponde al año decimoctavo de Nabucodonosor. ²En aquel momento el ejército del rey de Babilonia asediaba a Jerusalén y el profeta Jeremías estaba encerrado en el patio de la guardia, en el palacio del rey de Judá, ³en donde lo había encerrado Sedecías, rey de Judá, acusándole: «¿Por qué has profetizado: Así dice Yahveh: He aquí que yo entrego esta ciudad en manos del rey de Babilonia y él la conquistará; ⁴y

---

[95] Cf. G.L. KEOWN – P.L. SCALISE – T.M. SMOTHERS, *Jeremiah 26–52*, 147.

Sedecías, rey de Judá, no escapará de manos de los caldeos sino que será entregado sin remisión en manos del rey de Babilonia, hablará con él cara a cara y sus ojos verán sus ojos. ⁵A Babilonia ha de llevar a Sedecías y allí permanecerá hasta que le muestre mi favor, oráculo de Yahveh, aunque luchéis contra los caldeos no triunfaréis?».

⁶Dijo Jeremías: «Me fue dirigida la palabra de Yahveh como sigue: ⁷He aquí que Janamel, el hijo de tu tío Salún, viene a decirte: "Compra mi campo de Anatot porque a ti te corresponde el derecho de rescate para comprarlo". ⁸Vino a mí Janamel, el hijo de mi tío, conforme a la palabra de Yahveh, al patio de la guardia y me dijo: "Compra, te ruego, mi campo de Anatot que está en la tierra de Benjamín, porque a ti te corresponde el derecho de propiedad y a ti te corresponde el rescate. Cómpralo". Reconocí que aquello era la palabra de Yahveh. ⁹Compré el campo de Anatot a Janamel, hijo de mi tío. Le pesé el dinero: diecisiete siclos de plata. ¹⁰Redacté la escritura, la sellé, aduje testigos y pesé el dinero en la balanza. ¹¹Cogí la escritura de la compra: la copia sellada, con lo estipulado y las condiciones, y la copia abierta; ¹²y entregué la escritura de la compra a Baruc, hijo de Neriyías hijo de Majseías, a la vista de Janamel hijo de mi tío y a la vista de los testigos que habían firmado en la escritura de la compra y a la vista de todos los judíos que estaban en el patio de la guardia. ¹³A la vista de ellos ordené a Baruc: ¹⁴"Así dice Yahveh Sebaot, Dios de Israel: Toma estas escrituras, la escritura de compra tanto la copia sellada como la copia abierta, y ponlas en una jarra de barro para que duren mucho tiempo. ¹⁵Porque así dice Yahveh Sebaot Dios de Israel: Todavía se comprarán casas y campos y viñas en esta tierra". ¹⁶Oré a Yahveh después de entregar la escritura de la compra a Baruc, hijo de Neriyías, como sigue: ¹⁷"¡Ay, Señor Yahveh! He aquí que tú hiciste el cielo y la tierra con tu gran fuerza y con tu brazo firme, nada es imposible para ti. ¹⁸Tratas con misericordia por mil generaciones y castigas el pecado de los padres en el seno de los hijos que les suceden, Dios grande y valeroso cuyo nombre es Yahveh Sebaot, ¹⁹grande en designios y poderoso en acciones, que tienes los ojos fijos en todas las conductas de los humanos para dar a cada uno según su conducta y según el fruto de sus acciones. ²⁰Tú obraste signos y prodigios en la tierra de Egipto que duran hasta hoy, y en Israel y en la humanidad, y te has hecho un nombre como el que tienes hoy. ²¹Sacaste a tu pueblo Israel de la tierra de Egipto con signos y prodigios, con mano robusta y brazo firme y con gran terror. ²²Les diste esta tierra que habías prometido a sus padres darles, tierra que mana leche y miel. ²³Ellos entraron para poseerla pero no obedecieron tu voz ni caminaron según tu ley, no hicieron nada de lo que les habías mandado hacer, y les has enviado toda esta calamidad. ²⁴He aquí que las rampas de asalto entran en la ciudad para conquistarla y la ciudad es entregada en manos de los caldeos que combaten contra ella con la espada, el hambre y la peste; lo que

habías anunciado se ha cumplido y tú lo estás viendo. ²⁵¡Y tú me dices, Señor Yahveh: 'compra el campo con dinero y aduce testigos', cuando la ciudad es entregada en mano de los caldeos!"

²⁶Fue dirigida la palabra del Señor a Jeremías como sigue: ²⁷"He aquí que yo soy Yahveh Dios de todo viviente, ¿acaso hay algo imposible para mí? ²⁸Pues bien así dice Yahveh: He aquí que yo entrego esta ciudad en manos de los caldeos y en manos de Nabucodonosor rey de Babilonia y él la conquistará. ²⁹Y los caldeos que combaten contra esta ciudad entrarán y prenderán fuego a esta ciudad e incendiarán la ciudad con las casas en cuyas terrazas quemaron incienso a Baal y ofrecieron libaciones a otros dioses para provocarme. ³⁰Porque los hijos de Israel y los hijos de Judá no han hecho sino el mal a mis ojos desde su juventud, porque los hijos de Israel no han hecho sino provocarme con las obras de sus manos, oráculo de Yahveh. ³¹Porque esta ciudad ha sido motivo de mi ira y mi furor desde el día en que la construyeron hasta hoy como para hacerla desaparecer de mi presencia, ³²por toda las maldades que han cometido los hijos de Israel y los hijos de Judá para provocarme; ellos, sus reyes, sus príncipes, sus sacerdotes, sus profetas, tanto los hombres de Judá como los habitantes de Jerusalén. ³³Me dieron la espalda en vez de la cara sin embargo los instruí, asiduamente los instruí, pero ellos no atendieron para aprender la lección. ³⁴Pusieron sus ídolos en la casa que lleva mi nombre profanándola. ³⁵Construyeron lugares de culto a Baal en el valle de Ben-Hinnón para sacrificar a Moloc sus hijos y sus hijas, cosa que no les mandé, ni se me pasó por la cabeza que hicieran semejante abominación para hacer pecar a Judá.

³⁶Pues bien ahora así dice Yahveh el Dios de Israel acerca de esta ciudad, de la que vosotros decís que es entregada en manos del rey de Babilonia por la espada, el hambre y la peste: ³⁷He aquí que yo los reúno de todos los países a donde los dispersó mi ira, mi furor y mi gran enojo, y les haré volver a este lugar y les haré habitar seguros. ³⁸Serán mi pueblo, y yo seré su Dios. ³⁹Les daré un corazón indiviso y una conducta íntegra para que me respeten toda la vida para su bien y el de los hijos que les sucedan. ⁴⁰Pactaré con ellos alianza eterna que no revocaré después de ellos para hacerles el bien y pondré mi temor en sus corazones para que no se aparten de mí. ⁴¹Disfrutaré por ellos haciéndoles el bien y los plantaré en esta tierra definitivamente, con todo mi corazón y con toda mi alma. ⁴²Porque así dice Yahveh, como he traído sobre este pueblo toda esta gran calamidad, así yo traeré sobre ellos toda la prosperidad que yo les prometo. ⁴³Se comprarán campos en esta tierra de la que vosotros decís que está desolada, sin hombres ni ganado, entregada en manos de los caldeos ⁴⁴Comprarán campos con dinero y escribirán la escritura, sellarán y aducirán testigos en la tierra de Benjamín y en los alrededores de Jerusalén y en las ciudades de Judá y

en las ciudades de la Montaña, y en las ciudades de la Sefela y en las ciudades del Negueb; porque cambiaré su suerte, oráculo de Yahveh."»

3. Estructura de la secuencia

Para concluir este capítulo nos queda por decir una palabra sobre una primera división-estructura del texto. Ésta será objeto de estudio más detallado en el apartado de análisis retórico; ahora queremos aprovechar los datos que nos ha proporcionado el estudio precedente.

El primero de ellos son las fórmulas de acontecimiento de la palabra. Estas fórmulas han guiado las divisiones mayores de la sección. También ahora nos dejamos guiar por ellas.

Las fórmulas de acontecimiento de la palabra nos han aparecido en 3 versículos del capítulo 32:

Versículo 1: הַדָּבָר אֲשֶׁר־הָיָה אֶל־יִרְמְיָהוּ מֵאֵת יְהוָה,

Versículo 6: הָיָה דְבַר־יְהוָה אֵלַי,

Versículo 26: וַיְהִי דְבַר־יְהוָה אֶל־יִרְמְיָהוּ.

Según estas apariciones dividimos la secuencia en tres perícopas:
- ✓ 1-5: introducción;
- ✓ 6-25: compra del campo y reacción de Jr;
- ✓ 26-44: palabras del Señor.

Refuerzan esa delimitación las observaciones siguientes:

– en el v. 5 encontramos una fórmula oracular con un valor conclusivo de la primera perícopa:

וְשָׁם יִהְיֶה עַד־פָּקְדִי אֹתוֹ נְאֻם־יְהוָה כִּי תִּלָּחֲמוּ אֶת־הַכַּשְׂדִּים לֹא תַצְלִיחוּ

– en el v. 44 aparece una nueva fórmula oracular[96] junto a la expresión «cambio de suerte» antes mencionada y que marcan el final de la tercera perícopa y de la entera secuencia: כִּי־אָשִׁיב אֶת־שְׁבוּתָם נְאֻם־יְהוָה.

– recordemos la presencia de inclusiones formadas por los términos: *campo*, *dinero* y *comprar*. Aparecen en vv. 7-9, v. 25 y vv. 43 y 44. Se encuentran por tanto en el inicio de la segunda perícopa y al final de la misma, al igual que al final de la tercera.

Los textos ofrecen una diferencia temática relativa:

• Vv. 1-5 versan sobre la situación histórica de la ciudad y de Jeremías. El oráculo anuncia a Sedecías las dos cosas: castigo y promesa de salvación; de la ciudad sólo se dice que será conquistada (la última par-

---

[96] Respecto a la segunda aparición en 32,30 véase lo dicho en pag. 38.

te del oráculo repite el mensaje referido a un «vosotros», habitantes de la ciudad que lucháis contra los caldeos).

• Vv. 6-25 narran la compra del campo de Jeremías, su significado, lo incomprensible del hecho de la compra dada la situación de la ciudad. La narración se desarrolla a través de diversos diálogos entre un «yo» (Jeremías, Yahveh, Janamel) y un «tú» (Jeremías, Yahveh, Baruc).

• Vv. 26-44 recogen las palabras del Señor sobre el futuro de la ciudad. Ese futuro se presenta en primer término como un futuro de castigo por los pecados, en un segundo momento da paso a un futuro de restauración.

Por tanto las tres perícopas son distintos desarrollos de un mismo tema, variaciones que giran en torno a la ciudad contemplada desde diversas perspectiva sea desde el sujeto que toma la palabra (Jeremías, Yahveh, «vosotros») sea desde el destinatario de esta palabra (Sedecías, el campo, el pueblo). Esta variación temática puede seguirse también en el vocabulario. Es significativa la diferencia de presencias de los siguientes términos:

Sedecías (צִדְקִיָּהוּ): vv. 1.3.4.5.

Campo (שָׂדֶה) en: 7.8.9.15.25.43.44.

Ciudad (עִיר): vv. 3.24.25.28.29.31.36.44; más las referencias a Jerusalén en 2.32.44.

Es decir, Sedecías aparece sólo en la primera perícopa; el campo está presente principalmente en la segunda perícopa (y de manera secundaria en la tercera), mientras que el espacio propio de la ciudad es principalmente la tercera perícopa.

También cambian los interlocutores en cada una de las perícopas señaladas: en la primera el diálogo se establece principalmente entre Yahveh y Sedecías; en la segunda entre Jeremías y Yahveh; en la tercera entre Yahveh y el pueblo. Podemos, pues, definir un primer nivel de estructura de este capítulo de la forma siguiente:

✓ 1-5: Introducción general y oráculo sobre Sedecías.
✓ 6-25: Compra del campo y oración de Jeremías.
✓ 26-44: Palabras de Yahveh sobre la ciudad.

Para la subdivisión de estas perícopas, podríamos servirnos de las fórmulas del mensajero, pero su uso es más complicado de lo que parece[97].

Esto hace que debamos examinar una por una cada presencia pues no todas tienen la misma función[98]. Una visión de conjunto de las seis nos revela cómo están dispuestas en el texto: con una disposición 1+2+2+1:

[3] כֹּה אָמַר יְהוָה

[14] כֹּה־אָמַר יְהוָה צְבָאוֹת אֱלֹהֵי יִשְׂרָאֵל

[15] כִּי כֹה אָמַר יְהוָה צְבָאוֹת אֱלֹהֵי יִשְׂרָאֵל

[28] לָכֵן כֹּה אָמַר יְהוָה

[36] וְעַתָּה לָכֵן כֹּה־אָמַר יְהוָה אֱלֹהֵי יִשְׂרָאֵל

[42] כִּי־כֹה אָמַר יְהוָה

Existe una correspondencia formal entre las dos de la segunda perícopa (כֹּה־אָמַר יְהוָה צְבָאוֹת אֱלֹהֵי יִשְׂרָאֵל); entre las dos primeras de la tercera (לָכֵן כֹּה אָמַר יְהוָה), y entre la primera aparición y la última de la secuencia (כֹּה אָמַר יְהוָה)[99].

En la primera perícopa introduce el oráculo sobre Sedecías, en este sentido indica un cambio de sujeto que habla. Pero no divide la unidad en dos, pues forma parte de la pregunta dirigida por Sedecías.

En la segunda perícopa aparece la fórmula en los vv. 14 y 15. Estas dos presencias tan seguidas no nos hacen pensar en introducción de bloques distintos sino más bien en una conclusión de bloque[100]. La se-

---

[97] Recordemos las principales conclusiones que presenta S. Bretón a propósito de su función:
– la fórmula de mensajero estaba originariamente dentro de un esquema de embajada,
– pronto la fórmula se desvincula de este esquema e introduce toda suerte de materiales proféticos,
– desligada del esquema de embajada, la fórmula mitiga su significado original y se transforma en elemento de composición del texto narrativo. Ilustra este fenómeno citando precisamente el capítulo 32 de Jeremías,
– las reflexiones anteriores no invalidan la afirmación que el profeta se autocomprende como un emisario, pero le recuerdan sus límites.
Cf. S. BRETÓN, *Vocación y misión*, 84-85, especialmente la nota 253.

[98] También en la secuencia 30–31 se encuentra este mismo fenómeno de diversidad de funciones. Cf. B.A. BOZAK, *«Life 'Anew'»*, 18-25.

[99] Esta disposición recuerda la presentada a propósito de la expresión «cambio de suerte» a nivel de toda la sección, cf. nota 25.

[100] A propósito de la doble repetición de la fórmula en 31,15.16 Bozak observa: «The repetition of the formula (which may well be of redactional origin) serves to

paración de los dos bloque se basa, sin embargo en un elemento en parte nuevo. Hasta el versículo 16 se trata de una narración, mientras que a partir de 17 comienza una oración de Jr dirigida a Dios, con un inicio claro marcado con la expresión: אֲהָהּ אֲדֹנָי יְהוִה [101]. Tanto el pronombre personal de segunda persona (vv. 17 y 25), las formas verbales en segunda persona singular como los sufijos (también de segunda persona) evidencian que hemos pasado de una narración a un discurso.

En la tercera perícopa localizamos la fórmula en vv. 28.36.42. Aquí sí tienen una función más claramente introductoria. Las dos primeras las encontramos precedidas de la partícula לָכֵן. לָכֵן + fórmula del mensajero tiene como rasgo más característico la introducción de un castigo o sentencia, según el esquema: acusación + לָכֵן fórmula mensajero + הִנֵּה con participio (+ castigo). Sin embargo en el v. 35ss no se trata de un castigo sino de la restauración: «sin alterar el esquema, Jr 32,35ss trastorna su lógica interna»[102].

Con la tercera aparición se inicia la conclusión de la perícopa donde se retoma el motivo del campo que había en cierto modo desaparecido de escena y que había sido la ocasión de la oración.

De lo anterior presentamos una ulterior división:
+ 1-5: Introducción histórica y oráculo sobre Sedecías y la ciudad
+ 6-25: Palabra dirigida a Jeremías en primera persona, compra del campo y oración.
- ✓ 6 Introducción
- ✓ 7-15 Narración de la compra del campo
- ✓ 16 Transición
- ✓ 17-25 Oración de Jeremías

+ 26-44: Palabra dirigida a Jeremías en tercera persona:
- ✓ 26-27: introducción a la respuesta
- ✓ 28-35: anuncio de un castigo
- ✓ 36-41: anuncio de la restauración
- ✓ 42-44: conclusión de la restauración.

¿Presenta alguna novedad esta división respecto a las ya presentadas por otros autores? En parte sí y en parte no. No la presenta en lo que se refiere a la división en bloques, sí respecto a la estructuración de esos

---

emphasize that it is Yhwh alone (and not another, e.g., the prophet) who guarantees a change of circumstances for Rachel», cf. B.A. BOZAK, *«Life 'Anew'»*, 24

[101] Esta misma expresión introduce palabras de Jr dirigidas al Señor en 1,6; 4,10 y 14,13.

[102] S. BRETÓN, *Vocación y misión*, 87-88.

bloques[103]. La diferencia puede parecer simplemente de matiz, pero nos resulta, importante porque conlleva una comprensión en parte diversa de la relación de las perícopas y por tanto del texto. En concreto las diferencias se centran en dos aspectos:
– se señala una cesura mayor en el v.15 y,
– una menor separación en el 26.

Así por ejemplo Holladay afirma: «El capítulo se divide fácilmente en tres secciones: la narración de la compra de Jeremías del campo familiar en Anatot (vv. 1-15), su oración a Yahveh (vv. 16-25) y la respuesta de Yahveh (vv. 26-44)»[104]. Distinta en cuanto al número de divisiones, pero similar en cuanto a la comprensión general, es la propuesta de *Word Biblical Commentary*[105]:

I. Encabezamiento (1),
II. Situación histórica (2-5),
III. Informe de la compra del campo (6-9),
IV. Informe de la acción simbólica: guardar las escrituras (10-15),
V. Oración de Jeremías (16-25),
VI. Respuesta del Señor (26-44).

En nuestra división la oración va ligada a la acción simbólica formando parte de la narración en primera persona de Jeremías[106]. Forma parte de la actitud del profeta ante la palabra del Señor y manifiesta más claramente lo incomprensible e inesperado de la palabra actuada por Jeremías obedeciendo a la orden divina. Sin duda que los distintos autores relacionan la oración con lo precedente (la incomprensión de la compra) pero en la estructuración que ofrecen, la consideran como un

---

[103] Cf. las divisiones detallas presentadas por L. ALONSO SCHÖKEL – V. COLLADO – J.L. SICRE, «Jeremías 30–33», 2 y G.L. KEOWN – P.L. SCALISE – T.M. SMOTHERS, *Jeremiah 26–52*, 145.

[104] W.L. HOLLADAY, *Jeremiah*, II, 206: «The chapter falls easily into three sections: the narrative of Jrm's purchase of a family field in Anatoth (vv 1-15), his prayer to Yahweh (vv16-25) and Yahweh's response (vv 26-44)». Similar estructura se encuentra en W. BRUEGGEMANN, *A Commentary on Jeremiah*, 300-312; K.G. FRIEBEL, *Jeremiah's and Ezekiel's Sign-Acts*, 315.

[105] Cf. G.L. KEOWN – P.L. SCALISE – T.M. SMOTHERS, *Jeremiah 26–52*, 145; similar en R.P. CARROLL, *Jeremiah. A Commentary*, 618-632.

[106] Veremos en el análisis narrativo que esto tiene su importancia. En su análisis del capítulo desde los niveles de comunicación presentes en el texto Hardmeier presenta una división similar a la nuestra, cf. C. HARDMEIER, «Probleme», 62-79.

momento intermedio entre la compra y la respuesta de Dios. De ahí que nosotros queramos recalcar la separación señalada en el versículo 26[107].

De esta manera son muchos los autores que presentan la perícopa 26-44 como la respuesta a la oración de Jr: «La oración de Jeremías (vv. 16-25) evoca una respuesta por parte de Yahveh en forma de un oráculo. De esta manera esta larga sección en prosa está formalmente relacionada como oración (vv. 16-25) y respuesta (vv. 26-41)»[108].

No negamos que originariamente pueda ser ése el núcleo de la perícopa (una respuesta a Jeremías), ni que el tercer bloque tenga paralelismos con el segundo (creando una conexión literaria y teológica) pero en su forma actual se presenta como una palabra del Señor más genérica (no dirigida directamente a Jeremías). Responde sí a Jeremías por el tema del campo, pero responde también a una pregunta más amplia y a un auditorio más amplio (no en vano ha quedado en el aire una pregunta en los vv. 3-5 que en último término se refería a un vosotros). Para esta afirmación nos basamos en la presencia del «vosotros» en los vv. 36 y 43, y al encabezamiento de la perícopa (v. 26: «Fue dirigida la palabra del Señor a Jeremías como sigue»). No sólo falta referencia explícita a que la respuesta se dirija directamente a Jr por motivo de la oración sino que además la fórmula da pie a pensar lo contrario, en el sentido de que en el v. 6 Jr habla en primera persona mientras que en el v. 26 se trata de una introducción de Jr en tercera persona como portador de la palabra del Señor para otras personas, como en el resto de los oráculos[109].

La introducción de los vv. 1-5 no lo es sólo de la compra, sino también del oráculo de Dios. En este sentido el v. 2 introduce la situación de la ciudad y de Jr. La segunda sección trata de una compra relacionada con Jr y de su oración. La tercera la respuesta se centra sobre la ciudad (sus habitantes y la tierra), de hecho las dos primeras fórmulas del mensajero de esta sección son seguidas de oráculos que tienen por objeto la ciudad y no dan ninguna respuesta directa a Jeremías. Analizaremos con más detalle estos aspectos en el análisis retórico. Creemos que

---

[107] En la unidad de los versículos 6-25 insiste H. MIGSCH, *Jeremias Ackerkauf*, 17-23.117-120.

[108] Cf. W. BRUEGGEMANN, *A Commentary on Jeremiah*, 306. En la misma línea, L. ALONSO SCHÖKEL – V. COLLADO – J.L. SICRE, «Jeremías 30–33», 21: «Para que el sentido [de la compra del terreno] quede claro, el autor lo remacha con una amplia introducción y con dos amplias intervenciones en diálogo del profeta con Dios».

[109] Véase lo dicho a propósito del versículo 26 en pp. 50 y 51.

las razones expuestas hasta aquí legitiman nuestra comprensión y estructuración del texto.

Sin duda este primer recorrido por el texto nos ha ido revelando datos interesantes y un conocimiento que se presenta no ya imprescindible, sino sugerente en cuanto a la riqueza literaria y a la problemática teológica que ofrece.

PARTE SEGUNDA
ESTUDIO LITERARIO

Capítulo II

Estudio de la redacción y composición

Si bien nuestro estudio se basa principalmente en la forma final del texto, que en último término es lo que retenemos como Palabra de Dios, nos parece *indispensable*[1] este acercamiento diacrónico al texto de Jr a través de los métodos histórico-críticos. Nos ayudará a captar mejor el contenido de la revelación divina poniendo de manifiesto la importancia, no sólo de la situación histórica que dio pie al texto, sino de todo el proceso histórico de producción, transmisión e interpretación del mismo.

No es nuestra pretensión presentar ahora en detalle los métodos histórico-críticos. Nos limitamos simplemente a mencionar lo esencial para una mejor comprensión del capítulo 32 de Jeremías[2].

Se pueden describir los métodos histórico-críticos como aquellos métodos que desde un punto de vista histórico intentan explicar cada texto a partir de sus antecedentes y entender su intención original. Desde un punto de vista crítico intentan entender los textos de la manera más diferenciada posible, sea respecto a la comprensión originaria, sea respecto a las sucesivas inter-

---

[1] El documento de la Pontificia Comisión Bíblica afirma con rotundidad la necesidad de su uso: «El método histórico-crítico es el método indispensable para el estudio científico del sentido de los textos antiguos. Puesto que la Sagrada Escritura, en cuanto "Palabra de Dios en lenguaje humano", ha sido compuesta por autores humanos en todas sus partes y todas sus fuentes, su justa comprensión no solamente admite como legítima, sino que requiere la utilización de este método», cf. *La interpretación*, 30.

[2] Una presentación sintética, y que en gran parte seguimos en estas páginas, se puede encontrar en H. SIMIAN-YOFRE, *Metodologia dell'Antico Testamento*, 79-119.

pretaciones que el texto — aún en su proceso de crecimiento — ha recibido[3].

En este capítulo nos detendremos en la génesis del texto (mientras que dedicaremos el capítulo siguiente a su desarrollo histórico). En primer lugar recogeremos lo que a lo largo de la historia de la exégesis se ha dicho a este propósito. En un segundo momento presentaremos el estado actual de la cuestión. Al hilo de esta doble presentación ofreceremos nuestras propias conclusiones y recogeremos los aspectos más sobresalientes para nuestro estudio.

1. Recorrido histórico

Presentamos ahora algunas de las propuestas más significativas[4]; sin embargo, hacemos notar que nuestro interés no se centra tanto en la descripción detallada de los distintos autores respecto a los versículos originales y añadidos, cuanto en los criterios que utilizan los autores para diferenciar lo original de lo secundario. En concreto ahora son importantes los criterios[5] lingüísticos, textuales, históricos, teológicos que permiten diferenciar las distintas procedencias del texto y aquellas aportaciones que iluminan las preguntas claves de nuestra investigación: ¿quién y en qué situación histórica ha escrito tanto el texto original como las adiciones? ¿Por qué se escribió? ¿Para quién se escribió? Es cierto que estos criterios están presentes a veces como presupuestos más que como conclusiones sobre la historia, personalidad y espiritualidad de Jrm[6]. En cualquier caso nos interesa poner de manifiesto las diferentes explicaciones que se han ido dando.

---

[3] H. SIMIAN-YOFRE, *Metodologia dell'Antico Testamento*, 81.

[4] Esta presentación histórica puede parecer innecesaria; como si bastara presentar los resultados actuales de la historia de la exégesis. Pero juzgamos que el recorrido ayudará a situar mejor los problemas, algunos de difícil solución, y las propuestas que se han dado. Intentaremos una presentación breve, seleccionando los autores que, a nuestro juicio, tienen aportaciones más interesantes. Para una visión más completa iremos dando las referencias bibliográficas necesarias. Para una presentación sintética de los resultados véase la tabla ofrecida por J. THONDIPARAMBIL, *Prophecy as Theater*, 146-147.

[5] Una presentación esclarecedora de los criterios que indican discontinuidad en el texto y una tarea de redacción puede verse en H. SIMIAN-YOFRE, *Metodologia dell'Antico Testamento*, 88-90.93-95.

[6] Nos alejaría de nuestra tarea entrar en una discusión de los presupuestos de cada autor; sin embargo, llamamos la atención sobre la conveniencia de distinguir entre

El punto de partida de este recorrido es el comentario de B. Duhm[7]. Para este autor el núcleo originario del capítulo se encuentra en los vv. 6-15 y pertenecen sin duda al libro de Baruc[8]. Estos versículos estaban colocados inicialmente detrás del capítulo 37 ó 38. Un redactor sacó de ese contexto la narración y le antepuso una introducción histórica, vv. 1-5[9]. Este mismo redactor compuso totalmente tanto la oración de los vv. 16-25, como la respuesta del Señor en los vv. 26-44.

Duhm se pregunta explícitamente el porqué de la introducción histórica que precede la narración. En su opinión la razón no es otra que la necesidad de aclarar que el cap. 32 había sido colocado antes que los cc. 37–38. Sin embargo esta introducción contiene dos informaciones incorrectas:

– El v. 2a sitúa la compra bajo el sitio de la ciudad por las tropas caldeas, mientras que debió ocurrir durante la interrupción del sitio debida al acercamiento de las tropas del Faraón (cf. 37,11); de lo contrario Janamel no habría podido entrar en la ciudad.

– El v. 3 atribuye la razón del encarcelamiento de Jrm a su anuncio de la conquista de la ciudad por los babilonios. En realidad la acusación se basaba en el intento de pasarse a las tropas enemigas en el momento de la interrupción del asedio de la ciudad (cf. 37,12-16).

Para Duhm la inexactitud se debe a la negligencia y falta de seriedad del redactor[10].

---

conclusiones a partir del texto y comprensiones previas que ayudan a entender el texto. En este sentido introducimos aquí una abreviatura «Jrm», de uso frecuente entre los autores, para referirnos a la figura histórica de Jeremías. Reservamos así la abreviatura «Jr» para el texto del profeta. Es una distinción artificial, pues llegamos a la «persona de Jeremías» principalmente a través del «libro de Jeremías», y esa reconstrucción hipotética de Jrm nos ayuda a comprender mejor el libro de Jr. Estamos, pues, en un círculo hermenéutico y no siempre será fácil una distinción ni neta la diferencia, pero nos ayudará a entendernos en esta discusión.

[7] Cf. B. DUHM, *Das Buch Jeremia*, 260-270.
[8] Véase lo dicho a propósito de Duhm en el cap. 1, pag. 39.
[9] Entrado más en detalle afirma este autor que algo similar al actual versículo 1 podía estar presente en la forma original de la narración escrita por Baruc. En cualquier caso sin contener la cronología referente a Nabucodonosor, cf. B. DUHM, *Das Buch Jeremia*, 260.
[10] Baste por el momento notar la explicación, pero retengamos al menos un interrogante sobre la posibilidad de que un redactor teniendo delante los cc. 37–38 cometa «por descuido» estas imprecisiones.

El relato de los vv. 6-15 se basa sobre un hecho real indudable. Inicialmente la narración fue redactada por Baruc en tercera persona, igual que los cc. 27-28, como una palabra dirigida por Jeremías al rey Sedecías (así lo deja ver la introducción del v. 6 en la versión del TM). El redactor la reconvirtió en primera persona lo cual facilitaba la inserción de la oración de los vv. 16-44. En la narración primitiva encontramos el estilo sobrio y realista característico de las descripciones de Baruc, sin extensos diálogos y con un mensaje que bien puede corresponder al propio Jrm. Sólo encontramos en el TM ampliaciones del nombre de Dios motivadas tal vez por las personas encargadas de copiar el texto. El mensaje de la acción, y de ese primer texto original, se centraba en el anuncio de una esperanza por parte de Jrm: tras una segunda deportación y la destrucción de la ciudad, una parte del pueblo permanecería en la tierra y poco a poco se iría abriendo camino hacia una restauración (en paralelo con el mensaje dado a los desterrados en 29,5).

Respecto a la oración, Duhm reconoce en ella el estilo, el espíritu y la misma armonía que en el resto de la obra del redactor[11]. La oración no añade nada en contenido a lo ya afirmado en la acción simbólica; tampoco la respuesta del Señor contiene nada que Jrm no sepa. Esto hace pensar a Duhm que se trata de una composición dirigida a los lectores posteriores. Es una oración compuesta como literatura edificante cuya finalidad es contribuir bien a la oración diaria bien a las oraciones litúrgicas de las generaciones posteriores siguiendo la estela de grandes y piadosos personajes de la historia de Israel (Salomón, Daniel,... cf. Neh 9,6ss.; Dn 9,4ss.). De esta manera la narración original ha sido utilizada como apoyo para presentar la oración como Palabra de Dios. Ésta es la razón última para sacar la narración de su contexto[12]. La acción pierde su sentido histórico en favor de una presentación del profeta co-

---

[11] Entre otros rasgos destaca la falta de conexión entre la pregunta de Jrm y respuesta del Señor (especialmente por lo que se refiere al v. 26), repeticiones innecesarias y poco cuidadas que enlazan con el estilo mencionado a propósito de la introducción histórica. Esto demuestra que el redactor no está interesado en narrar algo histórico sino que su interés es otro. Por otra parte también en la oración se pueden reconocer pequeñas glosas y ampliaciones propias de la labor de los copistas.

[12] En los siguientes términos lo expresa el autor: «Der Verf. hatte an dem kurzen Wort v.15 nicht genug, er hat überhaupt die Geschichte v. 6-15 nur mitgeteilt, um diese lange Predigt bringen zu können, zu der das Gebet ebenso gut gehört, wie Jahwes Rede; wenn das nicht seine Absicht gewesen wäre, so hätte er ja die Geschichte v. 6ff. an ihrem ursprünglichen Platz belassen», B. DUHM, *Das Buch Jeremia*, 266.

mo instrumento que Dios dirige y, que a pesar de su extrañeza por el sentido de la acción, él obedece.

C. H. Cornill[13] sigue de cerca la propuesta de Duhm pero aporta algunos matices interesantes. Así el acontecimiento narrado en los vv. 1-15 no puede ser puesto en tela de juicio: es tan sencillo y común que difícilmente se puede imaginar como inventado. Por otra parte el estilo de la narración limitado al hecho mismo de la compra, trasluce un relato fiel y no cabe ver en él una narración con segundas intenciones. Además, refuerza su historicidad el hecho de tratarse de un suceso en armonía con la información dada en 37,12 que al profeta le supuso el encarcelamiento. Sin embargo, en oposición a Duhm, Cornill juzga innecesaria una reelaboración en primera persona por parte de un redactor, ya que el v. 6 (הָיָה דְבַר־יְהוָה אֵלַי) puede leerse como un título que da paso a un fragmento dictado a Baruc por el mismo Jrm.

Cornill reconoce también que en los vv. 2-5 hay una añadido de un redactor a partir de los cc. 37–38. Sin embargo se muestra más positivo respecto a la oración de Jr. Es cierto que el resto del capítulo, vv. 16-44, no corresponde al tiempo señalado al inicio del cap. 32; más bien se refiere a un momento posterior a la destrucción de Jerusalén. Las fórmulas litúrgicas presentes en esos vv. delatan que son posteriores y que no pudieron ser pronunciadas por Jrm. Pero Cornill se muestra algo más propenso a rescatar algunos versículos como provenientes de Jrm; así p.e. los vv. 39 y 41 contienen un pensamiento atribuible al propio Jrm. Lo mismo la forma dialogada de los vv. 36 y 43 (optando por la versión de LXX como original: σὺ λέγεις) reflejan que las palabras del versículo 24 pudieran ser del mismo Jrm en diálogo con el Señor. Lo que ocurre es que el diálogo está ahora colocado en una perspectiva más general que subraya el contraste entre Dios y el hombre, entre la óptica divina y la del ser humano[14].

En la misma línea de salvar partes de la oración como originales de Jrm se sitúa y avanza P. Volz[15]. También para este autor los vv. 2-6 son un añadido de un redactor como apoyo histórico para dar paso a la na-

---

[13] Cf. C.H. CORNILL, *Das Buch Jeremia*, 357-368.

[14] Por lo tanto Cornill siguiendo en líneas generales las aportaciones de Duhm deja un resquicio abierto a la historicidad de la oración de Jrm tras la acción. Dado el carácter hipotético de esta reconstrucción el autor no analiza la relación acción-oración en el momento inicial sino sólo en el resultado final del redactor.

[15] Cf. P. VOLZ, *Studien zum Text des Jeremia*, 240-245; *Der Prophet Jeremia*, 302-310.

rración, utilizando otros lugares de Jr. A juicio de Volz el estilo de este redactor es torpe. Redactor que no es Baruc ya que la información sobre Sedecías no es correcta; se trata por tanto de una persona más lejana a los acontecimientos.

Veamos ahora la posición de Volz a propósito del diálogo que sigue a la compra. Los vv. 17-23 no son de Jrm, dice Volz:
– por el estilo, similar al de la liturgia posterior;
– porque contienen una manifiesta contradicción entre la disposición anímica del profeta y la afirmación objetiva de la Omnipotencia divina en el v. 17 (este conflicto se manifiesta claramente en la tensión entre los vv. 17 y 27, la pregunta de Dios — «¿acaso hay algo imposible para mí?» — se entiende mejor si se supone que no se ha dado la afirmación de Jrm — «nada es imposible para ti» —);
– falta una transición entre la introducción general de estos vv. 17-23 al contenido del v. 24.

Sin embargo los vv. 16.24-25, por forma y contenido, pueden ser originales y asignados a Jrm.

Pero queda, a juicio de este autor, un aspecto por resolver: ¿cómo explicar la tensión entre el anuncio positivo de la acción simbólica en el v. 15 y la oración desolada de Jr que sigue en estos vv.? Apunta dos pistas para superar esta tensión:
– por una parte es psicológicamente posible suponer un debate interno en el profeta tras el anuncio esperanzado del v. 15;
– tal vez el v. 15 no fue anunciado inmediatamente después de la entrega del documento de compra a Baruc, sino que se añadió más tarde para aclarar todo el sentido del hecho cuando fue puesto por escrito[16].

Claramente los vv. 30-35 y 36-41 (36 con algunos matices)[17] son una adición posterior. El primero constituye un *excursus* histórico, mientras que el segundo da por supuesto la dispersión del pueblo, y es por tanto más tardío. No así los vv. 27-29 y 42-44a que permiten leer una res-

---

[16] Interesante esta última matización, que será retomada por algunos autores recientes (Wanke, Holladay entre otros y que analizaremos más en detalle), pero nos gustaría dejar claro que para este autor el v. 15 aclara la acción, no supone ningún cambio de sentido. Lo cual no se entiende bien en la lógica del propio autor, porque si la acción es esperanzadora desde el inicio el suponer que el v. 15 sea añadido no elimina la tensión entre acción y oración.

[17] Tal vez algunas partes del versículo son originales, para un análisis más detallado cf. P. VOLZ, *Studien zum Text des Jeremia*, 243.

puesta del Señor más fluida repitiendo y clarificando el significado de la acción, y por tanto procederían de Jrm.

Por muchos años gran parte de los comentarios posteriores se centraron sobre todo en delimitar los versículos de esta segunda parte del capítulo que pudieran ser considerados auténticos de Jrm[18]. En general estos autores dan por supuesta la historicidad no sólo de la compra sino también de la oración posterior. La mayoría reconocen en vv. 1-5 (ó 2-6) el añadido de un redactor[19].

En continuidad con los autores anteriores F. Nötscher[20] sostiene que los vv. 2-5 contienen una presentación editorial de la situación (inicialmente en relación con el cap. 37) en que sucede la compra; mientras que los vv. 1.6-15 presentan una narración de Jrm. Nötscher centra su atención en la segunda parte. Constata que el paso del v. 23 al 24 es una transición que da un salto tanto en el ámbito estilístico como en el de contenido, indicio de una inserción posterior. Esto consiente a Nötscher:

– Separar los vv. 17-23. Son una oración al estilo de Neh 9,6ss cuyo contenido no encaja en este contexto. Además el v. 17 adelanta el contenido de la aclaración solicitada por Jrm, al igual que adelanta la respuesta de Dios. Es por tanto de una mano tardía.

– Situar la pregunta de Jrm originalmente en los vv. 24-25. La incertidumbre del profeta es comprensible dada la situación en que se encuentra.

La respuesta correspondiente a la pregunta la encontramos en vv. 27-29 y 42-44. En esta breve respuesta encontramos una observación precisa sobre los pecados del pueblo (vv. 30-35) y una promesa del retorno del exilio y el pacto de una nueva alianza en los vv. 36-41 que se presentan como claras ampliaciones posteriores.

Los vv. 30-35 se centran sobre el pasado y en concreto en la idolatría como motivo de la caída de Jerusalén. Pero la pregunta de Jrm no mira

---

[18] Podría ampliarse los autores aquí presentados con otros como: A.W. STREANE, *The Book*, 198-207; G. RICCIOTTI, *Il libro di Geremia*, 232-238; A.C. WELCH, *Jeremiah*, 217-223. Para evitar alargar en exceso la exposición histórica intentaremos analizar sólo aquellas aportaciones que suponen cierta novedad sea por la propuesta de conjunto sea por los criterios manejados.

[19] Es éste también un punto de relativa diferencia entre una gran mayoría de autores que hablan de un redactor posterior a Jrm sin especificar más, y unos pocos que ven en ese redactor la figura de Baruc, entre ellos Ricciotti y Penna.

[20] Cf. F. NÖTSCHER, *Das Buch Jeremias*, 238-245.

al pasado sino a la posibilidad de un futuro. Los vv. 36^{21}-41 hablan del retorno de los exiliados y supone como ya sucedida la dispersión del pueblo y la destrucción de la capital. Por lo tanto ambas perícopas son posteriores.

La auténtica respuesta del Señor no contiene nada más que la pregunta del profeta, sin ningún desarrollo de imágenes del futuro venidero. Es una afirmación desnuda, una situación desesperada junto a la promesa de restauración de la vida. Lo cual encaja si se tiene en cuenta que la respuesta en un primer momento se dirige a la situación personal de Jrm (sus dudas y su futuro). Por tanto no cabe sino esperar una respuesta sencilla y sobria. Para Nötscher el puesto más coherente de la oración de Jrm es como conclusión a la acción simbólica. Es decir, la acción y la oración forman una unidad con valor simbólico[22]. La respuesta de Dios pone el sello a la afirmación de la esperanza en la restauración. También ésta es palabra de Dios (como lo era el anuncio de destrucción) y se cumplirá en todo el país.

Es comprensible que el profeta se resista al mensaje, es un ser humano; sin embargo, Jrm con toda la certeza de la fe profética ejecuta la palabra de Dios, aunque en su dimensión humana exija mayor clarividencia.

A. Penna[23] atribuye a Jrm el mayor número de elementos posibles en la oración. El distinto estilo de prosa le permite sostener que los vv. 1-5 son una adición biográfica de Baruc, mientras que los vv. 6-15 son un relato de Jrm. Penna reconoce además que el conjunto de los vv. 16-44 de la oración produce inevitablemente una impresión de súplica genérica (semejante a la de Neh 9, 6-37 o a la de un salmo histórico, cf. Sal 78). De todos modos no hay motivo serio para dudar de la autenticidad de tales versículos en plena sintonía con las circunstancias[24] y con el contexto de los vv. 1-15.

---

[21] Del v. 36 considera auténtico la primera palabra («ahora») como nexo de unión entre la parte negativa y positiva de la respuesta, originariamente seguida del v. 42.

[22] Aquí se expresa una divergencia con algunos de los autores antes estudiados. Para Nötscher la oración no es algo de lo que se pueda prescindir, como si pudiera ser una reacción del profeta que podría no haberse dado. Aunque el autor no lo expresa con claridad, parece afirmar que la compra quedaría incompleta si no le siguiera la oración.

[23] Cf. A. PENNA, *Geremia*, 240-247.

[24] En razón de este mismo criterio retiene Condamin los vv. 36-44 como auténticos, entera o sustancialmente. Por el contrario los vv. 28-35 son de una época tardía porque no son pertinentes con la situación: el anuncio de destruir Jerusalén por los

Penna juzga difícil llegar a una reconstrucción precisa del texto original pero él se aventura en la empresa: son los vv. 16-17.21-22.24-25 que expresan el contraste interior del profeta.

En la respuesta del Señor, señalaría como auténticos 26-29.42-44 (tal vez incluso 38-40). Los vv. 30-35 es una amalgama de textos de Jr con la preocupación teológica de justificar la catástrofe como un castigo merecido. De la misma naturaleza pero de signo contrario a los vv. anteriores son 36-41 en los que a la amenaza de la catástrofe sigue el anuncio de una espléndida restauración.

También Penna recurre al criterio personal para afirmar la historicidad de la oración, pero da un paso más respecto a Nötscher: estamos no sólo ante una actitud comprensible en un profeta perplejo por el significado de la compra, sino que además concuerda perfectamente con el carácter humano de un Jrm proclive a este tipo de agitaciones (como se ve en otras partes del libro, cf. 15,10.16; 20,7-8.11).

Como mencionábamos a propósito de las teorías de composición del libro de Jr[25], la atención de los exegetas se va desplazando poco a poco hacia el trabajo redaccional. Intentan perfilar más las características, datación y ubicación de la redacción. Este cambio se percibe claramente en el trabajo de J.P. Hyatt[26]:

– los vv. 7-15 pertenece a las memorias de Baruc, el resto es un buen ejemplo del trabajo del redactor;

– los vv. 16-44 son fruto de una elaboración editorial por la gran cantidad de material irrelevante en la situación que se describe, y de material común con el deuteronomista, especialmente por lo que se refiere a la comprensión de la historia de Israel de los vv. 26-44;

– los vv. 2-6 serían de un redactor post-deuteronomista que organizó el capítulo en su actual orden.

Hyatt deja un margen de duda sobre la originalidad de los versículos. 16.24-27.42-44, que pueden ser de Jrm, pero también pueden ser del deuteronomista que ha utilizado la palabra del Señor del v. 15. Al final Hyatt se decanta por esta segunda opción afirmando que este versículo

---

pecados del pueblo ha sido durante largo tiempo el tema de la predicación de Jr, no es lógico que sea ésa la respuesta a una petición de explicación sobre la compra del campo. Esa razón no afecta a los vv. 36-44; cf. A. CONDAMIN, *Le Livre de Jérémie*, 248-250. En esta misma línea se sitúan A.S. PEAKE, *Jeremiah*, 111-127; J. BRIGHT, *Jeremiah*, 235-239.288-298.

[25] Cf. pag. 40.
[26] Cf. J.P. HYATT, «Jeremiah», 1042-1049.

contiene todo lo necesario para dar sentido a la acción de Jrm; con lo cual tanto la oración como la respuesta resultan innecesarias e inapropiadas. Todo el diálogo es profundamente deuteronomista, tanto por estilo y fraseología como por contenido. Ello hace improbable que se base en algo proveniente del profeta. A propósito de la redacción Hyatt afirma que aunque el trabajo redaccional del círculo deuteronomista (tanto los libros históricos como la edición del libro de Jr) fue llevado a cabo al menos en dos fases, se desarrolló con uniformidad de estilo y pensamiento. Entre los diversos rasgos de esa uniformidad que destaca el autor, y que se ven claramente en nuestro texto podemos señalar:
– el autor de la edición de Jr muestra una especial predilección por largos sermones y oraciones;
– uno de los principales tema del deuteronomista en Jr es que toda la historia está bajo el control del Señor: él condujo al pueblo desde Egipto hasta la tierra de Canaán, pero el pueblo cayó en la idolatría;
– escrito en la mitad del periodo exílico, su esperanza por el futuro es positiva.

De esta manera los vv. 16-44 se presentan como un excelente sumario de esa interpretación deuteronomista de la historia, tanto en la forma como en el contenido[27]. En concreto sitúa la edición deuteronomista de Jr en torno al año 550 a.C., por un grupo de personas que habitaban en Egipto[28].

Las distinciones de A. Weiser[29] al capítulo 32 son las siguientes: vv. 1 y 6 de Baruc, 2-5 redaccionales; 7-25.26-29a.36.42-43 del propio Jr, mientras que 29b-35.37-42a.44 son añadidos posteriores.

---

[27] Cf. J.P. HYATT, «Jeremiah», 788-790; «The Deuteronomic Edition of Jeremiah», 247-267.

[28] Siguiendo el orden cronológico analizaremos a continuación las obras de Weiser y Rudolph, pero con la propuesta de Hyatt entra en escena una discusión sobre el trabajo redaccional que dura hasta nuestros días. En este sentido ayudaría considerar después de Hyatt las propuestas de E. W. Nicholson y W. Thiel. Simplificando el problema se puede decir que a partir de este momento la investigación produce dos tipos de obras: las que se interesan más por establecer el texto original de Jrm, o la composición del texto (Weiser, Rudolph, Holladay), y las que centran su atención en la redacción: ubicar, datar y definir el movimiento deuteronomista, en concreto su influjo en la redacción final del libro de Jr (Hyatt, Nicholson, Thiel, Carroll). No es sólo diferencia de intereses lo que condiciona la diversidad de estas obras, también sus posturas ante el estilo y teología propios de Jrm. Ya esta diferenciación es una ayuda para orientarse en el recorrido histórico.

[29] Cf. A. WEISER, *Das Buch Jeremia. Kapitel 25,15–52,34*, 290-301.

El cap. 32 contiene una promesa salvífica para el territorio de Judá lo cual justifica la inserción del relato en su posición actual, aunque cronológicamente supone los eventos narrados en los cc. 37 y 38. Por ello un redactor se vio obligado a sintetizar los datos necesarios para dar una ambientación histórica al relato (vv. 2-5). El redactor de esa introducción no hace mención de los verdaderos enemigos de Jrm, tal y como describe los acontecimientos Baruc en los cc. 37-38, y da de esta forma una imagen negativa de Sedecías. La narración de la acción simbólica proviene de Jrm en primera persona y posiblemente ha sido puesta por escrito por Baruc (vv. 1 y 6[30]).

Weiser retiene como histórica la oración: es algo «espontáneo», dada la situación personal del profeta y la situación de la ciudad. Jrm expresa sus propios conflictos como fruto de su propia religiosidad y su responsabilidad ante el mensaje que anuncia. Pero la oración de Jrm no es fruto de la duda en la Omnipotencia de Dios, más bien expresa la propia incapacidad del profeta para conciliar la acción de juicio de Dios y su promesa salvífica[31]. En este sentido la respuesta del Señor iniciando con la pregunta: «¿acaso hay algo imposible para mí?», supone el rechazo de la problemática humana presentada por Jrm. Ahora bien, en la oración no hay una preocupación por el futuro personal, por el futuro del profeta sino una auténtica responsabilidad por el mensaje que se debe trasmitir al pueblo. El estilo y lenguaje litúrgico no son para Weiser indicios de falta de autenticidad de la oración. Jrm en el momento de incertidumbre ha podido recurrir a la tradición hímnica que bien podía conocer, teniendo especialmente en cuenta que era hijo de un sacerdote. Por tanto los vv. 17-23 son auténticos. Los vv. 23-25 no son ya de estilo hímnico y en ellos Jrm aborda el problema que le atormenta: ¿cómo al cumplimiento del juicio se puede vincular una dimensión salvífica[32]? En 26-29a, auténticos también para Weiser, en el mismo estilo hímnico Yahveh rechaza la pregunta, rechaza los límites estrechos de una lógica humana y reafirma su Omnipotencia, que se manifiesta cla-

---

[30] Weiser manifiesta ciertas dudas sobre el autor del v. 6, puede proceder de Baruc, pero también del redactor para unir la digresión histórica con el texto original, cf. A. WEISER, *Das Buch Jeremia*, II, 294

[31] Contra los que afirman, como Duhm y el mismo Cornill, la autenticidad de la oración por la tensión que supondría la oración como duda en Jrm tras su valiente afirmación de esperanza a través del v. 15.

[32] Weiser habla del contraste teológico entre la justicia divina (que se cumple en el castigo v. 24) y la gracia salvífica (que se anuncia con la acción, presente en el v. 25).

ramente en el castigo contra Jerusalén (encontramos el mismo rechazo de un problemática similar a través de las preguntas dirigidas por Dios a Job, cf. Job 38s).

Los vv. 29b-35 contienen la motivación del juicio contra Jerusalén, a saber, una lista de los pecados de Israel que no tiene nada que ver con la motivación teológica de la respuesta de Dios — de hecho no es éste el problema presentado por Jrm —, lo cual es indicio de una mano posterior «para dar más peso a la respuesta del Señor» (esta cesura es patente en 29b donde el estilo es diverso, en el cual se da una lista de pecados sin claro orden y sin hilo conductor).

El v. 37 alude a la deportación de todo el pueblo en países diversos y se trata de un texto escrito más tarde de la época de Jrm. Los vv. 37-42 son también una ampliación tardía del redactor que tomando dichos auténticos de Jr transforma el mensaje de Dios demasiado breve en su origen, en una sugestiva promesa de salvación.

El v. 42 representa la continuación de la respuesta a Jeremías iniciada en el v. 36[33]. Respuesta que no es sino rechazar la pregunta pidiendo una actitud de fe y obediencia al misterio de la trascendencia de Dios, porque es Omnipotente tanto en el juicio de castigo como en la promesa de salvación. La respuesta pide al profeta un *sacrificium intellectus* como un último paso en el acto de obediencia iniciado en la acción simbólica y cuyo único apoyo es la palabra de Dios. El v. 44 excede el marco del diálogo entre Dios y Jrm y es considerado como un añadido posterior.

Es significativo el cambio de planteamiento en la obra de W. Rudolph[34]. No trata de identificar adiciones posteriores partiendo del texto original, sino el proceso inverso. Las fórmulas de introducción y el tono general sugieren atribuir este capítulo por entero a la fuente C (claramente manifiesto en el tono de acusación de los vv. 17-23 y 30-35). Pero en su opinión hay cosas que no encajan. Así el fragmento de los vv. 6-15 contiene un claro e incondicional anuncio de salvación que no es propio del punto de vista de dicha fuente.

---

[33] El versículo 36 hace de puente entre la idea del juicio y la profecía de salvación especialmente por medio de la expresión «ahora (וְעַתָּה)», mientras la expresión «pues bien (לָכֵן)» retoma literalmente la introducción del v. 28 (לָכֵן), lo cual significa que tanto el castigo como la salvación tienen como único origen la Omnipotencia de Dios que supera toda inteligencia humana.
[34] Cf. W. RUDOLPH, *Jeremia*, 207-215.

También en el fragmento 16-44 se notan tensiones que revelan una falta de uniformidad. Este autor reconoce en dos cortes bruscos la mano de distintos autores:
– en la transición de los vv. 23 al 24: el paso de un futuro lejano al presente, de observaciones generales a una oración concreta,
– la descuidada unión del 29a al 29b indica el inicio de un añadido que se extiende hasta el v.35 repitiendo antiguos reproches, y presentando en los vv. 36-41 con ayuda de otros textos de Jr una imagen de salvación.

Esto le permite distinguir dos fuentes principales en el capítulo:
– fuente A: las palabras de Jeremías que constituían el texto original y que contenían un mensaje de salvación incondicional, a ella atribuye los vv. 6b[35]-15.17aα.24-29a.42-43.
– textos de la fuente C con un trasfondo deuteronomista, 1-5.17-23.29b-41: contiene una acusación general por los pecados del pueblo que un redactor insertó posteriormente en la narración de Jrm.

El redactor con los vv. 1-5 aclara en un breve resumen por qué la reclusión de Jrm en el patio de la guardia. El redactor ha trabajado con textos preexistentes, como 37,3-21 y 38,13.28; sin embargo su resumen no se ajusta totalmente a la realidad, p.e. no aparece el papel que juegan los ministros reales en el encarcelamiento.

También Rudolph considera sorprendente la originaria oración de Jrm: sorprendente por el hecho de situarse tras la compra y su anuncio de salvación, pero explicable desde la íntima lucha en Jrm entre lo profético y lo humano: es humano que tras una afirmación en la fe se pueda dar un paso atrás asaltado por la duda. Aquí Rudolph subraya un aspecto importante, y es que la duda de Jrm reside en si ha sabido interpretar correctamente la palabra del Señor. Se trata de una nuevo matiz que afecta a la dimensión profética de su vocación. En cualquier caso, posteriormente la oración pareció demasiado corta y poco solemne, con lo cual fue alargada bajo una visión deuteronomista donde la desgracia actual se atribuye a la desobediencia de los padres[36].

Otro aspecto interesante en la comprensión de Rudolph es su postura respecto al contenido de la oración: introduce novedad en los vv. pre-

---

[35] El v. 6a puede proceder de Baruc y no del redactor, con lo cual Rudolph admite la posibilidad de que Jrm haya dictado lo sucedido a Baruc.
[36] El redactor ha generalizado la culpa: no es sólo ya de Jerusalén sino de todo Israel (cf. vv. 29b-32a). El v. 44 como inserción posterior reitera los vv. 42-43 rompiendo el marco de referencia inicial y generalizando el mensaje de salvación.

cedentes. La respuesta de Dios resuelve la aporía de Jrm con su doble anuncio. Las palabras del Señor recogen de nuevo la duda de Jrm y la hace compatible con la palabra de amenaza contra Jerusalén y el anuncio de salvación encerrado en la acción profética. Dios anuncia la destrucción de Jerusalén pero su voluntad no es la *total* destrucción del país. Por ello, la restauración tendrá lugar a partir no de la capital sino del exterior. Restauración que también abarcará Jerusalén pero que comienza «desde fuera», desde la tierra de Benjamín. El profeta puede estar tranquilo, los dos anuncios se cumplirán[37].

La siguiente aportación proviene de E. W. Nicholson[38] situado en la trayectoria de Hyatt, aunque llega a resultados diferentes. En términos generales Nicholson parte de una comprensión de la composición del libro de Jeremías en dos momentos. En un primer momento el libro contiene la actividad de Jeremías, mientras que la segunda fase de formación del libro corresponde a la redacción de una serie de autores que recogen esas enseñanzas y las reelaboran como enseñanzas para los exiliados. En su comprensión Baruc jugará el papel de figura de enlace entre Jrm y esos círculos posteriores[39]. Pero dichos círculos no se limitan a compilar tradiciones, hay creación literaria con un trasfondo teológico propio, el de la «escuela» deuteronomista. Recogemos de forma resumida su tesis:

> debemos tomar en consideración la posibilidad de que el libro represente sustancialmente la expresión literaria final y el depósito de una tradición que creció y se desarrolló en el seno de un grupo de personas que debían no sólo trasmitir los dichos del profeta sino presentar una interpretación de su ministerio profético y sus enseñanzas sobre la base de unas preocupaciones teológicas y unos intereses que eran de vital importancia para ellos en el momento que les tocaba vivir. [...] Lo cual significa que aunque gran parte

---

[37] Como se puede ver, el enfoque de la segunda parte del capítulo es en parte similar al de Weiser. Al igual que en las apreciaciones de este autor, también Rudolph cree que la oración de Jrm no presenta una duda personal de fe, sino que refleja una dimensión que atañe a la misión, a la responsabilidad ante lo que se anuncia. Sin embargo la respuesta es vista por estos autores de manera diversa. En la respuesta, según Rudolph, el Señor aclara la tensión recurriendo a la campo-ciudad, según Weiser la respuesta no resuelve la cuestión y pide una obediencia a Dios que es misterio de trascendencia, pero al menos quita el margen de duda respecto a una correcta comprensión del mensaje que Jrm debe anunciar.

[38] Cf. E.W. NICHOLSON, *Jeremiah 26-52*, 10-16.73-83; *Preaching to the exiles*, especialmente 122-133.

[39] Cf. E.W. NICHOLSON, *Preaching to the exiles*, 112.

del material del libro puede ser directamente atribuido al mismo Jeremías, es decir, que contiene sus *ipsissima verba*, debemos también considerar la posibilidad de que gran parte de ese material debe su origen y composición directamente a un círculo de tradiciones [...] De particular relevancia para nuestro estudio es la posibilidad de que gran parte del material en prosa en el libro, y especialmente los sermones y discursos, crecieron y se desarrollaron en dichos círculos de tradiciones[40].

Desde esta comprensión tres aspectos ocupan su investigación:
a.– identificar unas características literarias que lo avalen,
b.– localizar el origen, la teología específica y la identidad del círculo en el cual se desarrollan dichas tradiciones,
c.– su contexto histórico, social y religioso.

a.– Constata Nicholson que el vocabulario de los discursos de Jr es similar al de la obra deuteronomista (Dt–2Re). El mismo estilo de composición de los sermones es paralelo a la naturaleza homilética del deuteronomista. No sólo en los sermones, también en las narraciones biográficas: p.e. las introducciones con detalles particulares sobre el momento (año, mes...), listado de personalidades, y sobre todo que el interés principal no es histórico o biográfico sino teológico[41].

b.– Como en la obra histórica del deuteronomista, dos son los objetivos teológicos que mueven a esos autores-redactores: por una parte, explicar la catástrofe de 587 a.C. como fruto del continuo rechazo a obedecer a Dios y acoger su Palabra continuamente anunciada por los profetas, como es el caso de Jrm. En segundo lugar, desarrollar el mensaje de esperanza de Jrm para la nación más allá del castigo: el anuncio de restauración que Dios lleva a cabo por medio de los exiliados en Babilonia[42].

Son, por tanto, relatos reelaborados en función de la comunidad con una finalidad kerigmática y didáctica. No sólo enuncian eventos del pasado, sino que anuncian una palabra de esperanza para el futuro, un futuro en el que la comunidad podrá realizar su papel de pueblo de Dios. Es pues simultáneamente una exhortación a la comunidad a vivir de

---

[40] E.W. NICHOLSON, *Preaching to the exiles*, 4-5.
[41] Cf. E.W. NICHOLSON, *Preaching to the exiles*, 20: «The narratives in which incidents and events in the life of Jeremiah and the period in which he ministered are recorded, it has been argued that the general classification of these as biographical is an inadequate description of their real nature and purpose which must be understood as essentially theological and didactic».
[42] Cf. E.W. NICHOLSON, *Jeremiah 26-52*, 13-14.

acuerdo con la Ley, a «volver de nuevo a Dios». Así los pasajes en prosa de Jr contienen una expectación por el futuro dominada por una promesa del retorno del exilio y restauración en el país (que el autor ve claramente en 32,36-41).

c.– En cuanto al momento histórico y al marco espacial de estas tradiciones Nicholson precisa: el momento histórico es el que sigue al desastre de 587, concretamente entre 561-520 a. C.; la ubicación es en Babilonia[43] como fruto de una enseñanza dirigida a los exiliados animando a un «retorno». Es la comunidad en exilio la que recibe las promesas para el futuro enunciadas en los capítulos 30–33, y en concreto puede leerse desde esta óptica 32,36-41.42-44. El autor sale al paso del peligro de una rápida asociación de estas enseñanzas en Babilonia con el nacimiento de la sinagoga. No es necesario situar en ese momento una actividad sinagogal similar a la institución que más tarde se desarrollaría en el Judaísmo. Baste pensar que los deportados encontrarían ocasiones para rezar juntos, meditar y recibir instrucción. Es plausible que en el contexto de esas reuniones tomaran cuerpo y se desarrollaran estas tradiciones de Jeremías.

Siguiendo el trabajo de Nicholson encontramos dos estudios de W. Thiel[44]. Constituyen el estudio más pormenorizado del trabajo redaccional en el libro de Jr. Presentamos primero sus conclusiones generales para centrarnos luego en algunos aspectos del capítulo que nos ocupa.

En opinión de Thiel la teología del deuteronomista[45] se puede resumir, (lo sostenía también Nicholson), en dos puntos relacionados con la historia: la interpretación del presente y la espera para el futuro. La interpretación del presente intenta explicar la actual situación de desastre. De cara al futuro presenta una promesa salvífica ya que el juicio de Dios no conlleva un final definitivo, sino que el presente engendra una

---

[43] ¿Por qué en Babilonia y no en Judá? Para ello Nicholson da las siguientes razones: -el exilio es interpretado, en estas tradiciones, como castigo de Dios, y claramente son los que están en Babilonia los que han sufrido tal castigo; -la idea del «retorno» tendría mucho menos significado para aquellos que han permanecido en Judá; - la actitud de censura que se mantiene hacia la comunidad de Judá (cf. la visión de los dos cestos de higos cap. 24, y la misma carta a los deportados cap. 29). Para una exposición más detallada véase el capítulo IV «The Historical Background of the Jeremianic Prose Tradition», E.W. NICHOLSON, *Preaching to the exiles*, 116-135.

[44] W. THIEL, *Die deuteronomistische Redaktion von Jeremia 1-25*; *Die deuteronomistische Redaktion von Jeremia 26-45*.

[45] Cf. W. THIEL, *Die deuteronomistische Redaktion von Jeremia 26-45*, 107-118.

situación nueva para el futuro. Esta lectura de la historia tiene consecuencias para el presente: una íntegra resignación, resistencia a las formas cultuales babilónicas (peligro especial para los deportados) y a todo sincretismo pagano. En esa interpretación de la historia aflora un aspecto apologético: Dios debía actuar contra los pecados del pueblo, no podía soportar más la actitud de Israel. El castigo no reside tanto en la voluntad de Dios, cuanto en la desobediencia del pueblo. Conectado con el anterior, esta teología contiene otro punto importante, y es la presentación de los profetas como transmisores e intérpretes de la Ley, con lo cual se subraya el carácter central de la Ley misma.

El momento de esa redacción deuteronomista fue hacia el 550 a.C. En cuanto al lugar de la redacción Thiel se inclina a que fue en Judá, he aquí algunas razones:

– las polémicas en los textos D contra la idolatría se entienden mejor contra la idolatría cananea que contra el culto babilónico;

– el tipo de predicación se ajusta más a predicadores en el país;

– los sermones tratan de acontecimientos y situaciones propias de la tierra (faltan en la redacción problemas típicos del exilio).

Por lo que respecta al capítulo 32, el autor localiza un núcleo indiscutible de lo que él llama «composición barroca» en los vv. 6-15. Acepta la opinión unánime del carácter secundario de la introducción histórica 1-5, con la única duda de si el v. 1 o el v. 6 pertenecían a la narración original introductoria. Por tanto, Thiel centra el problema de crítica literaria en el origen y unidad-homogeneidad del fragmento 16-44Sobre los vv. 1-5: a pesar de que el título introductorio (1aα) proviene de un autor deuteronomista, tanto el sincronismo como el carácter general del texto (es un mosaico de diferentes elementos del resto del libro), hacen concluir a Thiel que se trata de un texto post-deuteronomista. Con esta introducción el compilador post-dtr pone las bases del sentido de la situación para comprender el mensaje profético (v. 15)[46].

---

[46] Algunas de las observaciones de cierto relieve en nuestro texto son las siguientes: -El título que abre el v. 1 es un típico título deuteronomista, sin embargo el sincronismo con el que se cierra el versículo tiene su paralelo en 25,1 el cual es post-deuteronomista. -En el v. 2 Jr con el título de «el profeta» que es una constante como título en la redacción deuteronomista (título que se encuentra también en los vv. 8 y 12). -Los vv. 3-4 son una breve repetición de 37,21. -El v.5a tiene su paralelo en 27,22, un versículo deuteronomista, pero con un cambio de sentido respecto al valor que allí tenía (para el autor el verbo פקד tiene aquí un valor negativo).

Los vv. 6b-15 constituyen la parte más antigua del capítulo: el informe original de la acción de Jrm. El dtr ha retomado el texto original; no se puede demostrar ninguna intervención de carácter deuteronomista, ni en el estilo ni en el incondicional mensaje de promesa del v. 15 que revela el sentido de la acción como futura restauración en la tierra a pesar de la perspectiva de la destrucción[47].

Sin embargo los vv. 16-44 son claramente una creación deuteronomista. Pero queda por aclarar si todo el texto es pura creación del deuteronomista o se parte de un texto originario preexistente. Su discusión apunta a los vv. comúnmente aceptados como auténticos de Jrm: 16.17* («Ay, Señor Yahveh»).24s.26-29a(b).42-43(44); el resto son claramente posteriores. Inicialmente Thiel admite que en los vv. 16.17*.24s no existe ningún indicio cierto de redactor dtr. Es verdad que la terna «espada, hambre y peste» (v. 24) bien puede ser un elemento deuteronomista pero que puede también explicarse como una ampliación secundaria. Esta misma impresión se percibe en los vv. 26-29a. No así en los vv. 42-44 donde aparece invertida la fórmula deuteronomista. En el v. 43 se distingue a partir de la fórmula de discurso «vosotros» una serie de elementos deuteronomistas que no se explican como meras adiciones. Por lo tanto sobre esos versículos iniciales (16.17*.24-29a.) elaboró su composición el dtr[48]. Con el recurso al primitivo informe de la compra se concluye redondeando el texto con los vv. 42-44.

---

[47] Sobre si la introducción originaria a los vv. 7-15 se encuentra en 1aα o en 6b (en opinión del autor 1aα y 6b no pudieron estar juntas), se decanta por 6b. Ésta constituía la introducción original al texto que tomó el dtr y colocó como continuación de 31,31-34; creando los versículos de 32,36-41 como su paralelo. Luego también de la estructura de los cc. 30–33 se concluye que 32,1-6a es de un autor post-dtr.

[48] Desde esta comprensión puede entenderse algunos aspectos:- la relación de los vv. 17 y 27 como un intencionado retomar elementos dentro de un esquema de composición literaria, - el paso del pasado al presente del v. 23s encuentra analogía en otros textos deuteronomistas (cf. 7,24-27) - pequeñas cesuras en la constitución del texto como p.e. al interno del v. 30, en 30a se refiere a israelitas y judíos mientras en 30b sólo a israelitas, entre 36 habla de ciudad y 37ss del pueblo y entre los vv. 36ss y 42ss; que pueden entender como fruto de una redacción a partir de otros textos. Para un análisis más detallado de los distintos versículos, de los posibles orígenes o paralelos de las formulaciones del dtr en este capítulo véase W. THIEL, *Die deuteronomistische Redaktion von Jeremia 26-45*, 32-37. La crítica a tan exhaustivo estudio de la redacción en concreto en la oración, es que tras la propuesta de Thiel es difícil rastrear una respuesta del Señor que contenga elementos positivos que den pie a la composición resultante.

¿Qué añade o matiza la redacción con relación al texto original? En la oración de Jr, vv. 16-25, el dtr destaca el contraste entre el poder creador de Dios y sus acciones en el pasado con la actual situación de catástrofe. Esta situación tiene su razón de ser en los pecados del pueblo desde la posesión de la tierra. Por medio de la compra el dtr pone otra segunda contraposición: el contraste entre la palabra de salvación y la realidad. Ambos contrastes constituyen la introducción, como motivo literario, para uno de los temas esenciales del dtr: la contraposición entre juicio y salvación, que se pone de nuevo en relieve a partir del v. 26 en forma de una larga respuesta de Yahveh. De esta manera el redactor ofrece un resumen de su teología de la historia. Relaciona el fundamento histórico del castigo y esperanza de salvación. El cómo o por qué de ese paso de la catástrofe a la salvación no lo da explícitamente el redactor, simplemente insinúa la Omnipotencia de Dios en la creación y en la historia. La respuesta a la obra de salvación de Dios se basa únicamente en la libre decisión de Dios. Este texto es así un claro testimonio de la esperanza futura del dtr, la cual supera ampliamente el anuncio de salvación proclamado por Jrm[49].

En manifiesto contraste con las posturas que afirman la historicidad de la narración y la procedencia de Jrm de la mayor parte del cap. 32, se alza la propuesta de R. P. Carroll[50], la última de este recorrido histórico. La postura de este autor viene marcada por una distinta comprensión de la composición y redacción del libro y de la valoración de ese proceso. El presupuesto general de Carroll sobre todo el libro de Jr ayuda a comprender su visión concreta del capítulo 32:

> el status de Jeremías como un poeta no es más seguro que su status como autor de las tradiciones en prosa que ahora constituyen el resto del libro asociado a su nombre. ¡Así el Jeremías «histórico» desaparece detrás de la actividad de círculos de redactores y niveles de tradición que han *creado*

---

[49] A propósito de la relación entre Jrm y la reelaboración del dtr, el autor manifiesta una postura positiva ya que ve una continuidad, no una ruptura. El redactor trata de sacar las consecuencias de las tradiciones de Jrm: una adaptación a la distinta situación siguiendo el mensaje del propio Jrm, una actualización para el presente. «Überblickt man den Gesamtbestand des dtr. redigierten Jeremiabuches, so darf man urteilen, daß die Redaktion die prophetischen Traditionen trotz ihrer z. T. weitreichenden Bearbeitung und der dadurch bedingten inhaltlichen Veränderungen mit großer Treue und mit möglichster Vollständigkeit aufbewahrt und fixiert hat», W. THIEL, *Die deuteronomistische Redaktion von Jeremia 26-45*, 104.

[50] Cf. R.P. CARROLL, *Jeremiah. A Commentary*, 618-632.

las palabras y la historia de Jeremías hijo de Jilquías de Anatot! Esta lectura del libro no se debe a un escepticismo radical sobre la figura de Jeremías sino a un reconocimiento de la función del trabajo redaccional para crear un eslabón entre la persona de la parte narrativa y el desconocido orador de los poemas y de los sermones en prosa[51].

Precisamente encontramos en nuestro capítulo un texto que ha sufrido a su juicio una profunda elaboración fruto de ese trabajo redaccional. En principio sólo los vv. 6-15 son originales (y con sus matices como veremos más adelante). El resto son ampliaciones que desarrollan diversos temas presentes en el libro de Jr. Así los vv. 2-5 son un paréntesis redaccional señalando la razón del encarcelamiento de Jr desarrollando con ello un motivo presente en diversas partes del libro: el encuentro entre Jr y Sedecías, o sus delegados (cf. 21,1-7; 34,1-7; 37,1-15.16-21; 38,1-6.14-28).

Si la historia de la compra se lee fuera de su actual posición tiene credibilidad hasta cierto punto. Pero una serie de aspectos históricos (la posibilidad de acceso a la ciudad en un momento de sitio, la libertad de movimientos de Jrm, la enemistad con los habitantes de Anatot, etc.) y su actual posición marcada por el mensaje de esperanza para el futuro en continuidad con los cc. 30–31 menoscaban su valor histórico. Por ello Carroll prefiere catalogar el texto como narración «paradigmática», y no como una narración histórica[52]. Con el conjunto de 1-15 el redactor quiere reafirmar que el futuro no se dará en Babilonia (en la presentación histórica es un lugar de muerte vv. 4-5), sino que es en la tierra de Palestina donde en realidad hay un futuro. Futuro que es garantizado por la acción de Jrm.

Los vv. 16-25 son un desarrollo de los motivos presentes en 1-15. El lenguaje de la oración es claramente convencional, de inspiración deuteronomista y refleja las grandes letanías del periodo persa y posterior (Neh 9,6-37 y Dn 9,3-19; este tipo de oraciones son más apropiadas pa-

---

[51] R.P. CARROLL, *Jeremiah. A Commentary*, 47-48. Las cursivas son del autor.

[52] Es coherente en este punto con su postura inicial sobre la posibilidad de llegar a determinar «lo histórico» o el grado de historicidad de lo narrado. Así expresa esa postura: «It would be unwise to assume that the biblical stories must be historical, when the later stories are regarded as legendary by all scholars. The characters behind the stories may be historical (though that is a matter for debate in view of the lack of *prima facie* evidence), but it does not follow that stories about real people are necesariamente historical accounts», R.P. CARROLL, *Jeremiah. A Commentary*, 45.

ra la oración de un grupo que para uso individual). Sólo indirectamente tiene relación con la compra del campo.

Los vv. 26-35 presentan la destrucción de Jerusalén no ya como resultado del comportamiento de Sedecías sino como consecuencia de la continua historia de idolatría del pueblo. El círculo de editores aprovecha la caída de Jerusalén como un motivo de crítica a las prácticas paganas[53].

Los versículos 36-41 presentan un oráculo positivo con trasfondo deuteronomista, tanto en su lenguaje como en su temática (alianza, temor de Dios, interiorización de la Torah...). El editor se aleja de manera patente del motivo inicial que era la compra del campo. Por último, los vv. 42-44 concluyen la expansión de toda esta parte con una referencia más directa al significado de la compra de Jrm.

2. Status quaestionis[54]

Tras este recorrido histórico nos centramos ahora en una exposición más detallada de esta temática tal y como se ha planteado en los últimos años. Siguiendo la propuesta de diferenciar dos líneas de investigación, presentamos en primer lugar la investigación sobre la composición del texto, luego pasaremos a los autores que estudian la redacción de libro.

2.1 *Composición del texto*

En la exposición de este apartado seguimos a W. L. Holladay por ser a nuestro juicio el más sistemático[55]. Holladay parte de las siguientes afirmaciones sobre el proceso de formación de Jr 32:

---

[53] El versículo 27 (al igual que 17b) anticipa y sale al paso de objeciones a la afirmación de la restauración de la tierra, algo que se ve ciertamente como imposible durante la dominación babilónica.

[54] En cierta continuidad histórica con el apartado precedente presentamos bajo el título «*status quaestionis*» las propuestas de algunos autores al hilo de las cuales, simultáneamente, iremos manifestando nuestra propia posición.

[55] Recogemos los principales signos redaccionales sin detenernos en una discusión detallada de toda posible glosa, adición o signo redaccional. Para una mayor información cf. J.G. JANZEN, *Studies*; y W.L. HOLLADAY, *Jeremiah*, II, 203-220. Complementaremos las indicaciones de Holladay con otros autores que recientemente han mantenido posturas diferentes sobre puntos importantes para la comprensión del texto. Con ello no afirmamos que otros puntos no sean objeto de debate, ni que la expo-

– la existencia de un rollo independiente, cuyo contenido eran claramente palabras de esperanza originales de Jrm (*separate-hopeful scroll*). El núcleo de dicho rollo lo constituían partes de cc. 30–31, cuyo momento histórico y razón de ser es la compra del campo. A ese núcleo Baruc añade la forma original del capítulo 32 (y cap. 33)[56]. En ese proceso la fórmula «cambiar la suerte» tiene una función aglutinante.

– la importancia capital de esta acción de la compra para el cambio de mensaje en Jrm. La cuestión de fondo es la tensión entre el claro mensaje de esperanza para el futuro y la consternación que esto supone en Jrm ante el cambio de la voluntad de Yahveh. La compra es el evento catalizador que transforma el mensaje del profeta de una anuncio de juicio a esperanza. Es por tanto crucial seguir la secuencia lógica de Jrm. El problema emerge reflexionando sobre el porqué Jrm espera hasta *después* de la proclamación de la palabra divina de esperanza en el v. 15, para expresar su desolación ante el Señor (vv. 17ss). A nivel textual esta tensión se presenta en estos términos: supuesto que la afirmación del v. 17 «nada es imposible para ti» (y en relación con ella el v. 27) es auténtica, ¿cómo es que Jrm manifiesta sorpresa? Si el acontecimiento de la compra fue decisivo para ese cambio de percepción de la voluntad de Dios, tanto la oración como la respuesta divina esconden circunstancias que lo explican; deben tratarse por tanto con suma cautela. La trascendencia del acontecimiento y la sorpresa provocada por el cambio sirven de criterio para juzgar las partes auténticas del capítulo, especialmente en la oración de Jrm y la respuesta del Señor. La oración de Jrm debe manifestar esa sorpresa y la respuesta de Dios debe justificarla o responderla[57].

Como gran parte de los autores de la primera parte Holladay divide el texto en tres perícopas:

a.– la narración de la compra del campo, vv 1-15;
b.– la oración de Jrm, vv. 16-25;
c.– la respuesta del Señor, vv. 26-44.

---

sición de Holladay sea aceptada por todos los autores, es simplemente una buena base para ir aclarando también nuestra postura respecto a la historia del texto.

[56] Cf. W.L. HOLLADAY, *Jeremiah*, II, 22-34; J.R. LUNDBOM, *Jeremiah 1–20*, 123-124.

[57] Cf. W.L. HOLLADAY, *Jeremiah II*, 206-207.

2.1.1 La narración de la compra.

El signo más evidente de la elaboración del texto a partir de fuentes diversas está en la fisura entre los vv. 5 y 6. Hay un salto brusco en la narración[58]. Los vv. 3-5 reproducen el oráculo de Jeremías contra Sedecías (y contra los habitantes de Jerusalén) y sin una clara transición comienza la palabra directa de Jr en el v. 6:

> ...Sedecías, rey de Judá, acusándole: «¿Por qué has profetizado: "Así dice Yahveh: 'He aquí que yo entrego esta ciudad en manos del rey de Babilonia y él la conquistará. ⁴Sedecías, rey de Judá, no escapará de manos de los caldeos, sino que será entregado sin remisión en manos del rey de Babilonia, con él tendrá que vérselas y hablar cara a cara. ⁵A Babilonia ha de llevar a Sedecías y allí permanecerá hasta que yo le visite, oráculo de Yahveh, aunque luchéis contra los caldeos no triunfaréis'"?». ⁶Dijo Jeremías: «Me fue dirigida la palabra de Yahveh, como sigue: ⁷"He aquí que Janamel...»

Este salto sugiere una primera división del texto en dos bloques:
+ vv. 1-5: ambientación histórica,
+ vv. 6-15: el núcleo del relato.
Otros dos argumentos apoyan las distintas procedencias del texto:
– El estilo de prosa. Mientras los vv. 6-15 son un relato autobiográfico, los versículos precedentes son una introducción de contexto histórico en tercera persona.
– La semejanza de los vv. 2-4 con Jr 34,2-4. Sin ser una exacta repetición, existe una clara relación entre ellos. Estos versículos vv. 2-4 conservan una cierta independencia respecto al resto del relato.

Las observaciones precedentes nos permiten concluir distintas etapas en la composición del texto. Veamos más en detalle cada bloque.

a) *Bloque 1-5*

• V. 1: «La palabra que fue dirigida a Jeremías de parte de Yahveh en el año décimo de Sedecías rey de Judá, que corresponde al año decimoctavo de Nabucodonosor».

Lo primero que llama la atención de este versículo es su relativa «dureza gramatical». Dureza, sin duda pretendida para marcar el inicio de

---

[58] Resultado de este corte es la ambigüedad de lectura en el TM. ¿Está Jr respondiendo a Sedecías o pasa a relatar lo sucedido? Como hemos indicado en el capítulo anterior, la segunda alternativa es la probable. De todos modos, lo importante aquí es destacar la discontinuidad en el texto, cf. comentario del v. 6, cap. 1, pp. 55-56.

una nueva unidad. La primera parte del versículo contiene la «fórmula del acontecimiento de la palabra» («La palabra que fue dirigida a Jeremías de parte de Yahveh») con una clara función introductoria[59] y carácter redaccional. Es un título editorial (*editorial superscription*)[60] sobrepuesto al episodio de la compra del campo. Secundario, por tanto, respecto a la narración en primera persona. Precisando más, Holladay considera 1b («que corresponde al año decimoctavo de Nabucodonosor») como una «expansión tardía»[61]. Se trata de la correspondencia cronológica entre los reinados de Sedecías y Nabucodonosor. Este sincronismo está también presente en LXX. Sin embargo, en 25,1 y 52,12 LXX omite la sincronización. Esta falta en LXX es un indicio que permite apuntar la hipótesis de que las tres sincronizaciones son adiciones tardías al texto.

- Vv. 2-5:

²En aquel momento el ejército del rey de Babilonia asediaba a Jerusalén y el profeta Jeremías estaba encerrado en el patio de la guardia, en el palacio del rey de Judá, ³en donde lo había encerrado Sedecías, rey de Judá, acusándole: «¿Por qué has profetizado: "Así dice Yahveh: 'He aquí que yo entrego esta ciudad en manos del rey de Babilonia y él la conquistará; ⁴y Sedecías, rey de Judá, no escapará de manos de los caldeos, sino que será entregado sin remisión en manos del rey de Babilonia, hablará con él cara a cara y sus ojos verán sus ojos. ⁵A Babilonia ha de llevar a Sedecías y allí permanecerá hasta que le muestre mi favor, oráculo de Yahveh, aunque luchéis contra los caldeos no triunfaréis'"?».

Veamos la relación de estos versículos con 34,2-4:

Así dice Yahveh el Dios de Israel: «Ve y dices a Sedecías, rey de Judá, le dices: Así dice Yahveh: "Mira que yo entrego esta ciudad en manos del rey de Babilonia, y la incendiará. En cuanto a ti, no te escaparás de su mano, sino que sin falta serás capturado, y en sus manos te pondré y tus ojos verán

---

[59] S. BRETÓN, *Vocación y misión*, 45: «La fórmula de acontecimiento tiene una función introductoria.[...] la fórmula de acontecimiento, diseminada por todo el libro de Jeremías, delimita pequeñas unidades, inicia también grandes secciones; se emplea en los desplazamientos de una unidad y en la inserción en su nuevo contexto». Sin tomar postura en la discusión sobre su origen deuteronomista, el autor apunta a un origen tardío de la fórmula, 47.
[60] Cf. W.L. HOLLADAY, *Jeremiah*, II, 210; W. MCKANE, *Jeremiah*, II, 836.
[61] Cf. W.L. HOLLADAY, *Jeremiah*, II, 203.209-210.

los ojos del rey de Babilonia, y su boca hablará a tu boca, y a Babilonia irás"».

En 34,2-4 el oráculo está dirigido en segunda persona a Sedecías. En el cap. 32 lo encontramos en tercera persona. Es lógico pensar que la posición originaria sea el capítulo 34. Los versículos de nuestro texto presentan una adaptación y resumen de las palabras dirigidas a Sedecías. La ruptura y lejanía que provocan entre los versículos 1 y 6 indican que no son del mismo autor que el v.1. Son una digresión y claramente secundarios; son un «apéndice»[62].

También aquí Holladay matiza y afirma que la última parte del versículo 5 («y allí permanecerá hasta que yo le muestre mi favor, oráculo de Yahveh, aunque luchéis contra los caldeos no triunfaréis») es una glosa o expansión posterior[63] dentro de los mismos versículos.

Como conclusión de este bloque queremos añadir la observación recogida en diversos autores a lo largo del recorrido histórico. Si bien esta expansión contextualiza históricamente la acción, no es una presentación meramente histórica u objetiva. Tanto la presentación que hace de Sedecías, como responsable único del encarcelamiento de Jrm, como la razón aducida para el encarcelamiento del profeta, hacen pensar en un preámbulo teológico más allá de lo histórico.

b) *Bloque 6-15*

• V. 6a: «Dijo Jeremías...»

Es una expresión introductoria al relato en primera persona. Reasume el versículo 1 tras la contextualización histórica. Holladay reconoce su carácter secundario respecto al relato, pero no puede afirmar si son del mismo redactor de los vv. 2-5 o un intento posterior de suavizar el paso entre 1.2-5 y los vv. siguientes. En cualquier caso ambos versículos, 1 y 6a, son posteriores a la narración de la compra[64].

---

[62] Es este uno de los puntos de mayor acuerdo entre los autores. Así ha sido reconocido por la mayoría de los autores vistos en el recorrido histórico y de estos últimos años. Cf. W.L. HOLLADAY, *Jeremiah*, II, 210; J. BRIGHT, *Jeremiah*, 236, lo califica de «paréntesis editorial»; R.P. CARROLL, *Jeremiah*, 619 «paréntesis redaccional»; W. McKANE, *Jeremiah*, II, 836.

[63] Cf. W.L. HOLLADAY, *Jeremiah*, II, 203; J.G. JANZEN, *Studies*, 104.

[64] Cf. W.L. HOLLADAY, *Jeremiah*, II, 210. Menciona dos paralelos de estas fórmulas introductorias en 18,1+5 y 1,1-2+4. En ambos casos los pasajes en tercera persona son claramente adiciones tardías. Aceptamos como complementaria y correcta la propuesta de Thiel, cf. pag. 86, nota 48.

• Vv. 7-9:

⁷He aquí que Janamel, el hijo de tu tío Salún, viene a decirte: «Compra mi campo de Anatot porque a ti te corresponde el derecho de rescate para comprarlo». ⁸Vino a mí Janamel, el hijo de mi tío, conforme a la palabra de Yahveh, al patio de la guardia y me dijo: «Compra, te ruego, mi campo de Anatot qué está en la tierra de Benjamín, porque a ti te corresponde el derecho de propiedad y a ti te corresponde el rescate. Cómpralo». Reconocí que aquello era la palabra de Yahveh. ⁹Compré el campo de Anatot a Janamel, hijo de mi tío. Le pesé el dinero: diecisiete siclos de plata.

Una cuestión importante dentro de la narración en primera persona es el estilo del autor. Las distintas posibilidades de glosas que los exégetas sugieren en este punto dependen del punto de vista que tengan del estilo[65]. El problema no es secundario porque atañe a varias partes de la narración y de alguna manera al carácter mismo de la experiencia de Jrm.

Para determinar el estilo de la narración debemos tener en cuenta un doble aspecto:

– La descripción del lugar del campo en los vv. 7.8.9:
  v. 7 «mi campo de Anatot» אֶת־שָׂדִי אֲשֶׁר בַּעֲנָתוֹת;
  v. 8 «mi campo de Anatot, que está en la tierra de Benjamín»
  אֶת־שָׂדִי־בַּעֲנָתוֹת אֲשֶׁר בְּאֶרֶץ בִּנְיָמִין;
  v. 9 «el campo de Anatot»
  אֶת־הַשָּׂדֶה מֵאֵת חֲנַמְאֵל בֶּן־דֹּדִי אֲשֶׁר בַּעֲנָתוֹת.

En el v. 9 la caracterización del campo «*de Anatot*» es secundaria: la construcción es anómala a causa del desplazamiento de la cláusula de relativo. Pero, ¿es también secundaria la caracterización «de Anatot» del versículo 8? ¿No recaerá el carácter secundario sobre «que está en tierra de Benjamín»[66]? Holladay[67] tiene en cuenta el cambio de orden en LXX: Κτῆσαι τὸν ἀγρόν μου τὸν ἐν γῇ Βενιαμιν τὸν ἐν Αναθωθ. Considera «de Anatot» una adición del TM y dicha adición la explica como un intento del redactor de uniformar los tres versículos (7, 8 y 9). Esta opinión viene apoyada por la consideración del segundo aspecto sobre el estilo.

– La descripción del rescate:

---

[65] Presentamos y asumimos como válidas, las observaciones de Holladay, cf. W.L. HOLLADAY, *Jeremiah*, II, 210.

[66] Así lo afirman Rudolph, cf. el aparato crítico de BHS en este versículo, y Bright, cf. J. BRIGHT, *Jeremiah*, 235.

[67] Cf. W.L. HOLLADAY, *Jeremiah*, II, 210.

Comparemos el estilo de los vv. 7 y 8 a propósito de las expresiones del rescate:

v.7: «a ti te corresponde el derecho de rescate para comprarlo», כִּי לְךָ מִשְׁפַּט הַגְּאֻלָּה לִקְנוֹת;

v.8: «porque a ti te corresponde el derecho de propiedad y a ti te corresponde el rescate», כִּי־לְךָ מִשְׁפַּט הַיְרֻשָּׁה וּלְךָ הַגְּאֻלָּה.

Creemos que la expresión «a ti te corresponde el rescate» del versículo 8 es secundaria[68]. El redactor optó por cambiar los términos en una segunda aparición, bien por razones estilísticas o bien porque el discurso de Janamel era diverso del que Jr había escuchado de parte de Dios. Esto explicaría, además, la expresión «reconocí que aquello era la palabra de Yahveh»: sólo tiene sentido si el discurso de Janamel y el de Jeremías eran distintos.

Por tanto, concluimos que ambas caracterizaciones — la de Anatot, vv. 8 y 9; y la del rescate del v. 8 — son adiciones secundarias introducidas por un redactor con el fin de uniformar todas las expresiones.

• V. 11: «con lo estipulado y las condiciones»

Sobre este punto los autores están muy divididos. Las posturas son dos:

✓ es una glosa explicativa del término הֶחָתוּם[69],
✓ pertenece al texto original[70].

Optamos por esta segunda posibilidad. No se trata de una glosa, más bien, en la primera aparición del término הֶחָתוּם («copia sellada») se aclara su contenido[71].

• V. 14aα: «Así dice el Yahveh».

Varios autores juzgan inoportuna la fórmula de mensajero y por tanto añadida[72]. El versículo no reproduce las palabras del Señor sino las de

---

[68] También en este versículo LXX presenta una perífrasis que sugería una glosa o nota marginal.

[69] Cf. W.L. HOLLADAY, *Jeremiah*, II, 215; W. MCKANE, *Jeremiah*, II, 840.

[70] Cf. J. BRIGHT, *Jeremiah*, 237-238. Explica la omisión de LXX como una falta de conocimiento de los términos técnicos legales; los considera sin embargo originales: forman parte de la terminología legal de la compra; y D. BARTHÉLEMY, *Critique textuelle*, II, 693-694.

[71] Los autores coinciden en subrayar que esta expresión insiste en el cumplimiento de todos los requisitos legales. Incluso aquellos autores que sostienen el carácter adicional de esta expresión afirman que al texto interesa señalar el aspecto legal de la compra.

[72] Dejamos al margen la expansión del título de Yahveh, cf. J.G. JANZEN, *Studies*, 84-86.

Jrm. Holladay disiente en este punto: la fórmula a su juicio es original[73]. La discusión se centra en el resto del versículo («Toma estas escrituras, la escritura de compra tanto la copia sellada como la copia abierta, y ponlas en una jarra de barro, para que duren mucho tiempo»): ¿recoge palabras de Yahveh dirigidas a Baruc por Jrm o son palabras de Jrm? Por dos razones las consideramos palabras de Yahveh:

– el uso del infinitivo absoluto como imperativo con carácter enfático (לָקוֹחַ)[74],

– vocabulario compartido con otras acciones realizadas por mandato divino (חֶרֶשׂ, כְּלִי, יָמִים רַבִּים, en los capítulos 13 y 19).

A causa del origen divino del mandato de Jrm juzgamos la fórmula de mensajero como originaria en el relato. Profundizaremos este punto al tratar del género literario.

• V. 15a: «Porque así dice Yahveh Sebaot Dios de Israel».

Holladay mantiene la originalidad de este versículo, pero no deja de suponer un obstáculo la doble aparición de la fórmula del mensajero en dos versículos seguidos. Para salir al paso de esa dificultad, Holladay recurre a una especie de mensaje de parte de Dios en «dos tiempos». En un primer momento Jrm recibe las palabras del versículo 14. En ese primer momento la acción simbólica contiene un mensaje a nivel personal del profeta le anuncia la reconciliación, aunque modesta, con su familia. En 12,6 («Porque incluso tus hermanos y la casa de tu padre, ésos también te traicionarán y a tus espaldas gritarán. No te fíes de ellos cuando te digan hermosas palabras»), se menciona la oposición de su familia, lo cual no sólo supone una fuente de sufrimiento personal sino también un problema teológico. Esta acción manifiesta el cese de la hostilidad familiar como algo divino y es señal de una tímida reconciliación. Jrm, ocupado en los detalles de la compra, no percibe todo el sentido de la acción. En un segundo momento recibe la segunda palabra divina del v. 15, a modo de consecuencias últimas para todo el país de la acción llevada a cabo.

Esta explicación soluciona en parte el problema de la oración después de la compra. De esta forma antes de recibir el mensaje de v.15 no

---

[73] Cf. W.L. HOLLADAY, *Jeremiah*, II, 211.

[74] Cf. nota 36 del capítulo anterior, y el uso de הָלֹךְ como imperativo siempre en boca del Señor en 2,2; 3,12; 17,19; 34,2; 35,13. En estas tres últimas citas va precedido de la fórmula del mensajero.

hay por qué suponer ningún tipo de tribulación en Jrm. Sólo tras recibir las palabras del v. 15 se ensambla bien la oración.[75]

Intentando responder a la dificultad de las dos fórmulas de mensajero seguidas, G. Wanke tiene una propuesta más radical manteniendo que este versículo es secundario[76]. La repetición de la fórmula se debe a un redactor que la utiliza para completar el mensaje. Hubo una unidad originaria que contenía los vv. 6-14 y que luego fue ampliada con el v. 15[77]. Este versículo fue introducido para cambiar el significado de la acción. El relato inicial transmitía un mensaje de castigo (el largo tiempo que durará el destierro). La adición del v. 15 lo transforma en un mensaje de esperanza. La valoración del cambio de significado de la acción que propugna Wanke nos parece injustificada. La acción puede ser ambivalente, pero en sí misma conlleva un mensaje de salvación[78]. Por lo tanto no retenemos pertinente eliminar todo el versículo como una adición. La delimitación tanto de la unidad inicial como de la ampliación del v. 15 debe ser corroborada por medio de la crítica del género literario, por ello volveremos sobre este punto más adelante.

---

[75] Ya P. Volz ofrecía un argumento similar. La solución de Holladay nos parece sugerente, porque resuelve diversos problemas, pero no es aceptable. La explicación «en dos tiempos» no tiene lugar para explicar otras palabras de Yahveh en las acciones simbólicas. Además, las acciones simbólicas no tienen como referente primero a Jrm como persona sino que son siempre para el pueblo, poseen un carácter de revelación pública. Es cierto que posiblemente los hechos ocurrieran así (o al menos que nos ayuden a comprenderlos desde nuestra lógica): percibir el significado de la voluntad de Dios a partir de acciones personales (como veremos más adelante en el análisis del género). Sin embargo, no aceptamos que esas reflexiones condicionen la comprensión del texto o que eliminen ciertas tensiones que el texto reproduce como tales.

[76] Cf. G. WANKE, «Jeremias Ackerkauf», 265-276, el mismo análisis sigue K. SCHMID, *Buchgestalten des Jeremiabuches*, 90-91. La discusión sobre un versículo no es en este caso académica. Como veremos cambia totalmente la orientación de la acción.

[77] Wanke señala añadidos menores en el v. 8, de cuya procedencia no está tan seguro que provengan de la misma mano que introdujo el v.15, cfr. G. WANKE, «Jeremias Ackerkauf», 269.

[78] Véase una crítica a G. Wanke en J.L. SICRE, *Profetismo en Israel*, 178-179, especialmente la nota 7. El autor se pregunta con ironía «si un hombre que pone cincuenta millones en el banco a plazo fijo está simbolizando una desgracia (porque no puede usar ese dinero) o una alegría (ampliará su capital)».

• V. 15b: «Todavía se comprarán casas y campos y viñas en esta tierra».

El orden de «casas, campos y viñas» es distinto en TM y LXX. El cambio parece indicar que «casas y viñas» constituye una adición secundaria. Un dato que confirma nuestra sospecha: el v. 44 habla sólo de campos, «comprarán campos con dinero y escribirán la escritura, sellarán y aducirán testigos...». El añadido refuerza la relación[79] entre los capítulos 30–31 y el capítulo 32. La ampliación del campo semántico de la compra retoma términos (casa, viñas) y temas (la construcción, la plantación, la siembra) presentes en los capítulos 30–31 (cf. 30,18: «...y de sus mansiones me apiadaré; será reedificada la ciudad sobre su montículo de ruinas y el alcázar tal como era será restablecido»; 31,5: «Aún volverás a plantar viñas en los montes de Samaría...», etc.).

Como conclusión a este apartado afirmamos: el informe de la acción se remonta al profeta, pero no estamos ante un texto tan límpido de Jrm, aunque algunos autores reconocieran en él un estilo típicamente «jeremiano». Creemos que las glosas y añadidos no transforman sustancialmente ni el texto ni el mensaje de la acción. Las entendemos como formulaciones literarias de estilo y/o de enlace con los versículos del contexto inmediato o remoto.

2.1.2 Oración de Jeremías

Holladay aporta un criterio nuevo para discernir la autenticidad de los versículos en la oración[80]. El problema no es si Jrm pudo utilizar expresiones o materiales litúrgicos (lo hemos mencionado ya en la discusión entre Rudolph, Weiser y otros), sino si es apropiado su uso en el

---

[79] Cf. W.L. Holladay, *Jeremiah*, II, 211.

[80] Siguiendo el análisis de Thiel, K. Schmid niega la posibilidad de que la oración se remonte a Jrm: «Dabei ist deutlich, daß das Gebet Jeremias – wie auch die zugehörige Gottesantwort – nie für sich existiert haben können, sondern sowohl inhaltlich wie auch in der Einleitung V.16 explizit (אַחֲרֵי תִתִּי אֶת־סֵפֶר הַמִּקְנָה אֶל־בָּרוּךְ בֶּן־נֵרִיָּה) auf die Ackerkauferzählung V.*6-14 zurückverweisen und auf diese angewiesen sind; 32,16-44 bilden also kein ursprünglich selbständiges Textstück, sondern eine Fortschreibung», K. Schmid, *Buchgestalten des Jeremiabuches*, 96. Sin negar por ello la evolución de la oración a partir de un estadio primitivo compuesto por vv. 16-18.*20.21-25.26-29a.31.42-44. Con Holladay optamos por un núcleo atribuible a Jrm. Para más detalle sobre esta propuesta diversa, cf. *Ibid.*, 95-107.

contexto. ¿Es pertinente o relevante lo que se afirma con la compra del campo y con el retorno del pueblo a repoblar la tierra[81]?
 • V. 17: «¡Ay, Señor Yahveh! He aquí que tu hiciste el cielo y la tierra con tu gran fuerza y con tu brazo firme, nada es imposible para ti».
El versículo nos parece auténtico, por las siguientes razones:
– el desconcierto que muestra la frase inicial,
– las expresiones referidas al creador («con tu gran fuerza y con tu brazo firme») en todo el AT sólo tienen paralelo en Jr (27,5),
– la relación con el v. 27 muestra que se trata de un recurso estilístico y por tanto la autenticidad del mismo v. 27 (que analizaremos más adelante) confirma la del v. 17.

En opinión de Holladay la oración inicial se organizaría en torno a «He aquí» (vv. 17.24 הִנֵּה) y a los pronombres personales (vv. 17 y 25 אַתָּה).

Entre los vv. 18-20 y 21-23 observa el autor un claro contraste:

[18]Tratas con misericordia por mil generaciones y castigas el pecado de los padres en el seno de los hijos que les suceden, Dios grande y valeroso cuyo nombre es Yahveh Sebaot, [19]grande en designios y poderoso en acciones, que tienes los ojos fijos en todas las conductas de los humanos para dar a cada uno según su conducta y según el fruto de sus acciones. [20]Tú obraste signos y prodigios en la tierra de Egipto que duran hasta hoy, y en Israel y en la humanidad, y te has hecho un nombre como el que tienes hoy.

[21]Sacaste a tu pueblo Israel de la tierra de Egipto con signos y prodigios, con mano robusta y brazo firme y con gran terror. [22]Les diste esta tierra que habías prometido a sus padres darles, tierra que mana leche y miel. [23]Ellos entraron para poseerla pero no obedecieron tu voz ni caminaron según tu ley, no hicieron nada de lo que les habías mandado hacer, y les has enviado toda esta calamidad.

– mientras 18-20 reflejan una variedad de textos paralelos del AT, no sólo del Dt también de Ex, Sal, Is; 21-23 son textos cercanos a Dt y con un lenguaje utilizado en otros textos de Jr;

---

[81] Aquí sorprende el segundo motivo como algo novedoso. En principio sólo sería lo pertinente con la compra, y a lo más con las palabras del v. 15, no tanto con el tema del retorno del pueblo. Holladay introduce este segundo elemento condicionado por sus juicios sobre la autenticidad de los vv. 26-44, como se verá más adelante.

– 18-20 presentan una generalización de la liberación de Egipto para toda la humanidad; sin embargo 21-23 introduce únicamente la historia de Israel;

– la repetición de los términos «signos y prodigios» en los vv. 20 y 21 es señal de origen diverso, ya que resultaría una repetición extraña.

De esta forma los vv. 18-20 son secundarios frente a los vv. 21-23 que considera auténticos.

• Vv. 24-25:

²⁴He aquí que las rampas de asalto entran en la ciudad para conquistarla y la ciudad es entregada en manos de los caldeos que combaten contra ella con la espada, el hambre y la peste; lo que habías anunciado se ha cumplido y tú lo estás viendo. ²⁵¡Y tú me dices, Señor Yahveh: «compra el campo con dinero y aduce testigos», cuando la ciudad es entregada en mano de los caldeos!

Son considerados auténticos por su estrecha relación con el desconcierto de Jeremías (sólo pequeñas modificaciones respecto a la relación LXX con TM)[82].

La propuesta general de Holladay nos parece convincente. Sólo mantenemos un interrogante sobre el carácter originario de los vv. 21-23. Varias razones nos inclinan a retenerlos como secundarios:

– La expresión «con brazo firme», v.17 (וּבִזְרֹעֲךָ הַנְּטוּיָה) repetida en el v. 21 (וּבְאֶזְרוֹעַ נְטוּיָה) no es para Holladay reduplicación innecesaria, ya que en v. 17 describe el poder de Dios en la creación, mientras que en v. 21 alude al poder de Dios en la liberación de Israel. A nuestro juicio, si no innecesaria, ciertamente resulta extraña.

– El paso del versículo 23 al 24, del pasado al presente, resulta un cambio brusco. Lo mismo que el paso del v. 17 (estilo directo) al 21 (secuencia narrativa con wayyiqtol).

– El v. 23 contiene la motivación del castigo; y esto en opinión del mismo Holladay, no necesita ser analizado pues no constituye ninguna dificultad para Jrm.

– Considerando secundarios los vv. 21-23 la oración no sólo mantiene el esquema propuesto (en torno a «He aquí» הִנֵּה vv. 17.24 más אַתָּה vv. 17 y 25), sino que éste es más patente.

---

[82] Cf. J.G. Janzen, *Studies*, 82.

2.1.3 La respuesta del Señor

• Vv. 26-27: «²⁶Fue dirigida la palabra del Señor a Jeremías como sigue: ²⁷«He aquí que yo soy Yahveh Dios de todo viviente, ¿acaso hay algo imposible para mí?».

Son originales (según Holladay la lectura de LXX del v. 26 es la original: ἐγένετο λόγος κυρίου πρός με «me fue dirigida la palabra del Señor»). Argumenta a favor de la autenticidad:

– la única aparición en todo la Biblia de la expresión «Dios de todo viviente» (כָּל־דָּבָר);

– al igual que en el v. 17, el único paralelo para la expresión «nada es imposible para mí» se encuentra en Gn 18,14;

– la asonancia כָּל־בָּשָׂר / כָּל־דָּבָר, recurso intencionado, habla también en favor de la autenticidad,

– la respuesta encajaría con la oración de Jrm y se ajusta a la percepción de Jrm.

• Vv. 28-29:

²⁸Pues bien así dice Yahveh: He aquí que yo entrego esta ciudad en manos de los caldeos y en manos de Nabucodonosor rey de Babilonia y él la conquistará. ²⁹Y los caldeos que combaten contra esta ciudad entrarán y prenderán fuego a esta ciudad e incendiarán la ciudad con las casas en cuyas terrazas quemaron incienso a Baal y ofrecieron libaciones a otros dioses para provocarme.

Considera los vv. 28⁸³-29 una expansión tardía:
– En primer lugar porque la fórmula del mensajero en tercera persona resulta extraña.
– La dicción de estos vv. se asemeja a otros de Jr, y esto resulta ambiguo: puede ser indicio tanto de autenticidad cuanto de adición. Pero el conflicto entre Jrm y el Señor es el anuncio del mensaje de esperanza, en este momento desentonan unas palabras de castigo a las que, tanto Jrm como el auditorio ya están acostumbrados.

Los vv. 30⁸⁴-35 no son auténticos de Jrm: resulta un pasaje compuesto de fórmulas hechas de material parenético presente en otras partes (2,27; 7,30-31; 19,13).

---

⁸³ Dentro del v. 28 la expresión «de los caldeos y en manos de Nabucodonosor» sería una adición posterior, por la tendencia de TM respecto a LXX a alargar títulos, cf. J.G. JANZEN, *Studies*, 72.

- V. 36: «Pues bien ahora así dice Yahveh el Dios de Israel acerca de esta ciudad, de la que vosotros decís que es entregada en manos del rey de Babilonia por la espada, el hambre y la peste».

Es auténtico, con algunas precisiones:

– la expresión «ahora וְעַתָּה», resulta apropiada como continuación de los vv. 26-27;

– el término «pues bien לָכֵן» se omitiría, como hace LXX;

– ha de leerse siguiendo LXX, en singular «tu dices», dado que estamos en un diálogo entre Jrm y Dios. El plural representa una generalización del TM para la comunidad exílica;

– la fórmula del mensajero en tercera persona resulta inapropiada y es más lógico desde esas premisas revocalizar en «כֹּה אֹמַר así digo yo» y considerar el título «Yahveh el Dios de Israel» como adición secundaria.

- V. 37: «He aquí que yo los reúno de todos los países a donde los dispersó mi ira, mi furor y mi gran enojo, y les haré volver a este lugar y les haré habitar seguros».

Es auténtico por las tres expresiones idiomáticas propias de Jr:

– «mi ira, mi furor y mi gran enojo בְּאַפִּי וּבַחֲמָתִי וּבְקֶצֶף גָּדוֹל»;

– «les haré volver y les haré habitar, וְהֹשַׁבְתִּים / וְהֲשִׁבֹתִים», única aparición en Jr de ישׁב (hifil). Además el estilo recuerda el juego de palabras con las raíces ישׁב/שׁוב en 25,5;

– «vivir en seguridad לָבֶטַח», se encuentra en 23,69.

- Vv. 38-40[85]:

[38]Serán mi pueblo, y yo seré su Dios. [39]Les daré un corazón indiviso y una conducta íntegra para que me respeten toda la vida para su bien y el de los hijos que les sucedan. [40]Pactaré con ellos alianza eterna que no revocaré después de ellos para hacerles el bien y pondré mi temor en sus corazones para que no se aparten de mí.

Al igual que en 28-35, pertenecen al lenguaje común, especialmente por lo que se refiere al lenguaje de la alianza. Esto nos sitúa de nuevo en la duda; pero el hecho que el v. 41 («disfrutaré por ellos haciéndoles el bien y los plantaré») continúe la acción de los verbos expresados en

---

[84] Dentro del v. 30 tenemos una adición posterior propia del TM: «porque los hijos de Israel no han hecho más que provocarme con las obras de sus manos, oráculo del Señor», cf. J.G. JANZEN, *Studies*, 16.

[85] El v. 40 contiene una adición como una intromisión del v. 41, cf. J.G. JANZEN, *Studies*, 29.

el v. 37 («los reúno, les haré volver, les haré habitar») sobre la restauración de los exiliados en la tierra hace pensar que los vv. 38-40 son secundarios.

• V. 41: «Disfrutaré por ellos haciéndoles el bien y los plantaré en esta tierra definitivamente, con todo mi corazón y con toda mi alma».

Es auténtico como acabamos de mencionar por la continuación de los verbos de restauración en la tierra. Se observe además la expresión «con todo mi corazón y con toda mi alma»; referida al Señor es única en todo el AT.

• Vv. 42-44:

⁴²Porque así dice Yahveh, como he traído sobre este pueblo toda esta gran calamidad, así yo traeré sobre ellos toda la prosperidad que yo les prometo. ⁴³Se comprarán campos en esta tierra de la que vosotros decís que está desolada, sin hombres ni ganado, entregada en manos de los caldeos. ⁴⁴Comprarán campos con dinero y escribirán la escritura, sellarán y aducirán testigos en la tierra de Benjamín y en los alrededores de Jerusalén y en las ciudades de Judá y en las ciudades de la Montaña, y en las ciudades de la Sefela y en las ciudades del Negueb; porque cambiaré su suerte, oráculo de Yahveh.

Son originales con algunas modificaciones:
– v. 42, revocalización de la fórmula del mensajero, como en el v. 36;
– v. 43, «tú dices» en lugar del plural como en v. 36; y el final del versículo, «entregada en manos de los caldeos», es adición porque normalmente se usa para la ciudad no para la tierra;
– v. 44, han sido añadidos las expresiones: «las ciudades de la Montaña, y en las ciudades de la Sefela y en las ciudades del Negueb», y la fórmula final «oráculo de Yahveh» (véase más adelante la justificación).

El resultado de esta reconstrucción es una paradójica respuesta del Señor. En ella habla de la ciudad (vv. 36-41) y de la tierra (vv. 43-44). Su mensaje contrasta con lo que Jrm ha anunciado hasta ahora (vv. 36.43).

De esta manera la oración de Jrm y la respuesta del Señor, desde el punto de vista literario, mostrarían un paralelismo:
– descripción de Dios como soberano de toda la creación, vv. 17.27;
– «nada es imposible para mí», cf. vv. 17.27;
– la apreciación de Jrm sobre la ciudad (v.24) es recogida en las palabras de Dios (v. 36).

Desde el punto de vista del contenido, esta reconstrucción pone de manifiesto más claramente la teología contenida en la pregunta y en la respuesta. Jrm expresa el antagonismo entre la situación del campo y la ciudad bajo el asedio (v.25, הַשָּׂדֶה/וְהָעִיר); este contraste refuerza la tensión entre sentencia de castigo y anuncio de esperanza. La respuesta del Señor supone la tensión y da una solución relacionando los elementos: la población de la ciudad (v.36: אֶל־הָעִיר הַזֹּאת) será reunida (v.37) y plantada en la tierra (v.41: וּנְטַעְתִּים בָּאָרֶץ הַזֹּאת) y por ello se comprarán campos (v.43: וְנִקְנָה הַשָּׂדֶה). La clave para esta sugerencia está, a juicio de Holladay, en el v. 43; es la segunda referencia a las palabras de Jrm sobre la tierra, que *no* se encuentra en la oración. Jeremías percibe así la conexión que Dios hace entre el sitio de la ciudad y la relevancia de la tierra[86]. Esta unidad es patente en el versículo 44. Este versículo habla del *campo* (בְּאֶרֶץ בִּנְיָמִן en la tierra de Benjamín), de la *ciudad* (וּבִסְבִיבֵי יְרוּשָׁלַםִ la región en torno a Jerusalén) y la *tierra* (וּבְעָרֵי יְהוּדָה las ciudades de Judá). Lo cual hace pensar en 44aβ («y las ciudades de la montaña, y en las ciudades de la Sefela y en las ciudades del Negueb») como una secuencias secundaria: rompe la retórica del versículo, la primera parte introduce tres término distintos (tierra אֶרֶץ, región בִסְבִיבֵי, ciudad עָרֵי) mientras que el segundo repite por tres veces el término ciudad.

Tras este análisis Holladay propone una hipotética reconstrucción histórica del trabajo de composición-redacción: La compra tuvo lugar durante el asedio de Jerusalén, en torno al año 587[87]. El núcleo del relato se formó poco después de la caída de la ciudad. Su primitiva colocación fue el contexto de los capítulos 37-38[88], donde se narran los últi-

---

[86] Como para Rudolph, también para Holladay la respuesta supone un avance sobre la oración, no se trata de una mera repetición de la paradoja ante la que se encuentra el profeta. Nos parece acertada la apreciación de Holladay. Con todo no elimina totalmente la tensión. La respuesta reafirma e ilumina los planes divinos de restauración en la tierra (dando sentido a lo absurdo de la compra), pero queda un aspecto importante por resolver: ¿por qué el cambio de la sentencia de castigo al anuncio de promesa?

[87] No entramos en el problema de la diversas cronologías. Cf. las distintas propuestas de J. BRIGHT, *Jeremiah*, 236; J.H. HAYES – P.K. HOOKER, *A New Chronology*, 94-98; W.L. HOLLADAY, *Jeremiah*, II, 212-213; J.R. LUNDBOM, *Jeremiah 1–20*, 108-120.

[88] Esta es la opinión común entre los autores, cf. J. BRIGHT, *Jeremiah*, 236; W.L. HOLLADAY, *Jeremiah*, II, 213; G.L. KEOWN – P.L. SCALISE – T.M. SMOTHERS,

mos días de Jerusalén. Los versículos iniciales 2-5 pudieron añadirse como guía para el lector cuando el material del pasaje pasó a ocupar su posición actual, después de los capítulos 30 y 31. Tal desplazamiento implicaba un enmarque cronológico. Por lo que a las adiciones se refieren, poco podemos precisar. Solo por la adición de «casas y viñas» (v. 15) se puede razonablemente suponer que se introdujo durante el proceso de reelaboración, para trasladar el texto detrás de los capítulos 30–31.

Aceptamos en líneas generales la exposición de Holladay sobre la respuesta del Señor y afirmamos un núcleo histórico sin pronunciarnos sobre las circunstancias de la misma. En ese momento inicial, la oración-respuesta ahonda, sin necesariamente resolver, en la contradicción que se plantea en Jeremías (y/o en los primeros destinatarios de su mensaje). Pero más allá del texto original, ¿qué conserva y qué aportaciones recibe el conjunto de *acción-oración-respuesta* en el curso de su trasmisión hasta su forma actual?

2.2 *Redacción del texto*

Mientras en la investigación de la constitución del texto podemos hablar si no de unanimidad sí de convergencia, en la investigación de la redacción los resultados no están tan definidos. Ya notábamos en los autores expuestos (Hyatt, Nicholson y Thiel) diferencias respecto a la ubicación del deuteronomista; sin embargo sobre la datación, identidad, líneas teológicas existía grande afinidad. En los últimos años ese consenso se ha roto y estos aspectos han sido objeto de exuberante discusión. Son objeto de debate por ejemplo: la datación de la historiografía deuteronomista (HD) y de su obra final, la unidad y coherencia de la HD, su finalidad, la localización e identidad de los deuteronomistas[89].

Jeremiah 26-52, 149, estos autores recogen la opinión de Seitz. Sobre este aspecto hablaremos en el apartado siguiente.

[89] Supera nuestro objetivo entrar en una investigación sobre el «movimiento deuteronomista». Nos limitaremos a señalar los puntos más significativos del debate y de algunas posturas más recientes. Para una visión sintética de esta problemática cf. J.L. SICRE, «La investigación sobre la historia deuteronomista», 361-415. Para mayor detalle véase las obras de W. GROß, ed., *Jeremia und die «deuteronomistische Bewegung»*; A. DE PURY – T. RÖMER – J.-D. MACCHI, ed., *Israël construit son histoire*, especialmente el capítulo de introducción: T. RÖMER – A. DE PURY «L'historiographie Deutéronomiste (HD)», 9-120.

Para situar esta discusión en la trayectoria de nuestro recorrido histórico, el primer punto de reflexión debe ser la problemática literaria. Para los autores mencionados la omnipresencia del estilo deuteronomista en Jr era clara. Especialmente era patente en los discursos en prosa que se presentaban como «*sermones alternativos*» (para usar la terminología de Thiel) en continuidad con toda la historiografía deuteronomista. Pero esta afirmación es contestada desde diversos planos.

Así encontramos autores que reconocen en esos mismos discursos un estilo en cierto sentido propio de Jrm. Según estos autores, se trata de una «*prosa artística*», lenguaje muy frecuente en Judá durante los siglos VII-VI a.C. Bajo esta tesis se agrupan diversos autores en los que observamos una cierta continuidad. Ésta era la postura primera de Bright que luego ha ido recibiendo matizaciones: si no podemos remontarnos hasta el mismo Jrm, sí al menos hasta un grupo de discípulos suyos que transmiten la esencia de las enseñanzas del profeta. Aunque ese grupo de discípulos comparta muchas cosas con el grupo deuteronomista, se trataba de grupos diversos. En esa misma línea se pronuncia H. Weippert, quien afirma que Jr, Dt y HD han surgido de una similar cultura lingüística y literaria pero que sus obras son fruto de diversos autores. Holladay habla en el mismo tono: aunque el libro haya sufrido un largo proceso de expansión y desarrollo, la prosa de Jr en gran parte procede del profeta; más aún, partiendo de esos discursos en prosa se puede llegar a oráculos del profeta[90].

Un segundo frente de oposición dentro del ámbito literario, lo constituye la obra de W. McKane[91]. La formación del libro de Jeremías no acepta una redacción sistemática, como postulan los defensores de la redacción deuteronomista. McKane defiende una formación más fragmentaria del libro de Jr con la imagen del *rolling corpus*. El libro es una acumulación de material desordenado que se extiende a través de un largo periodo de tiempo y en el cual han contribuido numerosas per-

---

[90] Cf J. BRIGHT, «The Date» 193-212; «The Book of Jeremiah», 259-278; *Jeremiah*; H. WEIPPERT, *Die Prosareden des Jeremiabuches*; sobre el cap. 32 de Jr especialmente las páginas, 209-227; J.V.M. STURDY, «The Authorship», 143-150; HOLLADAY, «A Fresh Look», 394-412; «The Identification», 452-467, y en su doble comentario al libro de Jr.

[91] Cf. W. MCKANE, *Jeremiah*, I-II.

sonas[92]. Así el texto final del TM debe entenderse como una suma de comentarios construidos a partir de un texto original.

Lo que se quiere significar con la idea de *rolling corpus* es que pequeñas piezas de textos preexistentes desencadenan exégesis o comentario. El TM debe ser entendido como un comentario o suma de comentarios construido a partir de materiales preexistentes de un *corpus jeremiano*. La tesis es: cuando la poesía genera prosa, se puede suponer que la poesía que la ha generado es atribuible, en su mayor parte, al profeta Jeremías. Mientras que cuando la prosa genera prosa, el núcleo originario no nos permite acceder al periodo del profeta ni conservar el sentido de las palabras que el profeta pronunció. En líneas generales, la tesis se basa en la persuasión de que el *rolling corpus* se fue alargando durante un largo periodo de tiempo, proceso que se extendió también en el periodo post-exílico[93].

Es interesante recoger aquí la opinión de McKane porque nos abre una vía intermedia para valorar el trabajo redaccional sin menoscabo del texto original:

La valoración de Thiel de los vv. 16-44 como redaccionales debe aceptarse, pero la uniformidad de estilo y vocabulario pretendida para la perícopa no demuestra que sea el trabajo de un único redactor. No tiene la forma de una cohesiva y orgánica elaboración de los vv. 6-15. Thiel sostiene que D presenta, a partir de los vv. 6-15, una exposición de Juicio y Salvación más amplia y teológicamente más detallada que el vv. 6-15. Éstos se ciñen en particular a la caída de Jerusalén y a la compra de Jeremías de un campo. El hecho de que haya en los vv. 16-44 un amplio vocabulario común al Deute-

---

[92] Cf. W. MCKANE, *Jeremiah*, I, xlix: «The concept of a Jeremianic *corpus*, which I have adumbrated and will further develop, is incompatible with the cohesiveness and architectonic qualities which Thiel had attributed to 1-25 in view of the editorial operations of D. My particular appeal to *corpus* is not a claim that 1-25 is a well-ordered, literary whole, with a cumulative, teleological significance. Rather it is introduced with the caveat (and in this I confront Thiel) that there is a tendency to underestimate the untidy and desultory nature of the aggregation of material which comprises the book of Jeremiah. One does not have to look far for this: it is not only a lack of large-scale homogeneousness to which I refer, but sharp dissonances of form and content». Estas observaciones que McKane hace en la introducción al primer volumen de su comentario, centrado en los cc. 1-25, es válido para toda la obra de Jr, y de hecho él sigue hablando en los mismos términos en la introducción de la segunda parte de su comentario, W. MCKANE, *Jeremiah*, II, cxxxiii-cxxxiv, donde expresa también su desacuerdo con la tesis de H. Weippert.

[93] W. MCKANE, *Jeremiah*, I, lxxxiii. Para una mayor información cf. el apartado «The idea of a rolling *corpus*», *Ibid.*, l-lxxxiii.

ronomio, a la literatura de deuteronomista y al libro de Jeremías no establecen que estos versículos sean el trabajo de un único redactor. Este hecho es compatible con diferentes niveles de relación con los vv. 6-15, luego puede suponerse más de un nivel redaccional; y es justa la observación de Volz y otros que han sostenido que algunas partes de los vv. 16-44 mantienen una mayor cohesión con el centro del capítulo (vv. 6-15) que otras[94].

El contenido de Jr suscita un tercer punto de debate: ¿A quién ha de atribuirse el mensaje de salvación? ¿Al mensaje inicial de Jeremías o al trabajo de redacción? En la narración de la compra caben menos dudas, pero, ¿en la oración-respuesta?

Las promesas deuteronomistas de un futuro positivo, que prevean o presupongan un tiempo de destierro, son muy limitadas en número. Son: Dt 4,26-31; 30,1-10; y 1Re 8,46-53. Podemos compararlas brevemente en los puntos claves con los seis pasajes de Jeremías examinados. 1) el cambio decisivo del tiempo de juicio al tiempo de salvación depende dramáticamente de si el pueblo se arrepienten o no (Dt 4,29.30; 30,2.10; 2Re 8,47.48). Por lo tanto, la clave decisiva no es la decisión de Dios. Lo que estos pasajes prometen está vivamente condicionado. Por contraste, en ninguno de los seis pasajes importantes de Jeremías (24,4-7; 29,4-14; 32,6-15; 32,42-44; 31,31-34; 32,36-41; 33,6-9) hay alguna referencia al arrepentimiento como una condición previa para la acción de la misericordia divina; por el contrario: La iniciativa de la gracia divina es incondicional, normalmente se declara primero, y domina el tono de la promesa entera[95].

Por tanto, algunos autores niegan que el mensaje de salvación, tal y como aparece en el texto final, provenga de un redactor deuteronomista. Aplicando a nuestro capítulo esta perspectiva:

Jr 32,36-44 constituye una auténtica profecía de salvación, originada durante el periodo de la destrucción de Jerusalén. En esta profecía, como en su paralelo más cercano 31,27-31; la misericordia de Dios, expresada en su compromiso de familiaridad con su pueblo, es la única causa y presupuesto para la redención. El arrepentimiento no es un factor. Así, el anuncio no podría ser un producto de un redactor deuteronomista[96].

---

[94] W. MCKANE, *Jeremiah*, II, clxii.
[95] J. UNTERMAN, *From Repentance to Redemption*, 120. Llamamos la atención que de los seis textos citados de Jr, tres pertenecen al cap. 32.
[96] J. UNTERMAN, *From Repentance to Redemption*, 115. En esta misma línea de pensamiento podemos situar la obra de T.M. RAITT, *A Theology of Exile*,115-120.180-204; y C. LEVIN, *Die Verheissung*, 159-169, cf. nota 105 de este capítulo.

Sin embargo el debate no implica sólo a autores que divergen sobre el modelo de redacción de Jr (sistemática-fragmentaria). Entre los mismos defensores de una redacción sistemática deuteronómica han surgido cuestiones nuevas para la investigación: ¿Se pueden agrupar todos los textos de apariencia deuteronomista, y en concreto en el libro de Jr, bajo una misma redacción? Junto a esta consideración literaria, yace una pregunta teológica: ¿Es la misma teología la de la redacción deuteronomista de Jr y la de la historiografía deuteronomista? Estos interrogantes abren camino a la idea de diversas redacciones deuteronomistas. No es posible atribuir todo el conglomerado de textos a un único grupo (se pasa así a hablar de escuela o movimiento deuteronomista que abarca distintos grupos a lo largo de diversas generaciones, y se habla p.e. en la HD de distintas redacciones: DtrH [el dtr historiador, responsable de la primera edición], DtrN [el Nomista, que insiste en el papel de la Ley], DtrP [que integra material profético a la HD]).

La introducción del elemento histórico en esta discusión ha dado un nuevo giro a la investigación[97]. Se toma conciencia de la insuficiencia de un mero análisis lingüístico para definir los responsables de la literatura[98]. Es necesario encontrar una situación histórica y un sujeto histórico que haga plausibles esas obras literarias. Este análisis socio-histórico permite verificar las opiniones sobre las distintas redacciones y limitar la proliferación de hipótesis literarias. Desde esta perspectiva histórica concluye R. Albertz la dificultad de hablar de una «escuela o movimiento deuteronomista»:

> El deuteronomismo no es por tanto ni un movimiento ni una escuela, sino una corriente teológica del siglo VI, dentro de la cual se agrupan grupos distintos que provienen de diversos contextos, a pesar de las referencias comunes a un lenguaje y a una teología dtr brevemente oficial bajo Josías[99].

---

[97] Para este nuevo tipo de acercamiento cf. P. DUTCHER-WALLS, «The Social Location», 77-94.

[98] Bajo un mismo fenómeno lingüístico, en este caso bajo una misma retórica dtr se pueden aglutinar grupos sociales diversos y con concepciones teológicas diversas. En esta misma línea se expresa N. LOHFINK, «Gab es eine deuteronomistische Bewegung?», 313-382.

[99] R. ALBERTZ, «Les milieu des deutéronomistes», 394. Seguimos ahora su artículo pp. 377-407.

Albertz distingue dos redacciones deuteronomistas: una en el libro de Jr y otra en la obra historiográfica, con dos contextos y sujetos históricos distintos. Diferencias que no conciernen solamente a la terminología y a algunos puntos teológicos, sino sobre todo a tendencias políticas, culturales y sociales.

En concreto, tres temas claves del exilio y primeros años del postexilio separan estas dos obras literarias:

– el lugar que ocupa la familia del rey Joaquín y el futuro de la monarquía, (cf. 2Re 25,27-30 y Jr 22,20-30);

– el papel del culto y de la organización del templo de Jerusalén, (la HD considera como punto culminante la reforma cultual de Josías: 2Re 22–23; 24,13s; 25,13-17, frente a Jr 7 y 26);

– la importancia de las cuestiones sociales. Los autores de la HD no se refieren a las numerosas leyes sociales del Dt, y de hecho los conflictos sociales aparecen raramente en su obra (p.e. la reforma de Josías se limita a aspectos culturales y omite las reformas sociales de Godolías, cf. 2Re 25,12.22-29 y Jr 39,10; 40,10). Mientras que en la redacción dtr de Jr la cuestión social es un punto central en la relación entre Israel y su Dios (cf. Jr 7,1-15; 22,1-6; 34,14).

El análisis diacrónico del libro de Jr deja entrever como trasfondo un conflicto de partidos[100]. La oposición de estos dos grupos explica el origen diverso de las redacciones. Bajo Joaquín un grupo de familias eminentes, que apoyaron la reforma de Josías, se opone al monarca; y al contrario, otros sectores apoyan al rey en su política antibabilónica. Esta situación se polariza progresivamente. En tiempo de Sedecías los enemigos de Jrm se aglutinan bajo la influencia de un partido nacional-religioso.

Los redactores dtr de Jr pertenecen a un partido reformista dirigido por la familia safánida, que desde los primeros momentos están a favor de Jeremías (sumisión a Babilonia). Su labor se localiza en Judá, durante los años finales de Jerusalén y primeros años del exilio. Sin embargo, los redactores dtr de la HD estarían apoyados por seguidores del antiguo partido nacionalista convertidos en dirigentes de la Golah Babiló-

---

[100] Así por ejemplo se ve en el capítulo 36, que pone en escena un grupo de funcionarios partidarios de Jr: Elnatán, Delaías y Guemarías que ven la sumisión a Babilonia como la opción política y teológica justa, cf. R. ALBERTZ, «Les milieu des deutéronomistes», 395-396.

nica en el destierro[101]. No obstante, la oposición no se reduce a un mero conflicto de intereses políticos:

> Si HD proviene de un grupo dirigente de la Golah babilónica, podemos fácilmente comprender el conflicto que lo enfrentaba con el grupo influyente de la familia safánida en Judá. No se trataba únicamente de un enfrentamiento entre dos familias que aspiran al poder, sino de saber si la supremacía correspondía a los deportados o a los no exiliados. No se trataba tampoco de una polémica sobre la herencia legítima de la reforma de Josías, al cual ambos grupos se remontaban por sus antecesores respectivos, sino a la enseñanza que se desprendía de la catástrofe. En una palabra: se trataba de opciones fundamentales para el futuro de Israel[102].

La propuesta de T. Römer[103] subraya la complejidad del tema. Este autor mantiene dos redacciones deuternomistas de Jr:

– Jr dtr^1: de los capítulos 7-35*, en la línea ideológica de HD[104].

– Jr dtr^2: con diferencias de estilo e ideológicas con la HD; completaría los capítulos 7-35 con los cc. 2-6* y 37-43*, a los que posteriormente se añadirían cc. 1 y 44-45, como una edición revisada y corregida.

Precisamente uno de los temas que lleva a este autor a distinguir estas dos redacciones tiene que ver directamente con el texto del cap. 32. Las diferencias ideológicas se encuentran en aquellos textos que transmiten, al menos parcialmente, al Jeremías histórico[105]. Existe una disparidad de mensajes entre el cap. 32, donde se anuncia un futuro para el pueblo y la tierra (avalado por la permanencia de Jeremías en el país, cf. 39,14; 40,2ss) y el texto de 2Re 25,21.26 donde se afirma que todo Judá ha sido deportado y la tierra ha quedado despoblada. Así la figura

---

[101] Entraremos más en detalle en esta descripción histórica y de diferencias de pensamiento a propósito de la tradiciones. Pero el autor deja claro que la posición de los redactores no debe identificarse con los respectivos partidos, sino que sus posiciones políticas y religiosas se remontan a esos precedentes. Tras la destrucción de Jerusalén y el destierro se encuentran en una nueva situación política, social y religiosa.

[102] R. ALBERTZ, «Les milieu des deutéronomistes», 407.

[103] Cf. T. RÖMER, «Y a t-il une rédaction», 419-441.

[104] Entre los fenómenos lingüísticos de esta redacción destaca el autor: -la fórmula del don de la tierra a los padres a parece por primera vez en 7,7 y por última vez en 35,15; -numerosas expresiones dtr sólo se dan dentro de estos capítulos, por ejemplo: היטיב...מעלליכם/קרא לא ענה.

[105] Entre estos textos se refiere a los cc. 32 y 37ss. Römer se apoya en el análisis de C. Levin que afirma no sólo la autenticidad jeremiana de 32,15 sino que ve en este versículo uno de los textos más antiguos del profeta que anuncian la salvación, cf. C. LEVIN, *Die Verheissung*, 159-169.

de Jrm legitima la situación de los no deportados. Con la última deportación del 582 los textos del Jrm histórico llegan a Babilonia donde deben ser adaptados a la perspectiva del exilio. Es precisamente la oposición que suscita la postura de Jrm en favor de los que permanecen en Judá, lo que permite comprender la omisión de la figura de Jrm en la HD. Pero los autores dtr no pueden ignorar por completo la persona del profeta y se da así la *deuteronomización*[106] de la tradiciones de Jrm. Esta «corrección» nace de la dificultad que los redactores de HD encuentran en el Jrm histórico a propósito de un tema crucial: el significado del exilio.

El proceso de deuteronomización se da en dos tiempos:
– Redacción de los capítulos 7-35*, insistiendo en la conformidad del mensaje de Jr con el pensamiento dtr, no se habla de su «biografía».
– la segunda redacción en el período persa, integra la biografía de Jrm y muestras diferencias ideológicas con HD y Jr dtr^1. En esta nueva redacción el estatuto del profeta viene definido por su relación a la Torah escrita[107]. Así se opera el cambio de la «tierra dada a los padres» por «la Torah dada a los padres» (cf. 44,10).

Todas estas elucubraciones sobre la cuestión de la/s redacción/es dtr de Jr nos sumen en una profunda confusión. Ante este paronama es difícil tomar una opción; la investigación está todavía a medio camino. Retenemos, sin embargo, dos aspectos importantes: por una parte, las distintas redacciones no pretenden anular las tradiciones recibidas, sino integrarlas en una nueva visión. Esto produce tensiones en el texto que los redactores no logran y/o no se empeñan en disimular. Por otra, la importancia de relacionar las tareas literarias a los movimientos que las han producido. Lo cual nos introduce de lleno en el siguiente apartado sobre las tradiciones.

---

[106] Cf. T. RÖMER, «Y a t-il une rédaction», 437 ; «How Did Jeremiah», 197-199.

[107] Desde esta perspectiva se puede entender el cap. 36 desde un nuevo enfoque: «le chapitre 36 constitue en quelque sorte l'aboutissement de la transformation dtr du prophète. Après avoir été transformé d'un prophète des non-exilés en un prédicateur dtr (Jr dtr), Jérémie devient maintenant (Jr dtr^2) le producteur et le garant du livre qui va donner au judaïsme postexilique le moyen par excellence de trouver son identité. Jr 36 est donc aussi le récit d'un déplacement d'autorité: le parle écrite a remplacé le prophète. 36,32 parle de "beaucoup d'autres paroles" qui furent ajoutées au nouveau livre édité par Jr et Baruch (édition qui correspond dans notre terminologie à Jr dtr^2), ce qui sans doute une allusion à d'autres interventions rédactionnelles dtr ou post-dtr», T. RÖMER, «Y a t-il une rédaction», 400-401.

CAPÍTULO III

Estudio de las tradiciones y del género literario

Vista la génesis del texto, el objetivo de este capítulo es acercarnos a la historia del texto, al desarrollo que ha tenido y la forma en que se ha ido plasmando en el seno de Israel que lo ha acogido como texto autoritativo. Dos aspectos compondrán este capítulo: el estudio de las tradiciones y el análisis del género literario[1].

1. Estudio de las tradiciones

La exposición del capítulo anterior encuentra su complemento y confirmación en el estudio de las tradiciones[2]. En este apartado pretendemos conocer el trasfondo cultural, religioso e histórico en el cual se de-

---

[1] No nos atenemos a una estricta metodología histórico-crítica. Esto nos consiente anteponer el estudio de las tradiciones al del género literario. El cambio nos permitirá, en nuestro caso, una mejor comprensión de la evolución del texto.

[2] Como hemos visto en el apartado anterior, la crítica de la redacción nos sitúa ante dos corrientes de pensamiento que recogen el mensaje de Jeremías. En este momento centramos nuestra atención en ellas, no en las tradiciones que han podido influir en la formación del mensaje de Jeremías (para este aspecto puede verse el estudio de Holladay sobre la relación de Jr con los distintos libros bíblicos, «The Sources on which Jeremiah Drew: The Data», cf. W.L. HOLLADAY, *Jeremiah*, II, 35-70; especialmente esclarecedor resultan los puntos de contacto con Oseas, pp. 45-47, en concreto la aparición de la expresión שׁוּב שְׁבוּת en Os 6,11 y el motivo del retorno en Os 14,2.3.5 con la raíz שׁוּב; y de la relación con Dt, pp. 53-64). Holladay mantiene la siguiente hipótesis: «Jrm drew on Proto-Deuteronomy, and exilic redactor of Deuteronomy sometimes drew on Jrm's words»; véase también H. LALLEMAN - DE WINKEL, *Jeremiah in Prophetic Tradition*, 90-115.131-163.

sarrolla e interpreta la acción y mensaje del profeta en relación con la historia del pueblo[3].

Para este análisis partimos de la tesis fundamental del trabajo de Seitz:

> la complejidad literaria del libro [de Jr] es el resultado de un enriquecimiento redaccional secundario, surgido del conflicto sobre la interpretación normativa del Exilio. El conflicto se centra en este particular momento histórico, cuando como resultado de una masiva deportación en el 597 «Israel» se comprende como una comunidad exiliada en Babilonia y una comunidad que permanece en Judá[4].

Resulta imprescindible entrar en la situación social y política de ese período para llegar a entender el problema de interpretación de la historia. En concreto, hay que prestar atención a los sujetos históricos que encarnan el conflicto reflejado en estas distintas comprensiones de la historia. Para ello dividimos este apartado en tres aspectos:

✓ Antecedente del conflicto en el pre-Exilio,
✓ Reflejo literario de las distintas tradiciones,
✓ Situación en el post-Exilio que explica dichas tradiciones.

1.1 *Antecedente del conflicto en el pre-Exilio*

La situación de conflicto en que vive Israel presupone algunos datos sobre su historia anterior. El reinado de Josías (640-609) supuso un tiempo de euforia. Aprovechando las tensiones internas del imperio asirio comienza un periodo de progresiva independencia política. Era un tiempo propicio al renacimiento nacional. Josías aprovechó la ocasión y puso en marcha una reforma religioso-política. Precisamente en ese clima de transformaciones su muerte imprevista en el año 609 marca una profunda división. La esperanza de una renovación social y religiosa apoyada por grupos del movimiento deuteronomista, se vio truncada. Si en la elección de Joacaz, en lugar del hermano mayor Elyaqin, como sucesor hubo un intento de seguir la política del padre, éste resultó fallido[5]. Con el cambio de gobierno que opera Necao nombrando a Joa-

---

[3] Nos apartamos así de un estudio convencional de la crítica de las tradiciones. Somos conscientes de la peculiaridad de este tratamiento pero lo juzgamos más conveniente en este momento para una mejor comprensión de la historia del texto.

[4] C.R. SEITZ, *Theology in Conflict*, 203.

[5] Para una mayor información puede verse el capítulo II, «Judahite Society and Kingship Prior to the Exile» en la obra de C.R. SEITZ, *Theology in Conflict*, 7-102. La

quín (=Elyaqin) en lugar de Joacaz, la reforma fracasa. El primer signo era la sumisión al faraón; esto conllevaba una modificación profunda de la política general, de los principios que regían la sociedad y de los partidarios que estaban detrás de ella:

> También durante el reinado de Joaquín, un segundo grupo, que había contribuido decisivamente a la idea y a la realización de la reforma, es decir, el grupo de funcionarios de la corte, se vio muy pronto dividido en dos facciones contrapuestas. Una de ellas apoyaba incondicionalmente la política autocrática y antisocial del nuevo rey, y estaba dispuesta a impedir, aun por la fuerza, cualquier crítica profética (Jr 26,20-24; 36,26). La otra facción, en la que destacaban los hijos y los nietos de Safán, procuraba ejercer una oposición discreta a la conducta del rey e influir en su política en el sentido de la reforma, sugiriendo leves correcciones de algunos puntos específicos. Mantenía contactos con uno de los primeros simpatizantes de la reforma, como el profeta Jeremías, y aunque éste se había convertido en un crítico despiadado, no dudó en protegerlo (Jr 26,24; 36,19), al mismo tiempo que procuraba sacar provecho de sus invectivas, para lograr sus objetivos políticos[6].

A la división política se añade una división social. Era la consecuencia del fracaso de las medidas de solidaridad impulsadas por el movimiento reformador: «Esto significa que la legislación socio-religiosa del Código de la alianza y del libro del Deuteronomio, precisamente porque no llegó a imponerse al conjunto de la sociedad, se convirtió en manzana de discordia y fuente de confrontación, a la vez que consolidaba la división social»[7].

Estos enfrentamientos políticos y sociales escondían una oposición teológica que se pone de manifiesto tras la catástrofe nacional del 597. Después del nombramiento de Sedecías por Nabucodonosor, es patente la presencia de un partido nacional-religioso que no aceptaba la realidad política creada por Babilonia y buscan la alianza con Egipto (es el partido capitaneado por Seraiah, nieto de Hilkiah; encontrarán gran apoyo entre los deportados). Su teología se enraíza en los siguientes principios:

---

muerte de Josías en Meguido conducirá a una división en la casa real; su resultado será la frecuente sucesión de monarcas. Otro aspecto a tener en cuenta es la difícil situación política del Próximo Oriente en ese momento y los vaivenes en política externa de Judá alternando sus alianzas con Babilonia y Egipto.

[6] R. ALBERTZ, *Historia*, I, 439.
[7] R. ALBERTZ, *Historia*, I, 440.

– la presencia del Señor en el Templo es garantía incondicional de protección para Jerusalén;
– el juicio de Dios ya se ha cumplido en el pasado.

La oposición a este partido está representada por el partido reformista bajo la supervisión de la familia safánida[8] de tendencia pro-babilónica. Entre sus seguidores cuentan con el apoyo del profeta Jeremías y Ezequiel. Su posición teológica se basa en:
– la presencia del Señor en el Templo depende de la conducta social;
– su acción salvadora no se limita a Israel;
– con la muerte de Josías se inicia un juicio de Dios todavía en marcha.

Si éste era el ambiente previo a la caída de Jerusalén, percibimos mejor la brecha profunda que se abre en Judá con el exilio:

> La desaparición de unas instituciones como el culto del templo y el régimen monárquico trajo como consecuencia la abolición de todo vinculo institucional con la tradición religiosa. Eso brindó a muchos sacerdotes, profetas, funcionarios de corte, e intelectuales autónomos que se habían quedado sin trabajo, la posibilidad de seguir el ejemplo de las antiguas agrupaciones proféticas de época pre-exílica, y unirse a ciertos grupos religiosos de pioneros, que cultivaban la teología prescindiendo de las instituciones o de sus relaciones con el poder, y cuyo [sic] única referencia eran las tradiciones orales o escritas. [...] Estimulados por la crisis de su tiempo, esos teólogos desplegaron una intensa actividad literaria[9].

No podemos minimizar la importancia y el influjo que los eventos del 597 tuvieron para el pueblo de Israel. El exilio del rey, y con él parte de la población (junto al hecho de incrementarse la presencia babilonia en Judá), divide a Israel en dos: la comunidad que permanece en la tierra y la comunidad de exiliados (cf. Jr 27–29). Este impacto afecta sin duda directamente a aquellos que fueron deportados, pero también al resto de Judá. Ahora el mensaje del profeta de sumisión a Babilonia tenía otras resonancias: el sometimiento a Nabucodonosor en el año

---

[8] El liderazgo de diversas familias al frente de estos grupos o partidos es también compartido por Dutcher-Walls: «Each faction claims religious legitimation for its political program [...] There is not one faction of priests versus prophets, or gentry versus king's officials. Rather, each faction seems to include the full range of elite social roles —prophets, officials, priests and gentry— in its circle of influence and power. Family connections are often evident and important, for fathers and sons often follow the same world-views», P. DUTCHER-WALLS, «The Social Location», 90-91.

[9] R. ALBERTZ, *Historia*, II, 463.

597 ha significado la oportunidad de continuar la vida en la tierra. ¿Ha sido desdibujado este nuevo significado en la forma actual del texto?

1.2 *Exposición literaria de las tradiciones*

Seitz distingue dos tradiciones en el libro de Jr que conviven yuxtapuestas en el texto canónico actual: la «Crónica del escriba» (*Scribal Chronicle*) y la «Redacción Exílica» (*Exilic Redaction*); dichas tradiciones están presentes sobre todo en los cc. 26–45[10].

• La Crónica del escriba comprendería una primera edición de los capítulos 37–45 que formaban un bloque narrativo unificado. Estos capítulos describían los últimos días de Judá como una serie de episodios coherentes y separados. Además de la unidad temática presentaban una teología propia.

• La Redacción Exílica supone una revisión de estos capítulos, separando algunos bloques y cambia el trasfondo teológico. Dicha revisión supone un proceso:

> por el cual un núcleo «original» — que parece defender la posición de los que están en la tierra — es separado, y ha sido oscurecido en un intento de cambiar la orientación de la forma final del texto en favor de otra postura motivada teológicamente: el deseo y finalidad de Yahveh permanece con los exiliados en Babilonia (bien en el 597 bien en el 587)[11].

Algunos rasgos distintivos de la teología de cada una de las tradiciones ayudan a comprender el cambio de orientación:

a. La teología de la Crónica del escriba insiste en:
– la prioridad de la comunidad que permanece en Judá tras los eventos tanto del 597 como del 587.
– la legitimidad de su monarca Sedecías frente a Jeconías.

b. Por su parte, la teología de la Redacción Exílica:
– valoriza la comunidad del Exilio de donde surgirá el nuevo Israel,
– visión fuertemente negativa de Sedecías.

---

[10] Cf. C.R. SEITZ, *Theology in Conflict*, 161.

[11] C.R. SEITZ, «The Crisis», 79. En la misma línea P.R. ACKROYD, *Exile and Restoration*, 55-61; este autor afirma: «Such a representation of the position of Jeremiah is to be found also in the whole narrative section of 26–36 and 37–44, which, in effect by a process of elimination, presents the view that it is the exiles in Babylon who hold the future, but, as we shall see, this is not the only viewpoint which may be discerned in these chapters», *Ibid.*, 55-56.

La propuesta no está libre de dificultades: ¿Cómo es posible una re-elaboración de material precedente con un cambio de orientación teológica tan radical? Planteada en términos de relación con el profeta: si Jrm era un personalidad de gran autoridad, ¿por qué cambiar sus tradiciones? Si no tenía prestigio, ¿por qué hacer caso a sus tradiciones? La explicación de una sistemática «revisión» de las tradiciones de Jr debe buscarse en la presencia de colecciones proféticas contemporáneas, e igualmente de peso. En concreto Seitz apunta hacia las tradiciones de Ezequiel en Babilonia. Da tres razones:

> En primer lugar, todas las evidencias de la literatura post-exílica sugieren que fue a partir de la comunidad de la Golah desde donde surgieron las declaraciones normativas del pasado de Israel, incluida la visión profética, y de su futuro. Segundo, el fenómeno editorial de las tradiciones de Jeremías hace pensar en un giro en la dirección del material de Ezequiel, y no al revés. Tercero, el libro de Jeremías recibió su «forma final» sólo después de que las tradiciones se desligaran de su figura profética original, en este caso un Jeremías – del cual procedería la idea de una restauración en Judá – cuyo destierro en Egipto necesariamente le distanció de la comunidad. Fue esta comunidad la que dio determinó la «forma final» del texto actual de Jeremías (MT). Estos tres puntos se entienden mejor a la luz del desarrollo en Ezequiel de una visión comprensiva de la restauración que contiene finalmente temas que inicialmente Jeremías no destacó: la restauración de la dinastía de Joaquín y el núcleo sobre el retorno de la Golah[12].

Supuesta la influencia que pudieron tener los acontecimientos del 597, y aislando materiales específicos[13] de Jrm en los cc. 21–36, se puede detectar un énfasis especial en el mensaje del profeta en esta época:

---

[12] C.R. Seitz, *Theology in Conflict*, 213-214.

[13] El autor defiende que no hay razones ni literarias ni teológicas para negar la procedencia en los siguientes materiales como propios de la tradición de Jrm tras la catástrofe del 597, C.R. Seitz, *Theology in Conflict*, 223-224. Mantiene la distinción de tres tipos básicos de material profético: -material poético, -relatos en prosa en la que sobre todo domina las acciones del profeta, y -material en prosa con predominio de la palabra hablada por el profeta o por Yahveh (en este material la acción del profeta pasa a un segundo lugar, incluso es presentada artificialmente, buscando únicamente introducir el discurso). Es precisamente en este material dónde se intuye la mano de la tradición exílica, cf. *Ibid.*, 229-235. Reconoce también que la tarea de composición y redacción se ha dado bajo la influencia deuteronomista, tanto en el período pre-exílico, como durante el exilio. A similar conclusión llega T. Römer, «How Did Jeremiah», 198.

– esperanza de continuidad de la vida en la tierra, (27,1-18; 28,1-17; 29,1-9.15.20-32; 31,1-22; 32,1-15);
– necesidad de la sumisión a Babilonia (27,12-13.17; 38,2.17-20);
– no se tiene en cuenta el destino de los exiliados (27,16; 28; 29,1-9; 31,1-22; 32,1-15).

Posteriormente aparece un nuevo nivel de tradición (redacción Exílica) con distinta orientación:
– se impugna la validez de la continuidad de la vida en la tierra (20,1-6; 24,8-10; 27,19-22; 29,16-19; 32,26-29; 37,8-10);
– oposición a las desobediencias subsiguientes de la comunidad y necesidad de un juicio contra la comunidad del país, cuya consecuencia será su desaparición final (21,3-7; 25,8-11; 32,20-35; 37,1-2; 38,21-23; 42,13-22; 44; 45);
– atención al futuro regreso de los exiliados (23,1-8; 24,4-7; 27,22; 30,1-4.10-24; 31,27-34.38-40; 32,36-44; 33).

Estas observaciones tienen consecuencias para nuestro texto. En la forma actual del libro de Jr, episodios del documento original del Escriba han sido separados unos de otros y colocados en diferente posición para servir como «pretexto» a la tarea redaccional. Seitz[14] sostiene que los vv. 6-15 iban originariamente detrás del capítulo 37. Consecuentemente, el relato cae dentro de la tradición de la Crónica del Escriba.

Una serie de razones temáticas y estilísticas apoyan está colocación[15]:
– El contexto del cap. 32 es más homogéneo al de los capítulos 37–38 que al de 30–31.

El capítulo 37 recoge el intento de Jrm de visitar su pueblo para asistir a un reparto (37,12: «Jeremías salía de Jerusalén a asistir a un reparto en el pueblo»). Jrm es detenido y llevado al patio de la guardia (37,21 «Entonces el rey Sedecías mandó que custodiasen a Jeremías en el patio de la guardia... Y Jeremías permaneció en el patio de la guardia»).

– El capítulo 38 relata el crecimiento de la oposición de los jefes de Judá contra Jrm; esta oposición supone una intervención pública del profeta que falta en el cap. 37:

---

[14] Cf. C.R. SEITZ, *Theology in Conflict*, 243-245.
[15] Puede verse un estudio detallado de las relaciones entre el capítulo 32 y los cc. 37–38 de Jr en K.-F. POHLMANN, *Studien zum Jeremiabuch*, 46-93.

Oyeron Sefatías, hijo de Mattán, Guedelías, hijo de Pasjur, hijo de Malkiyías, las palabras que Jeremías hablaba a todo el pueblo... Y dijeron aquellos jefes al rey: «Ea, hágase morir a ese hombre, porque con eso desmoraliza a los guerreros que quedan en esta ciudad y a toda la plebe, diciéndoles tales cosas...» Jr 38,1.4.

La reacción se entiende mejor intercalando la acción de la compra. De este modo, el relato de la compra sería el episodio «perdido» que aclara la sucesión de los hechos y el porqué los jefes piden la pena de muerte.

– Un escenario común: el patio de la guardia. Allí colocan a Jrm al final del cap. 37; allí se realiza la acción de la compra del cap. 32; y allí se desarrolla el cap. 38.

– El marco de los vv. 1-5 sitúa la acción: las tropas caldeas han renovado el asedio de la ciudad. Esta circunstancia, sin embargo, falta en los capítulos 37–38. Jr 37,5.11 alude a la interrupción del asedio de la ciudad (37,5: «Las fuerzas de Faraón salieron de Egipto, y al oír hablar de ellos los caldeos que sitiaban Jerusalén, levantaron el sitio de Jerusalén»). En el cap. 38 la ciudad aparece de nuevo acosada por los babilonios. Por ello es posible pensar que una referencia temporal similar a 32.2 precediera la narración en su primitiva posición tras 37,21[16].

– La narración de la compra refleja un estilo de interés por los detalles (documento con la copia sellada y la copia abierta, precio, condiciones de la compra); estilo presente también en estos capítulos 37–43.

Junto a estas consideraciones literarias el relato muestra una teología común con la Crónica del círculo de escribas: la solidaridad de Jrm con la comunidad que permanece en la tierra de Judá. En su origen, la compra del campo es un acto que muestra la convicción de que un pacto con el rey de Babilonia podría regularizar la vida del país. Para los exiliados esta acción era un mensaje de esperanza. Pero los primeros destinatarios del mensaje eran los que quedaban en Judá. Era un mensaje de esperanza para el presente si se sometían a Nabucodonosor[17].

Sin embargo con la oración y respuesta de Dios (vv. 16-44) la orientación cambia: la acción no se refiere tanto al presente cuanto al futuro, al regreso de los desterrados (cf. vv. 36-44). Pero tal regreso sólo se da-

---

[16] Es posible ver un indicio que confirma la opinión de Seitz. En 34,2-4, núcleo de reelaboración para 32,2-5, no hay ninguna referencia temporal. Tal vez la indicación de 32,2 fue tomada del inicio del relato original. Contra esta opinión, y de los argumentos de Seitz cf. H. MIGSCH, *Jeremia Ackerkauf*, 375-386.

[17] Cf. C.R. SEITZ, *Theology in Conflict*, 244.

rá cuando se haya completado el juicio (vv. 26-35); ésta es la línea de pensamiento de Ezequiel (cf. Ez 11,17-21; 36,22-38).

Así por ejemplo, se subraya que la compra tiene lugar en un momento de catástrofe total:

v. 25: «cuando la ciudad es entregada en manos de los caldeos»;

v. 43: «en esta tierra de la que vosotros decís que está desolada, sin hombres ni ganados, entregada en manos de los caldeos».

El marco histórico que precede la narración es una clara huella de la reelaboración que el Redactor Exílico ha practicado en el texto para poderlo encajar en su situación actual. Contrasta la relación entre Jr y Sedecías en el cap. 32 y en 37–38:

+ En los cc. 37–38 Sedecías desea escuchar la palabra de Dios, no está contra el profeta en contraste con los príncipes. Aparece como persona débil pero no malvada. Incluso Sedecías salva la vida del profeta (cf. 37,3.17-21 y 38,14-27):

> Ahora, pues, oiga el rey mi señor, caiga mi bien en tu presencia mi petición de gracia y no me vuelvas a casa del escriba Jonatán, no muera yo allí». Entonces el rey Sedecías mandó que custodiasen a Jeremías en el patio de la guardia y se le diese un rosco de pan... Jr 37,20-21.

+ En el cap. 32 Sedecías encarcela a Jrm como represalia por el oráculo (32,3: «en donde lo había encerrado Sedecías, rey de Judá, acusándole: ¿Por qué has profetizado...»).

Desde la perspectiva de la redacción Exílica la responsabilidad de las decisiones que conducen al desastre recae en último término sobre Sedecías (el destino de la ciudad está en relación con el destino de Sedecías, cf. 21, 1-10; 24,8-10; 32,3-4; 34,2-3.21-22; 37,6-10; 38,23)[18].

En su actual posición, detrás de los capítulos 30–31 y con la oración del resto del cap. 32, la acción fija su mirada en los exiliados:

+ continúa con la temática del «cambio de suerte» שׁוּב שְׁבוּת y la vuelta del exilio presentes en 30–31,

---

[18] A las mismas conclusiones llega H.-J. STIPP, «Zedekiah», 627-648. Hace un estudio a través de diversos textos para descubrir una evolución de la presentación de la figura histórica de Sedecías. Mientras los cc. 37–38 dan una imagen positiva de Sedecías (que él considera de un documento pre-deuteronómico, salvedad hecha de la transición redaccional de 37,1-2), los textos que provienen de la obra redaccional (21,1-7; 32,2-5.8.22; 37,1-2) presentan a Sedecías como el responsable del desastre y en enfrentamiento con Jeremías (claramente manifiesto en el cap. 32).

+ hace hincapié en la ciudad entregada y/o la tierra desolada, vv. 3.24.28.29.31.36.43.

Podemos concluir este apartado con una reconstrucción histórica del proceso de redacción que confirma las apreciaciones básicas del apartado anterior.

Un círculo de escribas compuso un primer relato que contenía el núcleo 6-15, más una indicación temporal similar al v.2. Colocaron el relato detrás de 37,21. Posteriormente un redactor exílico trasladó el texto a su posición actual, añadiendo un marco histórico y cambiando su orientación teológica.

En un intento por precisar el autor y la finalidad de la Crónica de escribas, Seitz[19] afirma que se trata de un miembro de la comunidad de Judá después del 587. El autor de alta posición tenía acceso a la información que emplea. Formaba parte de una familia de escribas de Jerusalén (¿la familia de Safán?). Narra los distintos episodios con una información de primera mano. El autor fue llevado de Judá a Babilonia posiblemente en la tercera deportación, durante la represión por el asesinato de Godolías (41,18 y 52,30), después que Jeremías partiera hacia Egipto. De ahí que la Crónica guarde silencio sobre el destino final de Jr (de hecho las narrativas que recogen la vida en Egipto, 43,8–44,30, son muy diferentes del estilo del autor de la Crónica). En cuanto a la finalidad trata de responder a la pregunta: ¿qué pasó a la comunidad que permaneció en Judá antes de la caída de Jerusalén y en los días posteriores a la caída? Su respuesta no es meramente histórica, ofrece también su teología.

La crónica llega así a Babilonia donde adquiere su redacción actual con el trabajo de otro-s redactor-es del exilio, bajo la influencia de tradiciones de Ezequiel, con una mirada puesta en el futuro.

El análisis hecho demuestra que existen dos tradiciones contiguas, en tensión, que reinterpretan y enriquecen el mensaje y la vida del profeta. Nuestra reflexión debe estar atenta a recoger ambas.

1.3 *Situación en el post-Exilio.*

Las consideraciones de Seitz expuestas tienen principalmente un carácter literario, pero la pregunta es si disponemos de datos que hagan posible esa explicación. ¿Podemos identificar los grupos sociales que

---

[19] Cf. C.R. SEITZ, *Theology in Conflict*, 285.

hay detrás de cada tradición? Las últimas aportaciones históricas y arqueológicas del exilio avalan la exposición anterior.

Resulta «sospechosa» la imagen bíblica del exilio como la desolación y despoblación total del país tal y como lo presenta 2Re 25,21, Jr 52,27, 2Cr 36,17-21. Al menos una parte del pueblo quedó en su tierra, ¿pero fueron sólo la gente pobre (cf. Jr 52,15-16)? ¿Es real la imagen de que la élite del pueblo, el «alma» de Israel se desplazó a Babilonia[20] o es la imagen teologizada de los redactores exílicos? ¿Es un «mito»[21] la tierra desolada, vacía de gente; o al menos vacía de gente importante?

Tras el estudio de los textos bíblicos, de datos arqueológicos y de epigrafía F. J. Gonçalves concluye:

> un número de deportados inferior a cinco mil (Jr TM 52,28-30) parece ser el más fidedigno. Aún aceptando los números más elevados de ocho o diez mil (2Re 24,14.16) los deportados serían cerca del 10% de la población.[...] Suponer que los babilonios deportaron a la *élite* entera en un arrebato de venganza ciega es ignorar el alcance político y económico de las deportaciones[22].

---

[20] Esta es la opinión de Bright: «Después de la destrucción de Jerusalén, los babilonios organizaron a Judá según el sistema de provincias del imperio. El país había sido completamente devastado. Sus ciudades destruidas, su economía arruinada, sus dirigentes muertos o deportados; la población constaba principalmente de campesinos pobres, considerados como incapaces de organizar revueltas», J. BRIGHT, *La historia de Israel*, 395, véanse también pp. 409-414. La misma valoración ofrece J.A. SOGGIN, *Nueva historia de Israel*, 318-323.

[21] Ese valor le otorga R.P. CARROLL, «The Myth», 79. Él lo expresa con los siguientes términos: «the land emptied of people» y «the land emptied of *significant* people», cf. también H.M. BARSTAD, *The Myth*.

[22] F.J. GONÇALVES, «El "destierro". Consideraciones históricas», 445. Acepta como población durante el siglo VIII a.C. 110.000 en Jerusalén y 400.000 en toda Palestina, con un posible número más reducido al tiempo de Josías, para un desarrollo de los textos y de los datos manejados cf. *Ibid.*, 432-444. Es interesante contrastar estas cifras con las ofrecidas por Bright: «La población de Judá, que sobrepasaba probablemente los 250.000 en el siglo octavo y que posiblemente llegaría, aún despues de la deportación del 597, a la mitad de esa cifra, apenas pasaría de 20.000, aun incluyendo a los primeros exiliados que volvieron del destierro», cf. J. BRIGHT, *La historia de Israel*, 410. Los últimos estudios arqueológicos apoyan la tesis de Gonçalves: «We have seen from the archaeological, as well from the biblical evidence, that there was a substantial continued settlement all over Judah, and we should, consequently, remind ourselves that Judah, with its cities and towns and villages, consisted of more than Jerusalem. These towns or villages, especially those at a certain distance from Jerusalem, were probably completely unaffected by "the exile" and life was allowed to go

La pérdida demográfica acarreó, sin duda, una disminución de la importancia política y militar de Judá, pero nada indica que afectara desfavorablemente a la vida de su población de modo duradero, particularmente a la actividad económica, esencialmente dependiente de la agricultura. Una vez pasado el primer choque, la vida habría recuperado su curso normal. Probablemente los que quedaron hasta se beneficiaron de la nueva situación [...] Los campesinos pobres, que eran la gran mayoría, recibieron viñas y las tierras de los ricos deportados (2Re 25,12; Jr 52,16 y Jr TM 39,10)[23].

Si Babilonia pretendía la estabilidad política y la prosperidad económica debía apoyarse en una parte de la élite que le fuera favorable (desde esa óptica puede verse la entrega del poder a Godolías, miembro de la familia safánida[24] partidaria de la sumisión a Babilonia y el trato que tuvo el mismo Jrm claro anunciador de dicha sumisión, cf. Jr 40,1-9). En buena lógica los babilonios deportaron a los dirigentes que se oponían a su hegemonía. Por tanto en Judá no sólo quedó la mayoría sino que entre la población permanece gente culta y, un aspecto que interesa destacar, con capacidad de creación literaria. Por lo tanto, tras las deportaciones, subsisten dos grupos.

¿Cuál es el estatuto de la comunidad deportada?

Su situación no debía de ser muy diferente de la situación de los demás habitantes de Babilonia, de origen extranjero o autóctonos. En efecto, todo indica que los judíos no tardaron en integrarse, por lo menos desde el punto de vista económico, social y hasta cultural, en la sociedad babilónica, que era muy cosmopolita. [...] Babilonia habría aprovechado muy racionalmente la cualificación profesional de los judíos, como las de los miembros de los demás pueblos, otorgando tierras a la mayoría para que las cultivara, empleando los artesanos en las obras públicas, a los letrados en la administración, a los hombres de armas en el ejército[25].

Más difícil resulta precisar el estatuto de los judíos que quedan en la tierra. Los textos de 2Re 25,22-26 y Jr 40–44 intentan mostrar que tras

---

on in the same unruffled manner as before the upheavals in 586. To judge from what evidence we do have for continued settlement also in Jerusalem proper, we may even ask whether it was not possible that life in Jerusalem, too, went back to "normal" after a short while», H.M. BARSTAD, *The Myth*, 81. Es especialmente relevante en este punto el capítulo «The archaeology of Judah during the "Exilic" Period», *Ibid.*, 47-55.

[23] F.J. GONÇALVES, «El "destierro". Consideraciones históricas», 458. De la misma opinión R. ALBERTZ, *Historia*, II, 463-471.

[24] Cf. R. ALBERTZ, «Le milieu des deutéronomistes», 395-396.

[25] F.J. GONÇALVES, «El "destierro". Consideraciones históricas», 451.

la destrucción de la capital el país quedó despoblado. Los judíos o están en Babilonia o en Egipto. El intento de estos relatos es claro: desautorizar a la comunidad de Egipto por su desobediencia a las palabras del profeta (cf. 42,8-22 y 43,4: «Además ni Yojanán, hijo de Caréaj, ni ninguno de los jefes de las tropas ni nadie del pueblo escuchó la voz de Yahveh que mandaba quedarse en tierra de Judá»). Por lo tanto sólo queda la comunidad de Babilonia como heredera legítima de Judá[26].

Esta presentación puede entenderse como una defensa ante el grupo restante en el país o como una provocación a dicho grupo; de todos modos el resultado es patente: una lucha por la supremacía entre las dos comunidades que surgen a raíz del exilio, perceptible en los cc. 37-43:

> Aunque la propaganda en pro de la *gôlâ* los haya modelado en gran parte, los relatos de Jr 37–43 contienen varias informaciones históricas. [...] no hay razones para dudar que Jeremías decidió quedarse en Judá, legitimando de ese modo el régimen babilónico y expresando su convicción de que el pueblo son los que quedaron en Judá. El profeta guarda intacta la confianza en el porvenir de Judá en su tierra, claramente expresada en Jr 32,15: «Porque así dice Yahvé de los ejércitos, el Dios de Israel: "Todavía se comprarán casas y campos y viñas en esta tierra"». Tampoco hay razones para dudar que Jeremías, a pesar suyo, fue a Egipto. En cuanto a la ida de Jeremías a Egipto, ¿por qué se la habría inventado, puesto que los relatos niegan la legitimidad a la comunidad de Egipto[27]?

La afirmación de toda la tierra devastada y vacía de habitantes es, pues, una invención de la Golah babilónica para legitimar su derecho exclusivo a la posesión de la tierra. El enfrentamiento está servido, nos falta saber el desenlace:

> Para fundar su supremacía, la *gôlâ* y sus herederos declararon a las demás comunidades, sobre todo la de Judea, inexistentes; la de Egipto, ilegítima y condenada a la aniquilación. Cuando los *b^ené haggôlâ* tomaron el poder de Judea gracias a la autoridad imperial persa, su versión de la historia se impuso. Posiblemente hasta integraron en ella elementos de la versión rival que daban los judíos de Palestina; por ejemplo, parte o la totalidad del es-

---

[26] F.J. GONÇALVES, «El "destierro". Consideraciones históricas», 454-455. Idea que se expresa también en Ezequiel, Ez 11,14-21; 33,23-39 y claramente Jr 24 con la visión de las dos cestas de higos.

[27] F.J. GONÇALVES, «El "destierro". Consideraciones históricas», 456-457. Encontramos pues concordancia entre lo expuesto por Seitz y la explicación histórica de este autor. Sobre la reelaboración de los capítulos 37-44 del libro de Jr con una orientación en función de la Golah cf. K.-F. POHLMANN, *Studien zum Jeremiabuch*, 183-197.

trato primitivo de Jr 39–43. Sin embargo, la han acomodado a su ideología. [...] Si existió tal historia, los $b^e n\acute{e}$ $hagg\hat{o}l\hat{a}$ no podían permitirla, pues uno de los dogmas principales era que Judá estuvo entonces totalmente despoblada. En esas circunstancias, el período babilónico no podía ser sino el agujero negro del cual se quejan los historiadores, pero no, como suponen, porque no había allí entonces quienes supieran escribir la historia. [...]Buena prueba es el hecho de que Jeremías, de cuyo nombre y autoridad la *gôlâ* se sirvió en su propaganda (Jr 21,1-10; 24,1-10: 29,10-20 y los relatos de Jr 40–44 en su forma final), no quisiera irse a Babilonia, sino que prefiriese quedarse en Judá (Jr 40,1-6). El mismo Ezequiel, eminente representante del punto de vista de la *gôlâ*, es testigo de que los de Palestina, a quienes cita (Ez 11,15 y 33,24), consideran a los judíos de Babilonia como pecadores justamente castigados por Yahvé y excluidos de la posesión de la tierra. La cantidad y la variedad de textos que la comunidad de Babilonia ha producido para afirmar su supremacía prueban que la lucha estuvo reñida. Fue el poder persa quien, al confiar la reorganización de Judea a los miembros de la comunidad de Babilonia, hizo inclinar el fiel de la balanza en favor de ella[28].

2. Análisis del género literario

Tras el análisis precedente se hace obvio partir de la constatación de distintos géneros dentro del capítulo 32. Ello orienta nuestro estudio en una doble dirección:

> Sólo en la «situación vital» oral tienen los géneros un estilo totalmente puro. Los géneros han sufrido múltiples transformaciones bajo el influjo de la escritura. A estos cambios pertenecen no sólo el aumento de extensión sino también las desviaciones y las mezclas del estilo puro. Hay que contar, pues, con una segunda «situación vital» para el texto: la de los escritores que viven en un grupo y sociedad determinados[29].

Por lo tanto, nos parece obligado un análisis con dos momentos:
– el estudio por separado de las pequeñas unidades, con referencia más o menos directas al profeta, y cuyo *Sitz im Leben* es su propia historia;

---

[28] F.J. GONÇALVES, «El "destierro". Consideraciones históricas», 461; en esta misma dirección apunta R.P. CARROLL, «The Myth», 85. Es una cita larga pero la consideramos una buena síntesis de este apartado.

[29] Cf. J. SCHREINER, «Formas», 256.

– una visión global del texto final, fruto de los escritores postexílicos respondiendo a su momento histórico y teológico.

2.1 *Estudio de las perícopas*

Desde una clasificación fundamental del lenguaje profético es clásica la distinción[30]:
 a. relatos proféticos,
 b. oráculos proféticos,
 c. palabras humanas dirigidas a Dios.

En una primera lectura del capítulo podemos apreciar la fusión de los tres tipos en una sola unidad: relato profético (vv. 6-15); oráculos (vv. 3-5 y 28-44) y palabra humana (vv. 17-25). El hecho, que en sí mismo constituye una riqueza como fenómeno literario, entraña una dificultad para el estudio de los géneros literarios: el texto final contiene oráculos del profeta que han sido incrustados en los relatos, y por lo tanto no se encuentran en su forma primitiva sino absorbidos y disimulados bajo el tejido narrativo[31].

Dividimos el texto en cuatro perícopas:
 1. Vv. 1-5: Oráculo contra Sedecías.
 2. Vv. 6-15: Narración de la compra.
 3. Vv. 16-25: Palabras de Jeremías.
 4. Vv. 26-44: Anuncio de la restauración.

2.1.1 Vv. 1-5: Oráculo contra Sedecías

Clasificamos estos versículos como un *oráculo de condena contra un individuo*[32]. Al menos podemos rastrear esta forma primitiva que da pie al texto actual. Inicialmente el oráculo es de condena, como se aprecia más claramente en otros textos paralelos y con los cuales está relacio-

---

[30] Cf. C. WESTERMANN, *Grundformen prophetischer Rede*, 64-65; L. ALONSO SCHÖKEL – J.L. SICRE, *Profetas*, I, 72-77. Comparten también esta división G.M. TUCKER, «Prophetic Speech», 31-45; O. KAISER, *Einleitung in das Alte Testament*, 300-306. Como introducción a este apartado puede verse: S. MUÑOZ IGLESIAS, *Los géneros*, 79-96; J. SCHREINER, «Formas», 253-298.
[31] Cf. C. WESTERMANN, *Grundformen prophetischer Rede*, 65.
[32] Para más información cf. «Das Prophetische Gerichtwort an einzelne (GE)» en C. WESTERMANN, *Grundformen prophetischer Rede*, 92-115; J.L. SICRE, *Profetismo en Israel*, 158-162.

nado: p.e. en 37,17[33] donde encontramos la forma breve: «El rey Sedecías mandó traerle, y le interrogó en su casa, en secreto: "¿Hay algo de parte de Yahveh?" Dijo Jeremías: "Lo hay". Y añadió: "En manos del rey de Babilonia serás entregado"».

La estructura de este tipo de oráculos se compone de los siguientes elementos:

– Introducción: como una invitación a escuchar. Varía en función del relato y del narrador, no tiene elementos constantes y puede faltar.

– Acusación. Presenta tres modalidades: interrogativa, afirmativa o causal.

– Fórmula del mensajero.

– Anuncio del castigo, en su origen constaba de un solo miembro, más tarde surge la forma bimembre y con el tiempo sufre sucesivas ampliaciones.

De este modo, estructuramos el oráculo como sigue:

+ Introducción: vv. 1-2: «La palabra que fue dirigida[...] encerrado en el patio de la guardia, en el palacio del rey de Judá».

+ Acusación: v: 3a.bα: «en donde lo había encerrado Sedecías, rey de Judá, acusándole: ¿Por qué has profetizado?».

+ Fórmula del mensajero: 3bβ: «Así dice Yahveh».

+ Castigo 3bγ-5: «He aquí que yo entrego está ciudad en manos del rey de Babilonia y él la conquistará; y Sedecías no escapará [...] aunque luchéis con los caldeos no triunfaréis».

La introducción ha quedado trasformada en un preámbulo narrativo a todo el capítulo. Pero el versículo 1 retiene en la fórmula de acontecimiento de la palabra el elemento propio de la introducción a este tipo de oráculos: el encargo al mensajero[34]. Desde esta óptica queda clara la procedencia divina del oráculo.

La acusación a primera vista parece estar ausente. Pero la interrogación de Sedecías y el mismo hecho del encarcelamiento, citado en la introducción, supone un rechazo a la palabra del Señor expresada por el profeta. Una acusación semejante encontramos en el oráculo contra Joaquín en Jr 36,29: «Y a Yoyaquim, rey de Judá, le dices: Así dice Yahveh: Tú has quemado aquel rollo, diciendo: "¿Por qué has escrito en él: Vendrá sin falta el rey de Babilonia y destruirá esta tierra y se

---

[33] De lo dicho en el análisis de la composición y redacción es clara la dependencia de esta introducción histórica de los cc. 37–38. Cf. también 34,2-4.

[34] Cf. C. WESTERMANN, *Grundformen prophetischer Rede*, 130.

llevará cautivos de ella a hombres y bestias"?». Ambas acusaciones formulan una pregunta. Sin embargo no es la pregunta, que normalmente encontramos en otras acusaciones (cf. 22,13-19.24-30), dirigidas por Dios o el profeta al acusado. Aquí es el acusado el que interpela, aunque en último término su pregunta recae contra él. Irónicamente su misma recriminación le delata.

La fórmula del mensajero marca el tránsito del interrogatorio de Sedecías a las palabras de Jeremías como enviado de Dios, y con ello de la acusación al castigo.

Respecto al anuncio del castigo observamos:
+ un desarrollado amplio respecto a su forma originaria,
+ la inclusión de un segundo destinatario: la ciudad[35]. Al inicio del anuncio («*yo entrego esta ciudad*») y al final del mismo dirigiéndose a un «vosotros» («*aunque luchéis contra los caldeos no triunfaréis*»).
+ la quiebra del mensaje de castigo en una palabra final de promesa.

No obstante, mientras el destino de Sedecías tiene un contrapunto favorable, el de la ciudad y sus habitantes no contiene nada positivo, y respecto al de Sedecías queda incompleto.

Por lo tanto lo que en principio era un oráculo contra Sedecías, que pudo tener su origen en la vida del profeta (como mensaje oral contra el rey), abre su horizonte a una colectividad e invierte su mensaje en un anuncio de salvación.

2.1.2 Vv. 6-15: Narración de la compra.

No resulta difícil en una primera aproximación reconocer en este texto una *acción simbólica*. Así lo han reconocido la mayoría de los autores[36]. Veamos si se ajusta, y en caso positivo cómo, a dicho género literario.

---

[35] Desde esta apreciación cabe preguntarse, ¿por qué no catalogar estos versículos como *oráculo contra una colectividad*? Porque no se ajusta a la estructura general de tales oráculos, cf. C. WESTERMANN, *Grundformen prophetischer Rede*, 120-146; J.L. SICRE, *Profetismo en Israel*, 162-163. Sólo en cuanto a parte del contenido podemos ver que se pronuncia a una colectividad; para aplicar tal estructura hay que forzar la eliminación del oráculo individual que ahora ocupa el centro. Únicamente al inicio del anuncio del castigo y al final (como adición) se puede ver referencia a la colectividad. Juzgamos más correcto analizarlo como oráculo contra un individuo y desde ahí llamar la atención sobre las variaciones que presenta.

[36] Cf. J. BRIGHT, *Jeremiah*, 239; G. FOHRER, *Die symbolischen Handlungen der Propheten*, 33-47; W.L. HOLLADAY, *Jeremiah*, II, 211; G.L. KEOWN – P.L. SCALISE – T.M. SMOTHERS, *Jeremiah 26-52*, 145; J.L. SICRE, *Profetismo en Israel*, 178-179;

Los componentes del género literario «acción simbólica» son los siguientes[37]:

– tres elementos constitutivos: orden de ejecución, narración de la acción realizada, su significado;

– tres elementos accidentales: referencia a los testigos de la acción, promesa divina de cumplimiento y relación entre la acción simbólica y el acontecimiento.

Antes de mostrar la correspondencia del texto con el esquema, podemos dividir el texto del modo siguiente:

vv. 1-5: Marco histórico,
vv. 6-7: Anuncio divino de la visita de Janamel,
v. 8: Cumplimiento del anuncio de la visita[38],
vv. 9-13: Realización de la compra,
10-13 Narración del acto ante testigos,
vv. 14-15: Palabra divina: significado de la compra y promesa de futuro.

Comparando esta división con el esquema general podemos identificar:

A. Elementos principales:

– orden de ejecución. No es clara pero podría suponerse en los versículos 6-8;

– narración de la ejecución: vv. 9-13;

– significado de la acción: vv. 14.

K. SCHMID, *Buchgestalten des Jeremiabuches*, 86-91. Defienden una caracterización distinta: H.M.I. Gevaryahu (que identifica en 32,6-15 un «*colophon*») y J. R. Lundbom («*an expanded colophon*»), cf. H.M.I. GEVARYAHU, «Biblical Colophons», 42-59 y J.R. LUNDBOM, «Baruch», 89-114. Lundbom define el colofón: «is a scribal addendum on the tablet, writing board, scroll, or stele containing information not part of the text proper», *Ibid.*, 89. Reconoce en Jr 32 cinco de los elementos típicos: 1. Nombre y genealogía del escriba; 2. Razón para escribir el documento; 3. Bendición; 4. Datación; 5. Disposición de los documentos. Este género «*colophon*» consistía en escritos que retrataban al escriba en el fiel cumplimiento de sus deberes. Creemos que el texto tiene un marco más significativo dentro de los géneros proféticos, y entre ellos se ajusta mejor al de las acciones simbólicas.

[37] Cf. S. BRETÓN, en L. ALONSO SCHÖKEL – J.L. SICRE, *Profetas*, I, 77; J.M. ÁBREGO, *Los libros proféticos*, 39. Para un estudio más detallado de la estructura y de apariciación en diversos textos bíblicos cf. G. FOHRER, «Die Gattung», 92-112; ID., *Die symbolischen Handlungen der Propheten*.

[38] En los vv. 6-7 no hay una orden explícita de compra, con todo el v. 8 presenta un reconocimiento en las palabras de Janamel de una orden de Yahveh: «Reconocí que aquello era la Palabra de Yahveh».

CAP. III: ESTUDIO DE TRADICIONES Y GÉNERO LITERARIO

B. Elementos accidentales:
– la mención de los testigos; del acto legal en sentido estricto, v.10; testigos en sentido amplio: los judíos presentes en el patio, v.12.
– el v.15 realza el significado de la acción y explicita la promesa de su cumplimiento por parte de Dios[39].

Encontramos dos dificultades para su catalogación como «acción simbólica» que analizaremos con cierto detenimiento:
a) Carencia de un mandato divino explícito.
b) El significado de la acción y la doble palabra divina.

a) *Carencia de un mandato divino explícito*. La ya mencionada propuesta de Holladay[40] solucionaría la ausencia de la orden: trasladar la repetición del mandato en boca de Janamel (v. 8) a las palabras dirigidas por Yahveh en el versículo 7. El texto quedaría así:

Me fue dirigida la palabra de Yahveh como sigue: [7]«He aquí que Janamel, el hijo de tu tío Salún vendrá a decirte: "Compra mi campo de Anatot porque a ti te corresponde el derecho de rescate para comprarlo". Cómpralo» [8]Vino a mi Janamel...

Según su reconstrucción del texto[41] es plausible considerar que un copista omitiera el mandato al final del v. 7, presuponiendo que la frase era parte del discurso de Janamel y que ya había sido pronunciada antes en el mismo versículo. Sin embargo el mandato fue reinsertado en el texto protomasorético fuera de lugar o como nota marginal que posteriormente se introdujo fuera de sitio.

A favor de esta reconstrucción textual contamos con los siguientes indicios:

+ En 32,25 aparece el imperativo de compra como mandato de Yahveh: «¡Precisamente tú me has dicho, oh Señor Yahveh: "Cómprate el campo y aduce testigos"...»

וְאַתָּה אָמַרְתָּ אֵלַי אֲדֹנָי יְהוִה קְנֵה־לְךָ הַשָּׂדֶה בַּכֶּסֶף וְהָעֵד עֵדִים.

+ La omisión de esta parte del versículo en la versión de LXX.

---

[39] Similar estructuración presenta Fohrer: vv. 7-8: Ankündigun als Befehl; vv. 9-12 Bericht; 13-14 Befehl Jeremias an Baruch; v. 15 Deutung mit Zusage und Symbolbeziehung; cf. G. FOHRER, «Die Gattung», 99.
[40] Cf. pag. 45. Retomamos esta cuestión de crítica textual aquí porque está unida al análisis del género literario.
[41] Cf. W.L. HOLLADAY, *Jeremiah*, II, 210.

Sin negar la validez del razonamiento de Holladay, proponemos respetar el texto y buscar la solución de la ausencia del mandato explícito recurriendo al estilo del redactor.

A propósito de los vv. 7-9 afirmábamos que el redactor había optado por las variaciones, sea por razones estilísticas sea por mostrar un discurso distinto de Janamel respecto a las palabras de Yahveh. En este caso, la ausencia de una orden divina explícita no significa necesariamente que falte. El mandato aparece en las palabras de Janamel, del mismo modo que el versículo 14 contiene un mandato del Señor, pero dicho por Jrm a Baruc.

Dos expresiones del texto refuerzan este punto de vista:

+ v.8 כִּדְבַר יְהוָה «conforme a la palabra del Señor» (cf. la misma expresión en 13,2 obedeciendo un mandato del Señor en el contexto de una acción simbólica: «Compré la faja, según la orden de Yahveh, y me la puse a la cintura»).

+ v.8 וָאֵדַע כִּי דְבַר־יְהוָה הוּא «Reconocí que aquello era palabra de Yahveh». Muestra claramente que Jr recibe las palabras de Janamel como mandato del Señor[42].

Es igualmente válida en esta explicación la razón dada por Holladay a propósito de la mención en 32,25 del mandato en las palabras del Señor.

Por tanto, podemos afirmar que en el texto existe una «orden de ejecución», y desde este punto de vista puede catalogarse en el género de «acciones simbólicas».

b) *El significado de la acción y la doble palabra divina*. Hemos mencionado diversos autores que dudaban ante la presencia de la doble palabra del Señor al final de la narración. Los vv. 14-15 tienen según ellos carácter secundario. El problema se centraba en la doble fórmula de mensajero. En el v. 14 introduce palabras de Jrm, mientras que en el v. 15 aparecía como adición que transformaba el significado de la acción. El análisis del género literario completa las razones dadas entonces a favor de la originalidad de los versículos.

Afirmamos el carácter divino de las palabras en 32,14: en primer lugar porque reconocemos un lenguaje común con otras acciones simbólicas. De hecho, la fórmula de mensajero no introduce únicamente

---

[42] Sobre esta expresión afirma Fohrer: «Dabei wird in Jer 32 nur von einer Ankündigung Jahwes berichtet, an deren Eintreffen Jeremia den Befehl erkennt», G. FOHRER, «Die Gattung», 105.

mandatos, meras cuestiones prácticas ordenadas por Jrm. El núcleo del versículo está en la finalidad de la acción *para que duren mucho tiempo*. Esta finalidad es parte del mensaje divino de la acción.

En segundo lugar, entendemos que tras las palabras de Jrm a Baruc hay una comprensión del mandato divino. Para los escribas antiguos, en oposición a nuestra mentalidad moderna, la diferencia entre palabra del Señor y la palabra del profeta no era tan tajante: «Para los escribas antiguos, por el contrario, domina la tendencia a concebir todas las palabras de los profetas como palabras de Dios, de tal manera que para ellos la distinción originaria entre palabra de Jahveh y palabra del profeta se desvanecía»[43]. En este sentido la pregunta más oportuna no es sólo ¿quién habla? sino ¿quién habla y en nombre de quién habla?

Veamos la dificultad que presenta G. Wanke:

> La repetición de la fórmula del mensajero, percibida como molesta, indica más una sutura de los vv. 14 y 15 que una distracción del copista. Abiertamente desde muy temprano se percibió que existía una tensión entre ambos versículos, porque sólo así se entiende, que el v. 15 en el códice Leningradensis se presente de manera clara como una breve *Parascha* conclusiva del v. 14. Si estas observaciones son ciertas, entonces el v. 15 debe entenderse como un añadido a la narración sobre la compra del campo, la cual habría terminado originalmente con la palabra divina del v. 14. Estas tensiones, o bien las molestas repeticiones, conducen a una unidad ampliada, la cual toma cuerpo a partir de la unidad simple de los vv. 6-14* y de las expansiones del v. 8*[44] y del v. 15 [45].

---

[43] A. ROFÉ, *Introduzione alla letteratura profetica*, 75-76. Rofé estudia el texto de Jr 14,1. El título del v. 1 hace entender todo el texto como palabra de Yhwh aunque la palabra del Señor como tal no llega hasta 15,1, así las «palabras relativas a la sequía» no son directamente palabras de Yhwh sino palabras del profeta que describen la desgracia y dirige una oración en nombre del pueblo. Igualmente es valido para nuestro texto, pues la introducción de 32,1 pone todo el capítulo bajo el prisma de palabra de Dios.

[44] También para Wanke es problemático el v. 8 del que afirma: «V.8: Auffällig ist, daß das Rückkaufsrecht anders als in V. 7 und in Lev 25,25-28 auch *mšpt hyrš* genannt wird und daß — obwohl eigentlich überflüssig — die Zugehörigkeit Anatots zum benjaminitischen Gebiet ausdrücklich hervorgehoben wird. Da der Ausdruck *yrš* fast ausschließlich vom Deuteronomisten verwendet wird u.z. als Bezeichnung für bestimmten Stämmen oder Völkern von Jahwe zugewiesenen Landbesitz, liegt der Verdacht nahe, daß auch in V.8 die deuteronomistische Redaktion am Werk ist, vielleicht um anzudeuten, daß eine künftige Wiederherstellung neben Juda und Jerusalem auch Benjamin umfassen wird», G. WANKE, «Jeremias Ackerkauf» 267-268. Ya

En su opinión el v.14 contiene la finalidad de la acción y su sentido. Por tanto el hecho de añadir el v. 15, no sólo cambia el sentido de la acción, sino que desde el punto de visto del género literario entorpece el esquema:

> Esta unión de consecuencia de la orden e interpretación, que a pesar de introducir a Baruc como actor ulterior garantiza la unidad de la acción, presenta por consiguiente la llamativa fórmula del mensajero, la cual produce en un primer momento una torpe impresión, y la forma extraña del sentido de la acción de cara a las consecuencias (=sentido implícito a través de la finalidad). Pueden imaginarse estilos ciertamente más elegantes y claros de la formación del informe, pues la forma precedente del informe corresponde a la estructura básica de acciones simbólicas mucho más que la forma que incluye el v. 15 como palabra de interpretación. Si se asume que en las acciones simbólicas hay una clara relación entre la acción y el evento simbolizado, entonces surge para 32,6-14*: «como el campo comprado por el profeta, por medio de la custodia del documento de compra en una jarra de barro cerrada, permanecerá al margen sin disfrutarse por un largo tiempo, de la misma manera también la tierra permanecerá exenta de la utilización de sus usuarios». Por el contrario, se reclama el v. 15 como sentido original de la acción, que contaría con la siguiente relación entre la acción simbólica y el evento simbolizado: «Cómo el profeta compra un campo ahora, de la misma manera se comprarán de nuevo campos en el futuro»[46].

K. Schmid basa el carácter adicional del v. 15 en la mención de «casas» y «viñas», términos que no se recogen en los vv. 24.43.44. Lo cual demuestra que el v. 15 no existía en el momento de composición de la oración y por tanto no pertenece al mismo nivel de antigüedad que la narración de vv. 6-14[47]. Distanciándonos de K. Schmid, afirmamos que ambos términos son añadidos posteriores sí, pero sobre un versículo existente que contenía ya mensaje de restauración basándose en la compra de campos. La aparición de nuevos términos no conlleva, pues, necesariamente el añadido de todo el versículo[48].

---

hemos tratado del estilo del redactor último más arriba con lo cual la variación no nos crea mayor problema.
[45] G. WANKE, «Jeremias Ackerkauf», 268-269.
[46] G. WANKE, «Jeremias Ackerkauf», 271. Véase también K. SCHMID, *Buchgestalten des Jeremiabuches*, 90-91.
[47] Cf. K. SCHMID, *Buchgestalten des Jeremiabuches*, 91.
[48] Cf. W.L. HOLLADAY, *Jeremiah*, II, 210-211.

CAP. III: ESTUDIO DE TRADICIONES Y GÉNERO LITERARIO 135

Por tanto, mantenemos también la originalidad del v.15. El v. 15 complementa el sentido, no lo cambia, con una promesa de Dios[49]. La compra es signo para el presente, porque tiene un futuro. Encontramos otras acciones simbólicas que también presentan un mensaje múltiple introducido por varias fórmulas de mensajero (cf. 16,3.9; o la doble explicación a la acción de Jananías 28,13.14)[50].

Frente a la propuesta de Wanke de separar promesa y significado, nosotros creemos que el anuncio de la promesa se expresa de manera particular en numerosas acciones, de modo que es inseparable de su significado:

> Las expresiones de la promesa divina sobre la realización de lo simbolizado se une directamente con la interpretación. El profeta, que ejecuta la acción simbólica está seguro, que el evento simbolizado ciertamente ocurrirá. De la misma manera que él ejecutó su acción en razón de una orden divina, también la orden permitirá que llegue a ser realidad su pensamiento. La convicción de la intervención del Señor está por consiguiente como en la orden más que como un mero recurso de estilo: Es expresión de la dependencia del profeta de quien le ha mandado[51].

El v. 15 subraya esa unión precisamente a través de la fórmula del mensajero[52].

---

[49] Véase lo dicho en la nota 78 de la pag. 97 sobre la crítica de Sicre.

[50] También resulta interesante comparar el esquema general con la estructura presente en Jr 13. En este capítulo encontramos tres mandatos con tres narraciones de cumplimiento, y sólo al final de las tres encontramos el sentido junto a una promesa y la relación de lo simbolizado para el futuro: vv. 1-2 orden-ejecución; vv. 3-5 orden-ejecución: vv. 6-7 orden ejecución; vv. 8-11 sentido y promesa para el futuro, introducida por dos expresiones en referencia al origen divino del mensaje. Cf. G. FOHRER, «Die Gattung», 92-112.

[51] G. FOHRER, «Die Gattung», 109: «Die Ausdrücke für die *Zusage Jahwes* zur Verwirklichung des Symbolisierten sind mit der Deutung unmittelbar verbunden. Der Prophet, der die symbolische Handlung ausführt, ist dessen gewiß, daß das symbolisierte Ereignis tatsächlich geschehen wird. Wie er seine Handlung auf Grund eines göttlichen Befehls ausführte, so wird der Befehlende das mit ihr Gemeinte auch Wirklichkeit werden lassen. Die Zusicherung des Eingreifens Jahwes ist also wie der Befehl mehr als ein Stilmittel: Sie ist Ausdruck der Abhängigkeit des Propheten von seinem Auftraggeber».

[52] Cf. G. FOHRER, «Die Gattung», 109. Este autor señala tres expresiones: ויאמר / כה אמר יהוה / ויהי דבר־יהוה. A ésta última pertenecen además de 32,6, los siguientes versículos de Jr 16,3.5.9; 19,11; 28,11; 43,10. En la misma línea se manifiesta C. HARDMEIER, «Probleme», 72: «V. 15 ist somit nichts anderes als die Koda, sozusagen "die Moral von der Geschichte" zum voraufgehenden Selbstbericht und ent-

Por lo tanto, la fórmula de mensajero introduce en ambos versículos las palabras del Señor[53]. Desde el punto de vista del género literario el relato queda perfectamente encajado en el género «acciones simbólicas».

En comparación con el esquema general de «acciones simbólicas», dos rasgos destacan en nuestro texto:
– su amplia introducción como marco histórico de la acción. Subraya así la importancia de las circunstancias del mandato y de la ejecución de la orden;
– la minuciosa descripción de la presencia de testigos. El texto deja claro la importancia del carácter público de la acción.

¿Indica esto la historicidad del hecho? La mayoría de los autores atribuyen la narración a Jrm. Se basan en el carácter autobiográfico de los versículos 7-15. Pero no hay unanimidad. Carroll ve en el centro de la narración una parábola muy posterior al tiempo de Jrm[54]. Bajo la autoridad del profeta presenta un futuro esperanzador. Como parábola posterior al tiempo de Jrm no se puede sacar gran información histórica[55].

La reconstrucción histórica del texto que hemos presentado, nos permite afirmar que contiene una acción real[56]. Se trata de un núcleo histórico que ha ido sufriendo distintas reelaboraciones.

---

spricht damit dem evaluativen Teil von Erzählungen, der in einer metakommunikativen Abschlußbemerkung zum Ausdruck kommen kann. Was Wanke als Störung empfindet, die nur diachron zu erklären sei, ist vielmehr ein strukturnotwendiges Signal, um die Deutung von den eingebetteten Reden am Schluß des Berichtes hinreichend abzuheben».

[53] Cf. W.L. HOLLADAY, *Jeremiah*, 210; G.L. KEOWN – P.L. SCALISE – T.M. SMOTHERS, *Jeremiah 26-52*, 155, también mantienen esta postura, afirmando que aunque las palabras estén en boca de Jr, la fórmula no está fuera de lugar.

[54] Cf. R.P. CARROLL, *Jeremiah. A Commentary*, 621-622; «Textual Strategies and Ideology», 110-115. Presenta algunas inconsistencias contra la veracidad histórica del hecho (el acceso a una ciudad sitiada, la oposición familiar a Jr, etc.). El texto debe leerse como una estrategia de apoyo para la ideología de los que claman derechos a la tierra tras el retorno de Babilonia.

[55] Sin embargo, J. BRIGHT, *Jeremiah*, 239 y E.W. NICHOLSON, *Jeremiah 26-52*, 74, afirman rotundamente su historicidad.

[56] Sobre la discusión a cerca de la historicidad de los relatos de acciones simbólicas cf. J.L. SICRE, *Profetismo en Israel*, 184-185. Dado el «realismo» de esta acción (su datación, las referencias en otros lugares de Jr 37,12, sus consecuencias 38...), creemos que son los que niegan su realización los que deben demostrar su carácter de ficción.

El hecho de que la palabra divina llegue de modo indirecto sugiere algunas preguntas. ¿Hay en la base una experiencia profética distinta? ¿Tiene una experiencia humana que desemboca posteriormente en una experiencia de Dios? Nos inclinamos a atribuir el hecho a un criterio puramente estilístico. No creemos que el texto permita pronunciarse sobre el tipo de experiencia que late tras la acción simbólica[57]. Lo que sí podemos excluir por todo lo dicho anteriormente es la mera ficción literaria.

2.1.3 Vv. 16-25: Palabras de Jeremías

Por el versículo introductorio, v. 16: «Oré a Yahveh después de entregar la escritura de compra...», resulta evidente que estas palabras constituyen una oración. Lo que no resulta tan claro es qué tipo de oración, bajo qué género catalogarla. Habitualmente se distinguen tres tipos: oraciones de alabanza (himno), de petición (lamentación) y acción de gracias (*todah*)[58]. Procediendo por eliminación, es patente que los vv. 17-25 no pueden englobarse en una acción de gracias. Sin embargo, contienen una parte hímnica vv. 17-22, ¿puede considerarse una oración de alabanza? Ni el contexto de la oración, ni el inicio (¡«Ay, Señor Yahveh!») ni el final (con su descripción de la situación desesperada vv. 24.25) permiten considerarla como tal. Precisamente estos versículos — es la opinión más generalizada —, provienen de Jrm y nos colocan ante la primera «situación vital» de la oración. Todo parece apuntar a una oración de petición[59]. Examinemos su estructura:

---

[57] Cf. J.L. SICRE, *Profetismo en Israel*, 183-184. Distingue tres tipos de acciones: las primeras preparan al profeta para entender el mensaje que debe transmitir; otras pretenden hacer el mensaje más expresivo; por último, las que son fruto de creación literaria. Tanto por los rasgos literarios de la perícopa 32,1-15, como por el análisis de la acción en el contexto del capítulo 32 y de todo el libro de Jr apuntamos hacia el primer tipo. A partir de un episodio vivido, el profeta llega a entender el mensaje divino para esa situación. Más tarde el episodio dio paso a una creación literaria que sirvió para transmitir dicho mensaje.

[58] Cf. J. SCHREINER, «Formas», 294-298. Similar clasificación presentan: O. EISSFELDT, *Einleitung in das Alte Testament*, 21-23; E. SELLIN – G. FOHRER, *Einleitung in das Alte Testament*, 90-91. Éstos presentan oración de: petición, penitencia, acción de gracias.

[59] En la clasificación de Eissfeldt y Sellin-Fohrer, cabría considerarla como una oración de penitencia: «Das Bußgebet als eine Sonderart des Bittgebets erbittet die Vergebung der Schuld un die Abwendung der deswegen drohenden oder verhängten Strafe. Das geschieht in der Weise, daß das bloße Bekenntnis der Schuld gesprochen

\+ invocación a Yahveh (incluyendo normalmente predicados de Dios),
\+ petición,
\+ motivación o explicación de la solicitud.
\+ un elemento adicional: el recuerdo de las acciones realizadas por Dios, especialmente presente en las oraciones tardías[60].

La correspondencia con nuestro texto sería: invocación y atributos de Dios, vv. 17-19; recuerdo a las acciones realizadas, vv. 20-22; motivación y explicación vv. 24-25.

En gran parte la oración de Jr se ajusta a esta categoría, sin embargo en el texto falta el elemento central: la petición. Jeremías no formula abiertamente ninguna petición. No obstante, retenemos el esquema y nos referimos a esta oración como una *oración de intercesión*: «Una forma similar a la oración de petición es la oración de intercesión, en la cual la persona que presenta la plegaria pone delante de Dios la preocupación de otro y suplica a Dios que le bendiga, o toma el lugar de otra persona culpable».[61]

Dos observaciones confirman nuestra opción:
\+ el sentido del verbo orar (הִתְפַּלֵּל): «el significado primario del *pll* hitpael es "interceder (como mediador)" [...] la intercesión suele producirse ante la cólera y el castigo de Dios por los pecados del pueblo; del contexto se deduce que en la antigua intercesión es del todo indiferente que el beneficiario de la misma reconozca su culpa o no»[62]. Esto explicaría en parte la confesión de los pecados del pueblo en el v. 23; que no es propio de una oración de petición.

Ri 10,10, die Bitte um Rettung hinzugefügt Ri 10,15 und das Gelöbnis des Dankes angeschlossen wird 1 Sam 7,18-29. Auch die Bußgebete werden in Spätzeit, die wieder geschichtliche Rückblicke beigeben kann, sehr umfangreich Esr 9; Dan 9», E. SELLIN – G. FOHRER, *Einleitung in das Alte Testament*, 91. Aunque haya un reconocimiento del pecado de los padres, no hallamos en esta oración ni una petición de salvación ni el elemento de agradecimiento.

[60] Cf. E. SELLIN – G. FOHRER, *Einleitung in das Alte Testament*, 90-91.
[61] E. SELLIN – G. FOHRER, *Einleitung in das Alte Testament*, 91.
[62] Cf. H.-P. STÄHLI, «פלל», 542-543. Más adelante añade: «Sólo en pocos textos tiene el significado genérico de "orar" (cf., por ejemplo, 1Sam 8,6; 2Sam 7,27). Una vez se puede suponer el de "orar" en el sentido de una oración de acción de gracias (1Sam 2,1). Pero el contexto de la mayoría de los pasajes indica que *pll* hitpael es una oración cualificada de súplica y/o de lamentación, individual [...] o colectiva [...] que se presenta a Dios en una necesidad», *Ibid.*, 544-545.

+ el uso de este verbo en Jr. Aparece diez veces[63]. De ellas en 8 es claro su valor como intercesión (construcción התפלל + בעד «orar» en favor de): 7,16; 11,14; 14,11; 29,7; 37,3; 42,2.4[64].40. A excepción de 29,7, es el profeta el que ejerce la función de mediador ante Dios. El profeta cuando «ora» intercede[65].

No obstante, ¿cuál es la dificultad que se presenta ante el Señor? Puede ayudarnos el tipo de invocación presente en el v. 17: ¡Ay, Señor Yahveh! אֲהָהּ אֲדֹנָי יְהוִה, presente también en 1,6; 4,10; 14,13. En estos pasajes el problema está en relación con el cargo profético:

1,6: Incapacidad humana de Jrm para asumir su misión de profeta.
4,10: La palabra de Dios aparece engañosa.
14,13: Los profetas anuncian un mensaje diverso.

En esta línea entendemos que la dificultad de Jrm (también en el cap. 32), gira en torno al carácter contradictorio de la palabra de Dios, patente en el v. 25: «¡Y tú me dices, Señor Yahveh: "compra el campo con dinero y aduce testigos", cuando la ciudad es entregada en manos de los caldeos!».

Nos queda abierta la pregunta sobre el objeto de la intercesión: la petición. ¿Qué espera Jrm? No puede esperar la liberación de la ciudad, cuyo destino fatal ha profetizado y se está cumpliendo. Como en la narración de la compra donde faltaba el mandato explícito, aquí falta una petición explícita. Pero ésta se deduce del contexto: una palabra del Señor que aclare la paradoja en torno a la palabra. La paradoja no es el simbolismo de la compra sino la palabra actuada de salvación cuando el Señor actúa su anunciado castigo, vv. 24-25[66]. La palabra de Dios es

---

[63] Jr 7,16; 11,14; 14,11; 29,7.12; 32,16; 37,3; 42,2.4.20.

[64] No aparece la construcción señalada, pero retoma el v. 2, y su sentido es por tanto el mismo.

[65] Lo llamativo es que en las tres primeras citas, se prohíbe a Jrm interceder en favor del pueblo. Así en 32,16 por primera vez el profeta hace caso omiso al mandato (¿ha cesado la orden?). Y en relación con lo anterior (dadas las conexiones entre 32 y 29), el mandato al pueblo de interceder por la ciudad (y en un futuro por sí mismo) en el cap. 29 se revela como un dato a tener en cuenta en el análisis sincrónico. En 29,12 el resultado del encuentro con Dios y la oración es también la restauración, la salida de una situación de precariedad. Pero no sólo eso, el encuentro significa que Dios oye y «responde». Para un análisis del cap. 29 en esta perspectiva, véase G.C. MACHOLZ, «Jeremia», 317-318.

[66] Coincidimos así con Holladay en la importancia que atribuía a los pronombres personales y a la partícula (הִנֵּה) como articulación de la oración, destacando los vv. 17.24.25.

también lo que se espera de la intercesión de Jeremías en 37,3; 42,2.4.20[67], «Les dice el profeta Jeremías: "De acuerdo: ahora mismo me pongo a rogar (מִתְפַּלֵּל) a vuestro Dios Yahveh como decís, y sea fuere la respuesta de Yahveh para vosotros, yo os la declararé sin ocultaros palabra"» 42,4. De este modo, la oración obtiene lo que pretende: una respuesta del Señor.

> La oración está redactada de manera muy bella y hábil, construida en torno a una serie de frases y temas familiares, bien conocidos en el libro de Jeremías y otra literatura de este periodo. Está redactada de tal manera que logra su efecto, partiendo del recurso de temas e ideas establecidos los pone de relieve en la situación particular que acaba de vivirse. En cierto sentido aparece una oración bastante inconclusa, ya que ni es una confesión, ni una petición, ni siquiera una intercesión en el sentido habitual. Es más bien la forma más profunda de oración que en lugar de buscar «respuestas a la oración» de la manera acostumbrada, trata de descubrir al que es la «Única Respuesta». Por ello la oración infunde confianza sabiendo que en la sumisión a Dios existe una infinidad de respuestas[68].

El hecho de que la respuesta del Señor verse sobre dicha pregunta — no entramos ahora a decidir si va más allá de ella —, confirma esta lectura[69]. Por lo tanto si lo que está en cuestión es la palabra pronunciada, el problema es más amplio que una mera cuestión psicológica o personal de Jrm:

> Puede preguntarse cómo estas confesiones en general fueron insertadas en el libro de Jeremías. Jeremías lucha aquí con Dios sobre el sentido de su trabajo, ¿por qué informa a otros de esta experiencia personal? Jeremías ha

---

[67] En esta misma líneas, aunque no tan patente se pueden leer las otras apariciones de הִתְפַּלֵּל. A similar conclusión llega G.C. MACHOLZ, «Jeremia», 317: «Der Satz Jer 32,26 ואתפלל אל־יהוה leitet ein Gebet ein; das spricht anscheinend dafür, daß *hitpallel* hier "beten" bedeutet. Aber wir haben gesehen, daß einerseits das weit ausgreifende Gebet auf eine Anfrage an Jahwe hinausläuft und daß danach das ebenso ausladende Jahwewort auf eine Beantwortung eben dieser Frage hinausläuft. So zeigt sich auch hier, daß *hitpallel* offenbar primär nicht das Gebet, sondern die Einholung eines Jahwewortes bezeichnet; freilich umfaßt es das Gebet mit, insofern dieses ein Bestandteil der "Orakeleinholung" ist». Presenta un análisis de los cc. 29, 32, 37 y 42 en los que el verbo «orar» debe entenderse como una «solicitud de la palabra de Jahveh» y es en este sentido como enraíza con la tradición de Moisés y Samuel, cf. *Ibid.*, 306-334.
[68] R.E. CLEMENTS, *The Prayers of the Bible*, 141.
[69] Cf. R.E. CLEMENTS, *The Prayers of the Bible*, 143.

visto en su destino una imagen de la suerte de su pueblo: como Dios le ha conducido a él a la oscuridad, de la misma manera lo será todo Israel[70].

Éste sería el carácter de la oración original de Jrm. Con la elaboración posterior el texto final toma otro cariz. El estilo en prosa nos hace pensar más en las *oraciones que se aproximan a tratados teológicos*. Utiliza la oración como recurso expositivo para dar realce a personas importantes y sus obras. Están presentes en la obra deuteronomista (1Re 8; 1Cr 29, 10-19; Neh 1,5-11). «El contenido no va mucho más allá de los discursos, pero se puede hablar de manera más conmovedora en la oración, cuando se pide la realización de aquello en que se cree y que uno confiesa»[71].

Su empleo en ocasiones de culto puede situarnos en su Sitz im Leben. Así M. Weinfeld cataloga los vv. 17-23 como una *oración litúrgica*, similar a Dn 9,4; Neh 1,5; 9,32 (especialmente por la fórmula de apertura en 32,18 הָאֵל הַגָּדוֹל הַגִּבּוֹר):

Vemos, pues, que las liturgias que los escribas deuteronomistas pusieron en boca de los grandes héroes nacionales: Moisés, David, Salomón, Ezequías, y Jeremías contienen, además del motivo de éxodo-elección, nuevos elementos, p.e.: la singularidad de Dios, la creación y la idea de retribución que realmente expresa la noción de providencia[72].

Perfilando más la situación originaria:

La abolición de los lugares santos esparcidos creó un vacío religioso. Este vacío fue llenado por la liturgia que, como hemos visto, era un tipo de oración formalizada construido sobre los principios religiosos básicos de Israel. Se estableció así un nuevo tipo de culto: la oración reemplazó el sacrificio, que hasta ahora había constituido el medio básico de comunión con Dios. Con ello la religión de Israel sufrió una metamorfosis: de una religión de culto a una religión de oración y confesión. Indudablemente el Destierro, durante el cual no se mantuvo ningún culto, debe de haber contribuido grandemente en este momento decisivo de la religión israelita[73].

¿Podemos matizar más sobre el tipo de liturgia? J. Crenshaw afirma basándose en la expresión de 32,18: יְהוָה צְבָאוֹת שְׁמוֹ *cuyo nombre es Yahveh Sebaot*: Normalmente la expresión aparece en contextos en que

---

[70] A. OHLER, *Gattungen im AT*, II, 60.
[71] J. SCHREINER, «Formas», 298.
[72] M. WEINFELD, *Deuteronomy and the Deuteronomic School*, 40.
[73] M. WEINFELD, *Deuteronomy and the Deuteronomic School*, 44.

se presentan cuatro motivos: juicio, creación, idolatría y promesa, que permiten hablar de una confesión empleada en el culto de la comunidad exílica en días señalados de penitencia y ayuno[74]. Estos cuatro motivos aparecen en nuestro texto:

vv. 17-20: himno de alabanza a Dios como creador y redentor,
v. 22: promesa,
vv. 23a: razón para el arrepentimiento de Judá, su situación de crisis: la idolatría (tema que reaparece más ampliamente en 33-35).
vv.23b-25: juicio consumado en el castigo de la ciudad.

Todos estos matices que se van añadiendo enriquecen la oración en su forma final.

2.1.4 Vv. 26-44: Anuncio de la restauración.

En el contexto del capítulo estos versículos se presentan como respuesta a la oración, sin embargo desde el punto de vista del género se descubre que se trata de un oráculo. También en este caso cabe preguntarse si de condenación o de salvación. Aquí la estructura de oráculos contra una colectividad se puede reconocer más fácilmente:

+ fórmula introductoria,
+ acusación genérica y acusación específica,
+ anuncio del castigo,
+ formula oracular.

No son infrecuentes las ampliaciones, sea de la acusación sea del castigo. Generalmente la ampliación de la acusación pretende poner de relieve la gravedad del pecado a través de un recorrido histórico de los beneficios de Dios y de la obstinación del pueblo[75].

Identificamos en los vv. 26-44:
v. 26-28: fórmula introductoria y enlace con el pasaje precedente,
vv. 29-35: acusación,
vv. 36-44: «castigo»,
v. 44: fórmula oracular.

Dos aspectos emergen en seguida: por un lado las expansiones de la acusación y de la intervención de Dios como consecuencia de la acusa-

---

[74] Cf. J. CRENSHAW, «YHWH S^{e}ba'ôt S^{e}mô», 156-175. De este tipo de oraciones, entre las que incluye la del cap. 32, afirma: «is an expression of profound faith in Yahweh as creator and judge, the only sovereign, in whose name all oaths must be sworn, a confession added to the texts that reflected the fourfold themes of ancients days of penitence», *Ibid.*, 175.

[75] Cf. J.L. SICRE, *Profetismo en Israel*, 162-163.

ción; y por otro, el contenido de lo que supuestamente debería ser un castigo. Veamos en detalle ambos aspectos.

C. Westermann considera este género como un desarrollo del anuncio de condena contra individuos. Este origen condiciona su propia estructura:

+ La acusación se divide en dos partes: acusación propiamente dicha contra el grupo y desarrollo de la acusación haciéndola más concreta o ejemplificándola[76].

+ El anuncio del castigo, por su parte: la intervención de Dios y el resultado de la intervención.

Es la apertura del horizonte del destinatario la que justifica las expansiones o desarrollos tanto en la acusación como en el castigo. El oráculo se dirige a una «personalidad corporativa» e incluye un mayor número de transgresiones que por medio de la acumulación y de la ejemplificación busca incidir en los oyentes (efecto más difícil de lograr que en una directa acusación individual)[77].

Así en vv. 29-35 topamos:

+ con diversos referentes del destinatario único que es el pueblo de Israel: «la ciudad», «los hijos de Israel y los hijos de Judá», «ellos, sus reyes, sus príncipes, sus sacerdotes, sus profetas, tanto los hombres de Judá como los habitantes de Jerusalén»...

+ diversas formulaciones genéricas del pecado: «hacer el mal a mis ojos», «cometer maldades»;

+ concreción de la acusación de idolatría: «quemar incienso y ofrecer libaciones», «construcción de lugares de culto a Baal», «no atender la instrucción de Dios», «provocación con las obras de sus manos», etc.

Respecto a la segunda parte del oráculo vv. 36-44, mencionábamos más arriba como en Jr la fórmula de mensajero venía reforzada y matizada por la partícula לָכֵן. «Su rasgo más característico es la introducción de un castigo o sentencia»[78]. En Jr puede observarse el siguiente esquema: acusación + *laken* f.mensajero + *hinneh/ni* con participio

---

[76] Cf. C. WESTERMANN, *Grundformen prophetischer Rede*, 131: «Die Anklage wird auf den Hintergrund des früheren Heilshandelns Gottes gestellt.[...] Das Motiv zeigt in sich eine Entwicklung. Zunächst ist es nur kontrastierende Erweiterung: dem Frevel des Angeredeten wird Gottes freundliches Tun in der Vergangenheit entgegengehalten».
[77] Cf. C. WESTERMANN, *Grundformen prophetischer Rede*, 121-122.
[78] S. BRETÓN, *Vocación y misión*, 87.

(castigo). Lo llamativo es que sin cambiar el esquema, Jr 32,35-44 invierte su lógica interna:

«el v. 35 enuncia la acusación: "Hicieron abominaciones semejantes haciendo pecar a Judá";

el v. 36 es comienzo de sentencia: כֹּה־אָמַר יְהוָה אֱלֹהֵי יִשְׂרָאֵל אֶל־הָעִיר וְעַתָּה לָכֵן

el v. 37 empieza con un *hinneh* + participio: הִנְנִי מְקַבְּצָם מִכָּל־הָאֲרָצוֹת.

Pero el participio no proclama esta vez un castigo sino la salvación: "yo los congregaré en todos los países por donde los dispersó mi ira y mi cólera y mi gran furor"»[79].

Opera un cambio tan inesperado como paradójico: el castigo se transforma en salvación:

> Con la partícula *w'th* cambia la dirección del movimiento: se rompe la lógica o dialéctica del proceso pecado/castigo, instaurando una lógica superior instituida por Dios y realizada en diversos tiempos. [v. 37] El primer tiempo es de acción divina, que podemos decir externa: es el recoger y trasladar e instalar a su pueblo. [...v. 38] El primer tiempo concluye en el restablecimiento de la alianza, como hecho jurídico. [v. 39ss] Sigue el segundo tiempo, decisivo, pues se dedica a la transformación radical e interna del pueblo, para que responda de hecho a las exigencias de la alianza y no la frustre de nuevo[80].

Por tanto la segunda parte, vv. 36-44, consiste en un *oráculo de salvación*[81]. Por lo que respecta a la estructura J. L. Sicre distingue[82] los siguientes elementos: - alocución, elemento muy flexible y que puede ir acompañado una serie de aposiciones, -promesa de salvación, que cons-

---

[79] S. Bretón, *Vocación y misión*, 89. Pueden verse diversos textos según este esquema en pp. 87-89.

[80] L. Alonso Schökel – J.L. Sicre, *Profetas*, I, 571.

[81] C. Westermann distingue cuatro tipos de oráculos de salvación: -oráculos de salvación para Israel; -oráculos con un doble mensaje: castigo para los enemigos de Israel que a la vez es salvación para Israel; -oráculos de proclamación condicionada de salvación (que derivan de la parénesis deuteronómica); -los oráculos combinados con motivos de literatura sapiencial, cf. C. Westermann, *Prophetische Heilsworte im Alten Testament*, 11-18. Sorprende que a pesar de la redacción deuteronomista del cap. 32, ningún oráculo de salvación de este capítulo (él incluye también en su estudio el v. 15 como oráculo de salvación, propiamente como una promesa de bendición) es introducido en el grupo tercero, como un mensaje condicionado de salvación, como sí los son 3,6-13; 3,19–4,4; 7,3-7.23.24; 24,4-7; 26,13; 29,10.12-14, cf. *Ibid.*, 178-181.

[82] Cf. J.L. Sicre, *Profetismo en Israel*, 166-167.

tituye el núcleo del oráculo, -motivación y -consecuencias de la intervención divina.

En los vv. 36-44 podemos distinguir los siguientes elementos:

v. 36: la alocución, breve, señala a quién se dirige el oráculo, la ciudad, que viene especificada «de la que vosotros decís...».

vv. 37-41: promesa de salvación, la intervención divina propiamente dicha se refleja en 37-41, los verbos tienen como sujeto a Dios, excepto 38a, que anticipa la consecuencia.

vv. 43-44, consecuencia: la compra de campos, se ve el cambio del sujeto gramatical central (de Dios a una tercera persona).

Más oscura resulta la motivación, ¿está ausente? ¿Es el versículo 42 una auténtica motivación? Podría esperarse que el כִּי del v. 42 introdujera el motivo de la acción divina, separando mediante el כִּי la fórmula del mensajero la acción de Dios y su fundamento. Pero no añade una motivación sino que resume lo anterior con una comparación: *Porque así dice Yahveh, como he traído sobre este pueblo toda esta gran calamidad así yo traeré sobre ellos toda la prosperidad que yo les prometo.* A pesar de ello, la comparación podemos entenderla también desde el punto de vista de la motivación: «por la misma razón que he actuado el mal traigo el bien». Es un explicar y un no explicar al mismo tiempo; esto encaja perfectamente en el conjunto del capítulo, donde todo apunta a una contradicción que no se desvela. No hay más motivación que la voluntad de Dios, que la palabra pronunciada[83].

Si la razón para traer el mal sobre la ciudad es el pecado del pueblo, tal y como aparece en 32,23 («Ellos entraron para poseerla pero no obedecieron tu voz ni caminaron según tus leyes, no hicieron nada de lo que les habías mandado hacer, y les has enviado toda esta calamidad»), ésta no es válida para la salvación. La motivación para el bien sigue sin aparecer expresamente.

---

[83] J. Applegate constata esta dificultad: «The question of Yahweh's motivation in restoring Judah is considered in an unexpected way in this speech. His motivation for bringing judgment on his people is rehearsed quite clearly in 32,29-35 and this is traced to the sinful actions of his people. The sequence of act and consequence is affirmed. But this is not the case with the restoration», J. APPLEGATE, «Peace», 82. Presenta desde distinta perspectiva, no desde el análisis del género, como motivación teológica el versículo 32,41a: «Disfrutaré por ellos haciéndoles el bien». En este sentido nos separamos de su propuesta pero sí aceptamos su conclusión: «Yahweh's motivation is internal and "emotional"; his motivation lies solely within the realm of his own initiative and decision», *Ibid.*, 82-83.

Desde esta perspectiva, la compra de los campos — mensaje de la acción simbólica —, es sólo la punta de un iceberg de lo que será la acción futura del Señor; la compra es una prenda de la liberación y restauración divina. Éste es el sentido de la repetición[84].

Un último aspecto interesante es la disparidad entre el número de motivos que evocan la restauración (el retorno, habitar seguros, corazón indiviso, alianza, plantarles, hacer el bien) y sus consecuencias, centradas únicamente en la compra de campos, viñas y casas. La explicación está en su desarrollo: este oráculo nace a partir del v. 15. Inicialmente se parte de un oráculo de salvación centrado (al tiempos de Jrm) en la restauración del campo; y posteriormente el oráculo se abre a los motivos de la restauración y del retorno durante el exilio[85].

2.2 *Estudio del conjunto.*

¿Es posible englobar estas perícopas de géneros diversos bajo un único título? La pista nos la ofrece la redacción final deuteronomista. Podemos describir el cap. 32 como un discurso o *tratado teológico*. Pretende exponer determinadas concepciones teológicas, que pueden tomar la forma de conversación o de una narración (en este último tipo se encierran los discursos de la obra deuteronomista)[86]. El cap. 32 (con la inclusión de la oración) adquiere la forma de un *sermón* u homilía, cuya finalidad es mover al pueblo a hacer la voluntad de Dios:

> Más bien se debe asumir que hacia el principio del VII siglo profetas y sacerdotes empezaron a utilizar, además de sus formas habituales de expresión, carismáticas y extáticas: las sentencias; el medio más racional del sermón, o, en el caso que ellos lo usaran en un periodo más temprano, en cualquier caso es en este periodo que ellos empezaron a usarlo en mayor

---

[84] Cf. C. WESTERMANN, *Prophetische Heilsworte im Alten Testament*, 119: «Wenn der Deuteronomist in V. 42-44a 32,15 noch einmal wiederholt, zeigt er damit, daß er die Bedeutung dieser Worte Jeremias erkannte. Er hielt es für notwendig, das Wort unangetastet in der von ihm gestalteten Sammlung zu bewahren».

[85] Westermann constata esta evolución: «Der Unterschied zu den von der Ankündigung der Befreiung beherrschten Worten liegt darin, daß in jenen die Erinnerung an das Erlebnis der Befreiung noch hell nachklingt, während hier der Abstand größer ist. Die Wendung "das Geschick meines Volkes wenden" hat einen zeitlich weiteren Sinn. Daraus ist zu schließen, daß diese zweigliedrigen Heilsworte jünger sind als die von der Ankündigung der Befreiung beherrschten», C. WESTERMANN, *Prophetische Heilsworte im Alten Testament*, 121.

[86] Cf. J. SCHREINER «Formas», 298.

medida. Por ello debemos contar con la posibilidad de que en ellos aparece el influjo de los Levitas o de un grupo particular de Levitas, que como maestro y pastores pueden haber usado, incluso antes de este periodo, el sermón para llevar a cabo sus responsabilidades.[...] El sermón, sea profético sea sacerdotal-levítico, debe ser definitivamente incluido como una forma especial de discurso, que aparece junto a las formas propias de los profetas y de los sacerdotes, y que de forma creciente se incorporan a esas formas[87].

La concatenación de las formas para crear un conjunto armónico es perceptible en la dependencia mutua que hay entre ellas:
+ el oráculo inicial sitúa el resto del capítulo en diversos niveles: cronológico, político y teológico[88].
+ la introducción de la colectividad en el oráculo contra Sedecías adquiere sentido pleno si éste se lee con la respuesta de Yahveh como oráculo sobre Israel.
+ el mandato explícito de la compra lo encontramos no en el informe de la acción sino en la oración.
+ la respuesta del Señor refuerza el sentido de la acción no sólo retomando el vocabulario, sino iluminándolo desde el conjunto del oráculo de salvación.
+ la oración no tiene sentido fuera del contexto narrativo dada su referencia a la situación histórica y a la acción de la compra. Oraciones litúrgicas similares, como p.e. Neh 1,5-11; 9,6-37; Dn 9,4-19 (con las cuales, como hemos señalado, se establece una relación de dependencia) muestran una mayor independencia y pueden leerse al margen de las narraciones en las cuales están insertas.

Por su parte la acción simbólica tiene un sentido autónomo; de todos modos es significativo que en el libro de Jr sea ésta la única acción seguida inmediatamente por una oración y que la tematiza.

El motivo de esta mezcla de géneros dentro de una unidad debe buscarse en el efecto que se intenta obtener, puesto que los oyentes/lectores finales están lejos del escenario inicial, su situación vital es claramente distinta:

---

[87] O. EISSFELDT, *Einleitung in das Alte Testament*, 20. En la misma línea cf. E. SELLIN – G. FOHRER, *Einleitung in das Alte Testament*, 90, insisten en la mezcla de géneros tras el exilio, especialmente entre géneros proféticos y salmos; O. KAISER, *Einleitung in das Alte Testament*, 306.
[88] Cf. J. APPLEGATE, «Peace», 79.

La mayoría de los informes incluyen discursos, y se encuentran oraciones en el contexto de informes de visión. Además, muchos informes tuvieron las mismas funciones de los discursos. Era una realidad para el profeta experimentar una visión; pero cuando esa experiencia fue hecha pública, el informe tomó la forma de un discurso. Es más, los informes de acciones simbólicas ordinariamente incluían una dirección (de Dios al profeta, del profeta a su público, o ambos) presentando la interpretación de la acción. Igualmente, el informe de la acción junto con la interpretación sin duda fue presentado ante una audiencia que no habían observado la acción misma, pero con todo ellos recibieron el mensaje que conllevaba[89].

El objetivo es, pues, comunicar una palabra recibida y actuada desde Dios. Así la acción está colocada tras una interpelación abierta: *¿Por qué has profetizado?*. En definitiva es una pregunta sobre el porqué de la palabra. Y la respuesta de Dios a la solicitud de Jrm de una palabra (puede leerse el v. 25 como una pregunta, aunque el texto no la platee como tal: «¿Por qué me dices compra el campo cuando la ciudad es entregada?»[90]). Para crear la expectación y la sorpresa que produjo esa palabra se recurre a diversas formas entrecruzadas. La oración es un recurso literario y teológico en manos del escritor[91].

El fruto final es la unión entre palabra humana y palabra divina y, entre palabra y acción:

> Por consiguiente palabra profética y acción profética constituyen juntas la proclamación profética. Ambas tienen la misma meta: el anuncio del juicio y la promesa de la misericordia. Ambas tienen el misma origen: la testificación de la voluntad divina que el profeta ha manifestado. También la acción

---

[89] G.M. TUCKER, «Prophetic Speech», 33-34.
[90] Cf. J. APPLEGATE, «Peace», 81.
[91] Cf. S.E. BALENTINE, *Prayer in the Hebrew Bible*, 20-22. Presenta brevemente la opinión de E. Staudt (en su disertación *Prayer and the People in the Deuteronomist*, a la que no tenemos acceso). Él describe seis elementos de las oraciones típicas de la narrativa deuteronomística: 1.descripción de la situación; 2. introducción que llama la atención al lector, 3. invocación; 4. declaración que sirve como alabanza a Dios o justificación de la petición, 5. petición; 6. respuesta a la oración. La clave estilística y teológica es la petición:«With regard to style, these prayers of petition occur at strategic places in a narrative. Placed between a report of some crisis in the divine-human relationship and the ultimate resolution of this crisis at a subsequent point in the narrative, these prayers have the literary effect of shaping a narrative situation[...] God speaks or acts; people respond by questioning, challenging, or otherwise petitioning for clarification; and the outcome, from a literary perspective, is understood to be effected thereby», *Ibid.*, 21.

profética es realizada, para cumplir con el encargo profética y anunciar la voluntad de Dios. No es sólo un medio, del cual el profeta se sirve, para ilustrar y simbolizar su cometido, sino que es ella misma proclamación. Al igual que a través de la palabra pronunciada, el profeta a través de las acciones quiere divulgar la voluntad divina. Palabra y acción no son por tanto dos acepciones de *dabar*, sino que la acción es la consecuencia del fundamento del significado que yace en *dabar*. Por consiguiente la palabra profética incluye la acción profética, y la acción profética es idéntica a la palabra[92].

Estas palabras nos sirven también para aquilatar la pregunta si la oración cambia el sentido original de la acción, y si tal cambio conlleva una pérdida (p.e. del valor histórico como apuntaba Duhm) o una adición externa de significado (una diversa orientación en función de los exiliados). La cuestión no debe plantearse en términos de alternativa, cuanto en términos de continuidad. Aunque la oración haya sido reformulada en un tiempo muy posterior al de Jrm, no ha cambiado su sentido. Ha abierto sí, su horizonte de comprensión e interpretación, ha enriquecido su significado tanto para el momento histórico en que fue pronunciado como para el venidero; pero no ha perdido su valor, sigue iluminando el anuncio y es iluminada por él, al igual que la acción recoge el momento histórico concreto para vigorizar la oración. De ahí nuestra tarea de estar atentos a las distintas voces presentes en el texto y a sus diversas interpretaciones.

---

[92] G. FOHRER, *Die symbolischen Handlungen der Propheten*, 109-110.

Capítulo IV

Análisis narrativo de Jr 32

La comisión bíblica afirma con rotundidad el carácter indispensable del método histórico-crítico, pero no con menor decisión reconoce también su insuficiencia: «Cualquiera que sea su validez, el método histórico-crítico no puede bastar. Deja forzosamente en la sombra numerosos aspectos de los escritos que estudia»[1]. Esas sombras a las que no llega el método histórico-crítico pretendemos iluminar ahora sirviéndonos de métodos sincrónicos. En el presente capítulo por medio del análisis narrativo y en el capítulo siguiente por medio del análisis retórico contemplaremos el texto en su redacción final. El último redactor ha adoptado unos criterios específicos para darle su forma definitiva y su colocación actual. En estos criterios fijamos nuestra atención. Pretendemos acceder al sentido teológico del texto partiendo del «cómo» ha sido formulado el mensaje. Comencemos con el análisis narrativo.

«Particularmente atento a los elementos del texto que conciernen a la intriga, a los personajes y al punto de vista tomado por el narrador, el análisis narrativo estudia el cómo se cuenta una historia para implicar al lector en el "mundo del relato" y en su sistema de valores»[2]. Sin duda en estos últimos años esta nueva metodología ha fructificado en abundantes publicaciones.

El análisis de la narrativa bíblica se ha concentrado en Génesis, Éxodo, 1-2 Reyes, 1-2 Samuel y otros libros como Rut y Ester[3]. No es tan

---

[1] PONTIFICIA COMISIÓN BÍBLICA, *La interpretación*, 36.
[2] PONTIFICIA COMISIÓN BÍBLICA, *La interpretación*, 40.
[3] Cf. los índices temáticos y/o los índices de referencias bíblicas de las siguientes obras: R. ALTER, *The Art of Biblical Narrative*; M. STERNBERG, *The Poetics of Biblical Narrative*; S. BAR-EFRAT, *Narrative Art in the Bible*; J.L. SKA, *Our Fathers Have Told Us*, en concreto la bibliografía que presenta de estudios bíblicos, 99-103;

frecuente encontrar este tipo de estudios en los llamados profetas posteriores. Hecho por otra parte comprensible: evidentemente en estos profetas predominan los oráculos, no las narraciones. Uno se pregunta si los estudios de narrativa bíblica son aplicables a los relatos proféticos. Estudiamos el cap. 32 desde las categorías narrativas a las que se ajusta, como iremos viendo, de manera considerable[4].

Este estudio contiene cuatro apartados:
1. Jr 32 como unidad narrativa.
2. Estudio de las formas verbales.
3. Análisis desde el «esquema clásico» de relato.
4. Análisis del episodio con criterios narratológicos.

1. Jr 32 como unidad narrativa

El punto de partida de un estudio de este tipo es la delimitación del texto como una unidad narrativa. Hay que «identificar exactamente el inicio y el final del relato objeto del examen»[5]. En nuestro caso el texto ha sido ya determinado previamente. Pero, esta unidad narrativa predeterminada, ¿es apta, se ajusta a una «unidad narrativa» apropiada para este tipo de análisis? Hay criterios dramáticos y literarios que nos permiten responder afirmativamente. Comenzamos por los primeros por considerarlos más decisivos[6]:

A. BERLIN, *Poetics*; D. MARGUERAT – Y. BOURQUIN, *Cómo leer los relatos bíblicos*, 295-299.

[4] Al final del capítulo anterior, desde la perspectiva de los géneros literarios, hemos definido el conjunto del capítulo bajo el título de *discurso* o tratado teológico; así, puede parecer una cierta contradicción tratarlo ahora como una narración. Con todo, si la finalidad es provocar una reacción en el oyente-lector no tan extraño que el discurso tome forma de *contar una historia*, que especialmente a través de los diálogos transmite, como en nuestro caso, una profunda teología. Una vez que se ha captado la atención del auditorio con un episodio sugerente es viable elevarse a un plano teológico, o mejor dicho, desentrañar lo que de teológico tiene la historia.

[5] J.L. SKA, «Sincronia: L'analisi narrativa», 146. Los criterios que nos servirán para delimitar la unidad serán los mismos que para la subdivisión. Algunos aspectos coinciden con lo ya tratado, pero ahora son considerados desde el punto de vista narrativo.

[6] Sobre la delimitación de un texto narrativo cf. J.L. SKA, *Our Fathers Have Told Us*, 1-3; «Sincronia: L'analisi narrativa», 146-148; D. MARGUERAT – Y. BOURQUIN, *Cómo leer los relatos bíblicos*, 51-58. Para J. L. Ska la primacía de los criterios dramáticos es clara: «In determining the main units of a narrative, the chief criteria are dramatic criteria: change of place, change of time, change of characters (characters entering or leaving the "stage"), or change of action. These criteria are frequently

1.1 *Criterios dramáticos*

1.1.1 Unidad de acción

Por una parte debemos considerar si se trata de una acción *propia* distinta de lo narrado en los capítulos precedentes y siguientes. Por otra, considerar si es una acción *única*, o el capítulo contiene diversas acciones dentro de una trama, y en tal caso como se relacionan entre sí.

Desde el punto de vista narrativo no resulta difícil separar el cap. 32 del texto precedente, cc. 30–31. Claramente el distinto género literario (en su mayoría poesía) muestra que no contiene una «acción», se trata de oráculos fuera de un marco narrativo.

Más problemático resulta justificar la separación del capítulo 33. Podría entenderse como una continuación de la palabra dirigida a Jr con motivo de su oración. La indicación temporal de 33,1 (שֵׁנִית «por segunda vez») nos sitúa en un momento diverso[7].

¿Pero se trata de una única acción o debemos hablar de varias acciones? Como veíamos en el capítulo primero son muchos los autores que en la división del capítulo refieren dos acciones: la compra y la oración de Jr. Ya en dichas páginas discutíamos tal presentación; considerábamos la oración iniciada por Jr más unida a la compra[8]. En cualquier caso podemos ver todo este capítulo bien como una única escena o bien como dos escenas dentro de un mismo acto[9].

---

combined. Stylistic criteria are also very useful (repetitions, inclusions, shift in vocabulary...)», *Our Fathers Have Told Us*, 1.

[7] El cambio temporal nos permite, junto a otros criterios que iremos analizando más adelante, separar estas palabras añadidas «en un segundo momento». El cap. 33 vendría a ser el siguiente acto dentro de la obra de Jr, con el mismo escenario de la compra del campo, pero no centrado en ella.

[8] El orden del versículo 16 que comienza con un wayyiqtol + predicado + indicación temporal, no indica una ruptura de la cadena narrativa; al contrario, muestra continuidad con el versículo 13. En este sentido la indicación temporal («después de entregar» אַחֲרֵי תִתִּי) no nos sitúa en otro momento diverso, sino que indica una mera sucesión cronológica (es muy distinta de las expresiones וַיְהִי אַחַר cf. Gn 22,1; 39,7; 40,1; Job 42,7; וַיְהִי אַחֲרֵי Gn 22,20; 25,11; 2Sam 1,1; וַיְהִי אַחֲרֵי־כֵן Jue 16,4; 2Sam 2,1; 8,1; ...). Otros criterios avalan esta unidad: el mismo lugar, personajes, la temática de la oración.

[9] Seguimos la descripción de escena tal y como la presenta G. MLAKUZHYIL, *The Christocentric Literary Structure*, 112: «A scene may be defined as part of an act (of a play) involving the same persons (actors) in the same place and time», y añade en la nota 60: «There is a change of scene, if one of the main characters or the place or time changed».

Los vv. 6-15 presentan una acción principal: la compra de un terreno. Todo en la narración gira en torno a este hecho: la contextualización que precede la compra, las acciones secundarias que la posibilitan y se deducen de tal acción y el significado de la misma. El acto de la compra es siempre el hilo conductor[10]. Es la compra la que origina la oración de Jr y la que en definitiva se cuestiona en ella (v. 25). La respuesta de Dios vuelve a dar sentido y respalda la acción llevada a cabo por Jeremías (vv. 43-44).

1.1.2 Unidad de lugar

Como hemos mencionado toda esta acción se desenvuelve en un único lugar: el patio de la guardia, en el palacio del rey de Judá (v. 2). Por contraposición, los capítulos precedentes no están espacialmente situados. El capítulo 33 tiene la misma ubicación: «que estaba aún detenido en el patio de la guardia» (v. 1), lo cual apoya considerar este capítulo como una escena siguiente.

1.1.3 Unidad de tiempo

Mientras el v. 1 sitúa el capítulo en un momento concreto: «año décimo de Sedecías, decimoctavo de Nabucodonosor», los cc. precedentes carecen de datación. Por su parte el cap. 33 acontece temporalmente en un momento subsiguiente. Aunque la razón teológica de esta palabra de Dios sea la compra, es dirigida con posterioridad a ella. De hecho la voz del narrador se hace presente (33,1) para unir ambos episodios a través de una misma ubicación.

Respecto a la secuencia compra-oración, la indicación temporal «oré a Yahveh después de entregar la escritura de la compra» realza la importancia misma de la oración como parte de la misma acción[11].

---

[10] Este carácter vertebral se refleja en el vocabulario: tanto del verbo «comprar» קנה en vv. 7.8(dos veces).9.15.25.43.44; como del término derivado «escritura de la compra» סֵפֶר הַמִּקְנָה en vv. 11.12(dos veces).14.44. Además de toda una terminología relacionada con la compra: precio, pesar la plata, aducir testigos...

[11] La cronología es propia de la narración: no se pueden contar simultáneamente dos sucesos que discurren a la vez. Así p.e., hay narrativamente una sucesión entre los vv. 12 y 13 de este capítulo («entregué la escritura...ordené a Baruc»). ¿Se trata de dos acciones simultáneas o esperó Jr a que Baruc tuviese en mano la escritura? De la misma manera no vemos razón para separar la oración de la acción; si bien no tiene porqué ser simultánea a la compra tiene su razón de ser en ella. Sin embargo las palabras del cap. 33 están separadas por la voz del narrador; se trata de un recurso para marcar la diferencia con lo precedente, para «dejar pasar el tiempo».

1.1.4 Personajes

Surge una dificultad para hablar de un único acto: en la compra tenemos dos personajes principales: Jeremías y Janamel; mientras que en la oración son Jeremías y Yahveh. El cambio de personajes podría indicar una separación mayor de la que nosotros defendemos. Sin embargo una observación atenta del texto resuelve la objeción. En el v. 1 se introducen los dos personajes principales de la narración: Jeremías y Yahveh. A lo largo del capítulo van apareciendo otros personajes que posibilitan la interacción de los protagonistas: Janamel, Baruc y los testigos (y el mismo Sedecías en el trasfondo de la narración). En este sentido hay un cambio de *enfoque* de los personajes, que permitiría hablar de dos escenas:

– Por una parte, la compra con Jeremías y Janamel en un primer plano; pero sin olvidar la presencia de los otros personajes (Baruc, testigos y por su puesto Yahveh que anuncia la llegada de Janamel);
– por otra, la oración con Jeremías y Yahveh en primer plano, pero reconociendo en segundo plano el resto de personajes[12].

Sin embargo, nada indica que haya habido cambios sustanciales (ni lugar, ni tiempo, ni personajes) entre la compra y la oración. Por tanto consideramos compra y oración como un único acto.

1.2 *Criterios estilísticos*[13]

Los siguientes criterios confirman tanto la separación de la unidad narrativa como su división interna en dos escenas:

a) *Introducción y conclusión*. Los vv. 1-5 constituyen la introducción de nuestra narración, mientras que los vv. 43-44 son la conclusión que pone fin al acto resolviendo la trama tratada: la compra y la dificultad que dicha compra supone para Jeremías.

El anuncio de Yahveh puede continuar con promesas, pero éstas no iluminan directamente el tema de la compra del campo.

---

[12] La narración no explicita que Jr esté solo o que alguno haya abandonado el patio de la guardia. Es cierto que el resto de personajes se desvanecen pero esto no es motivo para concluir que no estén presentes. Más aún, como veremos, «la respuesta del Señor» supone su presencia.

[13] Puede verse una lista de estos criterios en el cap. 3 «Criteria for the Structure of the Fourth Gospel», de la obra de G. MLAKUZHYIL, *The Christocentric Literary Structure*, 87-135. No nos detenemos en estos criterios porque serán objeto de estudio más detallado en el apartado de análisis retórico, señalamos únicamente lo más destacable.

b) *Inclusión*. Ya hemos mostrado en el capítulo precedente la doble inclusión a través de palabras claves. Ahora podemos añadir algunos términos que refuerzan las dos inclusiones[14]: ciudad (עִיר) en 3.24(2×). 25.28.29(2×).31.36.44(4×), del verbo (נתן) en 3.4(2×).12.14.16.19. 22(2×).24.25.28.36.39.40.43, caldeos (כַּשְׂדִּים) en 4.5.24.25.28.29.43.

c) *Vocabulario específico*[15]. Hay una serie de términos recurrentes en el cap. 32 y ausentes en los cc. circundantes. Especialmente señalamos las ausencias en el cap. 33, p.e.:

– la raíz קנה comprar totalmente ausente en cap. 33 mientras que en 32 aparece 9 veces;

– סֵפֶר הַמִּקְנָה escritura de compra sólo presente en 32, en cuatro versículos;

– campo שָׂדֶה presente en 7 ocasiones;

– כֶּסֶף dinero en cinco ocasiones,

– חתם sellar 4 ocasiones;

– עוּד עֵדִים aducir testigos tres veces.

d) *Cambios de género literario*. Es clara la separación literaria de este relato de los capítulos precedentes 30–31 y del siguiente 33[16]. El género literario también consiente distinguir dos escenas dentro del capítulo. El estilo de las dos partes del capítulo es diverso, siempre dentro de un marco narrativo: la primera parte (vv. 1-16) es una narración con escasos diálogos; la segunda parte, sin embargo, presenta un diálogo central (comprensible desde la introducción del término «oré») donde el narrador apenas aparece. La oración parte del marco de un relato (v. 16), pero toma enseguida un tono bien diverso: v. 17. El tono narrativo deja paso a una forma hímnica en la oración de Jr (vv. 17-25) y a una forma oracular en las palabras del Señor (vv. 26-44).

Es razonable, por tanto, definir el texto del cap. 32 como una unidad narrativa. Resumir en forma de título o de sumario el contenido nos puede ayudar a captar mejor dicha unidad: «Palabra de Dios a Jeremías

---

[14] La narración propiamente dicha, vv. 6-15, está delimitada por una pequeña inclusión de la raíz קנה (v. 7 «compra» y v. 15 «se comprarán»).

[15] Incluso se puede llegar a una distinción ulterior en el vocabulario de las dos partes o escenas. En la primera es un vocabulario técnico: compra y escritura. La segunda se concentra en la acción de Dios en la historia y la respuesta del pueblo de Israel (términos de acción divina como: עשׂה «actuar», מוֹפֵת «prodigio»; adjetivos que marcan la grandeza del Señor: גָּדוֹל, חֲזָקָה, etc.; la conducta humana y sus consecuencias: נְסָכִים «libaciones», הַכְעִסֵנִי «provocarme», הָרָעָה «calamidad»...).

[16] La separación está marcada por: a) el género literario: los capítulos 30-31 y 33 están formados por oráculos; b) la presencia de fórmulas introductorias en 32,1 y en 33,1.

a propósito de la compra de un campo». Así empieza el título actual del cap. 32 que lo encontramos en el v. 1. Desde esta perspectiva es interesante notar que lo importante es *la palabra divina* dirigida. Una palabra que es doble: «compra, porque todavía se comprarán», un mandato y la razón de dicho mandato.

2. Estudio de las formas verbales

El ritmo de la narración viene marcado por la elección de las formas verbales. Por eso, iniciamos el estudio del texto con el análisis de dichas formas verbales[17]. En este punto nos servimos de los principios de lingüística textual aplicados a la sintaxis hebrea propuestos por A. Niccacci[18]. Este autor distingue tres niveles lingüísticos[19]:

– la actitud lingüística (*atteggiamento linguistico*) permite distinguir entre *narración* y *discurso* (o comentario). La narración tiene que ver con personas o hechos no presentes o no actuales en la situación de relación entre escritor y lector; mientras que en el discurso el que habla se dirige al oyente con una apelación directa (diálogo, predicación, oración);

– el relieve (*messa in rilievo*), distingue entre la información que configura el primer plano y aquella del trasfondo;

– perspectiva lingüística (*prospettiva linguistica*), que distingue entre información de grado cero, o línea principal (sea de la narración que del discurso) e información suplementaria (recuperada o anticipada).

Partiendo de la primera distinción, actitud lingüística, nosotros dividimos el capítulo en dos partes, correspondientes a las dos escenas mencionadas: narración y diálogo. Esta división tiene su razón de ser

---

[17] Cf. J.L. SKA, «Sincronia: L'analisi narrativa», 148-150.
[18] Cf. A. NICCACCI, *Sintassi*, y *Lettura*. Aunque un estudio completo del texto conlleva un tratamiento detallado de cada una de las frases en hebreo, nosotros presentamos los resultados en función de nuestra traducción para no alargar en exceso este apartado. Sólo en algunos casos, cuando sea obligada la referencia (p.e. en estructuras que suponen énfasis en la construcción hebrea), presentaremos el texto hebreo y/o los criterios concretos seguidos para la clasificación de un verbo. No olvidemos que estos criterios no son absolutos y que en último término hay que recurrir a criterios semánticos y literarios para atribuir una forma verbal a un nivel de comunicación determinado; cf. A. NICCACCI, *Lettura*, IX: «Per valutare pienamente l'alternarsi di proposizioni verbali (spesso collegate in una catena narrativa o in una catena discorsiva) e di interruzioni (costrutti di sfondo, antefatto, retrospezione, o previsione) è indispensabile chiamare in causa criteri letterari (stile, composizione, motivi) e semantici (contesto, senso)».
[19] Cf. A. NICCACCI, *Sintassi*, 14-18; *Lettura*, 2-5.

en la diversidad de tiempos verbales que aparecen en cada uno de estos géneros de prosa. Somos conscientes de la dificultad que encierra nuestra división: la prima parte vv. 1-16, la narración de la compra contiene pequeños discursos o diálogos; y la segunda, vv. 17-44, contiene pequeñas narraciones[20].

En la narración podemos distinguir tres categorías en el uso de los verbos:

– los verbos que marcan la línea principal de la narración, es decir, el primer plano: verbos en wayyiqtol.

– verbos que definen el trasfondo de la escena: w^{e}qatal, proposiciones nominales simples y proposiciones nominales complejas.

– verbos que desde una perspectiva lingüística introducen información fuera del momento de la acción principal, sea una información recuperada (waw-x-qatal) o una información anticipada (yiqtol)[21].

Por su parte el discurso presenta una mayor diversidad de formas. En gran medida esa diversidad se debe al hecho que el discurso puede tener como eje principal de la comunicación cualquiera de los tres tiempos; pasado, presente o futuro[22]:

---

[20] Esta dificultad es un fenómeno normal dentro de la prosa hebrea, cf. A. NICCACCI, Sintassi, 7: «Risulterà che i due generi fondamentali, la narrazione e il discorso o commento, benché nettamente definiti mediante forme e costrutti verbali caratteristici e anche mediante segnali linguistici propri, non si comportano come blocchi monolitici non comunicanti. Si verificano infatti dei generi misti (identificabili per lo più con l'ausilio di criteri morfologici, sintattici e semantici) che ho chiamato "narrazione commentativa", "discorso narrativo" e "commento narrativo"».

[21] Cf. A. NICCACCI, Lettura, 2-4. Recogemos su distinción entre proposiciones verbales (con un verbo finito en la primera posición), proposiciones nominales simples (-sin verbo finito, o -con verbo finito nominalizado) y proposiciones nominales complejas (con verbo finito en segunda posición, cf. Ibid., 5. Esta diferencia es importante porque guiará en buena medida nuestro estudio, Ibid., VIII.

[22] Cf. A. NICCACCI, Lettura, 53: «La differenza principale è che nel discorso tutti e tre gli assi temporali di base possono costituire il primo piano. Questo comporta che ci siano diverse forme di primo piano, non una sola come nella narrazione dove l'asse temporale principale è fisso (il passato, wayyiqtol). Nel discorso, per l'asse del presente abbiamo la proposizione nominale semplice e le forme volitive (coortativo, imperativo, iussivo); per l'asse del passato, il qatal, o x-qatal; per l'asse del futuro, x-yiqtol indicativo e weqatal. Lo sfondo è rappresentato dalla proposizione nominale semplice o da quella complessa (waw-x-yiqtol e anche waw-x-qatal), in modo simile a quanto troviamo nella narrazione». Incluso, dentro de los discursos de futuro, podemos distinguir entre discursos predictivos (yiqtol, futuros en castellano) y discursos exhortativos (formas volitivas e imperativo), cf. J.L. SKA. «Sincronia: L'analisi narrativa», 149-150.

– las formas que integran el primer plano: formas volitivas (cohortativo, imperativo, yusivo), x-yiqtol indicativo, w^{e}qatal, (x-)qatal de «informe» o «reseña» (*resoconto*), y proposiciones nominales simples;
– las formas que dibujan el trasfondo: (waw-)proposiciones nominales simples y (waw-)proposiciones nominales complejas;
– las formas que introducen información suplementaria: x-qatal para una información retrospectiva, yiqtol para una información anticipada[23].

Esta distribución de las formas verbales nos permite distinguir dos niveles de la comunicación, aunando así el relieve y la perspectiva lingüística, tanto en la narración como en el diálogo:
– línea principal de la información, primer plano (de la puesta en relieve) y grado cero (de la perspectiva lingüística) de información;
– nivel secundario formado por el trasfondo (de la puesta en relieve) y por la información suplementaria (de la perspectiva lingüística), sea del pasado o del futuro[24].

Añadimos un tercer nivel que corresponde a la introducción en la narración de un discurso directo, y en el diálogo a la introducción de una narración o «discurso narrativo»[25]. El siguiente cuadro visualiza gráfi-

---

[23] Cf. A. NICCACCI, *Lettura*, 2-3.9-11. En el caso del discurso es más difícil precisar los tiempos y modos de los verbos de la traducción en castellano. A modo de orientación, para nuestro texto, podemos precisar: cuando el discurso se refiere a la situación presente, como es la oración de Jr, las formas de la línea principal serán el presente o frases nominales, mientras que cuando el discurso se proyecta hacia el futuro, predominante en las palabras del Señor, será el futuro el tiempo del nivel principal mientras que el resto de tiempos indicará una ruptura en la cadena discursiva.
[24] Cf. A. NICCACCI, *Lettura*, 4.47-49.
[25] Cf. A. NICCACCI, *Sintassi*, 64-65: «Talvolta un testo di carattere discorsivo ingloba una parte narrativa, quando il parlante vuole riferire alcuni fatti che ritiene importanti per la situazione presente della comunicazione. Chiamo "discorso narrativo", o più semplicemente "racconto", questo tipo di narrazione in cui i fatti vengono riferiti non in modo distaccato, da storico, ma dal punto di vista del parlante e quindi con prevalenza di forme verbali in prima e seconda persona». Para una mayor distinción dentro de los discursos, R.E. LONGACRE, «Discourse Perspective», 177-189; distingue los siguientes tipos de discursos: «narrative, predictive-instructional, procedural, hortaty (persuasive), expository and juridical». Nos interesa en nuestro texto el discurso narrativo y el predictivo, del primero afirma:«The backbone or storyline tense of Biblical Hebrew narrative discourse is the waw-consecutive with the imperfect», *Ibid.*, 178. Respecto al predictivo: «The backbone structure in predictive discourse is the waw-consecutive + perfect», *Ibid.*, 181. En líneas generales son los principios propuestos por Niccacci.

camente los distintos niveles de comunicación en la narración de los vv. 1-16:

Línea principal		Nivel secundario	Discurso
		1 (Palabra) que fue dirigida en que corresponde a 2 (el ejército) asediaba (Jr) estaba encerrado 3 le había encerrado[26] acusándole	has profetizado... dice el Señor *YO Entrego... conquistará* 4 *SEDECÍAS*[28] *no escapará será entregado... hablará... verán...* 5 *ha de llevar... permanecerá luchéis... no triunfaréis*
	6 dijo (Jr)	me fue dirigida[27]	7 *viene a decirte... compra compra...compra*
8 vino... reconocí 9 compré... pesé 10 redacté, sellé, aduje testigos, pesé 11 cogí 12 entregué	me dijo	era (la palabra de Yahveh) (testigo) habían firmado (judíos)estaban en	
	13 ordené		14 dice (Yahveh) *toma... ponlas... que duren* 15 dice (Yahveh) *se comprarán*
	16 Oré		

---

[26] Se trata de un qatal de «reseña» que introduce el diálogo de Sedecías como una información recuperada, cf. A. NICCACCI, *Sintassi*, 70: «Risulta perciò che il "discorso narrativo" può iniziare non solo con un QATAL semplice, ma anche con x-QATAL. Dobbiamo aggiungere che può essere introdotto anche con una proposizione nominale semplice del tipo x-participio, equivalente a 'ăšer+QATAL»; en nuestro caso; אֲשֶׁר כְּלָאוֹ צִדְקִיָּהוּ מֶלֶךְ־יְהוּדָה.

[27] Aunque podría clasificarse en la columna de los diálogos, es un qatal de «reseña» que introduce el diálogo poniendo en claro el origen divino de lo que sigue, cf. A. NICCACCI, *Sintassi*, 19: «Sia nella narrazione che nel discorso può comparire il QATAL, ma in due i casi esso indica non il grado zero dell'informazione bensì il motivo o la circostanza precedente (più chiaramente quando è preceduto da kî, 'ăšer, ecc.). In questo senso il QATAL viene detto forma verbale "prospettiva", o "retrospettiva"».

[28] Podemos considerar como enfática las construcciones de los vv. 3-5; cf. A. NICCACCI, *Sintassi*, 75: «Il discorso presenta la transizione temporale wᵉQATAL → WAW-x-YIQTOL con funzione enfatica». Normalmente se usa para expresar oposición entre dos personajes o hechos, cf. *Ibid.*, 20. En nuestro diálogo encontramos esa estructura entre los v 3-4 y 4-5:

CAP. IV: ANÁLISIS NARRATIVO DE JR 32

Una lectura completa de todo el texto según los niveles de comunicación puede verse en el anexo de este capítulo.

Esta nueva presentación nos permite sacar las primeras consideraciones:

– Las referencias al horizonte narrativo son breves, bastan tres para dibujar el trasfondo: la situación de la ciudad, asediada; la situación de Jr, encerrado; y la presencia de testigos en la escena.

– Como información recuperada se presenta la razón de la situación de Jeremías: ha sido encarcelado a causa de su anuncio profético.

– Una gran parte del texto está formado por diálogos o discursos (vv. 3b.4.5.7.8.14.15). La mayoría de esas intervenciones son divinas (señaladas en cursiva). Los mensajes divinos, principalmente sobre el futuro, se esconden bajo los diálogos entre los personajes, (cf. las formas verbales en su mayoría en yiqtol o weqataltí).

– La narración como tal se concentra en una pequeña sección del relato, versículos 8-12. Una serie de acciones de carácter notarial describen la compra y forman parte de la misma.

– El resto de la narración gira en torno a la Palabra del Señor dirigida a Jeremías y/o reconocida por él como tal. En especial llama la atención el cumplimiento dentro de la narración de la palabra anunciadora de la visita de Janamel.

– El inicio del relato nos centra la atención sobre la palabra más que sobre la acción, o mejor, de la acción bajo la perspectiva de la palabra (además del título, cinco de los 14 verbos de la cadena de wayyiqtol se refieren a la palabra más que a acciones concretas: decir, reconocer, ordenar, orar).

Pasemos ahora al discurso, el cual dividimos en dos partes para facilitar el análisis y su presentación: oración de Jeremías y palabras del Señor.

Formas verbales de los versículos 17-25[29]:

---

³ הִנְנִי נֹתֵן אֶת־הָעִיר הַזֹּאת בְּיַד מֶלֶךְ־בָּבֶל וּלְכָדָהּ
⁴ וְצִדְקִיָּהוּ מֶלֶךְ יְהוּדָה לֹא יִמָּלֵט הִנָּתֹן יִנָּתֵן בְּיַד מֶלֶךְ־בָּבֶל
⁵ וּבָבֶל יוֹלִךְ אֶת־צִדְקִיָּהוּ וְשָׁם יִהְיֶה עַד־פָּקְדִי אֹתוֹ

Por una parte se señala la contraposición de dos personajes: *Sedecías* y el *Señor*; por otra surge una segunda oposición que no es tan clara: Sedecías es entregado en manos de los caldeos pero ése no será su fin pues será llevado a *Babilonia* y *allí* permanecerá hasta la visita del Señor. Propiamente hay otra ruptura de menor interés al interno del v. 4, fruto de una expresión idiomática que contrapone ojos y boca.

[29] La lectura de todo el texto puede verse igualmente en el anexo de este capítulo.

Línea principal	Nivel secundario	Discurso narrativo
17 (he aquí)[30] hiciste nada es[31] imposible		
18 tratas[32] ...castigas Dios (es/eres)grande su nombre (es)		
19 (es/eres)grande...poderoso tienes los ojos		
		20 obraste[37]... has hecho
		21 sacaste
		22 diste
	(tierra) que habías prometido[35] tierra que mana	
		23 entraron
		no obedecieron[38]
		no caminaron[39]
	(lo que) habías mandado[35]	no hicieron
		has enviado
24 he aquí[30] ... entran[33]		
	(la ciudad) es entregada que combaten habías anunciado[36]	
se ha cumplido[34] (he aquí)[30] estás viendo 25 dices[34] compra ... aduce testigos (LA CIUDAD)[34] es entregada		

---

[30] Llamamos la atención sobre la presencia de la partícula הִנֵּה en dos versículos 17 y 24 (dos veces). En el v. 17 da inicio a la oración de Jr y precede a una forma qatal (עָשִׂיתָ) destacando todo el «informe-reseña» que sigue de acciones de un pasado lejano. En el v. 24 tiene la misma función, pero las acciones son mucho más recientes (en el segundo caso se refiere a una acción plenamente actual); con lo cual su sentido de inmediatez aparece más claro. Cf. A. NICCACCI, *Sintassi*, 60: «La funzione di *hinnēh* è collegare strettamente il fatto, sia esso presente o passato, al momento attuale del discorso. Senza *hinnēh* lo stesso fatto sarebbe presentato come una informazione non significativa per il momento della comunicazione». En la misma línea afirma a propósito del uso de esta partícula en la percepción D.J. MCCARTHY, «The Uses of *wᵉhinnēh* in Biblical Hebrew», 332: «Here we are concerned with special cases where the emotional tone is so strong that *wᵉhinnēh* cannot treat sentence as a simple statement of fact».

[31] Aunque en la traducción está en presente la forma hebrea es un yiqtol (לֹא־יִפָּלֵא) que apunta más hacia un futuro o acción incompleta (una traducción más literal diría «nada será imposible»).

³² Los versículos 18 y 19 contienen una serie de frases nominales, no siempre con verbo finito en el texto hebreo (de ahí los paréntesis ya que en algunos casos tampoco aparecen en nuestra traducción castellana) que nos sitúan en el presente.

³³ En el texto hebreo no está en presente sino qatal, por la presencia de la partícula הִנֵּה hemos traducido en presente, cf. nota 30.

³⁴ La línea principal de un discurso situado en el plano del pasado presenta como forma verbal de interrupción la expresión x-qatal (precedida o no de waw), cf. A. NICCACCI, *Lettura*, 11 y 13. El problema es distinguir si esa interrupción es para dar una información suplementaria o enfatizar algún elemento. Especialmente interesantes son los vv. 24 y 25, donde al igual que en los vv. 17-19 se da diversidad de planos temporales. En el v. 24 el הִנֵּה inicial nos sitúa ante una información pasada pero relevante como si fuera presente (cf. nota 30), mientras que וְהִנְּךָ nos sitúa plenamente en el presente. Dentro del plano del pasado podemos preguntarnos si la expresión x-qatal (וְהָעִיר נִתְּנָה) expresa énfasis o simultaneidad. En principio, por el sentido de las frases no habría por qué suponer más que simultaneidad. La cuestión que llama la atención, y nos hace pensar en algo más que una mera consideración temporal, es la misma estructura en el v. 25 (וְהָעִיר נִתְּנָה); ofrece además la misma información con lo cual no aporta nada nuevo a la comunicación.

³⁵ Para el distinto tratamiento de la construcción אֲשֶׁר+verbo finito en las frases que consideramos de relativo (vv. 22 y 23) como diferente del inicio de un discurso narrativo o información recuperada (vv. 1.20.24) cf. A. NICCACCI, *Lettura*, 46, especialmente la nota 46 donde afirma: «Quando la proposizione è verbale, il verbo finito si trova all'inizio; perciò il costrutto אֲשֶׁר+verbo finito, se compare, modifica un complemento della frase posto dopo il verbo finito. Ora, in una posizione simile normalmente il complemento non è un elemento necessario, e quindi si può ritenere che il costrutto אֲשֶׁר+verbo finito goda di una certa autonomia rispetto alla frase principale. È differente il caso in cui il complemento sia necessario, come nella costruzione con היה verbo pieno, dove la predicazione non è completa senza il complemento predicativo del soggetto, oppure il caso in cui il costrutto אֲשֶׁר+verbo finito si interponga tra la protasi e l'apodosi».

³⁶ Se trata de una información recuperada dentro del plano del pasado. «[Nel discorso] l'informazione recuperata viene indicata con QATAL (preceduto da *kî*, *'ăšer*, ecc.)», cf. A. NICCACCI, *Sintassi*, 48.

³⁷ La estructura da inicio a una reseña o discurso narrativo seguido de la forma habitual de la narración: wayyiqtol. Cf. nota 26 y A. NICCACCI, *Sintassi*, 69: «Questo QATAL può essere preceduto da *kî* come in Giudc 11,12 e 13: può occupare il primo posto della proposizione, oppure essere preceduto dal soggetto, come il QATAL del "resoconto". Dal punto di vista della prospettiva linguistica questo è un QATAL "retrospettivo" che qualifica il racconto che segue come una più o meno lunga "informazione recuperata". Il racconto, una volta introdotto dal QATAL, prosegue con una catena di WAYYIQTOL, come la narrazione pura».

³⁸ La construcción $w^e lō'$-*qatal* es la fórmula correspondiente negativa al wayyiqtol, cf. A. NICCACCI, *Sintassi*, 69.

³⁹ En el interior del versículo 23 encontramos una estructura enfática: x-qatal. Tras la secuencia narrativa de dos wayyiqtol y su correspondiente negativo (ver nota anterior: וַיָּבֹאוּ וַיִּרְשׁוּ אֹתָהּ וְלֹא־שָׁמְעוּ בְקוֹלֶךָ) sigue dos expresiones con la estructura seña-

De este análisis podemos sacar las siguientes conclusiones:
– Jeremías inicia y cierra su oración abriendo diversos planos temporales:
  • al inicio con referencias al pasado, futuro y presente;
  • la conclusión con referencias al pasado y al presente.
Al final queda pendiente una palabra sobre el futuro, ¿vendrá en la respuesta del Señor?

– Gran parte de su intervención lo constituye un discurso narrativo, centrando en el pasado. En el discurso narrativo encontramos una contraposición entre la acción de Dios y la del hombre (en su mayoría con una negación).

– En el trasfondo del discurso aparecen dos elementos la tierra y la ciudad. El papel que en el pasado jugaba la tierra, ahora se traslada a la ciudad, es el ahora («he aquí») de la tierra. Lo que media entre el ayer y el hoy es el precepto, «lo mandado por el Señor». Por lo tanto el trasfondo discursivo es el mismo que el trasfondo narrativo de los versículos precedentes.

– Ambos términos, tierra y ciudad, aparecen en íntima relación con la palabra de Dios (uso de los verbos «prometer» y «anunciar»). A través de su destino se muestra que la palabra de Dios se cumple, en el pasado y en el presente.

– En el juego de planos temporales del final de la oración, se destaca la simultaneidad del mandato de Dios y del destino de la ciudad, destino pronunciado por Dios y que está viendo.

– El uso de la partícula הִנֵּה revela que aquellos argumentos o acciones reincorporados a la oración no son arbitrarias. Desde este punto de

---

lada: וּבְתוֹרָתְךָ לֹא־הָלָכוּ אֵת כָּל־אֲשֶׁר צִוִּיתָה לָהֶם לַעֲשׂוֹת לֹא עָשׂוּ. Aunque no necesariamente la ruptura de la cadena narrativa es señal de énfasis (A. NICCACCI, *Sintassi*, 40-47), el criterio semántico nos ayuda a percibirlo. Se trata de acciones sinónimas y por tanto no cabe una cronología: «no obedecieron tu voz ni caminaron según tu ley, no hicieron nada de lo que les habías mandado hacer». Cf. A. NICCACCI, *Sintassi*, 103-104: «La funzione enfatica merita una considerazione a parte. Si può dire in generale che essa è legata alla prima posizione nella frase, notando che il WAW e le congiunzioni, da questo punto di vista, non contano. Poiché l'ebraico non ha i casi, l'ordine delle parole nella proposizione tende ad essere rigido. Nella proposizione verbale è il verbo che occupa la prima posizione e su di esso cade l'enfasi del complesso. Ma l'ordine normale può essere mutato ponendo nella prima posizione un elemento diverso dal verbo, sul quale si vuole far cadere l'enfasi della frase. Si noti però che l'enfasi non è il criterio unico che spiega questa mutazione nell'ordine delle parole; ad esempio, normalmente non c'è enfasi nel costrutto WAW-x-QATAL che interrompe la catena narrativa».

vista no se trata de fórmulas estereotipadas, que adornan la contraposición final, sino que la explican y literariamente la van generando.

Presentamos a continuación las formas verbales de las palabras de Yahveh, vv. 26-44 (su correspondiente lectura según los diversos niveles puede verse en el anexo):

Línea principal	Nivel secundario	Narración-Disc. Narrativo
		26 Fue dirigida[50]
27 (He aquí) Yo (soy) Yahveh hay algo imposible[40]		
28 entrego conquistará[41]		
29 entrarán prenderán incendiarán	(caldeos) que combaten (casas) que quemaron incienso ofrecieron libaciones[47]	30 (porque) no han hecho[51] (porque) no han hecho[51] 31 (porque la ciudad) ha sido[51]
	desde que construyeron[47] 32 (maldades) que han cometido[47]	
		33 me dieron la espalda
	los instruí... los instruí no atendieron[48] (casa) que llevan mi nombre no mandé ni pasó por la cabeza	34 pusieron (ídolos) 35 construyeron (lugares culto)
36 Ahora[42] así dice el Señor[43] 37 (he aquí) reúno les haré volver... les haré habitar 38 serán ...seré[44] 39 daré 40 pactaré (MI TEMOR) pondré[45] 41 disfrutaré... plantaré 42 así dice (el Señor) traeré[49] 43 se comprarán 44 (CAMPOS) comprarán escribirán sellarán aducirán testigos[46] (porque) cambiaré	(la ciudad) que decís entregada (de países donde) dispersó que no revocaré (como)[49] he traído (la prosperidad) que prometo (ciudad) decís desolada entregada	

---

[40] También la respuesta del Señor abre el discurso en diferentes planos; en el presente con una proposición nominal (אֲנִי יְהוָה cf. nota 32); y en el futuro con un yiqtol (aunque en la traducción aparece como un presente יִפָּלֵא). Sobre הִנֵּה cf. nota 30.

[41] Vuelve a repetirse la estructura del versículo anterior. Continúa el discurso del presente con frase nominal, y el del futuro con w^{e}qatal, como forma continuativa del yiqtol (que se prolonga en el v.29). Cf. A. NICCACCI, *Lettura*,10-11.

– La respuesta de Dios inicialmente se sitúa en el presente y en el futuro (v.27 como premisa general). Ambos planos siguen presentes a lo

---

[42] Llamamos la atención sobre la partícula (וְעַתָּה) como signo macro-sintáctico, cf. A. NICCACCI, *Sintassi*, 64: «[(w^e)'attâ] È un'importante particella che introduce la conseguenza che deriva o la conclusione che si deve trarre sul momento dal fatto o dall'argomento trattato in precedenza. Il suo valore è dunque temporale-argomentativo». La sucesión temporal de cuanto sigue es fácil verla, más difícil resulta la sucesión lógica entre lo que precede y lo que sigue.

[43] Consideramos la expresión (כֹּה־אָמַר יְהוָה) como una señal macro-sintáctica propia del discurso, en especial del discurso profético, que subraya la procedencia divina de cuanto sigue y articula las partes del diálogo (cf. vv. 3.14.15.28.36.42)

[44] La estructura de la frase es w^{e}qatal...+x-yiqtol (וְהָיוּ לִי לְעָם וַאֲנִי אֶהְיֶה) puede entenderse como una estructura enfática (cf. nota siguiente). Al ser una fórmula fija (fórmula de alianza) nos inclinamos por ver más una simultaneidad de las dos acciones, sin negar un cierto énfasis en el sujeto («yo seré») que refuerza el sujeto gramatical de la gran parte de las acciones futuras.

[45] Cf. A. NICCACCI, *Sintassi*, 50: «Lo YIQTOL con funzione indicativa spesso non occupa il primo posto nella frase. Talvolta c'è motivo per ritenere che ciò che lo precede acquisti un'enfasi speciale a motivo della sua stessa posizione iniziale».

[46] Cf. nota 45. En este caso la connotación enfática viene reforzada por el uso de los verbos siguientes en infinitivo y por el cambio (no sólo de posición sino también de conjugación: de nifal a qal) del verbo entre el versículo 43 (וְנִקְנָה הַשָּׂדֶה) y el v. 44 (שָׂדוֹת בַּכֶּסֶף יִקְנוּ וְכָתוֹב). El énfasis pone atención sobre la acción concreta de la compra (hasta ahora las acciones han sido mucho más generales) y retoma la dificultad presentada por Jr.

[47] Cf. nota 35.

[48] La expresión וְלַמֵּד אֹתָם הַשְׁכֵּם וְלַמֵּד es marcadamente enfática: rompe la cadena de wayyiqtol del discurso narrativo. No sólo se señala una acción habitual sino que además se contrapone a la actitud del pueblo. Precisamente por ese contexto la construcción siguiente w^e-frase nominal (וְאֵינָם שֹׁמְעִים que también supone corte en el discurso), se puede entender como señalando el contraste entre la habitual enseñanza de Dios y la habitual obstinación del pueblo. Cf. notas 37 y 39)

[49] La estructura x-qatal (כַּאֲשֶׁר הֵבֵאתִי) introduce una información retrospectiva. Pero al igual que en el v. 37 vuelve a retomarse el plano del presente a través de frases nominales (en nuestra traducción está en futuro, pero puede entenderse como «traigo»).

[50] Consideramos la expresión וַיְהִי דְבַר־יְהוָה como una señal macro-sintáctica que coloca lo que sigue dentro del marco narrativo precedente (en clara conexión con vv. 1.6). Cf. A. NICCACCI, *Sintassi*, 32: «*way^{e}hî* è il "segno macro-sintattico" per eccellenza della narrazione; esso cioè qualifica come narrazione il testo che introduce, oppure segnala i punti principali all'interno di un racconto».

[51] El v. 30 comienza con la fórmula kî-qatal, como introducción retrospectiva de un discurso narrativo, cf. nota 37. Esta introducción contiene la causa de cuanto precede y se extiende hasta el v. 32 ya que del כִּי־הָיוּ inicial dependen las dos siguientes apariciones de esta conjunción sobrentendiendo el verbo (en v. 30: כִּי בְנֵי־יִשְׂרָאֵל; y en v. 31: כִּי עַל־אַפִּי).

largo del discurso, reapareciendo en algunos momentos como paralelos (vv. 28.37 y 42-43), pero con mucho el discurso está dominado por el futuro.

– Presencia de un discurso narrativo centrado en la acción del pueblo como una serie de acciones negativas en la relación con el Señor.

– El trasfondo discursivo vuelve a presentar la ciudad como escenario (concretado también en las casas que la componen) y la palabra de Dios (con verbos «instruir», «atender», «mandar» y «prometer»).

– Sorprende la conclusión que se inicia en el v. 36: en primer lugar porque no es lógica (al menos el oyente no la espera después de la información dada en el discurso), y en segundo lugar porque representa una ruptura de las afirmaciones precedentes tanto sobre el futuro como sobre el presente (vv. 28-29 frente a vv. 37-41). Esta misma impresión de ruptura lógica, se desprende de las dos consecuencias introducidas por לָכֵן en los versículos 28 y 36 (v. 28: «Pues bien así dice Yahveh: He aquí que yo entrego esta ciudad en manos de los caldeos y en manos de Nabucodonosor rey de Babilonia y él la conquistará»; v. 36: «Pues bien ahora así dice Yahveh el Dios de Israel acerca de esta ciudad, de la que vosotros decís que es entregada en manos del rey de Babilonia por la espada, el hambre y la peste»), en cuanto dependientes de la premisa inicial del v. 27 («He aquí que yo soy Yahveh Dios de todo viviente, ¿acaso hay algo imposible para mí?»). Por eso la narración histórica[52] a la vez que explica el presente y futuro tal y como se ha expuesto en los vv. 28-29 hace inesperado lo que sigue.

– La respuesta concluye fijando su atención en la acción concreta de la compra de campos (y las acciones legales que conlleva).

Resta por último reunir en una visión de conjunto el análisis realizado por partes que hemos hecho en la segunda escena:

– Una primera constatación básica es la extensión de la respuesta divina a la oración de Jr: prácticamente la mitad del capítulo. Además la primera parte de la intervención divina desarrolla lo ya afirmado por Jr respecto al pecado del pueblo. Esto subraya que el «título» del capítulo («La palabra que fue dirigida...») es significativo y, por tanto, no hay que devaluar las palabras de respuesta, por muy recargadas que estén de fórmulas.

---

[52] Cf. A. NICCACCI, *Sintassi*, 82: «Il discorso narrativo sviluppa, in modo analogo al commento narrativo, il QATAL retrospettivo (solo oppure preceduto da congiunzione come *kî*) attraverso una serie di WAYYIQTOL. L'informazione recuperata diventa così una narrazione, non però autonoma bensì al servizio del discorso; da essa il parlante trae (per mezzo di *we'attâ*) le sue conclusioni per la situazione presente».

– Hay una multiplicidad de planos o ejes temporales tanto en la oración como en la respuesta. Mientras que Jr está instalado preferentemente en el presente y busca su comprensión en el pasado, la respuesta del Señor apunta más hacia el futuro. Un futuro novedoso, iniciado ya en el presente.

– La repetición en ambos discursos de la historia pasada, aunque conviene destacar que la respuesta del Señor insiste sólo en el pecado de Israel. La acción de Dios, no se ve en el pasado sino en el futuro.

– La unidad de las dos partes a través de lo que hemos llamado trasfondo narrativo (la ciudad y la Palabra).

– El significado del hecho concreto de la compra en el horizonte de la historia general de Israel. Y al revés, sólo desde el sentido global de la historia del pueblo de Israel (incluido el futuro) se alcanza el significado de la acción concreta de Jeremías.

3. Análisis desde el «esquema clásico» de relato

Para lograr una visión del capítulo y, por tanto, de la relación entre las dos escenas, aplicamos ahora al episodio de la compra el esquema[53] típico de un relato. Está compuesto de cinco partes: - exposición, - inicio de la acción, - complicación, - desenlace, - conclusión.

3.1 *Exposición*

Consiste en «la presentación de rasgos *indispensables* de información sobre la situación que *precede* el comienzo de la acción misma»[54]. Contiene información sobre los actores y las circunstancias de espacio y lugar que el lector debe conocer antes de que inicie la acción, para que ésta le resulte comprensible.

Los versículos 1-5 (especialmente 2 y 3) se ajustan perfectamente a esta definición. Dan los rasgos que nos colocan en la escena: la ciudad sitiada, Jr encarcelado, el momento y el lugar donde sucede la historia. Estos datos no son mera composición del escenario. Son «indispensables» para captar el sentido de las dos escenas (más claramente en la primera, pero las continuas referencias en el diálogo a la ciudad nos

---

[53] Son diversas las propuestas de esquemas que articulan un relato. Sigo el esquema «clásico», según J.L. SKA, «Sincronia: L'analisi narrativa», 155-156. Para este modelo y otros cf. ID., *Our Fathers Have Told Us*, 19-33; D. MARGUERAT – Y. BOURQUIN, *Cómo leer los relatos bíblicos*, 67-84.

[54] J.L. SKA, *Our Fathers Have Told Us*, 21. Los subrayados son del autor. En la misma línea S. BAR-EFRAT, *Narrative Art in the Bible*, 111-116.

remiten a la importancia de tener presente los datos presentados en la exposición). En pocas palabras, estamos asistiendo a un momento grave y trascendente: el final de Jerusalén. Jeremías en la cárcel está pagando las consecuencias de su ministerio profético, y en concreto, por el anuncio de la catástrofe. Ahora el profeta no está en condiciones de hablar, se espera de Jr que calle porque también su palabra está «encarcelada». Sin embargo, el profeta rompe ese silencio impuesto, pronuncia y ejecuta una palabra de parte del Señor. Esta breve presentación inicial es fundamental. No obstante, no descuidemos otro aspecto importante de la exposición: la presencia de testigos (v. 12). Aunque no se encuentra al comienzo[55] es parte del trasfondo. Ambas escenas se realizan ante testigos, o mejor, los testigos forman parte de esas escenas:

– La compra no es sólo un asunto entre Jr y Janamel; afecta de alguna manera a «todos los judíos que estaban en el patio de la guardia». El mensaje final del relato desvelará cómo y por qué.

– La oración va más allá de Jr y el Señor. Y esto no sólo porque se alude a la historia de Israel o el tema sea trascendente para el pueblo; la oración recoge la voz de los *testigos*, como muestran los vv. 36.43 («de la que vosotros decís»).

La exposición inicial está limitada a los vv. 1-5. La narración propiamente dicha comienza en el v. 6: «Dijo Jeremías...». Se ha pasado de una «información genérica» a una escena puntual. El v. 6 introduce un cambio en la relación entre tiempo de la historia y tiempo de la narración.

3.2 *Inicio de la acción*

El principio de la acción (*inciting moment*) «es el momento en el cual aparecen por primera vez el problema o conflicto del relato»[56]. Empieza en el v. 7: «He aquí que Janamel, el hijo de tu tío Salún, viene a decirte: "Compra mi campo de Anatot porque a ti te corresponde el derecho de rescate para comprarlo"». No solamente Dios anticipa a Jr el resultado. También el narrador adelanta y da inicio a la acción, creando

---

[55] La exposición suele encontrarse al principio de la narración (como básicamente ocurre en nuestro caso), pero también puede encontrarse desperdigada por la misma, allí donde resulta necesaria; cf. J.L. SKA, «Sincronia: L'analisi narrativa», 155.

[56] Cf. J.L. SKA, *Our Fathers Have Told Us*, 23: «An indication of the beginning of the action itself is often a change of direction in the reader's interest. This occurs when the narrator sparks off the action, when suddenly there is dramatic tension, suspense, expectation and the reader's attention is oriented towards the narrative future»; e ID., «Sincronia: L'analisi narrativa», 156.

así expectación en el lector. La atención se traslada de la situación de la ciudad y del propio Jr hacia Janamel y la compra del campo. En la situación en que se encuentra, ¿qué decisión tomará Jeremías? ¿Lo comprará o no lo comprará?

3.3 *Complicación*

«Corresponde a las diversas etapas que llevan a la solución del conflicto: sus diversos intentos de solución, las etapas de un itinerario, el cambio progresivo, etc.»[57]. Aparentemente la complicación de la acción no existe. Todo se desenvuelve con normalidad, no hay retrasos en la compra que llega puntual en el versículo 9 «compré...». El sitio de la ciudad y la prisión de Jr podrían haber entorpecido su ejecución dando lugar a una serie de acciones. ¿Cómo pudo entrar Janamel en la ciudad sitiada? ¿Cómo un Jr encarcelado puede comprar un campo?[58] El interés del autor es otro. Lo que en un principio parecía ser su problema, ahora deja de serlo. La atención se desplaza de la compra a la *escritura* de la compra (vv. 11-14). Estos versículos describen los pasos de su redacción. El problema es ahora la existencia de la escritura y su futuro. Las escenas preparatorias de la escritura forman la «complicación» y desvían la curiosidad hacia ella.

3.4 *Desenlace*

El desenlace es, obviamente, la solución del problema inicial. Y con la solución llega también el final de la primera escena. Si la compra se soluciona en el v. 9, entonces, ¿a qué sirve prolongar el relato? Sencillamente porque hay que tener en cuenta un elemento nuevo: la escritura. ¿Qué futuro espera a la escritura, a la propiedad legal del campo? La respuesta en el v. 14: en la jarra de barro estarán a salvo y durarán mucho tiempo. Llegamos de esta manera al clímax de la narración: el v. 15 («Porque así dice Yahveh Sebaot Dios de Israel: "Todavía se comprarán casas y campos y viñas en esta tierra"»). El resultado no es sólo la compra de un campo, con esa adquisición inicia un futuro. Este final resuelve el problema puntual de Janamel y va más allá. Afecta al resto

---

[57] J.L. SKA, «Sincronia: L'analisi narrativa», 156.
[58] Diversos autores han intentado explicar estas dificultades: ¿estaba Janamel dentro de Jerusalén? ¿Cómo pudo entrar entonces en la ciudad sitiada? ¿Qué tipo de prisión sufría Jr? ¿Era una «custodia libera»? Cf. los comentarios de Holladay, McKane, Bright. El análisis narrativo busca la «complicación» no en aquello que el redactor calla, sino en lo que desde el punto de vista del autor señala como relevante.

de los habitantes de Jerusalén que están sitiados y a los que reciban el testimonio de la compra, bien por los testigos bien por la escritura. Pero a la vez el v. 15 crea un problema en Jr reflejado en su oración. De este modo el clímax de la primera escena se convierte en un «momento decisivo» (*turning point*)[59]. Podría acabarse el relato, el problema está resuelto, o ¿no? En cierto sentido la primera escena no ha sido sino una escena de preparación, en sí misma constituye la «complicación» de la segunda escena[60]. La larga oración de Jr distiende la situación creada por esa primera resolución pero con su mismo inicio de queja (*¡Ay, Señor Yahveh!*) abre una nueva problemática. Cuando parecía que habíamos alcanzado la conclusión, entra el factor sorpresa y desencadena una nueva crisis. Ésta va llevando progresivamente al lector hacia un nuevo clímax[61]: la paradoja del mandato de compra en la situación actual de la ciudad (v. 25).

3.5 *Conclusión*

La conclusión final llega con la respuesta a la oración, que conduce nuevamente al lector hasta la resolución del problema concreto: vv. 42-44; recuérdese en especial las palabras finales «porque yo cambiaré su suerte». Con ello desaparece por completo la tensión y acaba la narración. Podemos ver en esas últimas palabras (que a su vez retoman el mensaje del v. 15) el final de la acción y simultáneamente la conclusión o *sanción*[62] de todo el episodio. Con esas palabras el Señor dirige el

---

[59] J.L. SKA, *Our Fathers Have Told Us*, 29. Por su parte, D. MARGUERAT – Y. BOURQUIN, *Cómo leer los relatos bíblicos*, 79-80 hablan de este momento como «quicio» o cima de la trama.

[60] Cf. S. BAR-EFRAT, *Narrative Art in the Bible*, 124: «Another structural feature of several biblical narratives which determines the pattern of the plot is that of the illusory conclusion. In contrast to the previous examples, where the story line gradually rises to a climax and then descends rapidly to the serene conclusion, here the narrative does not end after the gradual ascent and the rapid decline but rises once more to another pinnacle, only then descending to the genuine conclusion», véase también J.L. SKA, *Our Fathers Have Told Us*, 28.

[61] La presencia de dos puntos álgidos en esta narración se debe, como veremos más adelante, a la doble trama que contiene de resolución y de conocimiento. Cf. J.L. SKA, *Our Fathers Have Told Us*, 18-19.

[62] Sanción no como carácter moral o jurídico, sino categoría lingüística que permite juzgar si el problema se ha resuelto. Cf. J.L. SKA, «Sincronia: L'Analisi narrativa», 158.

mensaje tanto de la compra como de la oración, a Jeremías, a los presentes en la escena y al lector[63].

4. Análisis del episodio con criterios narratológicos

4.1 *La trama*

Dos son los grandes tipos de trama: cambio de situación (o trama de resolución) y cambio de conocimiento (o trama de revelación)[64]. En el texto encontramos los dos elementos:

– una trama de resolución: Janamel necesita el rescate de su finca, y esto se cumple en el v. 9 (*peripeteia*). Desde este punto de vista la narración podría concluir aquí. Sin embargo, el relato continúa desarrollando un segundo aspecto;

– un elemento de revelación: el sentido que la compra tiene para Israel. La presentación del punto de partida (situación de ignorancia o de no comprensión) se halla en la oración de Jr, expresado en términos de una paradoja en el v. 25. Por su parte, los vv. 42-44 constituyen el momento de reconocimiento[65] (*anagnorisis*). El significado de la acción queda desvelado sólo desde el punto de vista divino, ya que la compra en tales circunstancias es humanamente incomprensible. Si el punto de partida del relato describía el desenlace final de la ciudad como voluntad de Dios, ahora la conclusión del relato asegura que la ciudad tiene un futuro. De la ignorancia ante el destino se pasa al conocimiento del futuro y de los planes misteriosos de Dios. La denominación clásica de «acción simbólica» recoge estos dos elementos: trama de resolución y trama de revelación.

---

[63] El autor ha unido perfectamente los tres destinatarios. El mensaje forma parte de la acción y a la vez es el «mensaje final» para el lector. «The denouement and conclusion may have different functions: they can summarize the outcome of the narrative or the fate of the main characters after the events recounted. The conclusion can also direct a special message to the reader», J.L. SKA, *Our Fathers Have Told Us*, 29.

[64] Cf. J.L. SKA, *Our Fathers Have Told Us*, 17-19; «Sincronia: L'analisi narrativa», 153-155; D. MARGUERAT – Y. BOURQUIN, *Cómo leer los relatos bíblicos*, 91-92.

[65] En parte podemos hablar de una doble anticipación; por este motivo, la trama de revelación recorre todo el episodio: una anticipación de la situación de desconocimiento en el v. 3 con la pregunta de Sedecías («¿Por qué has profetizado?»); y una del reconocimiento en el v. 15 («Todavía se comprarán casas y campos y viñas en esta tierra»), que luego recogerán los vv. 42-44. Sobre el concepto de *anagnorisis*, cf. M. STERNBERG, *The Poetics of Biblical Narrative*, 172-179.

La narración contiene así dos puntos álgidos. Las palabras anticipadoras del Señor crean la expectativa sobre la respuesta de Jr a Janamel. ¿Comprará el campo? La compra, sin embargo, llega inmediatamente. La expectación del lector ha sido breve.

Tras este primer clímax, la tensión dramática decae. El narrador debe introducir un nuevo elemento de suspense. La sucesión de acciones centradas en la escritura provoca una nueva curiosidad en el lector que conduce hasta la oración del profeta; nace un segundo clímax en el v. 25: «¡Y tú me dices, Señor Yahveh: "compra el campo con dinero y aduce testigos", cuando la ciudad es entregada en mano de los caldeos»! ¿Cuáles son los designios de Dios de cara al futuro? O dicho incluso más drásticamente, ¿cómo es posible esperar un futuro cuando la situación es de punto final? Las palabras del Señor responderán a esa pregunta.

¿Cuál de las dos tramas es más relevante? En principio el lector tiene la impresión de que lo central es la compra. En su origen — ya lo veíamos a propósito de la experiencia profética —, la acción pudo preceder cronológicamente al mensaje. Sin embargo, en su descripción actual la acción está al servicio de la revelación divina[66].

4.2 *El tiempo en la narración*

Dos aspectos de carácter temporal destacan en nuestro texto: los cambios del ritmo narrativo (la relación «tiempo de la historia»–«tiempo de la narración»[67]) y algunos fenómenos relacionados con

---

[66] Hablamos en términos narrativos, en sí misma es la acción la que contiene el mensaje, o si se prefiere, la acción es el mensaje. Cf. J.L. SKA, *Our Fathers Have Told Us*, 18: «In this regard the Bible is similar to traditional literature and its plots are at first sight plots of resolution. However very often an interesting phenomenon appears. The modern reader feels frustrated by the lack of interest in "happenings". For instance, the Bible almost never narrates the details of a battle. The emphasis seems to lie elsewhere. Events are often at the service of a certain "display" of a truth, of the revelation of a certain aspect of God».

[67] Tiempo de la historia es la duración de los hechos contados en el relato (se mide en unidades de tiempo real: horas, días, años...). El tiempo de la narración es la duración, el «espacio» empleado para contar los eventos (se mide en palabras, sentencias, versículos...). El ritmo de la narración cambia en función de la proporción entre ambos tiempos (poco espacio en la narración puede condensar muchos años cf. Gn 4,3; o el tiempo de la narración y el de la historia son prácticamente iguales como en los diálogos). Esta proporción entre los tiempos permite al lector detectar las preferencias del autor, los efectos buscados... Para una profundización de estos conceptos cf. S. BAR-EFRAT, *Narrative Art in the Bible*, 143-183; J.L. SKA, *Our Fathers Have Told*

el orden de la narración (la anticipación de la visita de Janamel, la anticipación de la Palabra de Dios, repetición del verbo «pesar»).
– El corte más patente en el ritmo de la narración se produce en la introducción de diálogos. Llama la atención la importancia que bajo este aspecto adquiere la oración de Jr y la respuesta del Señor. Tras un breve presentación (5 versículos) se sitúan las acciones de la escena (incluida la acción misma de orar 11 versículos) que da paso a un diálogo entre el profeta y el Señor (28 versículos)[68]. Es patente el interés y el efecto pretendidos por el autor al darle tanta extensión[69]: el autor subraya la novedad del futuro inesperado; para ello propone hacer un recorrido que coloca al lector en la situación «histórica y espiritual» de Jr y de los habitantes de la ciudad como representantes del pueblo de Israel.

Dentro de nuestro relato cambia la relación entre «tiempo de la historia» y «tiempo de la narración», y esto no sólo en los momentos de discursos. Hay que reseñar otros dos cambios significativos:

• El paso de la descripción inicial a la narración propiamente dicha. La descripción inicial a modo de «sumario», vv. 1-5, señala un tiempo previo a la acción, cuya duración no se especifica. A partir del v. 6 el tiempo se pone en marcha.

• Dentro de la descripción de las acciones, hay una ruptura entre el antes de la compra y el después. Los acontecimientos antes de la compra se suceden con sorprendente rapidez. La llegada de Janamel es inmediata. Entre la predicción divina de la visita y la llegada de Janamel el narrador no interpone ninguna información sobre el viaje. La decisión de Jr de la compra es instantánea[70]. Sin embargo el tiempo que si-

---

Us, 7-15; «Sincronia: L'analisi narrativa», 150-153; D. MARGUERAT – Y. BOURQUIN, *Cómo leer los relatos bíblicos*, 141-147.

[68] También nos parece relevante la distribución de los versículos dentro del diálogo: en 9 habla Jr y en 18 el Señor (en 1 el narrador que da entrada a la respuesta de Yahveh). En el plano temporal notamos que ambos discursos contienen «discursos narrativos» (en pocos versículos engloban toda la historia de Israel, lo que supone un cambio de ritmo ya que constituyen «sumarios»). A este respecto una diferencia importante: mientras Jr dedica su oración al presente y pasado (9 versículos que engloban desde el principio de la creación hasta el momento cero o actual), la respuesta de Dios destina otros tantos versículos al presente y pasado mientras el resto se abren a un futuro indefinido (y en cierto sentido atemporal).

[69] Para nuestra sensibilidad esta larga oración produce el efecto contrario. Existe el riesgo de pasar precipitadamente por esta recargada oración. Para sintonizar con ella, debemos sopesar y dejarnos «afectar» por cada una de sus afirmaciones.

[70] Cabe aquí hablar de una «elipsis», cf. J.L. SKA, *Our Fathers Have Told Us*, 13: «There is an "ellipsis" in a narrative when events of the "story" are simply bypassed in the "discorse"»; D. MARGUERAT – Y. BOURQUIN, *Cómo leer los relatos bíblicos*,

gue a la decisión de comprar transcurre con lentitud. El narrador se entretiene en detalles de los aspectos legales del proceso, especialmente los referentes a la escritura.

La proporción entre «tiempo de la narración» y «tiempo de la historia» crece en los versículos 10-12 (seis acciones de las diez del relato: *redacté, sellé, aduje, pesé, tomé, entregué*). El detenimiento en el proceso centrado en la escritura subraya la importancia que el redactor ha querido concederle[71]. Tampoco hay que descuidar la repetición del verbo «pesar» (vv. 9 y 10). ¿Por qué tanta insistencia? No es una repetición banal, hay algo más. El v. 9 afirma: «Compré... le pesé». El versículo es un volver atrás; ofrece más detalles hasta llegar de nuevo a la acción de pesar[72]. Tanto o más que el resultado de la compra, al narrador interesa la legalidad y el carácter público con que ésta se lleva a cabo. Si el autor ha insistido en el proceso no es, ciertamente, para satisfacer una curiosidad histórica sobre usos legales de aquel tiempo.

– El segundo aspecto dentro de la categoría del tiempo es el orden de la narración. En primer lugar encontramos una «prolepsis»[73]. El anuncio divino del v. 7 rompe el orden cronológico adelantando los acontecimientos. Los efectos de esta predicción divina son varios:

✓ Hace surgir una expectación ante la actitud que tomará Jr (en el texto actual no hay mandato divino expreso que imponga necesariamente a Jr una respuesta).

147-148. El narrador no da ninguna información, que podría interesar al lector, ni sobre la llegada de Janamel (dada la situación de la ciudad), ni sobre la reacción de Jeremías ante la petición (Dios le ha anticipado su llegada, no la decisión que debe tomar).

[71] Un lector moderno, poco versado en aspectos legales, leerá a toda prisa estos versículos. El redactor se detiene en estos actos porque para él son de gran importancia. Al detallar cada paso del proceso nos obliga a detenernos en esta parte del relato. El autor no se ha detenido en las peripecias de Janamel para entrar en la ciudad; ahora, sin embargo, no escatima detalles sobre la legalidad de la compra y su resultado material reflejado en la escritura.

[72] Nos es desconocido el procedimiento de la compra en este aspecto, pero resulta improbable que se pesara el dinero en dos ocasiones. Aunque así fuera, sigue siendo válido el hecho de que se mencionara en el relato las dos veces. Desde el punto de vista narrativo podemos catalogar esta repetición como un «montaje» (*tiling technique*), cf. J.L. SKA, *Our Fathers Have Told Us*, 10. Tratamos más adelante de esta técnica a propósito de la oración de Jr.

[73] Cf. J.L. SKA, «Sincronia: L'analisi narrativa», 152: «Una prolessi è un modo di raccontare gli avvenimenti prima che essi accadano. Si tratta spesso di "predizioni", per lo più sotto forma di oracoli divini o di sogni premonitori».

- ✓ Introduce una repetición[74] de las palabras de Janamel.
- ✓ De inicio a fin, toda la escena está dominada por el conocimiento de Yahveh. La visita de Janamel responde a los planes de Dios.

Esta prolepsis rompe el orden cronológico de la narración para dar la clave del desarrollo lógico de la trama: la palabra de Yahveh. Janamel viene «*conforme a la palabra de Yahveh*», y Jr compra porque reconoce «*que aquello es palabra de Yahveh*» (v. 8).

Un fenómeno en parte similar lo encontramos en el v. 15. El mensaje de la compra viene desvelado al final de la acción a través de las palabras del Señor. Pero si ése es el mensaje, ¿por qué ora Jeremías? ¿No ha entendido el mensaje y la respuesta de Dios se lo aclara? El mensaje viene recogido de nuevo en la respuesta de Yahveh en los vv. 43-44[75], a la luz de toda la respuesta de Dios. ¿Se trata de una anticipación o prolepsis? Cierto, no es tan clara como la del v. 7. Desde el punto de vista narrativo podemos encontrar una explicación.

Nos encontramos ante una técnica de «montaje» (*tiling technique*)[76]. De hecho la introducción a la oración (v. 16) cronológicamente nos sitúa después de la entrega de la escritura a Baruc (v.12) pero no necesariamente después de haber recibido la palabra del Señor (v. 15). No es imposible ver las dos acciones como simultáneas (o al menos paralelas: instrucciones a Baruc y oración al Señor), o incluso que la oración de Jeremías preceda a las palabras del Señor. En cualquier caso el autor presenta lo esencial de la palabra del Señor en el v.15, pero vuelve a retomarla con todas sus consecuencias para la historia y teología del pueblo de Israel[77]. El recurso del montaje logra simultáneamente repetir el

---

[74] Analizaremos más adelante el tema de la repetición como recurso literario dentro de la narrativa bíblica.

[75] Ya hemos visto en el estudio histórico crítico los quebraderos de cabeza que ha creado este versículo 15 y las distintas explicaciones a que ha dado pie. En el fondo latía la pregunta si la oración aportaba o no algo nuevo a la acción y su sentido.

[76] Cf. J.L. SKA, *Our Fathers Have Told Us*, 10: «It seems that some narratives at a given point go back to a previous state of affairs to begin the narration again from that point. The two narrative segments overlap like tiles on a roof (tiling technique)».Cf. L. ALONSO SCHÖKEL, *¿Dónde está tu hermano?*, 73-74; propone esta técnica a propósito de Gn 18,16-33, donde entra en juego el tratamiento narrativo de la simultaneidad un problema no siempre fácil de resolver. Puede verse también S. TALMON, «The Presentation», 9-26.

[77] Podría el autor haber esperado hasta el final, sin adelantar nada. Pero vemos que este juego de anticipaciones y montajes (retrocesos) es algo más que simples técnicas

mensaje[78] expandiéndolo[79] y al mismo tiempo atraer la atención sobre la trascendencia del hecho concreto.

4.3 *Personajes*

El análisis narrativo de los personajes «no consiste en reconstruir los motivos o procesos mentales que han determinado sus acciones, ni pronunciar un juicio moral sobre ellos. El fin de la lectura es sobre todo fijar las coordenadas de sus papeles dentro de la trama de la narración»[80].

Puede sernos útil la división del episodio en dos escenas. Dentro de la primera escena, dividimos los distintos personajes en dos grupos atendiendo a su función[81]:
– personajes principales: Jeremías y Janamel;
– personajes secundarios: Sedecías, Baruc, y los testigos anónimos.

El relato bíblico no proporciona una descripción detallada de ninguno de los personajes[82]. Por tanto habrá que buscar los datos significati-

---

narrativas, ése es el mensaje que se quiere trasmitir: un futuro que se anticipa con la transacción. Pocas veces forma y mensaje alcanzan una compenetración tan grande.

[78] Cf. A.M. VATER, «Narrative Patterns», 368-373. Analiza el recurso de «doble escena» (*Double Scene Pattern*), con repetición del mensaje — con más o menos cambios —como algo habitual en la Biblia.

[79] Brichto con diversa terminología cataloga está técnica como «synoptic-expansive narrative»: «A single incident is told in two episodic versions. The first episode is brief and synoptic. It relates the circumstance and the denouement. The second episode is resumptive and expansive; it doubles back, so to speak, on its tracks — go back in time — and tells how the bottom line was arrived at», H.C. BRICHTO, «The Worship», 8. Si bien este autor centra el uso de esta técnica en Ex 32–34, es interesante que señala en Jr 26,7-24 el uso de esta misma técnica: «In Jeremiah 26, vv. 7-16 tell of Jeremiah's indictment for treason, his self-defense and the verdict exonerating him; vv. 17-19 present a precedent-citing argument for exoneration, vv. 20-23 present a precedent-citing argument for condemnation, while v. 24 singles out the chief of Jeremiah's champions in bringing about the verdict reported in v. 16», *Ibid.*, 8 nota 3. Con lo cual notamos que este recurso narrativo no es ajeno a Jr.

[80] J.L. SKA, «Sincronia: L'Analisi narrativa», 159. Para una información más amplia sobre la presentación de los personajes en la narrativa bíblica puede verse el capítulo «Proleptic Portraits», M. STERNBERG, *The Poetics of Biblical Narrative*, 321-341; D. MARGUERAT – Y. BOURQUIN, *Cómo leer los relatos bíblicos*, 95-125.

[81] Hacemos la división entre personajes principales y secundarios teniendo en cuenta su participación activa en la trama de resolución (intervienen en los diálogos o llevan a cabo acciones). Son los sujetos gramaticales de los verbos en wayyiqtol. Como iremos viendo, en la medida en que la trama de revelación va apareciendo, los mismos personajes principales van perdiendo importancia, cf. D. MARGUERAT – Y. BOURQUIN, *Cómo leer los relatos bíblicos*, 98-100.

vos para su papel en lo poco que de ellos se revela: el nombre[83] y los diálogos o palabras que dirigen[84].

Lo más novedoso es la aparición de Janamel en la escena. De él se menciona su nombre, su relación de parentesco y la petición directa que hace a Jr. Analicemos estos tres datos:

– El nombre: Janamel. Es un nombre teofórico: חֲנַמְאֵל, Janam·el, derivado del verbo חָנַן[85] «tener misericordia, conceder favor». Es la única aparición de este nombre en la Biblia. Claramente en este relato la función del personaje se identifica con el nombre. Su papel es «propiciar la misericordia». La mención del nombre adelanta el resultado de la escena: Yahveh tendrá misericordia.

– La relación de parentesco con Jr. Es el hijo de su tío Salún. El dato es revelador por dos motivos:

• explica el derecho de Jr al rescate según las leyes de Israel (Lv 25,23-31);

• en segundo lugar, no olvidemos que la familia de Jr se ha opuesto a su tarea, han conspirado contra él (12,6 «Porque incluso en tus hermanos y la casa de tu padre, ésos también te traicionarán y a tus espaldas gritarán. No te fíes de ellos cuando te digan hermosas palabras»).

Estos dos aspectos provocan una tensión, una duda ante la reacción de Jr. Por una parte está obligado al rescate; por otra, su familia le ha rechazado.

– En el diálogo Janamel insiste en la petición de compra. Su doble súplica subraya dramáticamente la situación angustiosa. La angustia general tiene ahora un rostro concreto; Janamel la está viviendo personalmente.

---

[82] Cf. R. ALTER, «Characterization and the Art of Reticence» en ID., *The Art of Biblical Narrative*,114-130 y J.L. SKA, *Our Fathers Have Told Us*, 87-92.

[83] El nombre en la narrativa bíblica con frecuencia tiene una «función proléptica, anticipatoria», cf. J.L. SKA, *Our Fathers Have Told Us*, 88; sobre la relevancia del nombre como adquisición de un status narrativo M. STERNBERG, *The Poetics of Biblical Narrative*, 229-331.

[84] Cf. S. BAR-EFRAT, *Narrative Art in the Bible*, 64.

[85] Cf. J.D. FOWLER, *Theophoric Personal Names in Ancient Hebrew*, 82.345. Aunque somos conscientes que el recurso al significado del nombre no se puede exagerar, es interesante ver incluso el significado de algunos de los nombres de los personajes secundarios, o meramente citados: Baruc («Yahveh ha bendecido»), Salún («Yahveh ha pagado, ha dado recompensa»), Sedecías («Yahveh es justo»), cf. *Ibid.*, 75.152.266.338-339.

Aunque Janamel aparentemente ocupe un lugar principal en la escena, su papel es secundario[86]. Por eso, hecha su petición, desaparece sin dejar rastro. Janamel pasa a ser uno más de los testigos. De él no se hace una presentación especial; tampoco se menciona su reacción ante la respuesta de Jr. Aparece y desaparece de la escena en función de su papel indispensable para la narración.

Jeremías[87] queda al centro de la escena como protagonista y como narrador en gran parte del texto. La única característica que se nos ofrece aporta bien poco. El v. 2 lo define como «el profeta Jeremías». Retoma su misión (Jr 1) como portador de la palabra de Dios; el detalle, aunque obvio, es significativo pues nos ayuda a subrayar dos aspectos:

• su función profética es la causa del encarcelamiento («lo había encerrado Sedecías, acusándole: ¿Por qué has profetizado...?»);

• su oración tiene que ver con su misión, «Y tú me dices...».

¿Pero es Jeremías el personaje activo? Jeremías aparece como ejecutor de las órdenes que recibe. Ante el reconocimiento de la palabra no hay otra iniciativa posible. Todas sus intervenciones reproducen la palabra de Yahveh (vv. 3-5.6.14-15). En realidad el personaje que domina la escena es la Palabra del Señor. Es actor invisible pero omnipresente (su nombre se encuentra en los vv. 1.3.5.6.8.14.15). Jr cumple su papel como profeta, hombre servidor de la palabra (v. 8 con el reconocimiento se da inicio al proceso de la compra). Jeremías trasmitirá la respuesta divina a la petición de misericordia que porta Janamel. En este sentido, hasta el mismo Jr es un personaje secundario. Tras el personaje «Palabra de Dios» descubrimos al personaje divino. El Señor en esta primera escena viene caracterizado como el Dios soberano que hace y deshace; que entrega al rey y a la ciudad en manos de los caldeos y libra con su visita a Sedecías. Soberano hasta el punto de estar por encima del ejército de la ciudad y sobre todo por encima de los triunfadores, por encima de Nabucodonosor. Así Yahveh aparece como el Señor de la historia que cambia el destino porque da futuro cuando ha afirmado el final (la ciudad entregada, pero se comprarán campos).

---

[86] Podemos catalogarlo como un personaje «funcional» al servicio de la trama cuya autonomía es sólo aparente, cf. J.L. SKA, *Our Fathers Have Told Us*, 87; D. MARGUERAT – Y. BOURQUIN, *Cómo leer los relatos bíblicos*, 106-107.

[87] También es relevante el nombre en esta escena. Para este nombre se sugiere una doble etimología: יִרְמְיָהוּ, Yirme·yahu: a) de la raíz רָמָה «Yahveh abre (las entrañas)» b) de la raíz רוּם «Yahveh exalta, levanta». Cualquiera de los dos encaja como función de Jr en el relato. Cf. J.D. FOWLER, *Theophoric Personal Names*, 88.360; J.J. STAMM, «Der Name Jeremia», 100-106.

El resto de los personajes, más fácilmente reconocibles como secundarios, cumplen su papel dentro de la ley de economía narrativa propia de los relatos bíblicos; es decir, no hacen ni dicen más de lo necesario. Podemos englobar a todos como testigos de la acción. Su función es presenciar la compra[88]. Una presencia callada, pero necesaria, para que quede constancia del gesto de misericordia realizado, signo de la que está por acontecer. Entre estos personajes se nombra a Baruc. Es el guardián de la escritura. Ésta es la primera mención de Baruc en todo el libro de Jr. Su función permanente será prolongar la palabra de Jr (capítulos 36 y 45).

En el círculo de personajes, Sedecías merece mención aparte. Aparece como el antagonista de Jr. Haciendo caso omiso de la palabra del Señor, Sedecías encarcela a Jr y provoca el desastre de la ciudad. Pero al final Yahveh hará justicia[89] y será castigado. El lector tiene ante sí dos modelos de elección: por un lado, Sedecías con su trágico final; por otro Jr y Janamel obedientes a la Palabra. En este sentido podemos catalogar a Sedecías como un personaje de contraste cuya función es poner de relieve la actitud de Jeremías.

Pasemos ahora al análisis de los personajes de la segunda escena. El v. 16 da entrada a la oración que coloca frente a frente, como personajes principales, a Jeremías y al Señor[90]. En primer lugar toma la palabra

---

[88] Si bien su presencia es pasiva no podemos juzgarla como innecesaria. Precisamente porque este tipo de personaje («público», «coro») no es frecuente en la narrativa bíblica su presencia llama la atención sobre su función. Cf. J.L. SKA, *Our Fathers Have Told Us*, 87: « "Crowds", "walk-ons", "chorus". They are completely passive and their presence has little or no bearing on the resolution of the plot. They are part of the setting rather than of the action [...] This category of characters is rare in the Bible, because traditional literature tends to present only the characters who are indispensable to the plot».

[89] Hay una nota irónica en el juego con su nombre: Sedecías («Yahveh es justo»). Puesto como rey para obrar la justicia, Sedecías no ha hecho honor a su nombre. Al final, en su propio destino, Sedecías muestra que realmente «Dios es justo».

[90] La caracterización de Jeremías ya ha sido mencionada. La caracterización narrativa de Yahveh, al igual que en la primera escena, hay que buscarla no sólo en sus propias intervenciones (lo que Dios hace o dice, el Señor no toma la palabra hasta el v. 27), sino también en la oración de Jr (lo que Jr dice acerca de Dios, las peticiones que se le hacen...); cf. el capítulo dedicado a la oración como instrumento para la caracterización de Dios por S.E. BALENTINE, *Prayer in the Hebrew Bible*, 89-117. Hay que notar que tanto las afirmaciones de Jr como las del Señor, serán de especial importancia para entender el mensaje de la compra. Ahora bien, la mayoría de esas afirmaciones sobre Dios giran en torno a su acción en la historia, con lo cual este aspecto corresponde a la imagen de Dios que aparece en el relato y que trataremos más dete-

Jr. Es la primera vez que habla de *motu proprio*. ¿Qué rasgos podemos extraer de la oración sobre el personaje Jeremías? Con ello no indagamos la psicología del personaje histórico. Nos interesa el personaje en función de la trama[91]. Lo cual no significa eliminar el aspecto personal o vivencial de las acciones narradas, sino considerarlo desde su vertiente dramática. Así, Jr comienza su intervención con una interjección de lamento (v. 17: «¡Ay, Señor Yahveh!). Este breve gemido expresa densamente la experiencia interna que Jr está viviendo, hecha de incomprensión y sufrimiento[92]. El narrador no enfoca la reacción de Jr ante su experiencia de cárcel. Es mucho más importante detenerse a contemplar el carácter problemático del profeta ante la palabra de Dios. Carácter que en Jr abraza una dimensión de su propia identidad profética (cf. 1,6). El «mundo interior», los sentimientos del profeta son significativos por lo que tienen de prototipo para el pueblo y para el lector[93].

¿Cuál es la razón de la queja de Jr? Ésta se vislumbra en el conflicto o paradoja de los vv. 24-25: el mandato divino de comprar cuando la ciudad está a punto de rendirse, en cumplimiento de lo anunciado por el Señor. Jr se encuentra ante la encrucijada de dos palabras pronunciadas por Yahveh (v. 24: וַאֲשֶׁר דִּבַּרְתָּ הָיָה y v. 25: וְאַתָּה אָמַרְתָּ אֵלַי): asalto a la ciudad y la compra. Ambas se han cumplido. ¿Cómo conciliarlas[94]?

---

nidamente en la parte teológica. Cf. S. BAR-EFRAT, *Narrative Art in the Bible*, 77: «A person's nature is revealed by deeds; action is the implementation of character, and individuals are disclosed through their deeds no less than through their words. Since one's inner nature is embodied in external behaviour a narrator can present the characters in action rather than spelling out their traits. In biblical narrative deeds do in fact serve as the foremost means of characterization, and we know biblical characters primarily through the way they act in varying situations».

[91] Cf. J.L. SKA, *Our Fathers Have Told Us*, 83: «The predominance of action and the lack of interest in the psychological processes of the characters are two of the main characteristics of Biblical narrative art as well. Therefore the modern readers of the Bible must be careful here to avoid posing anachronistic questions. Briefly, in Biblical narratives, characters are most of the time at the service of the plot and seldom presented for themselves». En esta misma línea S. BAR-EFRAT, *Narrative Art in the Bible*, 22.

[92] Cf. E. JENNI, «אֲהָהּ», 132-133: «Con la fórmula *'ăhah 'ădonay Yhwh*, "ah, Señor Yahvé, se introduce en Jos 7,7; Jue 6,22; Jr 1,6; 4,10; 14,13; 32,17; Ez 4,14; 9,8; 11,13; 21,5; oraciones de lamentación o petición, acompañadas con frecuencia de un estado emocional intenso que se rebela contra la voluntad de Dios, real o supuesta».

[93] Cf. A. BERLIN, *Poetics*, 61.

[94] La presentación del conflicto como algo puntual, o a raíz de un acto singular, no anula el considerarlo como un proceso a lo largo de la vida del profeta, cf. J.L. SKA, *Our Fathers Have Told Us*, 85: «Instead of presenting a long evolution as a continuous process, or tendencies as simultaneously conflicting, the Bible presents short, but

La respuesta pasa a la palabra de Yahveh. Ésta dominaba ya en la escena anterior como personaje invisible que movía los hilos de la trama. La Palabra de Dios, en la escena anterior, era un personaje sustitutivo de Dios mismo. Ahora, las invocaciones de Jr y la contradicción de su exposición invitan al Señor a entrar en escena más patentemente como el personaje principal. Mientras en la escena anterior la Palabra del Señor es referida siempre por boca de otro, ahora es el Señor en primera persona el que pronuncia su alocución. Su declaración queda flotando como mensaje y conclusión del episodio. En su discurso recoge la historia pasada, se hace responsable del presente y da razón del futuro.

Así Yahveh se presenta como el Dios que responde, que acoge la oración de Jr (algo que puede parecer evidente y lógico, pero que tras Jr 20,14-18 donde la respuesta es el silencio no es algo dado por descontado; o Jr 42,7 donde la respuesta no es inmediata). En cualquier caso, su respuesta es soberana en el sentido que no se supedita a la requisitoria de Jr. Es una respuesta libre.

En su oración Jr lo afirma como el Dios creador de cielo y tierra, y el Dios poderoso en acciones hasta el punto de que nada le es imposible (soberano en la misma línea que en la primera escena pero ahora más abiertamente). Soberano y justo, para liberar y operar misericordia; soberano y justo para castigar el pecado, que dice y se cumple.

En las palabras del Señor encontramos los mismos rasgos, la soberanía y su omnipotencia (dominio sobre la ciudad y sobre los caldeos) se muestra en no plegarse a la lógica del castigo ciego. Es Dios justo que castiga porque está airado con motivo de las acciones del pueblo, y *por eso* es el Dios que promete salvación. El Dios al que Jr invoca como *mi Dios* (v.17.25) aparece como Dios de *todo viviente* (v.27) a la hora de mostrar su mano dura en el castigo; pero como Dios *de Israel*, más cercano, a la hora de hacer misericordia (vv. 36.38). El Dios capaz de ira es capaz de regocijo y gozarse procurando el bien a su pueblo. Su palabra última es una promesa y con ello la palabra de Dios ante la desgracia de la ciudad es palabra que abre futuro.

¿Quedan otros personajes en escena? ¿Qué ha sido de Janamel, Baruc y los testigos? Aparentemente ahora sólo quedan cara a cara Yahveh y Jr en un diálogo personal. No hay más participantes. Sin embargo, los personajes anteriores siguen ahí como testigos presenciales; y a

---

decisive, moments of this process, or juxtaposes the conflicting tendencies in different and distinct pictures following one another».

ellos se dirige también la respuesta del Señor[95]. En los vv. 36 y 43 Yahveh alude directamente a estos personajes secundarios («de la que vosotros decís que...»). En primer lugar su intervención vuelve a remarcar a través de la repetición algo ya sabido pero que es importante tenerlo de nuevo presente. Cuando el Señor pronuncia sus palabras sobre el futuro no ignora la realidad del pueblo. En cuanto a las afirmaciones de estos personajes (la ciudad es entregada, la tierra desolada), éstas revelan la visión negativa del momento; y por tanto, una situación de desaliento compartido. Dios las recoge en su discurso acentuando más aún el contraste entre la visión humana del presente y la visión (e intención) que Dios tiene del presente y del futuro. La función de estos testigos es de nuevo presenciar la palabra del Señor, testimoniar su carácter público, lo mismo que antes habían presenciado la compra.

4.4 *El punto de vista*

La tarea ahora es identificar quién habla realmente a través de cada uno de los personajes, quién conduce la escena a través de ellos[96]. El relato ofrece notables cambios de perspectiva.

La primera distinción impone diferenciar dos narradores:
– En los vv. 1-5, un narrador «omnisciente» enmarca toda la situación. Su presentación es objetiva, externa. En el v. 6a da paso a un nuevo narrador (Jeremías) y la voz del narrador no se vuelve a oír hasta el versículo 26 para introducir con solemnidad la respuesta del Señor.

---

[95] Cf. S. BAR-EFRAT, *Narrative Art in the Bible*, 96: «In biblical narrative the number of characters involved at any one time is very small, usually not more than two. Even when the total number of characters in a narrative is greater, only a very limited number of active characters appear in each scene (sometimes there are additional "silent" characters in the background, who do not take an active part in what is happening). As a result, the reader's attention is not distracted but is concentrated on a few focal points within the scene».

[96] Cf. J.L. SKA, *Our Fathers Have Told Us*, 65: «The question of "point of view" is a question of perspective, namely, "Who is the character whose point of view orients the narrative perspective?", "Who sees?", or better: "Who perceives?" In a film, the question would be, "Where is the eye of the camera?", "From where does the camera film the scene?" This question should be distinguished from the question of the narrator ("who speaks") [...] The narrator himself can see and tell what he sees. Or he can adopt the "point of view", the perspective of one of the characters, and see "through his or her eyes". "Point of view" is then a question of angle of vision, of "focalization"». La terminología usada es diversa: percepción, focalización cf. *Ibid.*, 65-75; «Sincronia: L'analisi sincronica», 164-168; M. STERNBERG, *The Poetics of Biblical Narrative*, 129ss.; D. MARGUERAT – Y. BOURQUIN, *Cómo leer los relatos bíblicos*, 118-124.

– En los vv. 6b-16 el mismo Jr asume la función de narrador y cuenta los hechos desde su propia perspectiva.

Sin embargo, la presentación de ambos narradores es objetiva sólo en apariencia. En el momento de introducir las palabras de los personajes, dichos narradores no son tan neutrales. El primer narrador introduce en su descripción de la ciudad el motivo de la prisión de Jr: el oráculo contra Sedecías. ¿Cómo? Mediante la palabra de Yahveh: «He aquí[97] que yo entrego...». La contraposición de dos visiones de la misma realidad es evidente:

• una visión «objetiva» humana: la ciudad sitiada,
• una visión «divina» de esa situación: el Señor ha entregado la ciudad en poder del rey de Babilonia.

El mismo juego de perspectiva se advierte en la narración de Jr (versículo 6 y siguientes): a la narración de los hechos precede y sigue la palabra divina vv. 7.14-15. Así la acción de la compra es presentada desde el punto de vista del Señor. Estos cambios muestran un interés por encuadrar la realidad de los acontecimientos pasados y futuros dentro de la perspectiva divina.

En la primera parte de la narración Jr no hace sino reproducir los «hechos objetivos» y las palabras recibidas. En toda la cadena de verbos destaca el término «reconocí» (v. 8). El verbo יָדַע introduce un punto de vista personal de Jeremías. Introduce una perspectiva interior. Aporta una lectura personal de los acontecimientos: la visita de Janamel y el futuro de la ciudad. Con un lacónico «reconocí», Jeremías acepta la lectura de los hechos desde la óptica de Dios. Por eso Jr se expresa en plena identificación con la palabra de Yahveh[98]. El profeta no propone su propia visión sino la lectura divina de la situación (vv. 14-15).

La misma dinámica reconocemos en el diálogo entre Jr y Yahveh. La oración de Jr parecería reproducir la percepción humana de la situación.

---

[97] Además de la indicación de la fórmula del mensajero que introducen palabras de Yahveh, «He aquí que yo» traduce la expresión הִנְנִי que suele ser una indicación del cambio de perspectiva, cf. J.L. SKA, *Our Fathers Have Told Us*, 68.

[98] Sin negar el aspecto subjetivo del reconocimiento, el verbo «reconocí» supone la adhesión a algo externo. «El significado del verbo *yd'* no quedaría lo suficientemente determinado si se le limitara únicamente al aspecto cognoscitivo tratado hasta aquí y no se tuviera en cuenta también el aspecto de contacto que va incluido en el concepto; en efecto, debe tenerse en cuenta que *yd'* no designa sólo una actividad teórica, un simple acto de pensamiento sino que el conocimiento, tal como *yd'* lo entiende, se realiza en un contacto *práctico* con el objeto de conocer», W. SCHOTTROFF, «ידע», 952. El subrayado es del autor.

En realidad presenta la lectura que Dios hace del pasado y del presente, una auténtica teología de la historia. El contenido de su oración queda iluminado por el anuncio de Dios (v. 24: «lo que habías anunciado se ha cumplido y tú lo estás viendo[99]»).

El resto del capítulo reproduce la palabra de Dios como una visión más completa de la realidad. Aquí sí se da mayor correspondencia entre el que habla (Yahveh) y su percepción (divina). Pero también aquí hay que matizar: de hecho, la respuesta divina recoge en dos momentos (vv. 36 y 43) la percepción de Jr (y/o del pueblo) sobre la situación. No para rechazarla como incorrecta (él mismo ha hecho esa afirmación en el v. 28: «He aquí que yo entrego esta ciudad en manos de los caldeos»), sino para completarla con la perspectiva del futuro: Dios no abandona a su pueblo. Sus manos siguen controlando los hilos de la historia. La visión humana del futuro se transforma en derrota para los pesimistas, o en esperanza de victoria ante los caldeos para los optimistas. Sin embargo la percepción de Dios (vv. 14-15.36-44) se opone a ambas: hay futuro pero no inmediato. Para llegar a esa visión y poder escrutarlo es necesario un «reconocimiento» interior y «visión-percepción» desde Dios[100].

4.5 *Las repeticiones*

El núcleo del relato viene aclarado y repetido como técnica narrativa[101]. Cuando el narrador bíblico quiere subrayar o completar alguna cosa recurre a la repetición con ligeras variaciones. Esto es especialmente válido para los discursos escritos por y para el lector[102].

---

[99] La expresión וְהִנְּךָ רֹאֶה es reveladora a este respecto. Toda los hechos precedentes los ha relatado Jeremías desde el punto de vista de Dios, en función de su palabra pronunciada. Claro que Jr no llega a alcanzar por completo esa visión divina; esto es lo que produce en él la paradoja.

[100] En este sentido podemos afirmar que el relato propone tres punto de vista (el del pueblo, el de Jr y el de Dios) y su objetivo es mover al lector hacia el punto de vista – como interpretación de la realidad – más justo y completo: el del Señor; cf. M. STERNBERG, *The Poetics of Biblical Narrative*, 172: «The "characters' perspective" differs from all the others – God's, the narrator's, the reader's – in its multiplicity. Each character observes the world from his own perspective. And it is their divergence – in interest, interpretation, world view, scenario, hope and fear – that keeps the action going, just as their convergence makes for its resolution».

[101] Cf. M. STERNBERG, *The Poetics of Biblical Narrative*, 365-440; S. BAR-EFRAT, *Narrative Art in the Bible*, 211-216.

[102] Cf. R. ALTER, *The Art of Biblical Narrative*, 88: «One of the most imposing barriers that stands between the modern reader and the imaginative subtlety of biblical

Dentro de este fenómeno de repetición podemos distinguir diversos aspectos:

– La repetición de palabras claves[103]. En nuestro relato hay algunos términos que se repiten con insistencia y que agrupamos de la siguiente manera:

+ En relación con el argumento de la narración: «comprar» (14 veces, raíz קנה y término מִקְנָה) y «escritura» (8 veces). Ambas raíces recalcan la temática; a fuerza de repetirse, el lector no tiene más remedio que tenerla en cuenta. Por este motivo, el tema de la escritura no es casual o secundario en el episodio[104].

+ El título del v. 1 («La palabra que fue dirigida a Jeremías de parte de Yahveh en el año décimo de Sedecías rey de Judá, que corresponde al año decimoctavo de Nabucodonosor») indicaba, sin embargo que el fondo era realmente otro. Así la raíz דבר, 11veces (como sustantivo «palabra/asunto» o como verbo «decir»); viene reforzado por la presencia del verbo אמר (18 veces)[105].

+ Más inesperada resulta la repetición de otros términos:

• «dar, entregar» נתן (16 veces), es un verbo «corriente», pero aquí es significativa su frecuencia; el sujeto del acto de entregar es normalmente el Señor y el signo del don es distinto: la ciudad, la escritura, la tierra...

---

narrative is the extraordinary prominence of verbatim repetition in the Bible. Accustomed as we are to modes of narration in which elements of repetition are made to seem far less obtrusive, the habit of constantly restating material is bound to give us trouble, especially in a narrative that otherwise adheres so evidently to the strictest economy of means. Repetition is, I would guess, the feature of biblical narrative that looks most "primitive" to the casual modern eye, reflecting, we may imagine, a mentality alien to our own and a radically different approach to ordering experience from the ones familiar to us», Para un mayor estudio de esta tema puede verse «The Techniques of Repetition» y en especial el capítulo que hace referencia a los diálogos: «Between Narration and Dialogue», *Ibid.*, 63-113.

[103] Cf. R. ALTER, *The Art of Biblical Narrative*, 92.

[104] Existe el peligro de considerar el tema de la escritura únicamente bajo el aspecto histórico-arqueológico. Si bien aparece como un tema «secundario» en el orden cronológico está claro que la acción de la compra y su simbolismo adquieren toda su importancia en el hecho de quedar reflejada por escrito.

[105] Mientras los términos del apartado anterior son más específicos del cap. 32, en relación con el libro de Jr (p.e. «comprar» sólo aparece en cc. 6, 13, 19 y con mucha menor frecuencia), estos términos son más genéricos y no tan específicos pero resulta significativa la alta frecuencia de su aparición.

- «ciudad» עִיר (13 veces[106]). Lo que parece ser mero escenario de la acción resulta ser un elemento importante[107].

— Vinculado a la ciudad descubrimos un «motivo»[108] literario: «la ciudad entregada» (vv. 3.24.25.28.36). Constituye el destino patente del pueblo como castigo del Señor[109].

Además observamos la repetición del motivo de la escritura de un libro o documento y del «tema»[110] de la restauración. Ambos deben entenderse a la luz de las otras presencias en el libro de Jr.

El motivo de la escritura de un «libro» aparece en 25,13; 29,1; 30,2; 36,2; 45,1; 51,60. Tanto las palabras de condenación como las de salvación quedan recogidas por escrito. Este hecho les confiere valor definitivo.

El tema de la restauración de la «actividad económica» (vv. 15.43-44) es una expresión del mensaje de restauración presente sobre todo en los capítulos 30 y 31 (vuelta de los cautivos, reconstrucción de la ciudad, renovación en la alegría...); al final del cap. 32 reaparece con fuerza al hilo de una acción concreta.

— La repetición en los diálogos[111].

+ Destacamos en primer lugar la repetición de las palabras de Janamel. No es un duplicado ocioso o mero adorno estilístico. En ella descubrimos tres elementos significativos:

Versículo 7 anuncio del Señor a Jr	Versículo 8 petición de Janamel a Jr
«*Compra mi campo de Anatot porque a ti te corresponde el derecho de rescate para comprarlo*»	«*Compra mi campo de Anatot, qué está en la tierra de Benjamín, porque tuyo es el derecho de adquisición y a ti te corresponde el rescate. Cómpralo*»

---

[106] Sin tener en cuenta las veces que aparece como sufijo del verbo, p.e. «y *la* conquistará» וּלְכָדָהּ, y la aparición explícita del nombre de Jerusalén (tres veces).

[107] En relación con la repetición de la ciudad está la repetición de «tierra» אֶרֶץ (11 veces) que en el v. 43 ocupa el lugar de la ciudad y que amplia el escenario narrativo y el trasfondo teológico.

[108] Cf. R. ALTER, *The Art of Biblical Narrative*, 95.

[109] Este motivo está presente en diversos pasajes del libro de Jr, cf. 9,10; 19,12; y en términos sinónimos (ciudad castigada, abandonada...) cf, Jr 4,29; 6,6; 10,22; 19,8.

[110] Cf. R. ALTER, *The Art of Biblical Narrative*, 95.

[111] En el anexo de este capítulo puede verse una presentación de estas repeticiones en el texto hebreo.

• La repetición es importante porque delata los sentimientos del personaje[112]. Ya hemos observado antes que la doble súplica (sólo presente en el discurso de Janamel) revela su situación de angustia.

• El diálogo de Janamel es el cumplimiento de la palabra de Yahveh. En palabras de Alter:

> El constantemente repetido modelo, de mandato o profecía seguido a continuación por su literal cumplimiento confirma una básica comprensión de la causalidad histórica, traduce en una estrategia narrativa la firme autoridad de un Dios monoteísta manifestándose Él mismo en lenguaje[113].

Esta observación es especialmente pertinente cuando se trata de un relato que pone en juego una teología de la historia[114].

• El acto de la compra viene completado[115] por otro término: «adquisición» הַיְרֻשָּׁה. Su raíz ירש está relacionada con la «posesión de la tierra»[116], cf. 8,10; 30,3; 32,23; 49.1-2. Una comprensión justa de la transacción debe tener en cuenta esta ampliación semántica.

+ Repetición en la oración de Jr y la respuesta de Dios.

Ahora sólo señalaremos los grandes rasgos, pues analizaremos con más detalle algunos aspectos en el análisis retórico. Como línea general la respuesta de Yahveh en su primera parte presenta una historia de Israel similar a la de Jr. Desde nuestra perspectiva moderna se podía haber omitido toda esta parte como conocida por el lector/oyente. Precisamente por eso destacamos en la repetición los siguientes aspectos:

---

[112] Cf. R. ALTER, *The Art of Biblical Narrative*, 36-37: «In the biblical story the invented dialogue is an expression of the author's imaginative grasp of his protagonists as distinctive moral and psychological figures, of their emotion-fraught human intercourse dramatically conceived...»

[113] R. ALTER, *The Art of Biblical Narrative*, 91.

[114] Cf. R. ALTER, *The Art of Biblical Narrative*, 33.

[115] Cf. R. ALTER, *The Art of Biblical Narrative*, 95: «Through abundant repetition, the semantic range of the word-root is explored, different forms of the root are deployed, branching off at times into phonetic relatives (that is, word-play), synonymity, and antonymity; by virtue of its verbal status, the *Leitwort* refers immediately to meaning and thus to theme as well».

[116] Cf. H.H. SCHMID, «ירש», 1069-1070: «El modo qal del verbo es traducido en la mayoría de los casos por "tomar en propiedad" o semejantes; el objeto es con frecuencia "la tierra" (empleado como fórmula fija en el lenguaje deuteronómico-deuteronomístico), o un país determinado, casi siempre en contextos referentes a la conquista de la tierra.[...] A este contexto pertenecen también los derivados nominales y^{e}reša, y^{e}rušša, moraš y moraša, cuyo significado es "posesión", fundamentalmente en el sentido de posesión de la tierra».

- La repetición de la afirmación de la omnipotencia divina por medio de לֹא־יִפָּלֵא מִמְּךָ כָּל־דָּבָר (v. 17)/ הֲמִמֶּנִּי יִפָּלֵא כָּל־דָּבָר (v. 27).
- La repetición de la situación de la ciudad «entregada», pero la segunda aparición subraya que es el Señor quien la entrega y explicita algunos detalles de la destrucción. La repetición con sus ampliaciones se endurece con la imagen del fuego como castigo:

Versículos 24-25 descripción de Jr	Versículos 28-29 descripción del Señor
²⁴He aquí que las rampas de asalto entran en la ciudad para *conquistarla* y la *ciudad es entregada en manos de los caldeos*	²⁸Pues bien así dice Yahveh: He aquí que *yo entrego esta ciudad en manos de los caldeos* y en manos de Nabucodonosor rey de Babilonia y él la *conquistará*.
que *combaten contra ella* con la espada, el hambre y la peste;	²⁹Y los *caldeos que combaten contra esta ciudad* entrarán y prenderán fuego a esta ciudad e incendiarán la ciudad con las casas en cuyas terrazas quemaron incienso a Baal y ofrecieron libaciones a otros dioses para provocarme.
lo que habías anunciado se ha cumplido y tú lo estás viendo. ²⁵¡Y tú me dices, Señor Yahveh: "compra el campo con dinero y aduce testigos", cuando *la ciudad es entregada en mano de los caldeos*!	

- La repetición de la respuesta negativa del pueblo a través de la historia, es mucho más amplia en la respuesta del Señor; acentúa además el rechazo *persistente*, sistemático al Señor, un rechazo de *toda* la población. Sin duda la concreción de las acciones («abominaciones», «sacrificios», «profanaciones») provoca más intensamente el sonrojo del pueblo.

Versículo 23 historia según Jr	Vv. 32-35 historia según el Señor
	³²por toda las maldades que *han cometido* los hijos de Israel y los hijos de Judá para provocarme; *ellos*, sus reyes, sus príncipes, sus sacerdotes, sus profetas, tanto los hombres de Judá como los habitantes de Jerusalén.
²³*Ellos* entraron para poseerla pero *no obedecieron* tu voz ni caminaron según tu ley,	³³Me dieron la espalda en vez de la cara sin embargo los instruí, asiduamente los instruí, pero *ellos no atendieron* para aprender la lección.
	³⁴Pusieron sus ídolos en la casa que lleva mi nombre profanándola. ³⁵Construyeron lugares de culto a Baal en el valle de Ben-Hinnón para sacrificar a Moloc sus hijos y sus hijas,
no *hicieron* nada de lo que les *habías mandado* hacer, y les has enviado toda esta calamidad.	cosa que no les *mandé*, ni se me pasó por la cabeza que *hicieran* semejante abominación para hacer pecar a Judá.

Al final de este apartado podemos preguntarnos por la finalidad del relato[117]. ¿Cuál es su mensaje?

A propósito de los cambios de perspectiva ya hemos observado que el texto presenta una teología de la historia ante la destrucción de la ciudad. La pregunta del inicio del relato (v. 3) *¿Por qué has profetizado?*, es en primer término una pregunta que Sedecías hace a Jr; pero puede interpretarse también como una pregunta que el autor quiere dirigir al lector del libro de Jr[118], y en definitiva como una pregunta que Jr (y con el todo el pueblo de Israel y todo lector posterior) dirige a Dios. Hacia el final del relato, surge otra pregunta, esta vez más claramente dirigida al oyente, puesta en labios del Señor (el cual, obviamente, conoce la respuesta)[119]: *¿acaso hay algo imposible para mí?*. El relato no tiene más respuesta que el final de la intervención de Dios vv. 42-44: «como he traído sobre este pueblo toda esta gran calamidad, así yo traeré sobre ellos toda la prosperidad... porque cambiaré su suerte,

---

[117] Todos los recursos analizados buscan persuadir al lector. La meta del autor bíblico no es simplemente informar, sino provocar una conformidad, cf. M. STERNBERG, *The Poetics of Biblical Narrative*, 482: «But the term "rhetoric" also has a stricter and more traditional sense, which narrows its range from communication as such to communication with persuasive intent. As persuader, the rhetorician seeks not just to affect but to affect with a view to establishing consensus in the face of possible demur and opposition. Success has only one meaning and one measure to him: bringing the audience's viewpoint into alignment with his own». En nuestro caso sólo si se alcanza el punto de vista final, el divino, tendrá sentido para el lector/oyente la compra y podrá desencadenar «compras» futuras similares. Puede verse un resumen de los principales recursos al servicio de modelar la respuesta del lector en M. STERNBERG, *The Poetics of Biblical Narrative*, 475-481.

[118] Cf. J.L. SKA, «Sincronia: L'analisi sincronica», 139: «Essa [la narratologia] sottolinea nel testo i punti interrogativi, le lacune o le elissi [sic] che interrompono il filo del racconto... dimostra come questi indizi siano segnali rivolti al lettore. Tocca a lui rispondere a tali interrogativi».

[119] Cf. C. CONROY, *Absalom Absalom!*, 139: «Question both genuine and rhetorical add to the dramatic force of the story by presenting the interaction of the personages in a more striking way. A question involves the hearer more actively than an affirmation; one can listen passively to affirmations but not to questions. The person addressed is summoned to take up a position, either by giving a genuine answer or by having the expressive and emotional force of the speaker's words impressed more vividly upon him.[...] Genuine questions are all minor nuclei of narrative tension; the reader wonders what the answer what the answer will be and is urged to anticipate the answer eventually given by the personage in the story. Rhetorical questions too stimulate the reader's emotional response more than mere affirmations would do».

oráculo de Yahveh». Pero ya lo hemos recordado: sólo el lector en grado de «reconocer»[120] como Jeremías podrá captar esa respuesta.

Para posibilitar hacer el mismo camino de Jeremías en ese cambio de perspectiva es necesaria una empatía con el profeta partiendo de algo más sencillo, más vital y visual. Ese es el efecto buscado en la primera parte del relato. La táctica del relato es crear lazos afectivos entre el lector y los personajes descritos; lograr que el lector quede implicado en la narración. Ésta nos propone dos personajes que encarnan sendas actitudes ante Jr en cuanto portador de la palabra del Señor[121]: Sedecías y Janamel.

Sedecías es el personaje antagonista: encarcela a Jr y su futuro es, en primera instancia, negativo.

La súplica de Janamel busca resonancia en el público. Su situación inspira compasión. Su petición es de justicia. Se pide al público adhesión a Janamel y acoger la palabra de futuro de esperanza. Las intervenciones divinas[122] contra Sedecías y en favor de Janamel, refuerzan esta empatía.

La aceptación del favor concedido a Janamel en clave de promesa sobrepasa los vv. 1-15, se abre al resto del cap. 32, por sorprendente que parezca la conexión entre presente y futuro. Esa sorpresa, producida también en el oyente-lector, es tematizada y representada vivamente por Jr. Las palabras del Señor asumen la dificultad y confirman el anuncio del futuro. Al final está la alternativa: seguir dando la espalda al Señor o acoger la promesa de restauración como su voluntad última. La narración presenta a Jr como modelo de una correcta acogida en obediencia a la palabra.

---

[120] Es importante notar la relación semántica presente en el texto hebreo, y no recogida en la traducción, entre la pregunta מַדּוּעַ y la acción de reconocer וָאֵדַע. Ambos proceden del mismo verbo ידע. «La partícula interrogativa *madu*ᵃ‛ "por qué?"... probablemente constituye una fusión de *ma* y *yadu*ᵃ‛ ... "¿qué te es conocido del asunto?" o "¿qué es conocido?"», W. SCHOTTROFF, «ידע», 945-946, omitimos en la cita las referencias bibliográficas.

[121] En la parte discursiva hay una contraposición de personajes, más teológica que narrativa, entre: el pueblo (ha abandonado a su Dios) - Yahveh (acompaña continuamente a su pueblo), y su respectiva lectura de la historia (la del hombre: hemos pecado el castigo es el final; la de Dios, el castigo es medio para la restauración futura), que analizaremos con más detalle en la parte retórica.

[122] Cf. J.L. SKA, *Our Fathers Have Told Us*, 91: «the empathy of the reader depends very much on God's intervention». Sobre empatía, simpatía y antipatía con los personajes como estrategia narrativa véase D. MARGUERAT – Y. BOURQUIN, *Cómo leer los relatos bíblicos*, 111-113.

Así la inserción del c. 32 dentro de la sección 30–33 hace que el mensaje de aceptación se abra a la promesa formulada en estos capítulos. Dicho de otro modo, este episodio es una confirmación narrativa de la palabra dirigida por el Señor en los capítulos circundantes[123]: la promesa de restauración. Escuchemos de nuevo a Alter:

> La narración, de esta forma, es con frecuencia relegada a la función de confirmar afirmaciones hechas a través del diálogo... Viendo la proporción de las narraciones en tercera persona con frecuencia son sólo un nexo de unión de largas unidades de discursos directos[124].

El episodio da autenticidad y cohesión a la promesa de los cc. 30–33.

5. Anexo al análisis narrativo

Ofrecemos una lectura de todo el texto según los niveles de comunicación tal y como se ha presentado en este capítulo. Representamos gráficamente los tres niveles: nivel principal, margen izquierdo; nivel secundario: desplazado un nivel hacia la derecha con una doble sangría; diálogos desplazados dos niveles hacia la derecha. Puede parecer repetitiva una nueva presentación del texto pero la consideramos iluminadora y necesaria desde esta perspectiva narrativa. Para no fracturar en exceso, omitimos representar los pequeños intervalos con cambios de nivel dentro de unidades uniformes, las señalamos simplemente con distinto tipo de letra.

---

[123] Incluso dentro de la misma narración queda confirmada la palabra de Yahveh. El anuncio a Jr de la visita de su primo se cumple en el interior del relato. Efectivamente Janamel fue donde Jr. Por ello se reconoce como palabra del Señor. «Dentro de la concepción histórico-teológica del deuteronomista, la fórmula de reconocimiento [yd‘ ki] puede referirse también a la verdad de la palabra de Yahvé, que se prueba en su realización histórica (Jos 23,14; 2Re 10,10; Jr 32,8; 44,28s, Ez 6,10; 17,21; 37,14). Este empleo de la fórmula de reconocimiento aplicada a la verdad de la palabra de Yahvé es propio sobre todo de los textos en que se trata el tema de los criterios para distinguir al verdadero profeta», W. SCHOTTROFF, «ידע», 964, omitimos en la cita las referencias bibliográficas.

[124] R. ALTER, *The Art of Biblical Narrative*, 65.

CAP. IV: ANÁLISIS NARRATIVO DE JR 32   193

Primera escena:

¹«La palabra que fue dirigida a Jeremías de parte de Yahveh en el año décimo de Sedecías rey de Judá, que corresponde al año decimoctavo de Nabucodonosor. ²En aquel momento el ejército del rey de Babilonia asediaba a Jerusalén y el profeta Jeremías estaba encerrado en el patio de la guardia, en el palacio del rey de Judá, ³en donde lo había encerrado Sedecías, rey de Judá, acusándole:

"¿Por qué has profetizado: Así dice Yahveh: *He aquí que yo entrego esta ciudad en manos del rey de Babilonia y él la conquistará;* ⁴*y Sedecías, rey de Judá, no escapará de manos de los caldeos sino que será entregado sin remisión en manos del rey de Babilonia, hablará con él cara a cara y sus ojos verán sus ojos.* ⁵*A Babilonia ha de llevar a Sedecías y allí permanecerá hasta que le muestre mi favor, oráculo de Yahveh, aunque luchéis contra los caldeos no triunfaréis?*".

⁶Dijo Jeremías: "Me fue dirigida la palabra de Yahveh como sigue: ⁷*He aquí que Janamel, el hijo de tu tío Salún, viene a decirte: Compra mi campo de Anatot porque a ti te corresponde el derecho de rescate para comprarlo.*

⁸Vino a mí Janamel, el hijo de mi tío, conforme a la palabra de Yahveh, al patio de la guardia y me dijo:

Compra, te ruego, mi campo de Anatot que está en la tierra de Benjamín, porque a ti te corresponde el derecho de propiedad y a ti te corresponde el rescate. Cómpralo.

Reconocí que aquello era la palabra de Yahveh. ⁹Compré el campo de Anatot a Janamel, hijo de mi tío. Le pesé el dinero: diecisiete siclos de plata. ¹⁰Redacté la escritura, la sellé, aduje testigos y pesé el dinero en la balanza. ¹¹Cogí la escritura de la compra: la copia sellada, con lo estipulado y las condiciones, y la copia abierta; ¹²y entregué la escritura de la compra a Baruc, hijo de Neriyías hijo de Majseías, a la vista de Janamel hijo de mi tío y a la vista de los testigos que habían firmado en la escritura de la compra y a la vista de todos los judíos que estaban en el patio de la guardia. ¹³A la vista de ellos ordené a Baruc:

¹⁴ "Así dice Yahveh Sebaot, Dios de Israel: *Toma estas escrituras, la escritura de compra tanto la copia sellada como la copia abierta, y ponlas en una jarra de barro para que duren mucho tiempo.* ¹⁵Porque así dice Yahveh Sebaot Dios de Israel: *Todavía se comprarán casas y campos y viñas en esta tierra*".

¹⁶Oré a Yahveh después de entregar la escritura de la compra a Baruc, hijo de Neriyías, como sigue:

Segunda escena: Tanto en este texto como en el siguiente, el texto del margen izquierdo representa el nivel principal del discurso; la primera sangría el nivel secundario (si la información es breve la notamos con cambio de tipo de letra; la doble sangría un discurso narrativo).

Oración de Jeremías:

> [17]"¡Ay, Señor Yahveh! He aquí que tú hiciste el cielo y la tierra con tu gran fuerza y con tu brazo firme, nada es imposible para ti. [18]Tratas con misericordia por mil generaciones y castigas el pecado de los padres en el seno de los hijos que les suceden, Dios grande y valeroso cuyo nombre es Yahveh Sebaot, [19]grande en designios y poderoso en acciones, que tienes los ojos fijos en todas las conductas de los humanos para dar a cada uno según su conducta y según el fruto de sus acciones.
>> [20]Tú obraste signos y prodigios en la tierra de Egipto que duran hasta hoy, y en Israel y en la humanidad, y te has hecho un nombre como el que tienes hoy. [21]Sacaste a tu pueblo Israel de la tierra de Egipto con signos y prodigios, con mano robusta y brazo firme y con gran terror. [22]Les diste esta tierra que habías prometido a sus padres darles, tierra que mana leche y miel. [23]Ellos entraron para poseerla pero no obedecieron tu voz ni caminaron según tu ley, no hicieron nada de lo que les habías mandado hacer, y les has enviado toda esta calamidad.
>
> [24]He aquí que las rampas de asalto entran en la ciudad para conquistarla y la ciudad es entregada en manos de los caldeos que combaten contra ella con la espada, el hambre y la peste; lo que habías anunciado se ha cumplido y tú lo estás viendo. [25]¡Y tú me dices, Señor Yahveh: compra el campo con dinero y aduce testigos, cuando la ciudad es entregada en manos de los caldeos!"

Respuesta del Señor:

²⁷«He aquí que yo soy Yahveh Dios de todo viviente, ¿acaso hay algo imposible para mí? ²⁸Pues bien así dice Yahveh: He aquí que yo entrego esta ciudad en manos de los caldeos y en manos de Nabucodonosor rey de Babilonia y él la conquistará. ²⁹Y los caldeos que combaten contra esta ciudad entrarán y prenderán fuego a esta ciudad e incendiarán la ciudad con las casas en cuyas terrazas quemaron incienso a Baal y ofrecieron libaciones a otros dioses para provocarme.

³⁰Porque los hijos de Israel y los hijos de Judá no han hecho sino el mal a mis ojos desde su juventud, porque los hijos de Israel no han hecho sino provocarme con las obras de sus manos, oráculo de Yahveh. ³¹Porque esta ciudad ha sido motivo de mi ira y mi furor desde el día en que la construyeron hasta hoy como para hacerla desaparecer de mi presencia, ³²por toda las maldades

que han cometido los hijos de Israel y los hijos de Judá para provocarme; ellos, sus reyes, sus príncipes, sus sacerdotes, sus profetas, tanto los hombres de Judá como los habitantes de Jerusalén.

³³Me dieron la espalda en vez de la cara

sin embargo los instruí, asiduamente los instruí, pero ellos no atendieron para aprender la lección.

³⁴Pusieron sus ídolos en la casa que lleva mi nombre profanándola. ³⁵Construyeron lugares de culto a Baal en el valle de Ben-Hinnón para sacrificar a Moloc sus hijos y sus hijas,

cosa que no les mandé, ni se me pasó por la cabeza que hicieran semejante abominación para hacer pecar a Judá.

³⁶Pues bien ahora así dice Yahveh el Dios de Israel acerca de esta ciudad,

de la que vosotros decís que es entregada en manos del rey de Babilonia por la espada, el hambre y la peste:

³⁷He aquí que yo los reúno de todos los países a donde los dispersó mi ira, mi furor y mi gran enojo, y les haré volver a este lugar y les haré habitar seguros. ³⁸Serán mi pueblo, y yo seré su Dios. ³⁹Les daré un corazón indiviso y una conducta íntegra para que me respeten toda la vida para su bien y el de los hijos que les sucedan. ⁴⁰Pactaré con ellos alianza eterna que no revocaré después de ellos para hacerles el bien y pondré mi temor en sus corazones para que no se aparten de mí. ⁴¹Disfrutaré por ellos haciéndoles el bien y los plantaré en esta tierra definitivamente, con todo mi corazón y con toda mi alma. ⁴²Porque así dice Yahveh, como he traído sobre este pueblo toda esta gran calamidad, así yo traeré sobre ellos toda la prosperidad que yo les prometo. ⁴³Se comprarán campos en esta tierra de la que vosotros decís que está desolada, sin hombres ni ganado, entregada en manos de los caldeos. ⁴⁴Comprarán campos con dinero y escribirán la escritura, sellarán y aducirán testigos en la tierra de Benjamín y en los alrededores de Jerusalén y en las ciudades de Judá y en las ciudades de la Montaña, y en las ciudades de la Sefela y en las ciudades del Negueb; porque cambiaré su suerte, oráculo de Yahveh».

Por último adjuntamos las repeticiones en los diálogos en el texto original hebreo (vv. 7 y 8; 24-25 y 28-29; 23 y 32-35; presentadas en el análisis precedente en la traducción castellana):

Repetición 1:

Versículo 7 anuncio del Señor a Jr	Versículo 8 petición de Janamel a Jr
קְנֵה לְךָ	קְנֵה נָא
אֶת־שָׂדִי אֲשֶׁר בַּעֲנָתוֹת	אֶת־שָׂדִי אֲשֶׁר־בַּעֲנָתוֹת
	אֲשֶׁר בְּאֶרֶץ בִּנְיָמִין
כִּי	כִּי־לְךָ
	מִשְׁפַּט הַיְרֻשָּׁה
	וּלְךָ הַגְּאֻלָּה
לְךָ מִשְׁפַּט הַגְּאֻלָּה לִקְנוֹת	קְנֵה־לָךְ

Repetición 2:

Versículos 24-25 descripción de Jr	Versículos 28-29 descripción del Señor
	²⁸לָכֵן כֹּה אָמַר יְהוָה
	הִנְנִי נֹתֵן אֶת־הָעִיר הַזֹּאת בְּיַד הַכַּשְׂדִּים
	וּבְיַד נְבוּכַדְרֶאצַּר מֶלֶךְ־בָּבֶל וּלְכָדָהּ
²⁴הִנֵּה הַסֹּלְלוֹת בָּאוּ הָעִיר לְלָכְדָהּ	²⁹וּבָאוּ הַכַּשְׂדִּים הַנִּלְחָמִים עַל־הָעִיר הַזֹּאת
וְהָעִיר נִתְּנָה בְּיַד הַכַּשְׂדִּים	וְהִצִּיתוּ אֶת־הָעִיר הַזֹּאת בָּאֵשׁ
הַנִּלְחָמִים עָלֶיהָ	וּשְׂרָפוּהָ וְאֵת הַבָּתִּים אֲשֶׁר
מִפְּנֵי הַחֶרֶב וְהָרָעָב וְהַדָּבֶר	קִטְּרוּ עַל־גַּגּוֹתֵיהֶם לַבַּעַל
	וְהִסִּכוּ נְסָכִים לֵאלֹהִים אֲחֵרִים
	לְמַעַן הַכְעִסֵנִי
וַאֲשֶׁר דִּבַּרְתָּ הָיָה וְהִנְּךָ רֹאֶה	
²⁵וְאַתָּה אָמַרְתָּ אֵלַי אֲדֹנָי יְהוִה	
קְנֵה־לְךָ הַשָּׂדֶה בַּכֶּסֶף וְהָעֵד עֵדִים	
וְהָעִיר נִתְּנָה בְּיַד הַכַּשְׂדִּים	

CAP. IV: ANÁLISIS NARRATIVO DE JR 32

Repetición 3:

Versículo 23 historia según Jr	Versículos 32-35 historia según el Señor
	³²עַל כָּל־רָעַת בְּנֵי־יִשְׂרָאֵל וּבְנֵי יְהוּדָה
	אֲשֶׁר עָשׂוּ לְהַכְעִסֵנִי
	הֵמָּה מַלְכֵיהֶם שָׂרֵיהֶם כֹּהֲנֵיהֶם וּנְבִיאֵיהֶם
	וְאִישׁ יְהוּדָה וְיֹשְׁבֵי יְרוּשָׁלָ͏ִם:
	³³וַיִּפְנוּ אֵלַי עֹרֶף וְלֹא פָנִים וְלַמֵּד אֹתָם
²³וַיָּבֹאוּ וַיִּרְשׁוּ אֹתָהּ וְלֹא־שָׁמְעוּ בְקוֹלֶךָ	הַשְׁכֵּם וְלַמֵּד וְאֵינָם שֹׁמְעִים לָקַחַת מוּסָר
וּבְתוֹרָתְךָ לֹא־הָלָכוּ	³⁴וַיָּשִׂימוּ שִׁקּוּצֵיהֶם בַּבַּיִת אֲשֶׁר־נִקְרָא־שְׁמִי
	עָלָיו לְטַמְּאוֹ
	³⁵וַיִּבְנוּ אֶת־בָּמוֹת הַבַּעַל אֲשֶׁר בְּגֵיא
	בֶן־הִנֹּם לְהַעֲבִיר אֶת־בְּנֵיהֶם וְאֶת־בְּנוֹתֵיהֶם
אֵת כָּל־אֲשֶׁר צִוִּיתָה לָהֶם	לַמֹּלֶךְ אֲשֶׁר לֹא־צִוִּיתִים וְלֹא עָלְתָה
לַעֲשׂוֹת לֹא עָשׂוּ	עַל־לִבִּי לַעֲשׂוֹת הַתּוֹעֵבָה הַזֹּאת
וַתַּקְרֵא אֹתָם אֵת כָּל־הָרָעָה הַזֹּאת	לְמַעַן הַחֲטִי אֶת־יְהוּדָה

CAPÍTULO V

Análisis retórico de Jr 32

Los estudios de la retórica bíblica[1] han puesto de manifiesto la importancia de la composición literaria como medio de influjo sobre el lector-oyente. Pero los esquemas de composición no siguen una lógica conclusiva sino un juego de simetrías entre las partes propio de la cultura semita[2]. Sin embargo, el análisis retórico no tiene sólo una función estética de recrearse en la armonía arquitectónica del texto, sino mostrar la articulación de los elementos que lo componen. El peligro, en este sentido, es la búsqueda desesperada de figuras regulares hasta el último detalle. Entendemos que en los textos bíblicos se juega con la simetría pero que ésta no es rígida ni omnipresente.

---

[1] La Pontificia Comisión Bíblica distingue tres acercamientos diferentes: «El primero se apoya sobre la retórica clásica greco-latina; el segundo se preocupa de los procedimientos semíticos de composición; el tercero se inspira en las investigaciones modernas llamadas "nueva retórica"», *La interpretación*, 37. Nuestro estudio se sitúa en el segundo acercamiento. Cf. R. MEYNET, *L'analisi retorica*, especialmente la segunda parte de la obra, 142-256; para un estudio práctico de esta metodología cf. P. BOVATI – R. MEYNET, *Il libro del profeta Amos*.

[2] El cambio de esquema mental que supone entrar en la composición bíblica se refleja en las siguientes palabras de Meynet: «Il Greco dimostra, l'Ebreo mostra. La formula, forzata come ogni formula, vuole sottolineare la differenza fondamentale fra la retorica greco-latina e la retorica biblica. Il greco vuole convincere imponendo un ragionamento che non si può scansare; l'Ebreo indica il cammino che il lettore può seguire se desidera comprendere. Com-prendere: prendere insieme. L'analisi retorica è un metodo che permette di riconoscere ciò che è stato composto per essere letto insieme», R. MEYNET, *Leggere la Bibbia*, 77.

1. Composición y estructura del texto

Examinamos la cohesión literaria y la lógica interna partiendo de la estructuración. Serán objeto de especial atención para este análisis los paralelismos, oposiciones y relaciones internas del texto. Los principales procedimientos que vamos a examinar son los siguientes:

– la repetición de elementos, en modo idéntico u opuesto[3]. Se tratará de repeticiones léxicas (principalmente de la misma raíz pero también por medio de sinónimos, antónimos, del mismo campo semántico...); repeticiones morfológicas (singulares/plurales) o sintácticas (tipo semejante de sintagma o construcciones similares).

– la posición de dichos elementos, especialmente cuando ocupan un lugar estratégico: «términos iniciales», «centrales», «finales», «extremos» y «medios»[4].

– la figura de composición: paralelismo, quiasmo y estructura concéntrica[5].

A partir de la estructura presentada en el cap.1 analizaremos en primer lugar cada una de las perícopas por separado: 1-5; 6-25; 26-44[6].

---

[3] Con frecuencia bajo una aparente identidad formal de estructura o de miembros se subraya su diferencia de mensaje. En palabras de Meynet: «non è esagerato dire che la funzione dell'identità è quella di far risaltare meglio le differenze», R. MEYNET, *L'analisi retorica*, 211. Sobre el papel de las repeticiones en Jr cf. J.R. LUNDBOM, *Jeremiah 1–20*, 122-126.

[4] «Términos iniciales» son aquellos términos o sintagmas que indican el inicio de unidades textuales simétricas. «Términos finales» aquellos que indican el final de unidades simétricas. «Centrales» son aquellos términos que ocupan el centro de unidades simétricas. «Extremos» aquellos que indican los extremos de una unidad textual, mientras que «medios» indican el final de una unidad y el inicio de la unidad simétrica. Para una mayor definición de la terminología cf. R. MEYNET, *L'analisi retorica*, 273-277.

[5] Cf. R. MEYNET, *L'analisi retorica*, 159: «Gli elementi linguistici in rapporto d'identità o di opposizione non sono distribuiti a caso. La loro posizione nel testo non obbedisce solo a regole e pressioni sintattiche e semantiche; ad ogni livello di organizzazione testuale essa segue le leggi di strutturazione del discorso. La *posizione* degli elementi in rapporto tra loro può conferire agli stessi una funzione di indizi o di segni di *composizione*. La loro disposizione forma delle figure di composizione che obbediscono tutte alla grande legge della simmetria. Le due forme basilari della simmetria sono il parallelismo e, per rischiare un neologismo, il *concentrismo*; il parallelismo quando gli elementi in rapporto sono ripresi nello stesso ordine, concentrismo quando ricompaiono in ordine inverso».

[6] Cf. C. HARDMEIER, «Probleme», 62-65; H. MIGSCH, *Jeremias Ackerkauf*, 109-150. Estos autores proponen una división semejante a la nuestra desde criterios también sincrónicos pero no de retórica sino de análisis lingüístico y de niveles y horizon-

1.1 Perícopa I, vv. 1-5

A ¹LA PALABRA QUE FUE DIRIGIDA A JEREMÍAS DE PARTE DE YAHVEH
  a   en el *año* décimo de SEDECÍAS REY DE JUDÁ,
        que corresponde al *año* decimoctavo de NABUCODONOSOR.
  b   ²En aquel momento el **ejército** del REY DE BABILONIA **asediaba Jerusalén**
  a'   y el *profeta* JEREMÍAS
        estaba *encerrado* en el patio de la guardia, en el palacio del REY DE JUDÁ,
        ³en donde le había *encerrado* SEDECÍAS REY DE JUDÁ,
        acusándole: ¿Por qué (TÚ) has *profetizado*:

B ASÍ DICE YAHVEH: ─────────────────────────────
  b'   He aquí que YO **entrego** esta **ciudad** en *manos* del REY DE BABILONIA
        y ÉL **la conquistará**.
  a"   ⁴SEDECÍAS REY DE JUDÁ no **escapará** de *manos* de los **caldeos**,
        sino que será **entregado** *sin remisión* en *manos* del REY DE BABILONIA,
        con ÉL tendrá que vérselas y hablar *cara a cara*[7].
        ⁵A *Babilonia* ha de llevar a SEDECÍAS y *allí* permanecerá
        hasta que YO le muestre mi favor,
  b"   ORÁCULO DE YAHVEH,
        aunque **luchéis** (VOSOTROS) contra los **caldeos**
        no **triunfaréis** (VOSOTROS)?.

Esta primera perícopa consta de dos bloques A, vv. 1-3a, y B, 3b-5, con tres segmentos cada uno. En el primer bloque encontramos como término inicial y final la expresión «Sedecías rey de Judá» (que reaparece en el centro del segundo bloque). Los segmentos a y a' contienen sendos paralelismos[8] (en el primer caso un paralelismo sinonímico, en el segundo sintético: especifica el agente y la causa del encarcelamien-

---

tes de comunicación. El tratamiento es diverso pero confirma nuestra división del texto. Dentro de cada perícopa dividiremos en bloques, segmentos y miembros. Utilizaremos estos términos para delimitar en orden decreciente las distintas unidades, sin ajustarnos siempre a la descripción de miembro o segmento según R. MEYNET, *L'analisi retorica*, 275. Para no alargar excesivamente la presentación de este primer apartado presentaremos en un anexo final la relación retórica entre las tres perícopas.

[7] La traducción de este versículo no reproduce el juego interno de dobles repeticiones que presenta el texto hebreo. Una traducción literal sería: «Y Sedecías rey de Judá no escapará de manos de los caldeos, sino que entregado será entregado en manos del rey de Babilonia y hablará con él cara a cara y sus ojos sus ojos verán».

[8] No haremos una descripción exhaustiva de cada segmento, pero evidenciamos en el texto con letra cursiva otros aspectos que refuerzan y embellecen la composición; p.e.: la repetición en a' de la raíz «profeta» y «encerrar», que aparece en forma quiástica.

to). En el segmento central hallamos dos términos que reaparecerán por medio de sinónimos en el segundo bloque (ejército=caldeos, Jerusalén=ciudad) desplazándose del centro a los extremos[9]. Junto a este fenómeno, en el segundo bloque, encontramos en los extremos la contraposición entre yo-vosotros. Sedecías pasa al segmento central, ocupando también posiciones estratégicas al inicio y final. Tanto b' como b" contienen un paralelismo sinonímico prolongando el segmento b. Por su parte, a" contiene una serie de miembros en paralelo avanzando información sobre el futuro de Sedecías. Una serie de sinónimos, que retornan como «palabra clave», unifican el destino de la ciudad, de su rey y de sus habitantes: *asediar, encerrar, entregar, conquistar, (no) escapar, (no) triunfar*.

De esta forma, en los vv. 1-5 se dibuja la siguiente construcción: dos estructuras concéntricas con una relación entrecruzada entre ellas;
A: Introducción
   a Sedecías y Nabucodonosor
      b ejército y Jerusalén (=ciudad)
   a' Sedecías y Jeremías
B: Enlace:
      b' La ciudad
   a" Sedecías y Nabucodonosor (y Yahveh)
      b" El ejército (=caldeos)

Sobre la base de los elementos de conexión repetidos en ambas partes se da un juego de contrastes y matizaciones[10]:

– En torno a la persona de Sedecías se opera un cambio con relación al rey de Babilonia y con relación a Jeremías.

✓ Respecto a Nabucodonosor:

En el v. 1 Sedecías es presentado como «rey de Judá». Al final de la primera perícopa, v. 5, es descrito únicamente por el nombre. Este

---

[9] Cf. R. MEYNET, *L'analisi retorica*, 120: «Vi sono anche numerosi casi in cui le idee compaiono al centro di un sistema e alle estremità di un sistema corrispondente, ed è evidente che il secondo sistema è stato costruito per corrispondere al primo. Chiameremo questo tratto *legge dello spostamento del centro verso le estremità*». Como iremos viendo esta *ley del desplazamiento del centro hacia los extremos* reaparecerá con mucha frecuencia en nuestro texto.

[10] Cf. R. MEYNET, *L'analisi retorica*, 168: «Al livello dell'interpretazione si ritrova così la stessa oscillazione esistente al livello formale tra rapporto d'identità e rapporto d'opposizione. Con la differenza che qui si deve cercare ciò che è diverso tra due elementi identici e ciò che è identico tra due elementi opposti».

cambio es correlativo al de Nabucodonosor, presentado únicamente por el nombre en el v. 1 y como el «rey de Babilonia» en el v. 4.

El modo de mencionar a Sedecías va acompañada del cambio de su situación:
- en A Sedecías es soberano que ordena y manda (prisión de Jr),
- en B está a merced de Nabucodonosor (será entregado, llevado y puesto frente a él). Sus días como rey están contados.

✓ Respecto a Jeremías:

En los vv. 2-3 Sedecías encierra a Jeremías en un intento de acallar su palabra profética. La vida de Jr depende de él. En el v.4 el enfrentamiento se convierte en una dependencia de Sedecías respecto al Señor (Yo). El rechazo a Jr no es contra su persona sino contra la palabra de Yahveh que porta. Cuando intervenga personalmente el Señor, Sedecías dependerá de Yahveh. Por ello al «tú» de la acusación responde un «yo», que no es Jr sino el Señor.

– La ciudad se encuentra asediada por el ejército (b) y su futuro es rendición y derrota sin esperanzas de triunfo (b' y b"). Pero en b' hay matices nuevos: la conquista de la ciudad es una entrega de Yahveh (*Yo entrego*). Contra ella la oposición de los judíos, b" (*Vosotros*), no puede triunfar[11]. Al final la lucha no es entre ciudad y ejército sino entre «vosotros» y «yo».

La función de la estructura es unir el destino de Sedecías y el destino de la ciudad[12]. Ambos están «entrelazados». Los dos correrán la misma suerte: «serán entregados en manos del rey de Babilonia». La oposición a Jr y a los babilonios (A) acaba siendo enfrentamiento directo con Yahveh (B). El texto deja claro que el final de Sedecías está en manos

---

[11] La última afirmación del v. 5 «aunque luchéis contra los caldeos no triunfaréis» supone un final en anticlímax o al menos cabe esperar un final distinto, ya que mientras para Sedecías se anuncia una visita del Señor, para el pueblo no se afirma nada positivo, cf. J. APPLEGATE, «The Fate of Zedekiah», 153.

[12] Cf. J. APPLEGATE, «The Fate of Zedekiah», 143-144. Este autor estudia, en distintos textos de Jr, la relación entre el destino de Sedecías y la fraseología estereotipada en torno a «entregar en manos de» y los objetos de la donación (Yahweh's "Giving"): tierra, personas, animales, la ciudad, los príncipes, etc. De su estudio concluye: «Implicit in the debate over Zedekiah is a further debate about the authority of the paradigm of response to Yahweh's word determining one's fate, the paradigm of total human responsibility. Indeed, the debate about Zedekiah's fate witness to the breakdown of this paradigm and the recognition of the sovereignty of Yahweh's will. Hence, Zedekiah's fate and the fate of his people lie ultimately with Yahweh. This recognition opens up the possibility of their salvation and, in doing so, it forms the necessary precondition to the salvation-prophecy in Jer», *Ibid.*, 308.

de Dios, y en sus mismas manos está el destino del pueblo[13]. En la iniciativa divina reside el futuro de Sedecías, de la ciudad y de sus habitantes.

1.2 *Perícopa II, vv. 6-25*

En primer lugar la analizaremos por separado en dos sub-perícopas, 6-15 y 16-25; posteriormente la veremos en conjunto:

1.2.1 Sub-perícopa IIa, vv. 6-15

Dividimos en dos bloques: vv. 6-12 y 13-15 (cf. presentación de la página siguiente). Ambos bloques están marcados por una tendencia de composición ternaria. Ésta es especialmente visible en el bloque C (c consta de tres miembros con elementos comunes, d consta similarmente de tres miembros con un tercero que se expande con tres unidades — «y a la vista de X» —), pero reconocible también en D (las palabras finales del Señor se concreta en tres objetos de transacción: casas, campos y viñas).

En c el paralelismo resulta claro: cada miembro consta de una referencia a la «Palabra de Yahveh», una referencia a Janamel (en parte con diversa caracterización), y la referencia a la compra del campo. En d los elementos aglutinantes son «la escritura» y los «testigos» (tanto los testigos firmantes como Baruc y los presentes en el patio de la guardia). El paso de c a d se realiza a través de dos términos medios, o «palabras gancho»[14]: «pesar» y «plata/dinero» (כסף). Ambos segmentos quedan unidos además por la referencia al lugar: «patio de la guardia» (término central en el segmento c y término final en d).

A su vez el paso del bloque C al D se realiza con las referencias a «Baruc» y los testigos («a la vista de ellos») como términos medios. El segundo bloque contrasta por la brevedad de sus segmentos. Retoma los puntos claves del primer bloque refiriéndose respectivamente a la escritura (d') y a la compra del campo (c'; además c y c' tienen en común la referencia a la «tierra» en posición estratégica — «tierra de Benjamín» término central en c, «esta tierra» término final de c'). El término inicial de ambos coincide, «Así dice Yahveh», dando un tono solemne al final de la sub-perícopa. El término clave que da cohesión a los bloques, apareciendo en cada segmento, es la raíz «compra».

---

[13] Cf. J. APPLEGATE, «The Fate of Zedekiah», 155.
[14] Cf. H. VAN DYKE PARUNAK, «Transitional Techniques in the Bible», 530-532.

CAP. V: ANÁLISIS RETÓRICO DE JR 32   205

C   ⁶Dijo Jeremías:
  c   Me fue dirigida LA PALABRA DE YAHVEH como sigue: ⁷«He aquí que *Janamel*, el *hijo de tu tío* Salún **vendrá** a decirte:
      Compra mi **campo** de **Anatot** porque a ti te *corresponde el derecho de rescate* para **comprarlo**.
    ⁸*Vino* a mí *Janamel*, el *hijo de mi tío*, conforme a LA PALABRA DE YAHVEH, al *patio de la guardia* y me dijo:
      Compra mi **campo** de **Anatot**, qué está en la **tierra de Benjamín**,
      porque tuyo es el *derecho de adquisición* y a ti *te corresponde el rescate*.
      Cómpralo.
    Reconocí que aquello era LA PALABRA DE YAHVEH.
      ⁹**Compré** el **campo** que está en **Anatot** a *Janamel, hijo de mi tío*,
      y le *pesé el dinero*: diecisiete siclos de *plata*.
  d
    ¹⁰Redacté la **escritura**, la sellé, aduje **testigos** y *pesé la plata* en la balanza.
    ¹¹Tomé la **escritura** de la **compra**: la copia sellada con lo estipulado y las condiciones, y la copia abierta, ¹²y entregué la **escritura** de la **compra** a Baruc, hijo de Neriyías, hijo de Majseías,
      a la vista de **Janamel**, *hijo de mi tío*,
      y *a la vista* de los **testigos** que habían firmado en la **escritura** de la **compra**,
      y *a la vista* de **todos los judíos** que estaban en el *patio de la guardia*.
D ¹³Y ordené a Baruc *a la vista de* ellos:
  d' ¹⁴ASÍ DICE YAHVEH Sebaot el Dios de Israel:
    Toma estas **escrituras**,
      la **escritura** de **compra** tanto la copia sellada como la copia abierta,
    y **ponlas** en una jarra de barro para que duren mucho tiempo.
  c' ¹⁵ASÍ DICE YAHVEH Sebaot el Dios de Israel:
    Todavía se **comprarán** casas y **campos** y viñas en esta tierra.

La estructura global que presenta es en quiasmo:
C. Introducción:
  c Compra /campo
    d Escritura de compra
D. Enlace:
    d' Escritura de compra
  c' Compra / campo

Ambos bloques desarrollan aspectos complementarios de una misma acción. Primero se centra la atención en cómo tiene lugar la compra del terreno, y en un segundo momento en la escritura. La Palabra de Yahveh articula el segmento c, en el que se reconoce un avance en progresión: - la palabra como anuncio de la venida de Janamel y de la petición de rescate; - el cumplimiento de la venida y petición; - reconocimiento del anuncio como palabra de Yahveh y cumplimiento de la petición. El texto deja clara la obediencia de Jeremías a la palabra divina.

El segmento d profundiza en las acciones desencadenadas por el reconocimiento de la palabra, pero introduciendo una novedad: mientras que en c sólo intervienen Janamel y Jr, d introduce «testigos». Un asunto inicial entre dos personas, envuelve ahora a «*todos los judíos*». Pero llama la atención que mientras la compra es asunto entre Jr y Janamel, la escritura pasa a ser asunto directo de Jr y Baruc.

Los dos temas (campo y escritura) son retomados en D pero desde esa perspectiva pública y en su proyección de futuro: las palabras sobre la escritura y la compra son dirigidas a «*todos*». El futuro de esperanza (d' y c') es consecuencia del reconocimiento de la Palabra, que da lugar a la compra. Pero no sólo eso, la unidad del quiasmo entre la compra y su escritura subraya que el futuro de la actividad normal de la vida está ligado a la escritura: hay constancia de ello y así la compra es duradera. Además en ambos casos (d y d') la escritura aparece unida al verbo «entregar», apareciendo la escritura como una prenda recibida, con valor para el presente y para el futuro.

1.2.2 Sub-perícopa IIb, vv. 16-25

Disponemos la sub-perícopa como un único bloque, con siete segmentos. La composición de este bloque, como puede verse en el texto presentado en la página siguiente, está llena de referencias entre los segmentos. Presentaremos los rasgos más sobresalientes, a partir de la estructura concéntrica efghg'f'e', considerando los segmentos dos a dos[15]:

  e.- Palabra de Jeremías a Yahveh
    f.- Acciones de Dios, misericordia y castigo
      g.- Dios da según la conducta
        h.- Acción de Dios en Egipto
      g'.- Dios da la tierra según la promesa
    f'.- Acción (omisión) de Israel y calamidad anunciada.
  e'.- Palabra de Yahveh a Jeremías

---

[15] En la consideración de los relaciones dentro de cada bloque y entre los bloques no simétricos, nos limitaremos a exponer lo más significativo.

e	¹⁶Oré a Yahveh después de **entregar** la escritura de la **compra** a Baruc, hijo de Neriyías, como sigue: ¹⁷¡AY, SEÑOR YAHVEH!

f	*He aquí que* TÚ hiciste el cielo y la tierra con *tu gran fuerza y con tu brazo firme*, *nada* (כָּל־דָּבָר) es imposible para TI. ¹⁸Tratas (עֹשֶׂה) con misericordia por mil generaciones y castigas el pecado de los padres en el seno de los hijos que les suceden, Dios grande y valeroso cuyo **nombre** es YAHVEH Sebaot, ¹⁹grande en designios y poderoso en *acciones*,
g	que tienes los ojos fijos en todas las *conductas* de los humanos para **dar** a cada uno según su *conducta* y según el fruto de sus *acciones*. ²⁰Tú obraste *signos y prodigios* en la **tierra** de Egipto que duran hasta hoy, y en Israel
h	y en la **humanidad**, y te has hecho un **nombre** como el que tienes hoy. ²¹Sacaste a tu pueblo Israel de la tierra de Egipto con *signos y prodigios, con mano robusta y brazo* firme *y con gran terror*.
g'	²²Les **diste** esta **tierra** que habías prometido a sus padres **darles**, tierra que mana leche y miel.
f'	²³Ellos *entraron* para *poseerla* pero no obedecieron tu voz ni caminaron según tu ley, no hicieron nada de lo que les habías mandado hacer, y les has enviado toda esta *calamidad*. ²⁴*He aquí que* las rampas de asalto *entran* en la ciudad para *conquistarla* y la ciudad es **entregada** en manos de los caldeos que combaten contra ella *con la espada, el hambre y la peste*; lo que habías *anunciado* (וַאֲשֶׁר דִּבַּרְתָּ) se ha cumplido y (*he aquí que*) TÚ lo estás viendo.

e'	²⁵¡Y TÚ me dices, SEÑOR YAHVEH: **compra** el campo con dinero y aduce testigos, cuando la ciudad es **entregada** en mano de los caldeos!

Los segmentos e y e' contienen ambos diversos elementos comunes como términos extremos: «entregar», «compra» y la invocación a Dios «Señor Yahveh» (acompañada en e con la interjección *¡Ay!*, en e' con el pronombre de segunda persona masculino)[16]. Suponen el horizonte de toda la oración recogiendo el tema de la compra. La oración de Jr viene presentada como un respuesta al Señor en el marco de un diálogo recíproco. No nos referimos a las palabras del Señor que vendrán en los vv. siguientes; la oración de Jr supone un diálogo anterior como muestra el

---

[16] En la aparición de los términos extremos puede apreciarse a su vez una estructura concéntrica: entregar - compra - invocación/invocación - compra - entregar.

v. 25: «Y tú me dices...». El tono del diálogo aparece apremiante tanto al inicio, interjección «¡Ay!», como al final, vocativo «tú».

Ambos bloques presentan una entrega de signo claramente opuesto: la entrega de la escritura y la entrega de la ciudad. La relación de estas entregas con la acción de compra revela la oposición, el carácter incomprensible que tienen para el profeta las palabras del Señor.

En f y f' encontramos la expresión «He aquí que tú» como término inicial en f y término final en f' (la conexión está reforzada por la raíz דבר, «nada es imposible/lo anunciado se ha cumplido»). A su vez, f y f' giran en torno al verbo «hacer» pero con dos sujetos diversos: Dios e Israel; es más, contrapuestos ya que el primero hace y su acción es grande, mientras que el segundo *no* hace. Lo que en f se presenta como una posibilidad de hacer *todo* en el futuro, se concreta en f' como la calamidad anunciada en la esfera del presente, subrayado por un tú omnipotente.

G y g' precisan la capacidad de acción de Dios a través del verbo «dar», de modo genérico en g, en concreto con el don de la tierra en g'. Vuelve así a aparecer el tema de la donación (presente e y e'; y de forma simétrica ya que e y g' tratan de una donación de tierra, mientras que e' y g tratan de un pago por las acciones — dado que las acciones de Israel son *no-hacer* le corresponde un dar que es quitar: entregar la ciudad en manos de los caldeos).

En el centro un segmento claramente solemne (especialmente perceptible en la reaparición de elementos de f-f' y g-g' como términos centrales: «hacer», «nombre», «tierra», etc.; además de términos propios de este segmento): las acciones de Dios en Egipto, Israel y toda la humanidad, con signos y prodigios con mano fuerte y brazo firme. Esa acción es la que articula el «sacar de Egipto», «entrar» en la tierra y «poseerla».

El segmento f' presenta un doble aspecto interesante:
• el contraste entre la entrada del pueblo para poseer la tierra en el pasado, mientras que en el presente son los caldeos (a través de una personalización de las rampas de asalto) los que entran en la ciudad *para conquistarla*;
• la calamidad enviada se dramatiza mediante la espada, el hambre y la peste (en relación con la mano robusta, brazo firme y gran terror de f y h). La grandiosidad de Dios se manifiesta tanto en sus acciones de misericordia como en las de juicio y castigo.

La oración de Jr versa sobre el pasado para recuperar las obras de Dios (la donación de una tierra cuyos «frutos son leche y miel») y sobre su juicio presente sobre las obras de los hombres (cuyas acciones dejan como fruto «esta calamidad»). ¿De dónde nace la contradicción? No parece que sea ni la grandeza de Dios (conocida desde antiguo v. 20), ni que el castigo se opere (ya que el pueblo lo merece vv. 18.23), ni siquiera que se opere por mano de los caldeos (v. 24). El problema, tal y como se revela en el versículo 25, es que si se cumple la desgracia, ¿qué sentido tiene el mandato de compra como palabra de Dios en este momento de castigo?

1.2.3 Visión de conjunto de la perícopa II

Veamos ahora globalmente las dos sub-perícopas, vv. 6-25, donde algunos elementos cobran realce:

En primer lugar, los términos indicadores de la composición («Palabra del Señor», «Dice el Señor», las invocaciones, etc.) en posiciones iniciales y finales enmarcan los dos bloques como un diálogo: en IIa es la palabra del Señor la que engloba una acción de Jr, mientras que en IIb las invocaciones de Jr contienen tanto las acciones de Dios como de Israel. El nexo entre los dos se realiza por medio de la expresión «entregué la escritura de compra a Baruc» (término central en IIa, inicial en IIb) y del término «tierra» (inicio y final de IIa, centro de en IIb)[17].

Hay que destacar el inicio y final de IIb, ya que retoma las temáticas del bloque precedente. Al inicio se menciona la escritura de compra, hilo conductor de d y d', mientras que al final se alude a la compra del campo, motivo de c y c' (e incluso se alude a la compra con dinero y testigos recogiendo también d).

Los términos «entrar/venir» (בוא) y «entregar/dar» (נתן) ocupan posiciones estratégicas. De hecho encontramos la siguiente dinámica: viene Janamel, se entrega la escritura; la tierra es don para el pueblo y entraron en ella, sin embargo llegan los caldeos y Dios les entrega la ciudad. En el primer bloque el esquema es:

• Dios anuncia a Jr la venida de Janamel, llegada como cumplimiento del anuncio, acción de Jr, mensaje del Señor;

• en la segunda, es Jr el que proclama el nombre de Dios («Señor Yahveh» en los extremos, «nombre» en el centro), la historia de sus acciones, entrega en la tierra, pecado del pueblo, y ahora los que entran a la ciudad son los caldeos como castigo anunciado y que se cumple.

---

[17] Pueden verse además algunos otros términos comunes como «poseer», «dinero».

II a	⁶Dijo Jeremías: Me fue dirigida la PALABRA DE YAHVEH como sigue: ⁷He aquí que Janamel, el hijo de tu tío Salún, **viene** a decirte: Compra mi campo de Anatot porque a ti te corresponde el derecho de rescate para comprarlo' ⁸**Vino** a mí Janamel, el hijo de mi tío, conforme a la PALABRA DE YAHVEH, al patio de la guardia y me DIJO: Compra, te ruego, mi campo de Anatot que está en la tierra de Benjamín, porque a ti te corresponde el derecho de propiedad y a ti te corresponde el rescate. Cómpralo. Reconocí que aquello era la PALABRA DE YAHVEH. ⁹Compré el campo de Anatot a Janamel, hijo de mi tío. Le pesé el dinero: diecisiete siclos de plata. ¹⁰Redacté la escritura, la sellé, aduje testigos y pesé el dinero en la balanza. ¹¹Cogí la escritura de la compra: la copia sellada, con lo estipulado y las condiciones, y la copia abierta; ¹²*y entregué la escritura de la compra a Baruc*, hijo de Neriyías hijo de Majseías, a la vista de Janamel hijo de mi tío y a la vista de los testigos que habían firmado en la escritura de la compra y a la vista de todos los judíos que estaban en el patio de la guardia. ¹³A la vista de ellos ordené a Baruc: ¹⁴'Así DICE YAHVEH Sebaot, Dios de Israel: Toma estas escrituras, la escritura de compra tanto la copia sellada como la copia abierta, y **ponlas** en una jarra de barro para que duren mucho tiempo. ¹⁵Porque así DICE YAHVEH Sebaot Dios de Israel: Todavía se comprarán casas y campos y viñas en esta tierra.
II b	¹⁶ Oré a Yahveh después de *entregar la escritura de la compra a Baruc*, hijo de Neriyías, como sigue: ¹⁷¡Ay, SEÑOR YAHVEH! He aquí que tú hiciste el cielo y la tierra con tu gran fuerza y con tu brazo firme, nada es imposible para ti. ¹⁸Tratas con misericordia por mil generaciones y castigas el pecado de los padres en el seno de los hijos que les suceden, Dios grande y valeroso cuyo NOMBRE es YAHVEH SEBAOT, ¹⁹grande en designios y poderoso en acciones, que tienes los ojos fijos en todas las conductas de los humanos para **dar** a cada uno según su conducta y según el fruto de sus acciones. ²⁰Tú obraste signos y prodigios en la tierra de Egipto que duran hasta hoy, y en Israel y en la humanidad, y te has hecho un NOMBRE como el que tienes hoy. ²¹Sacaste a tu pueblo Israel de la tierra de Egipto con signos y prodigios, con mano robusta y brazo firme y con gran terror. ²²Les **diste** esta tierra que habías prometido a sus padres **darles**, tierra que mana leche y miel. ²³Ellos **entraron** para poseerla pero no obedecieron tu voz ni caminaron según tu ley, no hicieron nada de lo que les habías mandado hacer, y les has enviado toda esta calamidad. ²⁴He aquí que las rampas de asalto **entran** en la ciudad para conquistarla y la ciudad es **entregada** en manos de los caldeos que combaten contra ella con la espada, el hambre y la peste; lo que habías ANUNCIADO se ha cumplido y (HE AQUÍ QUE) *tú* lo estás viendo. ²⁵¡Y TÚ me dices, SEÑOR YAHVEH: compra el campo con dinero y aduce testigos, cuando la ciudad es **entregada** en mano de los caldeos!

La tierra, promesa y don del pasado, se ve ahora simultáneamente como promesa para el futuro (v. 15) y como «don retirado» y/o castigo en el presente a través de la ciudad entregada (vv. 24-25). En este sentido observamos una equivalencia entre «la ciudad» y «la tierra». Lo que en el ámbito del pasado ha sido objeto de promesa y lugar de entrada del pueblo, la tierra; pasa a ser ocupado ahora por la ciudad, objeto de castigo (no-promesa) y lugar de entrada de otro pueblo.

1.3 *Perícopa III, vv. 26-44*

La analizaremos previamente en tres sub-perícopas separadas, para verla después en su conjunto.

1.3.1 Sub-perícopa IIIa, vv. 26-35

Consta de un segmento de introducción y un único bloque con cinco segmentos:

²⁶Fue dirigida la palabra del Señor a Jeremías como sigue:

Introd.	²⁷HE AQUÍ QUE YO soy Yahveh **Dios de todo viviente**, ¿acaso hay algo imposible para MÍ?

²⁸Pues bien así dice Yahveh:

i	HE AQUÍ QUE YO *entrego* esta **ciudad** en manos de los caldeos y en manos de Nabucodonosor rey de Babilonia y él la *conquistará*. ²⁹Y los caldeos que combaten contra esta **ciudad** *entrarán y prenderán* fuego a esta **ciudad** e *incendiarán* la **ciudad** con las casas en cuyas terrazas *quemaron incienso* a **Baal** y *ofrecieron libaciones* a **otros dioses** para **provocarme**.
j	³⁰PORQUE los hijos de Israel y los hijos de Judá no han *hecho* sino el mal a mis ojos desde su juventud, PORQUE los hijos de Israel no han *hecho* sino **provocarme** con las *obras* de sus manos, ORÁCULO DE YAHVEH.
k	³¹PORQUE esta **ciudad** ha sido motivo de MI *ira* y MI furor desde el día en que la *construyeron* hasta hoy como para hacerla desaparecer de MI presencia,
j'	³²POR todas las maldades que han *cometido* los hijos de Israel y los hijos de Judá para **provocarme**; ellos, sus reyes, sus príncipes, sus sacerdotes, sus profetas, tanto los hombres de Judá como los habitantes de Jerusalén. ³³Me dieron la espalda en vez de la cara sin embargo los instruí, asiduamente los instruí, pero ellos no atendieron para aprender la lección. ³⁴Pusieron sus **ídolos** en la casa que lleva MI nombre *profanándola*.
i'	³⁵*Construyeron* lugares de culto a **Baal** en el **valle de Ben-Hinnón** para *sacrificar* a **Moloc** sus hijos y sus hijas, cosa que no les mandé, ni se ME pasó por la cabeza que *hicieran* semejante *abominación* para *hacer pecar* a Judá.

Siguiendo lo enunciado en el v. 27, esta primera sub-perícopa desarrolla la primera parte: «Yo como Señor y Dios de todo viviente». En realidad presenta la excepción al enunciado: el rechazo de Dios por parte del pueblo. El bloque presenta una estructura concéntrica:
　i Dios entrega la ciudad por los ídolos en las casas
　　j las provocaciones del pueblo
　　　k la ciudad con relación a Dios
　　j' las maldades de todo el pueblo
　i' los ídolos en la casa de Dios y en la ciudad

En la introducción del bloque, v.27, se subraya el Señorío de Dios («yo+verbo–mí+sustantivo») ante todos los seres humanos («todo viviente» כָּל־בָּשָׂר) y ante todo evento («algo» כָּל־דָּבָר). En los extremos del bloque está presente está relación no aceptada por Israel: presencia de Yahveh (a través de pronombres personales de primera persona o sufijos) y de la oposición a su dominio: los «ídolos», «Baal», «Moloc», «otros dioses».

El término inicial de i repite el de la introducción: «He aquí que yo». El acto de entrega de la ciudad desencadena una doble relación: Dios-ciudad-caldeos/caldeos-ciudad-ídolos. Dios en su señorío absoluto entrega la ciudad a los caldeos, los nuevos señores de la ciudad porque ésta ha provocado al verdadero Dios con los falsos dioses.

En i', se retoman términos de i: «casa» (que por metonimia simboliza la ciudad, lo mismo que «valle de Ben-Hinnón»); los ídolos en general o con nombres concretos; y para la gravedad de la *provocación* se ilustra con una serie de sinónimos: «abominación», «profanación», «pecar».

En j, k y j' encontramos al comienzo el mismo término de causalidad: v. 30: כִּי; v. 31: כִּי עַל; v. 32: עַל. Los tres bloques intentan motivar la actuación del Señor. J y j' lo hacen en función de las acciones del pueblo: «provocar», «hacer/cometer» (עשׂה) maldades. Un comportamiento que es descrito con rasgos de totalidad: descripción de cada uno de los sectores del pueblo (j'), y totalidad también en el tiempo: «desde su juventud» (j)[18].

---

[18] Puede verse además que la presentación va acompañada de una descripción de actitudes o gestos corporales: mal a los ojos de Dios, las obras de sus manos, dar la espalda y no la cara; lo cual refuerza el rechazo persistente. Esta contextualización somática prepara a su vez la reacción de Dios en el centro de la estructura: desaparecer de mi presencia («de mi cara»), además del sentimiento de ira (cuya sede es la nariz), claro antropomorfismo de Dios acompañado de la personificación de la ciudad. Llama la atención como la fuerza de esta presentación antropomórfica es suavizada

El segmento central retoma términos de los extremos: «ciudad», sufijos de primera persona (aparece también el término «construyeron» que será retomado en el segmento final, en ambos casos la acción de costruir es contra Dios).

De esta forma k fija su mirada en los efectos provocados por las acciones de Israel. La soberanía divina sobre todo lo creado se concretiza en la ciudad, personificada ahora como causa de la ira del Señor.

El centro ilumina todo este bloque: hay que entender la entrega de la ciudad como rechazo de Dios, como castigo por sus provocaciones. En último término, el rechazo de la ciudad es rechazo del pueblo que con sus manos la ha construido. Su destino es la destrucción por medio del fuego (la ira de Dios). Lo cual tiene lugar por mano de los caldeos que obedecen al Dios de todos los humanos, cosa que no ha hecho Israel adorando a otros dioses.

1.3.2 Sub-perícopa IIIb, vv. 36-41

Consta de un segmento de enlace y un único bloque con nueve segmentos breves:

en la ce	³⁶Pues bien ahora así *dice* YAHVEH EL DIOS DE ISRAEL acerca de esta ciudad, de la que VOSOTROS *decís* que es **entregada** en manos del rey de Babilonia *por la espada, el hambre y la peste*:

l	³⁷He aquí que YO los *reúno* de todos los **países** a donde los dispersó *MI ira, MI furor y (mi) gran enojo,* y les haré *volver* a este lugar y les haré *habitar* seguros.
m	³⁸Serán mi pueblo, y YO seré su Dios.
n	³⁹Les **daré** un **corazón** indiviso y una conducta íntegra
	para que ME *respeten*
ñ	toda la vida para su **bien** y el de los hijos que les sucedan.
o	⁴⁰Pactaré con ellos alianza eterna
ñ'	que no revocaré después de ellos para hacerles el **bien** y
n'	pondré MI *temor* en sus **corazones**
m'	para que no se aparten de MÍ.
l'	⁴¹Disfrutaré por ellos haciéndoles el **bien** y los *plantaré* en esta tierra *definitivamente, con todo MI* **corazón** *y con toda MI alma.*

---

sistemáticamente por motivos teológicos en el Targum, cf. J. RIBERA FLORIT, *Traducción del Targum de Jeremías*, 41-43.184-188, y «Relación», 326. Así p.e. no se vuelve «la espalda a Dios sino a su culto», cf. Targum Jr 32,33.

El segmento de enlace nos presenta la temática en una contraposición de visiones entre dos personajes (Vosotros-Yahveh). Propiamente no se trata de una oposición de dos afirmaciones, ya que en el v. 28 Dios ha afirmado la entrega de la ciudad. La tensión está en la simultaneidad de las dos afirmaciones. En este sentido lo que *ahora* dice el Señor (vv. 37-41) complementa la visión puramente negativa del presente: tanto presentada por Dios en el bloque precedente, como recogida en este segmento de enlace como opinion del pueblo. Esa misma tensión se reconoce en los elementos comunes entre el enlace y el bloque:
- «entregar», por un lado la ciudad y por otro un corazón indiviso y una conducta íntegra;
- las circunstancias de esa entrega de signo contrario (especificadas por tres términos precedidos de la preposición בְּ). Tanto lo que se entrega como las circunstancias son claramente de signo contrario: «ciudad/corazón indiviso-temor» y «por la espada, el hambre y la peste/definitivamente, con todo mi corazón y con toda mi alma».

El bloque presenta una estructura concéntrica[19]:

l: vuelta de los países de dispersión
  m: fórmula de la alianza
    n: don de un corazón íntegro
      ñ: dicha para las generaciones venideras
        o: Pacto de una alianza eterna
      ñ': dicha de las generaciones venideras
    n': don de un corazón temeroso de Dios
  m': fórmula en negativo de la alianza
l': instalación en el país.

A través de pronombres personales y posesivos de primera persona todo el bloque vuelve a estar dominado por la acción de Dios, pero ahora con la mirada puesta en el futuro que *él* está por hacer.

L y l' en los extremos de la estructura presentan la acción de Dios en sus aspectos más visibles, reunir de los países y plantar en la tierra (éste es precisamente el término común אֶרֶץ). El contraste entre los dos segmentos está en las circunstancias que rodean las dos acciones: Dios reúne a los dispersos por su ira, su furor y gran enojo, mientras que en el futuro la acción de plantar será «definitivamente (en verdad[20]), con

---

[19] Cf. K. SCHMID, *Buchgestalten des Jeremiabuches*, 101, presenta para estos versículos una estructura concéntrica similar.

[20] En el texto hebreo, los tres términos van precedidos de la preposición בְּ, al igual que en el versículo 36 y 37. Lo cual por un lado es recurso retórico para marcar el ini-

todo su corazón y con toda su alma». Se revelan dos aspectos de Dios con rasgos antropomórficos. Al igual que en el bloque anterior el segmento final recoge además términos claves de los segmentos centrales: «bien» y «corazón».

M y m' presentan sendas fórmulas de alianza[21]. Ambas subrayan la importancia de Dios como Señor de Israel (en claro contraste con el bloque anterior, donde se ponía de manifiesto la idolatría de Israel).

N y n' muestran las acciones más internas o profundas de la alianza, el don de un corazón temeroso[22] de Dios. Ñ y ñ' en un ámbito más genérico repiten el carácter benéfico de la acción de Dios, en contraposición con la afirmación presente de destrucción. Este bienestar se describe como algo duradero, que también alcanzará a sus hijos después de ellos[23].

En el centro la clave de la transformación, el contraste entre las dos visiones, la de Dios y la del pueblo: la alianza eterna del Señor. Ella explica todas las consecuencias, generales o específicas, interiores o exteriores, que el futuro traerá para el pueblo. El cambio en el pueblo explica la alianza del Señor. No se aclara, sin embargo, la transformación interna de Dios: por qué su ira y su furor son ahora empeño afectivo, incondicional en favor de este pueblo. Hacemos notar que el versículo de enlace anunciaba algo sobre la ciudad, mientras que el bloque no la menciona expresamente; el bloque se refiere al pueblo (únicamente menciona la tierra en general en el v. 41). Como en la primera perícopa los destinos de la ciudad y del pueblo van unidos; o si se prefiere ambos son una misma cosa.

---

cio y final como términos extremos en vv. 37 y 41, uniéndose simultáneamente con el versículo de enlace (v. 36: וּבַדֶּבֶר וּבָרָעָב בַּחֶרֶב; v. 37: גָּדוֹל וּבְקֶצֶף וּבַחֲמָתִי בְּאַפִּי :v. 41: (בֶּאֱמֶת בְּכָל־לִבִּי וּבְכָל־נַפְשִׁי)

[21] La fórmula del v. 38 es más conocida y no plantea problema. Más espinosa puede parecer la expresión לְבִלְתִּי סוּר מֵעָלַי, siguiendo a Levin la consideramos como una «versión negativa de la fórmula de alianza» (Art Negativ-Fassung der Bundesformel), cf. C. LEVIN, Die Verheissung, 205. Es cierto que para una simetría perfecta con la fórmula de alianza faltaría la referencia a Dios (algo así como «yo no me apartaré de ellos»), referencia que se halla inmediatamente antes, en ñ'.

[22] Aunque en el versículo 39 (לְיִרְאָה) hemos traducido por «respetar» la raíz es la misma que en el v. 40: «temor» (יִרְאָתִי).

[23] La estructura gramatical de ambas expresiones en vv. 39 y 40 es similar; v. 39: אַחֲרֵיהֶם; v. 40: מֵאַחֲרֵיהֶם.

1.3.3 Sub-perícopa IIIc, vv. 42-44

p ⁴²Porque ASÍ DICE YAHVEH,
   como he **traído** sobre este pueblo *toda* esta gran *calamidad*,
   así YO traeré sobre ellos *toda* la *prosperidad*
       que YO les prometo.

q ⁴³Se **comprarán campos** en esta **tierra** de la que VOSOTROS decís que está desolada, sin hombres ni ganado, entregada en manos de los caldeos.
   ⁴⁴**Comprarán campos** con dinero y escribirán la escritura, sellarán y aducirán testigos en la **tierra** de Benjamín y en los *alrededores* de Jerusalén y en las *ciudades* de Judá y en las *ciudades* de la Montaña, y en las *ciudades* de la Sefela y en las *ciudades* del Negueb;
       porque cambiaré su suerte, ORÁCULO DE YAHVEH»

El bloque consta de dos segmentos y está enmarcado por dos fórmulas extremas: «Así dice Yahveh» y «Oráculo de Yahveh». El nexo entre ellos es el verbo prometer-decir (אַתֶּם אֹמְרִים/אָנֹכִי דֹּבֵר y su correspondiente contraposición de sujetos) que vuelve a enlazar dos opiniones, también aquí complementarias. Más claramente se ve que lo que afirma el pueblo es la calamidad que Dios admite haber traído (vv. 36 y 42).

En cada uno de los segmentos encontramos un paralelismo abierto a un elemento final nuevo. En el versículo 42 se trata de un paralelismo sintético respecto al tiempo (pasado-futuro) y antitético en cuanto a los efectos (calamidad-prosperidad). El elemento final motiva el cambio de pasado a futuro y de calamidad a prosperidad: la palabra pronunciada por Dios. Los vv. 43-44 contienen también un paralelismo con un elemento nuevo, pero en este caso el paralelismo es sinonímico especificando las acciones propias de la compra y el lugar donde se llevará a cabo. El tercer miembro da la razón de la acción futura, especificando a su vez la promesa final de p: «el cambio de suerte».

1.3.4 Visión de conjunto de la perícopa III

La perícopa inicia, como vemos en la página siguiente, con una introducción que esboza el armazón de su contenido por medio de los siguientes fenómenos:

– delimitación de la perícopa: al término inicial: «Palabra del Señor», que se corresponde con el otro término final: «Oráculo de Yahveh»;

– esa misma expresión («Palabra del Señor») se relaciona con el término inicial de los tres segmentos: «así dice Yahveh», y

– con la expresión «He aquí que yo» que reaparece al comienzo de los bloques (excepto del tercero que retoma la introducción a través de su última parte: «algo imposible para mi (הֲמִמֶּנִּי יִפָּלֵא כָּל־דָּבָר)/ yo les prometo (אֲשֶׁר אָנֹכִי דֹּבֵר)».

– La presencia de pronombres personales (yo, vosotros, ellos y/o identificando a las personas, p.e caldeos, reyes, sacerdotes...) y de los sufijos (especialmente de primera persona referidos a Dios), prolonga en los tres bloques la afirmación introductoria de Dios Señor de lo creado y la relación con él, sea de aceptación sea de rechazo.

Int	²⁶Fue dirigida la PALABRA DEL SEÑOR a Jeremías como sigue: ²⁷He aquí que yo soy Yahveh Dios de todo viviente, ¿acaso hay *algo imposible* para mí?
III a	²⁸Pues bien ASÍ DICE YAHVEH: He aquí que yo **entrego** esta **ciudad** en manos de los caldeos y en manos de Nabucodonosor rey de Babilonia y él la conquistará. ²⁹Y los caldeos que combaten contra esta **ciudad** entrarán y prenderán fuego a esta **ciudad** e incendiarán la **ciudad** con las casas en cuyas terrazas quemaron incienso a Baal y ofrecieron libaciones a otros dioses para provocarme. ³⁰Porque los hijos de Israel y los hijos de Judá no han hecho sino el mal a mis ojos desde su juventud, porque los hijos de Israel no han hecho sino provocarme con las obras de sus manos, ORÁCULO DE YAHVEH. ³¹Porque esta **ciudad** ha sido motivo de mi ira y mi furor desde el día en que la construyeron hasta hoy como para hacerla desaparecer de mi presencia, ³²por toda las maldades que han cometido los hijos de Israel y los hijos de Judá para provocarme; ellos, sus reyes, sus príncipes, sus sacerdotes, sus profetas, tanto los hombres de Judá como los habitantes de Jerusalén. ³³Me dieron la espalda en vez de la cara sin embargo los instruí, asiduamente los instruí, pero ellos no atendieron para aprender la lección. ³⁴Pusieron sus ídolos en la casa que lleva mi nombre profanándola. ³⁵Construyeron lugares de culto a Baal en el valle de Ben-Hinnón para sacrificar a Moloc sus hijos y sus hijas, cosa que no les mandé, ni se me pasó por la cabeza que hicieran semejante abominación para hacer pecar a Judá.
III b	³⁶Pues bien ahora ASÍ DICE YAHVEH el Dios de Israel acerca de esta **ciudad**, de la que VOSOTROS decís que es **entregada** en manos del rey de Babilonia por la espada, el hambre y la peste: ³⁷He aquí que yo los reúno de todos los países a donde los dispersó mi ira, mi furor y mi gran enojo, y les haré volver a este lugar y les haré habitar seguros. ³⁸Serán mi pueblo, y yo seré su Dios. ³⁹Les **daré** un corazón indiviso y una conducta íntegra para que me respeten toda la vida para su bien y el de los hijos que les sucedan. ⁴⁰Pactaré con ellos alianza eterna que no revocaré después de ellos para hacerles el bien y **pondré** mi temor en sus corazones para que no se aparten de mí. ⁴¹Disfrutaré por ellos haciéndoles el bien y los plantaré en esta **tierra** definitivamente, con todo mi corazón y con toda mi alma.
III c	⁴²Porque ASÍ DICE YAHVEH, como he traído sobre este pueblo toda esta gran calamidad, así yo traeré sobre ellos toda la prosperidad que yo les *prometo*. ⁴³Se comprarán campos en esta **tierra** de la que VOSOTROS decís que está desolada, sin hombres ni ganado, **entregada** en manos de los caldeos. ⁴⁴Comprarán campos con dinero y escribirán la escritura, sellarán y aducirán testigos en la **tierra** de Benjamín y en los alrededores de Jerusalén y en las **ciudades** de Judá y en las **ciudades** de la Montaña, y en las **ciudades** de la Sefela y en las **ciudades** del Negueb; porque cambiaré su suerte, ORÁCULO DE YAHVEH»

– La raíz entregar/dar presente en los tres bloques manifiesta el signo diverso de las acciones de Dios para quien todo es posible.

– El sustantivo *ciudad* aparece como término inicial (repetido cuatro veces) en IIIa, y como término final (también cuatro veces) en IIIc, estando también presente como término inicial en IIIb. IIIa y IIIb inician ambos con la expresión «pues bien». Pero mientras en IIIa encontramos los motivos de la acción de Dios (oraciones causales); IIIb sólo contiene la acción; las razones hay que buscarlas en IIIc. De esta forma IIIc vendría a ser una continuación de IIIb, lo cual es confirmado por otros dos indicios:

– la expresión «en manos de los caldeos y en manos del rey de Babilonia» presente en IIIa, mientras en IIIb tenemos «en manos del rey de Babilonia» y en IIIc «en manos de los caldeos»;

– el uso del término tierra como término medio entre IIIb y IIIc.

A su vez IIIc recoge en su versículo inicial todo lo anterior: tanto la gran calamidad (dominante en IIIa, pero también presente en el resto de los bloques: ciudad entregada, desolada, etc.); como la prosperidad, tema dominante en IIIb (términos de bienestar).

Por todo ello constatamos que si bien la catástrofe es más acuciante, existe una segunda palabra del Señor que anuncia algo que parece imposible: el bien del pueblo. Si las razones para la desgracia son expuestas con detalle, vv. 30-35; las razones para la prosperidad se enuncian brevemente: la promesa del Señor, v. 42, explicitada al final «cambiaré su suerte».

La perícopa da paso a dos palabras de Yahveh una de calamidad, ya presente, y otra de prosperidad todavía incierta y sobre la que parece razonable dudar. Si la ruina es presente, y es fruto de la palabra de Dios, el esplendor es promesa y también se presenta como obrada por la palabra de Dios. La omnipresencia de la palabra de calamidad (en los tres bloques), subraya dos aspectos: - el carácter patente de la destrucción y - la palabra de prosperidad no la contradice o elimina, ambas se pronuncian como palabras simultáneas. Ahora bien, si el pueblo recibe una (cf. v. 28, el destino de la ciudad en boca de Dios y en vv. 36 y 43 en boca del pueblo) debe recibir también la otra.

De nuevo la perícopa pone de manifiesto la relación intercambiable de la realidad «ciudad», y de la realidad «tierra» y «pueblo» (vv. 36/43-44 ciudad=tierra y vv. 30/31-34 ciudad=pueblo).

Después de este análisis podemos concluir la coherencia de composición y estructura del texto. Lo que inicialmente parecía una serie de fragmentos y temas deslavazados esconde una cuidadosa tarea de composición. Esto no significa negar un largo proceso en la formación del texto ni su composición final a partir de material preexistente. Es simplemente valorar el trabajo realizado por el redactor final y tomar en consideración la riqueza del mensaje tal y como está expuesto en la forma final del texto:

> Sin embargo, y esto debe subrayarse, decir que un texto es un todo integrado no es afirmar que no tiene ninguna historia, es decir, ningún precursor o antecedentes. Un texto puede tener antecedentes de dos tipos. Un tipo está formado por motivos, temas, tramas, incluso historias enteras, escritas u orales, que un autor utiliza para sus propios propósitos. Ninguna composición literaria surge de la nada; la mayoría toma prestado algo de la literatura anterior, y no hay ninguna razón para dudar que también la Biblia lo hizo. Pero este tipo de préstamos no es editar. Todavía permite considerar al autor como creador de un nuevo trabajo literario. El otro tipo de antecedente es una forma más primitiva de la misma composición — algo muy cercano al texto final (o a una parte de él) como para ser considerado el mismo. El productor del último texto en este caso sería un editor o redactor. Él habría revisado una composición, quizás de manera extensiva, pero no habría creado un nuevo. (Esto, sin embargo, no le conviene en el tipo de redactor que la mayoría de los críticos de las fuentes imaginan. Él también puede contribuir de manera creativa al desarrollo del texto redactando de nuevo, reorganizando, etc.)[24].

A la luz de la retórica de todo el libro de Jeremías, tal y como la presenta J.R. Lundbom[25], podemos reconocer una serie de características que nos ayudan a entender las dinámicas presentes en nuestro texto:

– Es la retórica de un predicador: haciendo uso de distintos recursos (estructuras concéntricas, inclusiones en distintos niveles y la repetición de los distintos motivos) va trazando a los oyentes un camino fácil de recorrer.

– Es una retórica de la totalidad: «Las estructuras de Jeremías suelen presentar un pensamiento total, sólo que presentado de forma fragmentada. [...] Lo que nosotros estamos diciendo, en esencia, es que uno no puede entender las partes del discurso de Jeremías propiamente a menos que entienda el todo. La estructura es una llave para el significado y la interpretación».[26]

---

[24] A. BERLIN, *Poetics*, 128-129.
[25] Cf. J.R. LUNDBOM, *Jeremiah. A Study*; *Jeremiah 1–20*, 129-139.
[26] J.R. LUNDBOM, *Jeremiah. A Study*, 148-149.

– Es una «retórica de argumentación»: El mismo Jeremías se autodefine como hombre de pleitos y contiendas (cf. 15,10). Tal presentación hace honor a su vida y su obra:

> Él se encuentra con su público en un campo común, les provoca, y entonces los lleva con él como uno que invita a otro para dar un paseo juntos. Sólo que Jeremías los está llevando a un lugar no deseado y así se encuentran que deben, o pedir abandonar o quedarse con él. En ambos casos se ven atrapados. Una retórica de argumentación tiene esta cualidad: no le permite al público permanecer como meros espectadores[27].

– Por último, es una «retórica de descenso», de lo tangible: la argumentación de Jeremías tiende a pasar de un sentido figurado al sentido literal (restauración de una alianza → se comprará), de lo general a lo específico (los caldeos → rampas de asalto) y de lo abstracto a lo concreto (tierra →campo). Trata de no divagar y de envolver al lector con lo que le rodea y tiene a la vista. «Jeremías se dirige de esta manera al «pueblo». Él usa profetas, sacerdotes y reyes como contrapunto, y al final revela su sujeto preferido, que es el pueblo mismo»[28].

2. Colocación dentro del libro de Jr

2.1 *El cap. 32 en el conjunto del libro*

Hay gran convergencia[29] en la división del libro de Jr en tres grandes secciones[30]:

cc. 1–25: oráculos de amenaza contra el pueblo de Israel,

cc. 26–45: biografía de Jeremías entrelazada con oráculos principalmente de salvación, y

cc. 46–51(52): oráculos de castigo contra las naciones.

De esta primera división podemos notar la observación de M. Kessler como clave de lectura de todo el conjunto:

---

[27] J.R. LUNDBOM, *Jeremiah. A Study*, 150.
[28] J.R. LUNDBOM, *Jeremiah. A Study*, 152.
[29] Como hemos señalado en el cap. 1, cf. pp. 22-23 nota 4, existen propuestas de división diversas. Tomamos esta visión generalmente aceptada para una rápida contextualización del cap. 32.
[30] Los motivos para esta división son principalmente tres: la distinta colocación de estos tres bloques en el texto de los LXX; la homogeneidad literaria (de contenido y formal) de cada sección; y la crítica literaria. El estudio de esta estructuración supera los limites de este trabajo. Para una más amplia información cf. R. RENDTORFF, *Das Alte Testament*, 212-218; J.M. ÁBREGO, *Los libros proféticos*, 154-157.

CAP. V: ANÁLISIS RETÓRICO DE JR 32   221

El orden de estos «libros» dentro del libro de Jeremías, lejos de ser arbitrario, tiene un significado definitivo en el contexto profético. Señala el hecho de que la profecía siempre presupone la posibilidad de diálogo con la divinidad. Así, no sólo se preocupa por la petición divina para el presente, sino también por la respuesta del pueblo que esta petición conlleva. Dentro de este contexto, el profeta es presentado como un mediador entre Dios y su pueblo. Este último punto es muy significativo en el libro de Jeremías. Si no tenemos esto en cuenta, corremos el riesgo de perder la dinámica de la relación entre «catástrofe» y «salvación»[31].

Tras la palabra de juicio contra Israel (cc. 1–25), el libro de Jr presenta al profeta en diálogo con Dios y con el pueblo, recoge las reacciones que su actividad va suscitando. En la sección central (cc. 26–45) Jr aparece como intermediario de la palabra, devorado por su propia pasión en la lucha por aceptar dicha palabra; el foco de interés no son las reacciones psicológicas o personales del profeta. La preocupación mayor no reside en Jr sino en la palabra. La sección central es, por tanto, una historia de la palabra y de Jr servidor de la palabra. El acento se ha desplazado: no se insiste en las dificultades de fe de Jr, sino en las dificultades que encuentra la Palabra para ser creída y acogida; las consecuencias del rechazo de la palabra (calamidad *ra'ah*), el beneficio de su acogida (salvación *šalom*). De todos modos, lo que en último término confiere todo su peso a la palabra es que ésta ha sido pronunciada[32].

Fijando nuestra mirada en la sección central, distinguimos una gran variedad de divisiones internas. Ésta nos ofrece la biografía de Jeremías (especialmente a partir del cap. 36). Dos son las principales propuestas de organización interna dentro de la sección; por un lado la división:

---

[31] M. KESSLER, «Jeremiah Chapters 26-45 Reconsidered», 82.

[32] Cf. M. KESSLER, «Jeremiah Chapters 26–45 Reconsidered», 83: «the complex chaps. 26–36, concerned with the dialogue which Yahweh's word as proclaimed by Jeremiah engendered, relates the history of that word — a word containing both doom (*ra'ah*) and salvation (*šalom*), but which was rejected. As a sequel, the historical narrative in chaps. 37–45 chronicles both the historical vindication of that word (cf. Isaiah, chaps. 36–39) and, in part, the tragic fate of the faithful prophet Jeremiah». Hay que notar que la escucha de la palabra para Jr no comporta aparentes beneficios. La salvación última no le ahorra el sufrimiento o las consecuencias del castigo. El desenlace del profeta será un final trágico como parte del cumplimiento de la salvación y como resultado del rechazo por parte del pueblo del anuncio. No así el final de la palabra que permanece más allá del destino histórico de Jr. Pero en medio del rechazo esta segunda parte va abriendo un futuro de esperanza, el drama se abre a un nuevo comienzo en lo que parece final de la historia (*an open-ended history*), cf. L. STULMAN, *Order amid Chaos*, 115-119.

26–35 y 36–45[33]; y por otro, 26–36 y 37–45[34]. Consideramos más apropiada la primera división, pues se basa en criterios de organización sincrónica. Según esta propuesta los capítulos 26–35 presentan una disposición concéntrica en función de la datación[35]:

26: en tiempos de Joaquín
  27: tiempo de Sedecías[36]
  28: tiempo de Sedecías
  29: tiempo de Sedecías
    30–31: sin datación
  32: tiempo de Sedecías
  33: tiempo de Sedecías[37]
  34: tiempo de Sedecías
35: en tiempos de Joaquín

---

[33] Cf. R. RENDTORFF, *Das Alte Testament*, 216-218; J.M. ÁBREGO, *Jeremías*, especialmente interesante para nuestro estudio el capítulo X, «El contexto de Jeremías 36–45», 185-210.

[34] Cf. M. KESSLER, «Jeremiah Chapters 26-45 Reconsidered», 81-88; E.W. NICHOLSON, *Preaching to the Exiles*, 105-107; T.R. HOBBS, «Some Remarks», 267-273; J.A. SOGGIN, *Introduzione all'Antico Testamento*, 388-389; R.P. CARROLL, *Jeremiah*, 87-77.509-510; A. ROFÉ, «The Arrangement», 392-396. W.L. HOLLADAY, *Jeremiah*, II, 22-23, habla de los capítulos 26-36 como de un libro separado dedicado a la esperanza («a separate, hopeful scroll») y analiza el proceso de formación en torno a la expresión שוב שבות a partir de 30,1-7.10-21 y 31,1αβγb.2-9.15-22.27.28. En esta misma división, aunque con matices, podemos situar J. APPLEGATE, «Peace», 72-79; L. STULMAN, *Order amid Chaos*, 72-88; E.K. HOLT, «The Potent Word», 161-170.

[35] Otro aspecto importante que motiva esta división es la inclusión entre los cc. 26 y 35; cf. J.M. ÁBREGO, *Jeremías*, 194: «Estos son los datos de la inclusión: - son los únicos capítulos (entre los que estudiamos) referidos al tiempo de Joaquín (26,1 y 35,1); - ambos hacen referencia al templo como lugar de la actividad de Jeremías (26,2 35,2); - ambos contienen idéntico mensaje de conversión ("A ver si se convierte cada uno...", 26,3 35,15); - un mensaje predicado por los profetas, siervos del Señor (26,5 35,15); - entre ambos tienen lugar dos transformaciones correlativas: la invitación a escuchar (*šmʻ*) al Señor y a sus profetas (26,3.4.5.23...) se resuelve negativamente en desobediencia (*loʼ šmʻ*, 35,15.17.18...); la posibilidad de perdón ofrecida en caso de obediencia ("me arrepiento del mal", 26,3), se convierte en sentencia condenatoria ("Mirad hago caer todo el mal", 35,17). De modo que entre los dos capítulos datados en tiempos de Joaquín se produce una transformación: se consuma la desobediencia. Esta ocurre en los capítulos interiores a la inclusión, en tiempos de Sedecías». La organización concéntrica de los capítulos 25-35 en función de la datación es correlativa a la de los capítulos 36-45, cf. *Ibid.*, 194-195.

[36] Corrección del TM en 27,1 de Joaquín por Sedecías como se sigue de la misma lectura del capítulo en los vv. 3.12 donde se menciona a Sedecías, y lo mismo 28,1. Cf. aparato crítico de BHS; J.M. ÁBREGO, *Jeremías*, 195.

[37] 33,1 no hace una mención explícita de Sedecías pero se dice «De nuevo fue dirigida la palabra de Yahveh a Jeremías, que estaba aún en el patio de la guardia...» en clara referencia a 32,1-3.

¿Cuál es el sentido de este «sensato desorden»[38]? Dicha estructuración señala diversos mensajes «en los días de Joaquín» y «en los días de Sedecías»[39].

En los días de Joaquín se invita a la conversión, con una alternativa: promesa en caso de obediencia, amenaza en caso de desobediencia (26,2-6; 35,13-17). Esa necesidad de cambio de vida permanece en el mensaje de Jr. Es un elemento esencial, no mensaje transitorio, limitado a los días de Joaquín. Por eso, la llamada a la conversión se encuentra como una inclusión en los capítulos 26-35 y no sólo al inicio. Así la necesidad de obediencia a Dios es indispensable para la salvación también en los días de Sedecías (34,8-22 y aparece en el centro de estos capítulos 31,18.21). Este mensaje está presente en nuestro texto (reconocimiento y obediencia a la Palabra).

En los días de Sedecías la alternativa es distinta. La exigencia es ante todo política: sumisión al rey de Babilonia (27,12-13). La amenaza se transforma en anuncio de la destrucción de la ciudad y deportación del rey (28,14; 34,2-5 y 32,2-5). La sumisión a Babilonia significa reconocer la propia culpa y aceptar el castigo. Al tiempo de Sedecías Israel está llamado a cumplir voluntariamente un gesto de desposesión, a renunciar a la visibilidad de la promesa, es decir, a la posesión estable de la tierra en Canaán. Y es en este momento histórico, cuando Israel está perdiendo la propia identidad le es proclamado un anuncio de consolación.

---

[38] Como afirma Ábrego «cronológicamente hay desorden, pero literariamente hay sentido», J.M. ÁBREGO, *Jeremías*, 194. No podemos detenernos en el estudio de la composición de estos capítulos sino que nos interesa destacar el «sentido» literario y teológico de esta organización y especialmente los aspectos que tocan a nuestro texto. P. Bovati, siguiendo la estructuración de J. M. Ábrego, desarrolló con detenimiento las implicaciones teológicas de esta composición en su curso no publicado «Geremia 30–31». A él debemos especialmente esa distinción de mensajes en los diversos momentos históricos. Presento algunas de las conclusiones de los estudios de estos dos autores: Ábrego y Bovati. Para una mayor profundización véase la bibliografía citada.

[39] Con una orientación distinta de trabajo Unterman coincide en parte con esta apreciación. Según Unterman se pueden distinguir tres etapas en el mensaje de Jr: - durante los días de Josías; -período entre 597 y 587 y, -período de la destrucción de Jerusalén. Es curioso que no hable del mensaje en los días de Joaquín. Pero nos interesa destacar su conclusión a propósito de los días de Sedecías (597-587): «The prophet's constant call for repentance went unheeded by the population, and punishment materialized in the form of the Jehoaiachin exile. These exiles have suffered for their sins and are, therefore, now favored. A subtle shift occurs in the mind of Jeremiah. The prophet has begun to despair of the people's ability to return of its own accord to its God», J. UNTERMAN, *From Repentance to Redemption*, 177.

En el centro del anuncio de destrucción aparece un mensaje de vida (30–31). Se proclama el restablecimiento del pueblo, la vuelta a la posesión de la heredad de los padres (30,2-3). Pero este anuncio, es al mismo tiempo palabra eficaz. El restablecimiento comienza con el rescate de la tierra (32,8-9).

Junto a la disposición concéntrica de estos capítulos encontramos una inserción temática sobre la verdadera y falsa profecía. Una inserción que se entiende a la luz de la misión de Jr en 1,7.10. Debe trasmitir una palabra y el contenido de la palabra profética es *extirpar y destruir, perder y derrocar, reconstruir y plantar*. En esta misión prevalece el elemento negativo, tanto por el número de términos como por su posición. Primero viene la palabra de destrucción y después la de reconstrucción. Lo mismo sucede en nuestro texto: primero se anuncia un mensaje de destrucción para la ciudad y para el rey. Acto seguido un anuncio de reconstrucción. También la proporción verbal (y de número de versículos) de la destrucción es mayor que la restauración, tanto para Sedecías: «no escapará», «será entregado», «tendrá que vérselas», «ha de llevar» (será llevado), frente a «le muestre mi favor»; como para la ciudad y/o la tierra: «entregada», «conquistada», «incendiada», «prenderán fuego», «desolada», «destruida por la peste, la espada y el hambre»... frente a «se comprarán campos» (y los versículos de restauración del pueblo vv 38-44, precedidos y englobando el mensaje de entrega de la ciudad).

En contraposición con la falsa profecía[40] el anuncio de Jr en el cap. 32 es de castigo con un paradójico futuro de esperanza y todo se cumple. El cumplimiento no llega sólo con el devenir histórico sino es ya actual en el signo del rescate del campo. Si Jeremías se acredita como verdadero profeta cuando anuncia la desgracia de Jerusalén (y la muerte de Jananías), hay que aceptar que también su palabra es verdadera cuando anuncia la esperanza. Pero el mensaje de esperanza de Jr es distinto de los «profetas de paz». La verdad de la profecía se juega en no retroceder frente al final (la muerte) sino en asumirla como mensaje inevitable de la revelación de Dios. Para quien no rechaza el anuncio del final se abre paradójicamente una perspectiva de esperanza.

La estructuración concéntrica coloca el capítulo 29 en posición simétrica a nuestro texto:

---

[40] La tensión entre verdadera y falsa profecía en Jr (especialmente en el capítulo 28) gira en torno a dos aspectos: el anuncio de desgracia (28,8), de muerte con una apertura a la esperanza y en el cumplimiento (signo del cumplimiento de su palabra es la muerte de Jananías 28,7).

26: en tiempos de Joaquín
27: tiempo de Sedecías
28: tiempo de Sedecías
29: tiempo de Sedecías
⎡ 30–31: sin datación
⎣ 32: tiempo de Sedecías
33: tiempo de Sedecías
34: tiempo de Sedecías
35: en tiempos de Joaquín

Efectivamente la temática es la misma:
– tiene que ver con un escrito;
– el escrito-carta a los deportados del cap. 29 contiene el mandato de Jr sobre casas y campos: «Edificad casas y habitadlas; plantas huertos y comer sus frutos...», en relación «con un cambio de suerte» 29,14 (temas presentes como hemos visto en 32). El rechazo a la palabra del profeta, y en definitiva a la palabra de Dios, está presente en ambos capítulos (29,15). La relación de «paralelismo» (¿contraposición?)[41] de mensajes es patente.

En este marco de destrucción y reedificación (29 y 32) el núcleo de los capítulos 30–31 desarrolla plenamente la promesa de esperanza en la desgracia[42]: vuelta de los desterrados (30,18; 31,8) reconstrucción de la ciudad (30,18; 31.4), nueva alianza (31,31-34)... Se trata del segundo aspecto de la misión de Jr: reconstruir. La palabra de consolación es distinta de la de los falsos profetas (26–29). Jr habla de una salvación después de la desgracia (cf. Jr 29,10-14, 32,15.42-44); más exactamente, dentro de la desgracia, una salvación que nace de la destrucción.

Así con la colocación de Jr 30–33 dentro de esta sección, quedan trazadas dos líneas de interpretación:
– La palabra de consolación de Jr es distinta a la de la de los falsos profetas. No se trata de una promesa de salvación alternativa a la catás-

---

[41] El aspecto contradictorio reside en el derecho a la tierra, ¿lo tienen los deportados (antiguos propietarios) o los que permanecen en ella? ¿A quién va dirigida la acción simbólica de la compra? Este punto lo desarrollaremos más adelante. De momento baste notar que en ambos casos se anuncia una salvación paradójica, una «salvación del sometimiento»: para los exiliados no esperar un retorno inmediato, para los habitantes de Judá la destrucción de la tierra. Cf. J.M. ÁBREGO, *Jeremías*, 198.

[42] La relación del capítulo 32 con los capítulos 30–31 es clara para muchos autores que hablan del «libro de la consolación» refiriéndose no sólo a 30–31 sino a 30–33; p.e., L. ALONSO SCHÖKEL – V. COLLADO – J.L. SICRE, «Jeremías 30-33», 1-30, autores que insisten en la unidad temática y M. BIDDLE, «The Literary Frame», 409-413.

trofe. Se trata de una salvación dentro de la catástrofe, engendrada en la destrucción.

– Una comprensión más profunda de la revelación confiada a los profetas como ministros de Dios en la historia. La contradicción entre las dos palabras de Dios encuentra solución: en el acto de destruir se puede ver la intención de construir de modo definitivo.

Este rápido recorrido del contexto de los capítulos 26–35 ayuda a comprender mejor nuestro texto. Especialmente por la referencia a «la contraposición y complementariedad» entre anuncio de condena y anuncio de salvación. No es sólo que la situación histórica sea un mal momento para inversiones, se trata del castigo divino. Es el fin de la ciudad, del don de la tierra. Sin embargo aceptando ese final es posible comenzar de nuevo. Es la paradoja de la promesa que se retira y a la vez se vuelve a pronunciar. En el colmo de la paradoja, antes de la consumación de la pérdida de la promesa ya se ha iniciado la nueva: la están ya contemplando cuantos reconocen y aceptan la Palabra del Señor.

2.2 *El cap. 32 dentro del libro de la consolación*

En el capítulo primero estudiábamos la unidad de esta sección[43]. La dinámica señalada precedentemente nos permite ahora afinar más:

> Así, Jeremías 30–33 está colocado entre dos grandes bloques de material, Jeremías 1–29 que amenazan con el juicio de Yahveh; y Jeremías 34–45, que tratan sobre la caída de Judá. En el texto masorético del libro de Jeremías, la mayor expresión de esperanza está puesta entre el anuncio del juicio de Yahveh y su cumplimiento. [...] ¿Cuál es el sentido de esta colocación? En primer lugar, la posición de Jeremías 30–33 en el libro de Jeremías indica que el juicio no es el propósito último de Yahveh. En el fondo, Yahveh busca la restauración de su pueblo. Incluso antes de la caída de Judá (Jr 34–45), el libro de Jeremías lleva a su lector a un tiempo más allá del juicio de Yahveh, y anticipa la restauración del pueblo por parte de

---

[43] Veáse cap. 1, pp. 25-34. Veíamos razones temáticas y de composición literaria. Señalemos que ambos aspectos se refuerzan con el uso de un vocabulario común. Desde el estudio de nuestro capítulo, son especialmente significativos los términos en torno a la temática de la reconstrucción-destrucción de la ciudad («ciudad» y distintos nombres propios «Sión», «Jerusalén», «virgen de Israel»... y las distintas actividades que le afectan: «construir», «entregar», «habitar», «entrar», «volver»...); términos de alianza (fórmulas de alianza o vocabulario de las imágenes paterna y esponsal de alianza); el retorno y habitación en la tierra («plantar», «poseer», «rescatar», «habitar en tranquilidad», «reunir», «hacer volver»).

Yahveh. De esta manera, el libro de Jeremías presenta la relación entre Yahveh y su pueblo como habiendo recorrido un «círculo completo»[44].

Jeremías 30-33 anticipa la restauración del pueblo que propiamente seguirá al castigo. Es más, en esta óptica cabe ver el juicio como un paso inicial y necesario para la restauración pretendida como objetivo último[45]. El cumplimiento del castigo hace posible y prueba el cumplimiento de la palabra del Señor, palabra de juicio que no es la última. Esta dinámica de restauración está articulada formal y temáticamente por la expresión «cambio de suerte». Un estudio del uso de esta expresión permite identificar un modelo de restauración que promete no sólo la liberación de la aflicción y el retorno a las condiciones de bienestar anteriores sino que con frecuencia incluye la corrección de las causas que han provocado el juicio[46]. Por eso mismo el «cambio de suerte» no patrocina el retorno al punto inicial de partida. La restauración conlleva eliminar tanto las consecuencias del castigo como los elementos humanos que lo han propiciado (cf. 31,31-34 y 32,39-41).

Se trata de la inversión de la palabra de Dios; inversión que no conlleva revocación, sino cumplimiento de ambas aunque aparentemente sean de signo contrario. La tierra es un ejemplo paradigmático de esta inversión (cf. los anuncios de destrucción de la tierra en 2,15; 4,27; 6,8; 7,34; 12,10.11; 18,16); con frecuencia se expresa la desolación con motivos similares a los empleados para hablar de la restauración en cc. 30-33).

Dentro de esta dinámica el cap. 32 cumple dos funciones: ejemplifica la restauración definitiva y es garantía de su cumplimiento (promesa cumplida dentro de la promesa). No sólo el cumplimiento del castigo garantiza el cumplimiento de la promesa. La anticipación del cumplimiento de la promesa es también una garantía. Dos recursos retóricos van en esta línea:

– el libro o documento de compra (32,10) dentro del libro de la consolación (30,2). Podemos hablar de una «escritura» dentro de la «escritura». Estamos ante un juego de planos que se superponen:

+ La existencia legal y duradera del documento de la compra es signo y «prenda» del libro que anuncia la promesa para el pueblo. La adquisición del terreno es ya parte de la restauración prometida en el libro de la consolación, aunque todavía no se dé en plenitud.

---

[44] J.M. BRACKE, *The Coherence*, 103-104.
[45] Cf. J.M. BRACKE, *The Coherence*, 105.
[46] Cf. J.M. BRACKE, *The Coherence*, 155.

+ Al igual que el documento de compra es garantía para Janamel, los judíos presentes y sobre todo para las generaciones futuras, el libro de la consolación con el relato del rescate es señal para todos los que lo leen o escuchan. El documento de compra adquiere su existencia profética gracias a la escritura del relato en el libro de Jr, donde se explicita su significado. «En términos de nuestra lectura del texto, podemos afirmar que el lugar seguro en el cual Baruc coloca la escritura, después incluso de "la jarra de barro" (32,14), es el mismo texto bíblico»[47].

– la dinámica de anuncio-cumplimiento de la palabra del Señor. Esta dinámica son ondas que se expanden partiendo del cap. 32:

+ En el versículo 7 se anuncia la llegada de Janamel, que se cumple en el v. 8.

+ En la aclaración final del v. 8 (cuando la palabra se ha cumplido), se reconoce plenamente que la palabra proviene de Yahveh.

+ En ese mismo versículo 8 se reconoce la orden divina de comprar, aunque el mandato explícito aparezca sólo en el v. 25[48] (con lo cual se reproduce la misma estrategia[49], sólo en el v. 25 aparece claro que la palabra recibida contenía un mandato de compra). Jeremías compra, vv. 9-13. Así el anuncio de los vv. 14-15 es un anuncio de futuro que ya en parte se está cumpliendo.

En la oración de Jr y en la respuesta del Señor hay dos anuncios: entrega de la ciudad y restauración (concentrados sintéticamente en el v. 42). Estos anuncios ya se están realizando como afirman, por una parte el v. 25 «lo que habías anunciado se ha cumplido y tú lo estás viendo»; y por otra el v. 44 «comprarán campos con dinero y escribirán la escritura, sellarán y aducirán testigos...» (lo cual ya ha tenido lugar en el caso de Jeremías y Janamel).

---

[47] W. BRUEGGEMANN, *A Commentary on Jeremiah*, 302.

[48] Cf. K. SCHMID, *Buchgestalten des Jeremiabuches*, 91: «Der Bericht beginnt nicht mit dem üblichen Befehl zur Ausführung einer symbolischen Handlung, sondern mit der Ankündigung Jhwhs, Hanamel werde kommen und einen Acker zum Kauf anbieten (V.7)» — das heißt: Die Aufmerksamkeit wird nicht auf die nachfolgende Zeichenhandlung gelenkt, sondern auf die Korrespondenz von Gotteswort und Eintreffen des angekündigten Ereignisses». En la misma línea cf. J. APPLEGATE, «Peace», 80: «In Jer it is unusual for God's instructions to be revealed after the action is reported. The normal pattern is the other way around: the action is reported after the instruction or the action goes un-reported and is simply assumed to have happened — such is God's authority!»

[49] Cf. J. APPLEGATE, «Peace», 80-83.

Sin embargo, ¿cómo reconocer que la palabra de esperanza viene de Dios cuando los hechos apuntan al cumplimiento de su palabra de castigo? Sólo al final del capítulo aparece la respuesta a esta pregunta:

> Es interesante advertir cómo Yahveh contesta la pregunta de Jrm. Así como Jrm propone la pregunta yuxtaponiendo dos declaraciones sobre la voluntad de Yahveh, de la misma manera Yahveh en su contestación a Jrm simplemente responde poniendo juntos ambos aspectos de su mensaje (32,26-35 y 32,36-41). Yahveh en primer lugar reitera sus quejas y sus juicios contra Jerusalén. Después declara más extensamente su compromiso de hacer bien al pueblo de Judá, de pactar una nueva y eterna alianza y restaurarlo en la tierra de Judá. Sólo en los últimos versículos del capítulo (32,42-44) se ponen en cierta relación las partes del mensaje. «Como he traído sobre este pueblo toda esta gran calamidad, así yo traeré sobre ellos toda la prosperidad que yo les prometo». El cumplimiento del mensaje de juicio de Yahveh se convierte en garantía del cumplimiento de su mensaje de salvación[50].

Lo que se había insinuado y anticipado en el v. 5 como un doble mensaje paradójico sobre el destino de Sedecías[51], recibe su confirmación y explicación al final del capítulo. Todo el texto está recorrido por esa dualidad de mensaje y anticipación de una palabra que resulta sospechosa. El cumplimiento del castigo y la anticipación del cumplimiento de la restauración transforman esa palabra en fidedigna.

En el conjunto de 30–33 el cap. 32 juega esa misma función[52]. Lo que el Señor anuncia como «cambio de suerte» (con distintas imágenes y motivos), ya tiene su arranque inicial en la compra del campo y en el valor de la escritura. Ello no invalida el anuncio del final («exilio», «herida incurable»...) que se cumple con la llegada de los caldeos.

---

[50] J. APPLEGATE, «Peace», 82.

[51] Paradójico, por una parte, por el doble aspecto de su futuro, ser entregado a Nabucodonosor y ser favorecido por el Señor; por otra, porque ese destino personal del rey no va acompañado de una anuncio para el pueblo, al que en el v. 5 se le anuncia sólo el desastre.

[52] Cf. K. SCHMID, *Buchgestalten des Jeremiabuches*, 87: «Die damit in 32,6-15 angelegte Korrespondenz von Verheißung und Erfüllung erklärt sich zunächst zwar im Gegenüber von Jer 32,6-15 zu den anderen Zeichenhandlungen im Jeremiabuch (Jer *13; *16; *18; *19) dadurch, daß nur Jer 32,6-15 auf eine Heilszusage zuläuft, und deshalb der Auftrag zu dieser *die Zukunft Israels sichernden* Zeichenhandlung besonderer Legitimation als eines *von Jhwh ergangenen* Wortes bedarf, erschöpft sich aber nicht in dieser Funktion: Zusätzlich ist so ein Verweis im Kleinen auf die Funktion von Jer 32 in Jer 30–32 im Großen gegeben - analog zum Verhältnis Jer 1–25 / Jer 26–45».

Esta misma dinámica es válida para todo el libro de Jr. El anuncio hecho en los cc. 1–25 se cumple en los cc. 26–45[53]. Pero siempre en el centro está la palabra de restauración. Como se ha cumplido la catástrofe, se cumplirá la restauración.

2.3 *Relación del cap. 32 con el cap. 1*

Dado el giro que supone en la misión del profeta el anuncio de un mensaje de esperanza, juzgamos oportuno examinar ahora el cap. 1 por lo que éste tiene de programático de todo el libro de Jr[54]. Además el cap. 1 se revela como significativo para el profeta mismo y, a través de él, para todo el pueblo:

> Jr 1 pretende presentar la figura de Jeremías en relación con la de Moisés. El profeta es colocado en continuación con la figura del gran líder de los inicios de Israel como pueblo liberado; su llamada no es vista simplemente como una experiencia personal privada, tiene su significado para todo el pueblo[55].

Uno de los puntos de contacto más claros es la expresión «Ay, Señor Yahveh» (אֲהָהּ אֲדֹנָי יְהוִה) en 1,6 y 32,17:

---

[53] Cf. K. SCHMID, *Buchgestalten des Jeremiabuches*, 86: «Von übergreifender Bedeutung ist die Feststellung, daß mit Jer 32 in Jer 30–33 ein Erzählteil einsetzt, deshalb, weil damit im Verhältnis von Jer 30f zu Jer 32f eine Korrespondenz gegeben ist, die im Kleinen und Positiven das wiederholt, was im Großen und Negativen diejenige von Jer 1–25 und Jer 26–45 aussagt: Die Entsprechung von ankündigendem Wort und erfüllendem Geschehen. Bezeichnend ist allerdings der folgende Unterschied: Jer 26–45 erzählt in der Tat vom Untergang Judas und Jerusalem, den Jer 1–25 angekündigt hatte, Jer 32 hingegen ist eine Zeichenhandlung. Die Korrespondenz von ankündigendem Wort und erfüllendem Geschehen ist also für Jer 30–33 anders als für Jer 1–25.26–45 genau genommen lediglich die zwischen Ankündigung und *zeichenhaftem, aber zeitlich unbestimmten Vorverweis* auf Erfüllung». En esa correspondencia entre 1–25 y 26–45 Schmid acentúa la correspondencia de dos acciones simbólicas, dos compras: la del cinturón (cap. 13) y la del campo, no sólo por su correspondencia terminológica sino por lo que tienen ambos mensajes de contrapuestos. La acción del cap. 32 neutraliza las acciones simbólicas anteriores: la del cap. 13, que a su vez puede entenderse como introducción a las de los cc. 16 y 19; K. SCHMID, *Buchgestalten des Jeremiabuches*, 93-94.97-99.217-220.

[54] Los enfoques sincrónicos ponen de manifiesto cada vez más esta visión programática del cap. 1 de Jr más allá de su comprensión como llamada personal, cf. C. CONROY, «Jeremiah and Sainthood», 3-4. Cf. E.W. NICHOLSON, *Jeremiah 1-25*, 23; B.S. CHILDS, *Introduction*, 351; R.P. CARROLL, *Jeremiah. A Commentary*, 96-101; W. MCKANE, *Jeremiah*, I, 14.

[55] C. CONROY, «Jeremiah and Sainthood», 9.

Si el versículo 5 presenta la iniciativa divina y la importancia de la misión para la que Jeremías ha sido consagrado, entonces el versículo 6 muestra el frágil material humano que ha recibido la llamada. Lo cual no pretende ser simplemente una declaración sobre la psicología de Jeremías (como si apuntara a una naturaleza tímida y a una falta de confianza en sí mismo, o algo similar); la intención es principalmente teológica y sus implicaciones sólo pueden percibirse con una gran atención a las resonancias establecidas por las frases usadas [... (la expresión Ay, Señor Yahveh)] no es una mera objeción o una negativa velada para emprender la misión sino que tiene algo de un lamento y una súplica para ser aliviado del sufrimiento que esta misión traerá [56].

Si está reacción de Jr es fácilmente comprensible a la luz de su misión tomada en conjunto, no resulta tan lógica cuando el profeta debe anunciar un mensaje positivo al pueblo (32,17). Jr no se queja por su situación actual[57], de encarcelado; el lamento deja pensar a una prolongación del sufrimiento, por mucho que el final esté cercano o sea positivo. La queja de Jr sólo se entiende si su mensaje actual no anula el anterior; es más, si lo hace necesario como primer paso hacia la reconstrucción. El anuncio de esperanza no alejará de Jr el sufrimiento; su destino de salvación no anulará el destierro en Egipto. Para Jeremías no hay salvación al margen del cumplimiento de su propia vocación, y por tanto fuera de todas las adversidades que esta vocación conlleva. La salvación que Dios promete a Jr no significa inmunidad ante la prueba (cf. 1,19); al contrario esa salvación se realiza únicamente a través de la adversidad. De esta forma el sufrimiento se revela como una dimensión intrínseca en la misión profética. Esta salvación *sorprendente* de Jr tiene su importancia para todo el pueblo, ya que Jr en el cap. 1 es una figura paradigmática de salvación para todo el pueblo.

---

[56] C. CONROY, «Jeremiah and Sainthood», 7.

[57] El uso de esta expresión en Jr 1,6; 4,10; 14,13 y 32,17 muestra que no se trata de una queja sobre la propia situación del profeta, sino del modo que tiene Dios de relacionarse con su pueblo. Por lo tanto, su sufrimiento no tiene que ver en primera instancia con sus circunstancias personales sino con el sufrimiento del pueblo, a causa de lo que le viene encima, cf. C. CONROY, «Jeremiah and Sainthood», 10-12; K.G. FRIEBEL, *Jeremiah's and Ezekiel's Sign-Acts*, 327-328. Cabe pensar que a nivel personal la queja refleja la incapacidad del profeta para entender la dialéctica entre justicia y misericordia divina, en un momento en el que la única paga que merece el pueblo es el escarmiento. Sin embargo, desde una visión teológica que arranca del capítulo inicial nos parece más apropiada la explicación del sufrimiento por la misión misma.

La narración de la llamada de Jr 1 ha sido formada para introducir los temas claves del libro, así como para legitimar la autoridad de Jrm y su libro. En particular, el resumen programático del mensaje de Jrm en 1,10 define su ministerio en términos de juicio y esperanza y se hace eco de ambos a lo largo del libro en 18,5ss.; 24,6; 31,28; 42,10 y 45,4. De esta manera los redactores anticipan que el resultado eventual del plan de Yahveh es de redención y no exclusivamente destrucción. Podríamos añadir que los elementos repetidos contribuyen a la amplia cohesión del libro y que, con la excepción de 45,4, hay una consistente relación entre los términos «negativos» y «positivos» del grupo, implicando tal vez la secuencia de destrucción seguida de reconstrucción[58].

Es precisamente en esta doble clave de la misión profética negativa (derribar) y positiva (construir) donde encontramos el punto de fuerza de nuestro relato. Esa misión tiene dos momentos porque la palabra de Dios es igualmente doble. Si hasta aquí se ha cumplido la palabra de juicio comienza ahora la promesa: v. 42 «como he traído sobre este pueblo toda esa gran calamidad, así yo traeré sobre ellos toda la prosperidad que yo les prometo». El Señor anuncia que vigila sobre su palabra para cumplirla (1,12) pero vigila tanto sobre su palabra negativa como sobre la positiva (31,28 «Como vigilé sobre ellos para arrancar y arrasar, para destruir y deshacer y maltratar, así vigilaré sobre ellos para edificar y plantar —oráculo del Señor—»[59]). Sin el anuncio de esta pa-

---

[58] J. APPLEGATE, «Peace», 67-68. En la misma dirección añade B.S. CHILDS, *Introduction*, 351-352: «Within the final form of the book the element of salvation appeared right at the outset of Jeremiah's ministry and was assigned a programmatic function within his call. His prophetic commission was both "to destroy and overthrow, to build and plant". This theme of a dual role continues to be echoed throughout the book in separate prose saying (18.5ff.; 24.6; 31.28; 42.10; 45.4). The prophetic book bears witness to the belief that, regardless of the severity of the divine judgment on Israel, the ultimate goal in the divine economy was redemption. The editors of Jeremiah's oracles indicate the outcome of the drama before beginning the story in order to remove any doubt respecting the ultimate plan of God.[...] The major section of promises have been collected in chs. 30–33 and precede the account of Jerusalem's fall (39.1ff). The effect of this ordering of the material re-emphasizes the belief that promise was a part of the divine plan from the outset. It did not arise from the last-minute feeling of compassion to salvage something from the debacle. Moreover, pursuant to the redactor's pattern Jeremiah's poetic oracles of salvation (chp 30f. and 33) have been combined with a prose account in which Jeremiah himself experienced the promise (ch. 32). There seems to have been a deliberate redactional concern to anchor the promise, not only in the tradition, but in the self-understanding of the prophet himself».
[59] Preferimos para este versículo la traducción de la Biblia del Peregrino. Podemos hablar de una función de puente de este versículo. Recupera en el libro de la

labra positiva la misión de Jr quedaría claramente frustrada. Que la actividad negativa sea primera cronológicamente y más intensa no disminuye el carácter esencial de esta tarea del profeta, y de las acciones con las que anuncia y lleva a cabo la palabra secundaria en el tiempo pero definitiva.

Otro punto de contacto entre estos cc. reside en la unión de audición y visión, o mejor entre la palabra pronunciada y la visión de la realidad (1,11.13[60] y 32,24-25). En 1 la palabra llega en forma de una visión que

---

consolación el tema de la misión profética del cap. 1: supone una fusión de los vv. 10-12, introduciendo la raíz (רעע) presente en 1,14.16 (רעה) que reaparece como clave en 32,42:

1:10 רְאֵה הִפְקַדְתִּיךָ הַיּוֹם הַזֶּה עַל־הַגּוֹיִם וְעַל־הַמַּמְלָכוֹת לִנְתוֹשׁ וְלִנְתוֹץ וּלְהַאֲבִיד וְלַהֲרוֹס לִבְנוֹת וְלִנְטוֹעַ
Mira, hoy te he dado autoridad sobre las naciones y sobre los reinos, para arrancar y para derribar, para destruir y para derrocar, para edificar y para plantar.

1:12 וַיֹּאמֶר יְהוָה אֵלַי הֵיטַבְתָּ לִרְאוֹת כִּי־שֹׁקֵד אֲנִי עַל־דְּבָרִי לַעֲשֹׂתוֹ
Y me dijo el Señor: Bien has visto, porque yo velo sobre mi palabra para cumplirla.

31:28 וְהָיָה כַּאֲשֶׁר שָׁקַדְתִּי עֲלֵיהֶם לִנְתוֹשׁ וְלִנְתוֹץ וְלַהֲרֹס וּלְהַאֲבִיד וּלְהָרֵעַ כֵּן אֶשְׁקֹד עֲלֵיהֶם לִבְנוֹת וְלִנְטוֹעַ נְאֻם־יְהוָה
Y como velé sobre ellos para arrancar y para derribar, para derrocar, para destruir y para traer calamidad, así velaré sobre ellos para edificar y para plantar - oráculo del Señor.

32:42 כִּי־כֹה אָמַר יְהוָה כַּאֲשֶׁר הֵבֵאתִי אֶל־הָעָם הַזֶּה אֵת כָּל־הָרָעָה הַגְּדוֹלָה הַזֹּאת כֵּן אָנֹכִי מֵבִיא עֲלֵיהֶם אֶת־כָּל־הַטּוֹבָה אֲשֶׁר אָנֹכִי דֹבֵר עֲלֵיהֶם:
Porque así dice el Señor: Como he traído a este pueblo toda esta gran calamidad así he de traer sobre ellos todo el bien que les prometo.

Puede verse como el vocabulario común es llamativo también a propósito de la razón de la calamidad, cf. 1,16 y 32,29-30 (קטר / לֵאלֹהִים אֲחֵרִים / מַעֲשֵׂי יְדֵיהֶם).

[60] Sobre la relación de audición y visión en el cap. 1 cf. J.R. LUNDBOM, «Rhetorical Structures in Jeremiah 1», 200-210. Por su parte afirma R.P. CARROLL, *From Chaos to Covenant*, 52-53: «The two visions are associated with the call narrative (though originally having no connection with it) in order to single out two features about the work of Jeremiah. The vision of the almond rod emphasizes the supervising control of Yahweh over his word and in association with the call narrative also stresses Yahweh's supervision over Jeremiah, the prophet who speaks his word. There may also be an element of editorial confidence (or hope) in the word spoken by Jeremiah in relation to the community's wellbeing (in the fully edited tradition of Jeremiah the book of consolation, Jer. 30–33, constitutes such an outlook). That is, the word which Yahweh performed through his servant Jeremiah, i.e., the destruction of the community, is a guarantee that Yahweh will also oversee his word and bring about the salvation of his people. The vision of the pot focuses on the destructive message of Jeremiah's oracles». A grandes rasgos, Carroll propone una correspondencia entre la primera visión y el mensaje positivo, y la segunda visión en relación más patente con el castigo. Ver el uso de *saqed*, en 5,6; 44,27; 31,28 donde claramente son vigilados para el bien de la comunidad-pueblo.

a su vez explica la realidad profunda de lo que contempla Jr. Sin embargo, en el cap. 32 la nueva palabra pronunciada por el Señor se opone a la realidad (o al menos la hace ininteligible). Cierto, en este caso es Jr quien invita a ver al Señor, pero es siempre la palabra de Dios, (vv. 42-44), la que hace comprensible la situación actual, como una lectura profunda y auténtica de la realidad.

Sin duda el tema de la «ciudad» liga estrechamente los dos capítulos. En el cap. 1 es el símbolo de la misión: Jr constituido (נתן + על) profeta y ciudad fortificada. En el cap. 32 el debate recae en último término sobre el futuro de la ciudad, entregada a los caldeos, símbolo de la tierra y del pueblo. La coincidencia no es meramente de vocabulario; ya desde el comienzo se puede hablar del libro de Jr como de la «historia de dos ciudades»:

> Contrariamente a la opinión de muchos de los comentaristas, ésta no es simplemente una imagen general de la habilidad de Jeremías para resistir más allá de la presión con la ayuda de Dios. Más bien, hay aquí un contraste específico con lo que se ha dicho antes en los vv. 15-16. En ambos vv. 15-16 y vv. 17-19, una ciudad está sitiada por sus enemigos. En los primeros versículos, ocurre lo inesperado. Jerusalén es objeto de juicio en lugar de salvación. Jeremías, por otro lado, se describe como una ciudad de salvación. Sus paredes son de bronce, en contraste con las paredes de Jerusalén que pronto serán derribadas (cf. Jr 39,8; 52,14). Él es un pilar de hierro, en contraste con los pilares de bronce en el templo que pronto serán llevado a Babilonia (cf. Jr 52:17). Él es, para abreviar, una ciudad con la cual Dios está de la manera con la que Dios estaba con Jerusalén y su templo[61].

También en Jr 32 tenemos dos ciudades sitiadas; tanto Jerusalén como Jr están cercados por sus enemigos. A Jr corresponde el papel de nueva ciudad, nueva Jerusalén, conservando viva la relación con Dios, propia de la ciudad, cuando ésta ya la ha perdido[62]. En el capítulo 32 llega la hora del juicio sobre la ciudad y resulta culpable, cae bajo la ira

---

[61] H.P. NASUTI, «A Prophet to the Nations», 259.

[62] Cf. H.P. NASUTI, «A Prophet to the Nations», 264: «God appointed Jeremiah as a temporary substitute for Jerusalem from the very start of his ministry. What takes place throughout this ministry is thus presented as a conflict between two cities, one destined, at least for a time, for judgment and the other assured of salvation. The events of the book take place in the context of this confrontation between God's past and present dwelling places».

de Dios (v. 31). La salvación que antes podría esperarse de la ciudad de Jerusalén, ahora se esconde en Jeremías, «lugar de salvación»[63].

3. Recursos retóricos

En nuestro estudio del cap. 32 dedicamos un último apartado a algunos fenómenos retóricos que han ido apareciendo[64]; ahora los recogemos de modo más sistemática en tres grupos:
1. Personificaciones;
2. Respuesta del lector,
3. Juego de planos/funciones.

3.1 *Personificaciones*

Reconocemos en el texto dos personificaciones: la ciudad y las rampas de asalto.

En los vv. 31 y 36 aparece la ciudad personificada:

v. 31: «Porque esta ciudad ha sido motivo de mi ira y mi furor desde el día en que la construyeron hasta hoy como para hacerla desaparecer de mi presencia»,

v. 36: «Pues bien ahora así dice Yahveh el Dios de Israel acerca de esta ciudad, de la que vosotros decís que es entregada en manos del rey de Babilonia por la espada, el hambre y la peste».

Es claro que la ciudad se identifica con sus habitantes, con el pueblo de Israel. De hecho el versículo 32 habla sin ninguna transición de los «hijos de Israel y los hijos de Judá». Lo mismo vale para el v. 36, el Señor anuncia que va hablar de la ciudad[65] y vuelve a ser el objeto de las acciones de Dios una tercera persona plural. La ciudad es entregada a causa de las provocaciones del pueblo. En último término es el pueblo el entregado, arrasado y alejado de la presencia del Señor. La suerte de

---

[63] A propósito de esta reflexión sobre la ciudad cabe ver la oposición, lucha (לחם) que ambos capítulos mencionan, 1,19 y 32,5.24.29. En 1 es Jeremías el que experimenta la oposición del pueblo, pero se le asegura que no le vencerán. En 32 es la ciudad que lucha con los caldeos pero dicha oposición es infructuosa porque en realidad es una lucha contra Dios y la palabra portada por su profeta.

[64] No separamos los procedimientos retóricos de todo el estudio anterior sobre composición y estructura. Es más hay que entender dichos recursos en el conjunto de todo lo anterior. Dedicamos un apartado propio a algunos de ellos por lo que tienen de peculiar y llamativo.

[65] El texto hebreo bien podría traducirse como «así dice el Señor *a* esta ciudad» (כֹּה־אָמַר יְהוָה אֱלֹהֵי יִשְׂרָאֵל אֶל־הָעִיר הַזֹּאת).

la ciudad depende de la conducta del pueblo, y el juicio sobre ella recae sobre todo Israel.

La gravedad de la situación no se mide por el destino material de la ciudad, sino por lo que aquí se prefigura: el final del pueblo, su rechazo de parte de Dios. Este aspecto revela la seriedad de la objeción de Jr: si la catástrofe está a las puertas de la ciudad (cf. 1,15-16), con un pueblo rechazado, ¿cómo me mandas comprar un campo?

Desde estos versículos, y la imagen que representan, se ilumina la transición al «vosotros» del v. 5: «A Babilonia ha de llevar a Sedecías y allí permanecerá hasta que le muestre mi favor, oráculo de Yahveh, aunque luchéis contra los caldeos no triunfaréis?». Sedecías y la ciudad son entregados, no hay esperanza en la lucha ni por salvar la ciudad ni por salvarse como pueblo.

Esta personificación de la ciudad no es algo accidental, aparece frecuentemente a lo largo del libro de Jr. Además del cap. 1 apenas mencionado, las primeras palabras de Jr en 2,2 («Ve y grita a los oídos de Jerusalén: Así dice Yahveh: De ti recuerdo tu cariño juvenil, el amor de tu noviazgo; aquel seguirme tú por el desierto, por la tierra no sembrada») contienen ya la personificación de Jerusalén[66]. La ciudad va a ser sujeto tanto de palabras de castigo como de esperanza (cf. por ejemplo: 4,18-21.29-31 frente a 31,2-4.13)[67].

Este recurso se refuerza con la identificación de ciudad y tierra en los vv. 36 y 43. También la tierra aparece frecuentemente personificada en Jr (4,20; 6,19; 8,16; 12,7-13; 22,19)[68]. Por eso mismo es más significativo el hecho de la compra. Toda la tierra, todas las ciudades de Judá e Israel, reciben el anuncio de esperanza con esta acción (vv. 15.43-44). Este recurso de personificación une íntimamente las tres realidades: pueblo, ciudad y tierra. Sus destinos están entrelazados inseparablemente en el juicio y en la restauración.

También las rampas de asalto aparecen personificadas en el v. 24: «He aquí que las rampas de asalto entran en la ciudad para conquistarla y la ciudad es entregada en manos de los caldeos que combaten contra ella con la espada, el hambre y la peste; lo que habías anunciado se ha

---

[66] Cf. L. ALONSO SCHÖKEL, *Manual de poética hebrea*, 174; la personificación de la ciudad reaparece constantemente en el libro de Jr, cf. 4,18-21; 10,19-20.23.24; 13,19-27; 15,5-6; 22,20-23; 31,2-4.

[67] Para un análisis más detallado de algunos textos cf. L. ALONSO SCHÖKEL – J.L. SICRE, *Profetas*, I, 470.481-488.517; C. CONROY, «Jeremiah and Sainthood», 13; A. BAUER, «Dressed to Be Killed», 293-305.

[68] Sobre la personificación de la tierra cf. P. DIEPOLD, *Israels Land*, 106-110.

cumplido y tú lo estás viendo». Son el sujeto del verbo entrar (בוא). Una primera identificación nos lleva a pensar en las rampas de asalto como una alusión a los caldeos (cf. v. 29), sin embargo el horizonte es más amplio: el pueblo entró a poseer la tierra y se rebeló, no obedecieron; ahora los caldeos entran para la destrucción; es un mandato de Dios, es él quien entrega y pone en sus manos la ciudad. Este recurso de identificación aumenta el dramatismo a la situación. Las rampas de asalto cobran vida y no porque los caldeos las mueven. Otra fuerza las convierte en máquinas de destrucción invencibles: Dios mismo (es el Señor el que las convoca, cf. 1,15-16; él es el que combate contra su pueblo, cf. 21,5).

3.2 *Respuesta del lector*

Otros recursos intentan implicar directamente al oyente/lector provocando su respuesta:
– la *vox populi*,
– las preguntas retóricas,
– los diálogos.
– El uso de la *vox populi* o la de los adversarios es un recurso frecuente en Jr[69]. Con ello Jr no quiere dar respuesta a opiniones cuanto agudizar la paradoja o gravedad de su mensaje[70].

En el cap. 32 encontramos dos citas vv. 36 y 43. Aparentemente éstas no corresponden al momento histórico presentado en la introducción: la ciudad aún no ha sido destruida. El v. 5 refiere una actitud de oposición armada a los caldeos, que ciertamente no refleja la opinión del auditorio. Es cierto que podría pensarse en diversidad de opiniones entre la gente (algunos esperan una victoria sobre los caldeos, mientras otros dan por inevitable la catástrofe[71]). En cualquier caso, los vv. 5.36.43 pretenden comprometer al auditorio. Tanto el v. 5 como los vv. 36 y 43

---

[69] Overholt habla de unas cien citas en Jr frente a una docena en Oseas o Amós, cf. T.W. OVERHOLT, «Jeremiah 2», 262.

[70] El artículo de Overholt muestra que estas citas están en relación con preguntas retóricas; por tanto su objetivo principal no es reproducir textualmente la opinión común sino subrayar el carácter sorprendente del contenido del mensaje. De ahí que la autenticidad de dichas citaciones pueda oscilar desde la reproducción literal hasta la total creación del autor o redactor; T.W. OVERHOLT, «Jeremiah 2», 272-273. W.J. HORWITZ, «Audience Reaction to Jeremiah», 555-564 mantiene una posición más optimista sobre la historicidad de las citas y de los textos que las contienen. Puede verse también R.E. MANAHAN, «An Interpretative Survey», 163-183.

[71] No nos interesa ahora la historicidad o autenticidad de las palabras recogidas sino su utilización retórica en función del mensaje del profeta.

expresan actitudes contrarias a la omnipotencia de Dios, ya que niegan uno de los polos en tensión: entrega de la ciudad-restauración. Especialmente claro resulta en los vv. 36 y 43, que enmarcan el oráculo de salvación dentro de una realidad presente totalmente opuesta a lo anunciado.

– Las preguntas retóricas[72] van muy ligadas al recurso precedente en los vv. 3-5 y 27. En ambos casos la pregunta manifiesta el escepticismo ante la palabra de Dios. En los vv. 3-5 Sedecías (y en definitiva todo el pueblo) conoce la palabra de Dios, y sin embargo no la acoge y sigue resistiendo a los caldeos[73]. En el v. 27 la pregunta va dirigida aparentemente a Jr, pero es el pueblo su verdadero destinatario (de hecho, Jr ha obedecido su palabra). El pueblo se resiste a aceptar el mensaje de esperanza, una posición absurda, cuando al mismo tiempo se mantiene como indiscutible la omnipotencia del Señor, y la pregunta del v. 27 no admite otra respuesta. Pero la pregunta no es de reproche. Pretende contrarrestar el pesimismo y motivar la acogida de la promesa[74]: si aceptamos que para Dios nada es imposible, ¿por qué no acoger su promesa de restauración?

Otro aspecto interesante de la pregunta del v. 27 es el juego de esas sorpresas desconcertantes que nos reserva el texto: la pregunta surge donde se espera una afirmación (en boca de Dios), mientras que la afirmación nace en lugar de la pregunta (en boca del profeta, v. 17)[75].

Es también desconcertante el lamento inicial del v. 17, que normalmente es reacción natural ante un oráculo negativo. Sin embargo en nuestro texto acompaña a un anuncio positivo (v. 15), lo cual plantea un interrogante ante el oyente-lector[76]. Idéntica sorpresa provoca la iló-

---

[72] Véase lo dicho sobre las preguntas retóricas en las pp. 52-53.

[73] Cf. W. BRUEGGEMANN, «Jeremiah's Use of Rhetorical Questions», 371: «In Jeremiah, as we have seen, the *mdw'* seeks to show on the basis of what is obvious in the question that Israel's action or presuppositions are unacceptable and unnatural [...] What is important is that Jeremiah develops the form as a vehicle for confrontation of a most intense kind».

[74] En esta misma línea interpreta Brueggemann otras preguntas del libro de la consolación en 30,6 y 31,20; cf. W. BRUEGGEMANN, «Jeremiah's Use of Rhetorical Questions», 365-368.

[75] Cf. W. BRUEGGEMANN, «A "Characteristic" Reflection», 18.

[76] Cf. W. BRUEGGEMANN, «A "Characteristic" Reflection», 22-24. Brueggemann menciona además otros recursos del discurso que contribuyen al desconcierto: p. e.: el recital de acciones positivas de Dios se corta bruscamente (v. 23) para dar paso al claro y persistente rechazo del pueblo. Del mismo modo la oración acaba rápida e inesperadamente con el v. 25.

gica conclusión del v. 36 introducida por la expresión: וְעַתָּה לָכֵן «Pues bien ahora...»:

> La tercera fórmula del mensajero (v.36) es claramente la decisiva en este largo oráculo. Al contrario de las otras tres formulas, está introducida con *we'attah* y marca una decisiva discontinuidad respecto a las declaraciones precedentes. El TM tiene el *laken* (que falta en LXX) el cual resulta un uso curioso dado el *non sequitor* de lo que sigue. Lo que viene después no es «por consiguiente». No se sigue de ninguna parte, excepto de la desencadenada boca de Yahveh[77].

El hecho de que estas expresiones carezcan de una explicación lógica, fuera de la caprichosa iniciativa divina acentúa más aún la rotundidad de la conclusión, le inyectan una fuerza impactante.

– El *diálogo* es el medio elegido para la presentación del mensaje, pero a la vez es parte del mensaje, aquello que se pretende desencadenar: un diálogo entre el oyente y el Señor. El profeta introduce en su diálogo con Dios las quejas del pueblo, sus dificultades de comprensión. Esto predispone al auditorio a identificarse con el discurso y, lo que es más importante, le prepara para acoger la respuesta del Señor[78]. Por medio del diálogo Jeremías obliga a su auditorio a ir más allá de la palabra divina; el profeta coloca ante el oyente el camino que debe recorrer, un proceso de recepción y respuesta a la palabra. Como portador e intermediario de la palabra, Jr propone su propia experiencia como clave de interpretación en el proceso de comunicación[79].

La misma implicación del auditorio se logra con la dinámica mencionada de anuncio-cumplimiento dentro de la narración:

---

[77] W. BRUEGGEMANN, «A "Characteristic" Reflection», 26-27. Cf. S. BRETÓN, *Vocación y misión*, 89; L. ALONSO SCHÖKEL – J.L. SICRE, *Profetas*, I, 571.

[78] Cf. Y. GITAY, «Rhetorical Criticism and the Prophetic Discourse», 21: «The dialogue, in direct speech, between Jeremiah and God functions first to establish the prophet's credibility, and second to refute a common belief shared by the audience. [...] Rhetorically, this is a very difficult task, especially since Jeremiah, as the structure of the present text indicates, does not limit himself to the role of a mere messenger, but seeks to persuade. Revealing his argument with God and his concern for the people, Jeremiah appears as one of the people, one who shows his understanding and sympathy for his audience's situation. In such a way Jeremiah decreases the potential for a hostile attitude towards his public appearance. Studies of the rhetoric of public address insist that the personal credibility of the speakers and their attitude towards their audience as it is reflected in their addresses are crucial factors for the effectiveness of the speech». También J.T. WILLIS, «Dialogue in Jeremiah», 63-82 y K.G. FRIEBEL, *Jeremiah's and Ezekiel's Sign-Acts*, 422-424.426.

[79] Cf. E.D. LEWIN, «Arguing for Authority», 108-109.

Este aspecto del relato juega con el lector. Primero, se nos concede un status privilegiado comparado al de Jrm en la narración. Al inicio se nos dice que la palabra del Señor vino a Jrm. En la narración Jrm debe esperar hasta que la palabra se cumple antes de que él pueda estar seguro que es la palabra de Yahveh lo que él ha oído. Sin embargo, este privilegio realmente se invierte cuando la narración nos priva de la incertidumbre de Jrm (como se muestra en 32,8) y el mandato crucial de Yahveh de que Jrm debe comprar el trozo de tierra (35,25). El efecto de esto es proponer la pregunta acerca de si el lector realmente sabe qué está pasando; nuestro status privilegiado como lector se mina, y con él nuestra pretensión como lector de entender. Pero incluso cuando la instrucción de Yahveh se revela al lector en 32,25 se hace con mucha ironía porque se revela como parte de una pregunta sobre lo que Yahveh realmente piensa. En 32,24b-25 Jrm declara que Yahveh le ha dicho que comprara el campo delante de testigos junto a una declaración de que la calamidad que Yahveh había pronunciado contra Judá ha acontecido «como tú estás viendo». [...] Por consiguiente, el relato de la compra del campo se concluye con una indicación de que la incertidumbre de Jrm, la cual está claramente en contradicción con la proclamación de 32,15 y que recoge la nota de incertidumbre implícita en 32,8 de que Jrm supo que Yahveh le había hablado sólo cuando se cumplió por la llegada de Hanamel. Estos rasgos indican que la narrativa se ha construido para hacer considerar al lector la relación de Jrm con la palabra de Yahveh. Construyendo la narrativa de esta manera el autor consigue atraer al lector hacia los dilemas de Jrm a través de los dilemas de la propia narración[80].

Además de la auto-identificación del profeta como modelo del pueblo el lector descubre otros dos personajes tipo[81]. Janamel, persona necesitada, despierta la simpatía del lector. Más allá de su postura inicial (es parte del grupo de parientes que se oponen al profeta), se presenta ante Jr implorando en nombre de la ley de solidaridad familiar. En idéntica situación está el pueblo ante Yahveh. Por otra parte, la narración presenta a Sedecías como el antagonista del profeta y del Señor. Sedecías rechaza la palabra y encarcela al profeta. Constituye el modelo a evitar: su actitud provoca la propia ruina y la del pueblo.

---

[80] J. APPLEGATE, «Peace», 81.
[81] Cf. J.M. OESCH, «Zur Makrostruktur», 221-222; Y. GITAY, «The Realm of Prophetic Rhetoric», 226-227; K.G. FRIEBEL, *Jeremiah's and Ezekiel's Sign Acts*, 450-451. Véase las observaciones hechas en pp. 53-54 sobre identificación con los personajes.

3.3 *Juego de planos*

La mediación profética de Jr se manifiesta, como hemos mencionado, en el texto en una multiplicidad de funciones o planos de lectura. Esta distinción de funciones del profeta nos ayuda a entender mejor la tensión presente en el texto entre su obediencia a la palabra, manifestada en la acción, y la incomprensión de la misma expresada en la oración. Jr obedece como instrumento de Dios; como parte del pueblo expresa su extrañeza ante los planes divinos. Junto al tema de Jr como nueva ciudad, ciudad constituida por Dios y no por los hombres, tenemos el papel de Jr como mediador entre Dios y el pueblo[82]. En cuanto mediador Jr está de las dos partes y a ambas representa. Jr oye la palabra de Dios, la transmite, pero a su vez pertenece al pueblo:

> El profeta, como los antiguos líderes, es ambas cosas mensajero de Dios ante el pueblo y mediador del pueblo ante Dios. La necesaria tensión que este doble papel crea está implícita en la objeción de incapacidad que es la contestación inmediata del profeta a su misión. [...] El diálogo fundamenta la autoridad del profeta para hablar la palabra de Dios, pero también pone en evidencia que él se atreve a desafiar esa palabra. Para servir como mediador el profeta debe extender el diálogo y su protesta para incluir al pueblo y sus preocupaciones. Él debe llevar la carga de su propia tensión acrecentada, ya que el mediador habla en nombre de las dos partes. Además, en cierto sentido él pertenece a ambas partes, siendo poseído y forzado por Dios, y sin embargo compartiendo la historia y el destino del pueblo rebelde. En semejante situación, el proceso de comunicación resulta efectivamente complejo[83].

Como parte del pueblo, Jr sufre y padece el rechazo de Dios, su encarcelamiento asemeja a la situación del pueblo cercado por los enemigos. Sólo que curiosamente sus enemigos son el mismo pueblo. Como

---

[82] En la figura de Jr encontramos uno de los grandes mediadores de la Biblia y su oración debe entenderse bajo los dos aspectos: como intercesión y como mediación, cf. E.S. GERSTENBERGER – H.-J. FABRY, «פלל», 611-613. En continuidad con las figuras proféticas de Amós y Oseas, la intercesión de Jr supera una petición de evitar el castigo (de manera patente cuando el juicio es irreversible) para convertirse en una mediación que tiene que ver con el aspecto revelador de la voluntad divina. De este modo el profeta se convierte en anuncio paradigmático ante el pueblo, cf. H. LALLEMAN - DE WINKEL, *Jeremiah in Prophetic Tradition*, 209-233.

[83] E.D. LEWIN, «Arguing for Authority», 106-107.

parte del pueblo levanta su clamor a Dios, no para evitar el castigo sino para comprender los designios del Señor[84].

Como parte de Dios, Jr juzga y condena la historia del pueblo; comparte la ira de Dios ante los pecados del pueblo. Sin embargo, Jr no entra en esa dialéctica justicia-misericordia que se vive dentro de Dios. Mejor dicho no logra entenderla a nivel del pueblo; de hecho, ya la ha practicado con su primo Janamel y es precisamente esa experiencia la que suscita el mensaje para el pueblo.

Esta situación intermedia de Jr es una postura incómoda; está en las dos partes y en ninguna. Jr actúa en obediencia a la palabra, y esto suscita la oposición del pueblo que no acepta el mensaje divino de castigo. Jr reconoce la palabra como Palabra de Dios, pero su significado para el pueblo es enigmático. ¿Cómo puede el Señor pronunciar una palabra de salvación, ante un pueblo que rechaza su palabra?

En este doble juego Jr es germen de un nuevo pueblo que escucha y conoce al Señor. Jr ya está viviendo la alianza prometida al pueblo. Al mismo tiempo el profeta es instrumento de un Dios que se manifiesta como *goel*. El rescate del campo de parte de Jr es la redención de la ciudad y del pueblo de parte de Dios. Lo mismo que la destrucción de la ciudad tiene un carácter pedagógico (22,8-9), — «una metáfora que da que pensar» a todos los que la vean —, del mismo modo el rescate de un trozo de tierra es metáfora de la alianza eterna que el Señor pacta con su pueblo. La nueva ciudad, el profeta mismo, es también ya metáfora de la promesa de salvación. No se le ahorrará el sufrimiento, el exilio en Egipto, pero su permanencia a través del libro escrito es patente para todos aquellos que escuchan o leen su relato.

Así Jr presenta paradigmáticamente el proceso que el pueblo tiene que vivir: acoger el castigo, vivir la experiencia de rechazo para luego acoger también la promesa de salvación. Jr deberá pasar por la experiencia del exilio en Egipto, morir y perdurar (o mejor, *morir para perdurar*) en la palabra transmitida en medio de su pueblo. Ésa es su identidad y su destino. La identidad y el destino de la ciudad y de Israel. Si en Jr lo importante no es su destino histórico sino la palabra que transmite, tampoco importa el destino de la ciudad, sino la promesa de la acción de Dios de reconstruirla desde sus ruinas, de cumplir definitivamente la promesa hecha al pueblo.

---

[84] Sobre la creación de lazos afectivos en el auditorio cf. Y. GITAY, «The Realm of Prophetic Rhetoric», 223-225; K.G. FRIEBEL, *Jeremiah's and Ezekiel's Sign-Acts*, 324-326.441-447.

4. Anexo al análisis retórico: relación entre perícopas

Procedemos dando dos pasos: primero presentando la relación de las perícopas tomadas de dos en dos y posteriormente una visión de todo el capítulo. Será un recorrido rápido destacando la cohesión del texto y los aspectos particulares que se resaltan en la interacción de las perícopas[85].

4.1 *Relación entre perícopas*

4.1.1 Perícopas I-II

– Las dos perícopas contienen al inicio términos semejantes: en primer lugar y más patente la fórmula introductoria «la palabra de Yahveh dirigida a Jr» pero también es significativa la referencia al «patio de la guardia». Por lo que se refiere a términos finales ambas perícopas aluden a la lucha contra los caldeos (vv. 5 y 24).

– La expresión «He aquí que» ocupa lugares estratégicos. De hecho, se advierte una correspondencia entre la situación (normalmente introducida por «He aquí que»[86]) y una palabra de Dios («Así dice el Señor», «habías anunciado»...) que la precede o le da su razón de ser.

El esquema resultante es una alternancia de hechos-realidades y palabra:

I: situación de la ciudad / palabra sobre el futuro
IIa: compra del campo / palabra sobre el futuro
IIb: hechos de la historia de Israel con la conclusión en la situación presente, con una palabra final en boca de Jr que pone de manifiesto la tensión de las dos palabras anteriores sobre el futuro pronunciadas por el Señor.

– El versículo final de la segunda secuencia, v. 25: «¡Y tú me dices, Señor Yahveh: "compra el campo con dinero y aduce testigos", cuando la ciudad es entregada en mano de los caldeos!», se presenta como la síntesis de estas dos perícopas. Recoge en términos claves, la temática

---

[85] Omitimos la presentación del texto en su conjunto o por pares de perícopas, para las relaciones que se indican pueden consultarse las exposiciones anteriores en el primer apartado de este capítulo.

[86] Cf. L. ALONSO SCHÖKEL, «Nota», 74: «La partícula hebrea hinneh ejerce con énfasis una función deíctica; sitúa un objeto en un campo presente, y reclama sobre el objeto la atención del interlocutor. [...] Es cierto que una partícula deíctica de tal orden puede bajar al lenguaje funcional de la convivencia humana [...] Pero por su naturaleza y por su carácter enfático, la partícula pertenece al lenguaje vivo y naturalemente [sic] al lenguaje literario».

de todo lo anterior: la ciudad entregada a los caldeos y la compra del campo con dinero y ante testigos.

De esta forma pone de manifiesto que todo lo anterior ocurre según el esquema de anuncio-cumplimiento:

+ el anuncio de la entrega de la ciudad, v. 3, cumplimiento en v. 24;

+ la llegada de Janamel: anuncio v. 7, cumplimiento v. 8; petición de compra v. 8 y realización v. 9;

+ la posesión de la tierra: promesa v. 22 y entrada, v. 23.

Todo ello en un juego irónico con diversidad de sujetos de los que se anuncia su «llegada» (Janamel, caldeos, el pueblo) y diversidad de fines: poseer y conquistar (=desposeer).

4.1.2 Perícopas I-III

Elementos unificadores de ambas perícopas:

– Los mismos términos extremos: «la palabra dirigida a Jr», «oráculo de Yahveh».

– Diversos elementos de enlace:

+ como término medio o expresión gancho aparece la lucha contra los caldeos; lucha que en la perícopa III es retomada al revés: los caldeos que combaten contra la ciudad;

+ como expresión común «la entrega en manos de X» (término medio en I, y término que reaparece diversas veces en III, normalmente al inicio de bloques). El destinatario del don es indistintamente Nabucodonosor, el rey de Babilonia o los caldeos, que a través de sus distintas denominaciones se hace omnipresente en estas perícopas.

– La ciudad vuelve a ser término clave presente al inicio y centro de la primera perícopa y al inicio y final de la tercera.

– Resulta extraño el término «vosotros»: en ambos casos se trata de palabras dirigidas a Jeremías (y/o Sedecías en la primera perícopa, pero siempre una persona singular).

– La ruptura del discurso negativo y la entrada de un oráculo de salvación tanto para Sedecías (I, v. 5), como para la ciudad/pueblo (III, vv. 36-41).

Lo que en I quedaba pendiente (ya que se anunciaba un futuro positivo a Sedecías pero no al pueblo), se completa ahora en III. Esa promesa que ha tardado en llegar, se desarrolla abundantemente en diversos versículos. En un presente inmediato tanto el pueblo como su rey son entregados. Sedecías será conducido a Babilonia, pero allí experimentará el favor de Dios; el pueblo, después del exilio en Babilonia será reunido de los países.

El juego de oposiciones que veíamos al interno de I se traslada ahora a III: la posición de Sedecías es ocupada ahora por todo Israel y Judá. Tanto la oposición a los caldeos es oposición a Dios, como toda la acción restauradora depende de la iniciativa divina (cf. las apariciones enfáticas del pronombre personal «yo»). La relación con los ídolos les enfrenta a Dios, y el Señor por mano del rey de Babilonia castiga a su pueblo, pero no es la última palabra. La segunda parte desarrolla todo un oráculo de salvación, de inversión de destino, el cambio de suerte. En último término en Sedecías el castigo era por el rechazo a la palabra de Dios, también con el pueblo se trata de desatender la instrucción y hacer lo que no se les ha mandado (vv. 33-34).

4.1.3 Perícopas II-III

Fenómenos que unifican ambas perícopas:
– Los términos iniciales de III recogen términos iniciales de cada uno de los bloques de la perícopa II: «La palabra de Yahveh dirigida a Jr», una afirmación sobre Dios y la afirmación/pregunta sobre la omnipotencia del Señor.
– A su vez, el término final de la segunda perícopa, «X entregada en manos de los caldeos», ocupa además del final de la tercera perícopa otros dos lugares significativos al inicio de sus dos primeros bloques.
– En el último versículo se recogen los términos claves de II: «comprar», «campos», «dinero», «testigos» (estas cuatro palabras se encuentran también en el último versículo II, v. 25). Como hemos observado en distintas ocasiones el bloque final recoge en esencia lo tratado en las distintas partes. Podemos resumir la estructura de este conjunto como sigue:

II: narración de la compra del campo
    palabras sobre la compra
    narración sobre la acción de Dios y del pueblo
    palabras sobre la compra y la ciudad

III: palabras sobre el destino inmediato de la ciudad
    narración de las acciones del pueblo-ciudad
    narración sobre la acción futura de Dios con su pueblo
    palabras sobre la compra.

El primer aspecto que se destaca con la relación de las dos perícopas es la conexión entre compra y ciudad. La dinámica es:
• en primer lugar: anuncio de la compra / cumplimiento de la compra / sentido de la compra para la tierra-ciudad;

• en un segundo momento: cuestionamiento de la compra a la luz de la ciudad / presente-futuro de la ciudad-pueblo / confirmación de las palabras de compra desde la acción del Señor con su pueblo.

En este sentido los versículos que articulan esta relación son 15, 25 y 42-44. Por medio del cuestionamiento se refuerza el mensaje del v. 15:

+ explicitando la razón y el sentido profundo del mensaje: «yo cambio la suerte»;

+ ampliando el horizonte a todos el país, a toda la tierra que ha sido objeto del castigo divino.

Un segundo punto que cobra importancia reside en la narración de la acciones de Dios y de Israel. Tanto IIb como IIIa presentan una breve historia del pueblo y su relación con Dios[87]. Mientras que en IIb las acciones narradas pertenecen principalmente al Señor, y sólo brevemente hacen referencia a las omisiones del pueblo; III desarrolla extensamente la temática del pecado apuntada en el v. 23. En IIb a las acciones (omisiones) humanas preceden las acciones divinas de salvación, este contraste recalca más aún la gravedad del rechazo del Señor. A pesar del rechazo de todo Israel, después de IIIa sigue toda una serie de acciones salvíficas de Dios a favor de su pueblo. ¿Cómo es posible si Dios castiga «el pecado de los padres en los hijos que les suceden» v. 17? Ahí reside el elemento sorpresa: al pecado sigue la prosperidad y la benevolencia del Señor: «pactaré con ellos una alianza eterna que no revocaré después de ellos». Pero una sorpresa sigue a la otra, ya que la prosperidad futura no anula el castigo presente («la entrega» como castigo está al inicio de III, al centro, y también en la parte final). Esta tensión hace todavía más incomprensible el futuro anunciado.

4.2 *Visión de todo el capítulo, perícopas I-II-III*

Elementos de cohesión[94] de la unidad:

---

[87] Con un enfoque diverso del nuestro, puede verse un estudio del paralelismo entre estas dos unidades: K. SCHMID, *Buchgestalten des Jeremiabuches*, 105-107; W. BRUEGGEMANN, «A "Characteristic" Reflection», 19-30.

[94] Destacamos los rasgos principales. Hemos ido señalando palabras claves y palabras ganchos de las diversas perícopas. Llamamos ahora la atención en el conjunto del capítulo sobre el «bisagra» que produce la perícopa central respecto a las otras dos. La ubicación de Jeremías «en el patio de la guardia» (I y II) constituye el escenario de la compra y de las palabras de promesa de Dios (II y III). Su función no es meramente literaria, ya que constituye también un quicio teológico. Sobre el efecto «bisagra» (*Hinge*) cf. H. VAN DYKE PARUNAK, «Transitional Techniques in the Bible», 540-542.

– El mismo término inicial en las tres perícopas: «la palabra de Yahveh dirigida a Jr».

– El mismo término final: «oráculo de Yahveh», excepto en la segunda, que es su lugar encontramos dos referencias a la palabra del Señor: «lo que habías anunciado» y «tú me dices».

– La expresión «entrego/ entregada en manos de X» ocupa posiciones estratégicas en las tres unidades (centro en I, por dos veces repetida en II, y en extremos y centro en III).

– En III aparecen juntos la «prosperidad» y la «calamidad» términos claves de I y II respectivamente.

– La repetición de la raíz «dar/entregar» (נתן). Junto a la expresión mencionada más arriba, la entrega (de la escritura y de la tierra) es clave en II, mientras que en III es fundamental el don de un corazón indiviso y del temor de Dios.

– Otras repeticiones[95] de palabras importantes son las referencias a la ciudad (con el sustantivo mismo o por referencias geográficas), a la tierra, a la palabra dirigida (como sustantivo o por los verbos decir, prometer, anunciar, etc.), especialmente la palabra relacionada con el Señor, omnipresente (tan sólo el término «Yahveh» aparece 19 veces).

Como hemos señalado el texto está marcado por la omnipresencia de la palabra de Yahveh que rige tanto los grandes destinos de la creación y de la historia como las particulares acciones de los hombres. Esa palabra de Dios se entremezcla con la palabra de los hombres que la reconocen y aceptan como tal. La palabra de Dios anuncia repetida y perentoriamente la entrega de la ciudad. El triunfo es de los caldeos, por ellos llega a Israel el castigo de Dios. El pueblo termina aceptando esta visión, y repite la palabra del Señor que entrega de la ciudad. Al pueblo le queda pendiente una tarea: acoger también la palabra de promesa. Si el problema de Jr es compaginar ambas palabras simultáneamente, el pueblo debe además dar un paso previo: creer la segunda palabra de prosperidad.

Además de todas estas entregas (Sedecías, la ciudad, la tierra) existe una cuarta entrega de un signo contrario, esperanzador; es la entrega de la escritura de compra, ésta da pie en su contradicción a especificar el futuro, no ya particular de una persona (Janamel) o de una tierra (de Benjamín); ahora este futuro es general, afecta a todos; y es esencial,

---

[95] El efecto perseguido con las palabras claves es la continuidad en los distintas perícopas, cf. H. VAN DYKE PARUNAK, «Transitional Techniques in the Bible», 529-530.

porque no sólo se recupera la tierra. Además se dan las condiciones para una posesión perdurable: el pueblo no marchará tras otros dioses; Dios no dejará de alegrarse con su pueblo y de hacerle el bien.

Lo que al inicio se plantea como destino de la ciudad y del rey, viene ahora a ser programático para todo el pueblo. La tensión retórica del final de la primera perícopa encuentra su explicación al final de todo el capítulo. La destrucción es cierta y merecida, sin embargo el discurso rompe toda su lógica porque hay un futuro abierto: para Sedecías, para la ciudad, para la tierra. Ese futuro no nace de una confrontación con los caldeos sino de una acción que es iniciativa de Dios.

El Señor lo anuncia y se cumplirá. La historia demuestra que su palabra es eficaz; lo muestra también el profeta con su compra (actuando así el inicio de ese futuro que cambia el destino destructivo del pueblo). La mano de Dios que *ha dado* la tierra al pueblo, que *da* la ciudad a los caldeos, es la misma que *dará* de nuevo la tierra a Israel: «yo cambiaré su suerte». Esta palabra de Dios es la conclusión final y el sentido de todo el capítulo.

PARTE TERCERA
ESTUDIO TEOLÓGICO

Capítulo VI

La compra como rescate

Esta tercera parte de nuestro estudio explícitamente teológica constará de dos capítulos: el primero centrado principalmente en la acción simbólica de la compra; con ello intentamos una comprensión lo más completa posible de los aspectos que la componen; el segundo está centrado más en la oración y en la dificultad que supone aceptar el mensaje de la compra.

En los análisis precedentes del texto han surgido diseminados a lo largo del trabajo una serie de aspectos importantes para la comprensión teológica de la compra. Ahora es el momento de examinar con mayor atención algunos de estos puntos principales:
1. Situación histórica;
2. La acción del rescate: *goelato*;
3. La escritura y los testigos.

1. Situación histórica

Toda palabra profética debe entenderse como palabra «específica» en su contexto histórico[1]. Esta afirmación es especialmente válida para nuestro texto por las siguientes razones:

---

[1] J. BRIGHT, *Jeremiah*, XXVII: «Because of their function their word was always a specific word: a specific directive to a specific people, caught up in the never-to-be-repeated events of a specific an never-to-be-repeated time in their history. Moreover, it was essentially a word that interpreted events through which the people were passing or were about to pass, in the light of the divine demands and promises. And this is why it is only against the background of their times that the sayings of the prophets come alive -indeed, in many instances, make sense at all».

– el texto insiste en la relevancia del marco histórico tanto en la introducción narrativa como en las informaciones continuas de la línea secundaria de la comunicación y a través de la composición retórica;

– la trascendencia del momento histórico[2]: estamos ante «los últimos días de Judá»;

– Jeremías dirige distintos mensajes a los diversos reyes de Judá. Por tanto existen en el libro de Jr diversas etapas de predicación en función del momento histórico[3];

– dentro de esa diversidad de mensaje, el cambio que se produce en este momento permite hablar de un quiebro en su mensaje. Nos encontramos ante un momento especial en la vida de Jr que puede considerarse como el momento decisivo (*turning point*) en su carrera profética. Aunque en la predicación de Jr haya habido periodos de anuncio de un mensaje de esperanza, sin duda el gran cambio lo marca la desgracia del 587, momento en el cual el mensaje de esperanza llega a ser claro y rotundo[4].

---

[2] Nos limitaremos a la exposición de los aspectos que conciernen más directamente al episodio que examinamos. Un tratamiento más amplio de la situación histórica supera los límites de este trabajo. Para una mayor información cf. A. MALAMAT, «The Last Kings»,137-156; J. BRIGHT, *La historia de Israel*, 387-406; S. HERRMANN, *Geschichte Israels in alttestamentlicher Zeit*, 323-349; J.M. MILLER – J.H. HAYES, *A History*, 391-436; L. ALONSO SCHÖKEL – J.L. SICRE, *Profetas*, I, 399-411; J.H. HAYES – P.K. HOOKER, *A New Chronology*, 86-98; W.L. HOLLADAY, *Jeremiah*, II, 25-35; J. GONZÁLEZ ECHEGARAY, *El creciente fértil*, 197-212; J.M. ÁBREGO, *Los libros proféticos*, 139-154; H. CAZELLES, «La vie de Jérémie», 21-39.418-422.

[3] Así algunos autores presentan el mensaje de Jr al hilo de los distintos acontecimientos históricos, cf. N.K. GOTTWALD, *All the Kingdoms*, 239-302; L. ALONSO SCHÖKEL – J.L. SICRE, *Profetas*, I, 404-411; W.L. HOLLADAY, *Jeremiah*, II, 25-35.

[4] Cf. J. BRIGHT, *Jeremiah*, 238; L. ALONSO SCHÖKEL – J.L. SICRE, *Profetas*, l, 409. La importancia de este momento no reside sólo en la experiencia personal del profeta. Es sin duda uno de los momentos culminantes de la historia de Israel y con ello de su fe en Dios, cf. R.E. CLEMENTS, «Jeremiah, Prophet of Hope», 349: «An examination of Jeremiah's career in the light of its historical background shows, then, that, even before the great turning-point of 587 B.C. when Jerusalem suffered massive destruction at the hands of the Babylonians, there were two periods when some message of hope from God may be fitted in to Jeremiah's preaching. Yet even having conceded this point, it seems that neither is a very strong or firmly secured attestation of his prophetic message. There are possibilities and no more, and such a conclusion leads us to recognize that it was during the great crisis brought on by Judah's defeat and destruction in 588-7 B.C. that Yahweh's word of hope became clear and incisive to Jeremiah. As such it marks one of the great turning points in the entire corpus of the prophetic literature of the Old Testament».

Independientemente de la fecha exacta de su nacimiento[5], el profeta vive un momento histórico de marcados contrastes. Jr es testigo de un proceso de desintegración nacional, que partiendo de un momento brillante y próspero en tiempo de Josías precipita luego en una decadencia tan profunda, que Israel corre el peligro de desaparecer como nación: cambios de reyes a merced de potencias extranjeras, tres deportaciones, asedios y destrucción de ciudades y al final, la catástrofe de la misma capital.

Tres aspectos íntimamente entrelazados son importantes para comprender este período crucial de la historia de Israel: los cambios políticos, la evolución social y las corrientes de pensamiento teológico.

1.1 *Cambios políticos*

Los altibajos del papel que Israel desempeña como nación en estos pocos años tienen su explicación en buena medida en la situación internacional. Es un momento de grandes cambios en las potencias dominantes (Asiria, Egipto y Babilonia). En la segunda mitad del siglo VII asistimos al declive del imperio asirio (muerte de Asurbanipal 627/626) y al alzamiento del poder babilónico con Nabopolasar (626-605). Egipto enemigo hasta ese momento de Asiria, ahora se alía con ella como único remedio para frenar el avance de la nueva potencia. Las fechas que jalonan la historia de decadencia asiria son: 612 caída de Nínive (tomada por babilonios y medos) y 605 batalla de Karkemish donde Nabucodonosor II, al frente del ejército de su padre Nabopolasar, derrota a asirios y egipcios. Esta victoria decide la supremacía política y militar de Babilonia. Ya en el 604 los reyes de Siria y Palestina pagan a Nabucodonosor el tributo de sumisión y vasallaje.

En este trasfondo internacional hay que entender la evolución de la historia del reino de Judá:

– El resurgimiento provisional en tiempos de Josías, durante la transición de un imperio a otro (del decaimiento asirio a la hegemonía de Babilonia).

---

[5] No entramos en la discusión sobre la «cronología alta» o «cronología baja» cf. J.M. ÁBREGO, *Los libros proféticos*, 152-154; en favor de la cronología baja Holladay da hasta siete argumentos cf. W.L. HOLLADAY, *Jeremiah*, II, 25-26; ID., «A Coherent Chronologyr», 58-73.425-426. Por su parte Cazelles es partidario de la «cronología alta», cf. H. CAZELLES, «La vie de Jérémie», 25-28.

– El sometimiento a un Nabucodonosor sólido tras la Batalla de Karkemish. Se verifican diversos intentos de rebelión por parte de Joaquín y Sedecías con trágicas consecuencias para Judá.

El prometedor inicio del reino de Josías (640-609) y sus logros reformistas[6] se truncan en el 609 con su muerte prematura en Meguido al intentar frenar a los egipcios que acudían en ayuda de los asirios (2Re 22,1-23,30). La desaparición imprevista de Josías fue un duro golpe para las expectativas de Judá y presagio que el final estaba cerca. Su sucesor, Joacaz (=Salum), con apenas tres meses de gobierno es sustituido por el faraón Neko II. En su lugar impone a Joaquín (=Yoyaquim 609-597). Los primeros años de Joaquín se caracterizan por la dependencia de Egipto, que deja paso a la sumisión a Babilonia a partir del 604. Pero es una sumisión forzada, con conatos de rebelión por parte de Joaquín, y en último término impuesta con el asedio del 598 y la primera deportación. Entre los deportados va el nuevo rey Jeconías (=Yehoyakin) sucesor de Joaquín tras su muerte 2Re 23,31ss. Los años de Joaquín significan un retroceso en la reforma iniciada por Josías y su reinado está sellado por la injusticia (Jr 22,12-18).

Al igual que los egipcios hicieron con Joaquín, los babilonios tras la toma de Jerusalén (597) imponen un nuevo rey en lugar de Jeconías (2Re 24,18-20): se trata de Sedecías (=Matanías 597-586). Llegamos así al último rey de Judá. Sedecías tenía un carácter débil[7] (véase las distintas posturas y consultas repetidas a Jr 21,1-7; 37,3–38,28) al vaivén de las presiones de los distintos movimientos: filo-egipcio y filo-babilónico. En medio de esas presiones consulta a Jr. El consejo del profeta es perentorio: sometimiento a Babilonia[8]. Pero Sedecías no es-

---

[6] Sin duda en el ámbito político el gran logro de Josías es la expansión territorial (recuperando las regiones de Samaría y Galilea) y la independencia política aprovechando el declive asirio; cf. R. ALBERTZ, *Historia*, I, 372: «la reforma de Josías no se limitó a los aspectos meramente cúlticos, sino que fue una auténtica renovación social, nacional y religiosa, que trató de sacar el mayor partido posible a la gran oportunidad histórica que le ofrecía la desaparición del poder asirio, para reconstruir desde sus cimientos los constitutivos esenciales de la sociedad israelita».

[7] Además del carácter dubitativo de Sedecías hay que recordar su especial status provisorio como rey. Fue considerado como regente mientras el legítimo monarca Jeconías (cf. 2Re 25,27-30; Jr 52,31-34) estaba en el destierro; cf. N.K. GOTTWALD, *All the Kingdoms*, 258. Sin duda este hecho añadía una gran inestabilidad a su mandato.

[8] Especialmente significativo resulta ese mensaje dirigido no ya sólo a Judá sino a todas las naciones reunidas en Jerusalén en el año 594, cf. Jr 27. Ese año se reúnen en Jerusalén embajadores de Edom, Moab, Ammón, Tiro y Sidón, en el intento de aunar

cucha y opta por todo lo contrario: la rebelión contra Babilonia. Dos razones debieron alentar tal decisión: por una parte, la escasa presencia de Nabucodonosor en Siria-Palestina desde el 594 y los nuevos triunfos del faraón Psammético II que hizo albergar entre la población judía renovadas esperanzas de una asistencia militar egipcia[9]. Babilonia reacciona con el asedio final de Jerusalén (5-Enero-587/19-Julio-586), la destrucción de la ciudad y la segunda deportación (2Re 25,1-21).

En estos meses finales de asedio encaja el episodio de la compra del terreno y el oráculo del Señor. Probablemente durante el verano del 587 los babilonios tuvieron que atacar al faraón Hofra, aliado de Jerusalén. El asedio se interrumpe temporalmente. Es un momento de nueva esperanza. En ese momento es posible que Jr intentara ir a Anatot[10]. Acusado de deserción, Jeremías es detenido y encarcelado (37,11-21). Pero el alivio de la ciudad duró poco y el asedio fue renovado. Entonces tiene lugar la visita de Janamel[11].

1.2 *Evolución de la situación social*

La muerte de Josías dio un brusco viraje no sólo a las esperanzas políticas, sino también a todo el ámbito social y religioso[12]. Casi todos los

---

fuerzas para una rebelión contra Babilonia. La conspiración no prosperó, sea por falta de acuerdo entre los participantes o porque no pareció el momento oportuno; cf. J. BRIGHT, *Historia de Israel*, 393. En cualquier caso en el ambiente se respira el malestar por el sometimiento y al final se impone la rebelión (587) que supone el final de Jerusalén.

[9] Cf. J.M. MILLER – J.H. HAYES, *A History*, 412.

[10] No todos los autores relacionan este viaje a Anatot con el episodio del cap. 32, cf. J. PEDERSEN, *Israel:Its Life and Culture*, 85, nota 1; N.K. GOTTWALD, *All the Kingdoms*, 276-277; para estos autores se trata de un reparto de herencia (37,12) distinto del rescate del campo de Janamel.

[11] Como señalan algunos autores hay puntos oscuros y la reconstrucción no es segura; nosotros centraremos la atención, no tanto en la precisión de fechas, sino interesados en el contexto general de la situación, cf. L. ALONSO SCHÖKEL – J.L. SICRE, *Profetas*, I, 401.409, especialmente las notas 5 y 17.

[12] Cf. R. ALBERTZ, *Historia*, I, 436: «La exasperación religiosa que se desató a la muerte de Josías jamás se exagerará en exceso. El profeta Jeremías, que había acompañado la acción política expansionista de Josías con sus oráculos de salvación, expresa no sólo su decepción personal, sino también la de muchos representantes del movimiento reformista, en la siguiente queja: Jr 4,10: ¡Ay, Señor mío, Yahvé! Realmente "nos" has engañado, al prometer(nos): "Tendréis salvación", cuando tenemos al cuello la espada. ¿Quizá con la pérdida de los símbolos de la reforma deuteronómica se puso en cuestión la entera obra reformista? Más aun, ¿no habría que interpretar

aspectos de la reforma iniciada por Josías se desvanecen. Vuelven a funcionar los viejos mecanismos de opresión contra los grupos más débiles de la sociedad (levas de trabajadores libres Jr 22,13; nuevos impuestos para los tributos de vasallaje 2Re 23,34-37; fraude y violencia Jr 6,13-14; 7,5-11; 8,10-12). El panorama social se desintegra a ojos vistas:

> La acusación social que, desde el 609, resuena en la predicación de Jeremías dibuja la imagen de una sociedad en descomposición hasta sus mismos cimientos (*šéber*: Jr 6,14), en la que, a todos los niveles, reina el principio de avaricia sin escrúpulos, la prepotencia sin freno, la impostura descarada y la calumnia envilecedora (Jr 5,8; 6,13s.28; 7,9; 9,1-5.7). Y aun si se tiene en cuenta que ese panorama no responde a una descripción objetiva de la sociedad contemporánea, sino que refleja más bien, el desconcierto y la amargura personal de un sincero partidario de la reforma, decepcionado por el curso de los acontecimientos, no se puede evitar la impresión de que el dique de una solidaridad fundada en motivos religiosos, con que la reforma deuteronómica había querido frenar la ola de destrucción social, no era suficientemente sólido, sino que, ante el masivo empuje de intereses de grupo, había cedido y se lo había llevado la corriente. El breve espacio de poco más de una década que la reforma tuvo a su disposición no fue suficiente, a todas luces, para grabar en el corazón y en la conciencia de una parte considerable de la población la idea teológica de una sociedad radicalmente renovada[13].

---

la desaparición del joven rey como un pronunciamiento divino contra los cambios cúlticos y sociales introducidos por la reforma?» Cf. A. MALAMAT, «The Last Kings», 139-140.

[13] R. ALBERTZ, *Historia*, I, 437-438. Junto a esta interrupción de la reforma social el autor defiende el mantenimiento de la centralización del culto fruto del interés de la clase sacerdotal de Jerusalén, cf. *Ibid.*, 369-386. No todos los autores concuerda sobre la postura de Jr ante la reforma de Josías (lo cual depende, en buena medida, de la cronología que se acepte para la carrera del profeta); cf. N.K. GOTTWALD, *All the Kingdoms*, 239-245; J. BRIGHT, *Jeremiah*, XCII-XCVI; A. IBÁÑEZ ARANA, «Jeremías y el Deuteronomio», 280-302.320-341; N. LOHFINK, «Der junge Jeremia», 351-368.439-445; J. SCHARBERT, «Jeremia», 40-57.422-424; J. SCHREINER, «Jeremia und die joschijanische Reform», 11-31. Fuera o no un «acérrimo adalid» de la reforma, sí es rotunda su crítica ante la degradación social que siguió al intento reformista, cf. J. BRIGHT, *La historia de Israel*, 386: «Más grave fue el hecho de que la reforma tendió a conformarse con medidas externas que no afectaban profundamente a la vida espiritual de la nación y engendraban un falso sentido de paz, carente de hondura. Jeremías se lamentó de que no hubiera producido otra cosa que un incremento de la ac-

Es efectivamente una crisis dura y larga, pues a la descomposición interna que acabamos de describir, hay que añadir factores externos que la agudizan:

– Estamos en el año 587 y han pasado nueve años del primer asedio, poco tiempo para que los efectos sean sólo un recuerdo en la memoria de los habitantes.

– Muchas de las ciudades de Judá han sido ya arrasadas por el ejército babilónico antes del asedio de Jerusalén (Jr 34,7).

– Judá ha sufrido el expolio de los invasores (2Re 24,13).

– Su fuerza militar se ha visto mermada no sólo por los distintos ataques y por los exiliados. A esa reducción numérica se unen las fugas de aquellos, que aprovechando el respiro dado por los egipcios, abandonan la ciudad (Jr 37,13-14; 38,19).

– Las insoportables contribuciones a los distintos señores han agravado la situación económica: Joaquín paga tributos tanto a Egipto (2Re 23,35) como a Babilonia (2Re 24,1); Sedecías lo hizo a Babilonia.

– Como consecuencia de esta situación muchos israelitas han tenido que hacerse «esclavos» (Jr 34). Signo de ese deterioro generalizado son también los apuros económicos de los ciudadanos (Janamel). Es tiempo de «río revuelto» que algunos aprovechan para enriquecerse a costa de los otros: «Así que yo daré sus mujeres a otros, sus campos a nuevos amos, porque del más chiquito al más grande todos andan buscando su provecho, y desde el profeta hasta el sacerdote, todos practican el fraude» Jr 8,10.

– En la ciudad asediada por largo tiempo empieza a sentirse la escasez de alimentos[14], el hambre se hará especialmente presente en los últimos meses (2Re 25,2-5; Jr 37,21).

Pero nuestra presentación no puede contentarse con datos más o menos «objetivos». Es importante acercarse a la vivencia del profeta, que es la vivencia del pueblo. Las imágenes utilizadas a lo largo de los capítulos 30–31 a la par que bellas están cargadas de tragedia. Nos introducen en la vivencia de una ciudad sitiada: algunos ingenuos confían en

---

tividad cúltica, sin una conversión real a las sendas antiguas (6,16-20), y que los pecados de la sociedad continuaban sin ser censurados por parte del clero (5,20-31)».

[14] N. K. Gottwald ve en la escasez de alimentos un posible motivo para la manumisión de los esclavos (Jr 34). Sus dueños, por falta de recurso se ven obligados a dejarlos libres, cf. ID., *All the Kingdoms*, 273-274. Gottwald añade que la manumisión tenía la ventaja de aumentar el número de defensores de la ciudad. Similar interpretación propone A. MALAMAT, «The Last Kings», 152-153.

la resistencia; muchos están desanimados y amedrentados: gritos de pánico 30,5; hombres desencajados por el terror de lo que se avecina; rostros amarillentos 30,6; heridas sin remedio 30,12.15;... es la «Jerusalén asediada».

Nada de extraño, por tanto, si el mensaje de Jeremías desmoraliza a los soldados y al pueblo 38,4. Lo que ahora sucede, y lo que está por venir, es la maldición de Dios (Lv 27,17; Dt 28,25). Pero su discurso del fin proyecta también un nuevo comienzo, una nueva bendición.

En esta situación, ¿cuál de los dos mensajes resulta más difícil de aceptar? En medio del tormento del drama no es fácil ni anunciar (por parte de Jeremías) ni recibir (por parte del pueblo) una palabra de esperanza. Hay autores que apelan a la sicología de Jeremías para explicar la resistencia a aceptar este mensaje de esperanza. La descripción sociológica ilumina desde otro ángulo este mismo problema. La exposición masiva a la miseria y el sufrimiento, tanto personal como social, no lleva mecánicamente a una actitud de esperanza. Al contrario, con mayor frecuencia encontramos que una sociedad expuesta diariamente a la desgracia produce reacciones de hostilidad, un «endurecimiento del corazón»[15]. En este sentido Jeremías con su oración es también portavoz del «pesimismo social»: el pueblo, aplastado por el peso de los acontecimientos que está viviendo, es un pueblo cerrado a la esperanza.

1.3 *Corrientes de pensamiento teológico*

Con la muerte de Josías y el consiguiente fracaso de la renovación deuteronómica, se retorna a la antigua teología. Los sacerdotes de Jerusalén, satisfechos por la centralización del culto promovida por Josías, propugnan una teología basada en el culto a Yahveh, que «purificado de viejas adherencias, garantizaba un futuro de prosperidad para la nación, a pesar de todas las dificultades»[16] y quedaba al margen de la conducta social. Grupos cada vez más reducidos de la corte mantenían vivo el ideal reformista, reunidos en torno a la figura de Jr (p.e.: la familia de Safán). Se abría así la brecha de la vieja rivalidad de partidos enfrentados.

La discusión teológica se acentúa con motivo de la primera deportación y se crean dos escuelas contrapuestas:

---

[15] Cf. W. BRUEGGEMANN, *Old Testament Theology*, 92-93.
[16] R. ALBERTZ, *Historia*, I, 438.

– «La teología nacionalista» centrada en la afirmación de la elección de Jerusalén como morada de Dios, en la dinastía davídica como promesa divina y en la victoria sobre los enemigos.

Dios está incondicionalmente con su pueblo y la inviolabilidad de sus promesas es un dato definitivo. Es la postura de los opositores de Jr, que tal vez «fueran discípulos de Isaías, de mentes estrechas y muy por debajo de la talla de su maestro»[17]. Esta teología entró en crisis con los sucesos del 597; pero aún así, muchos se aferraban a este tipo de comprensión de la asistencia divina y contagiaron sus esperanzas a Sedecías. Había una verdad que salvar, «Dios permanece visiblemente con su pueblo»:

> La deportación del 597 ha causado profundo impacto en el pueblo. Resulta evidente que Dios no defiende a su pueblo de manera incondicional. Pero esta verdad, tan dura para el pueblo judío, intenta suavizarse con una escapatoria: los desterrados no constituyen el verdadero pueblo de Dios; son los culpables de la situación precedente, los incrédulos e impíos, con los que el Señor ha cortado. Por el contrario, los que permanecen en Jerusalén y Judá son los buenos, aquellos en los que Dios se complace. Jeremías sale al paso de esta interpretación, tan simplista como injusta, en la visión de los dos cestos de higos (c. 24; cf. 29,16-20)[18].

– La «teología del juicio de Dios» representada por Jr. Judá será destruido a acusa de los pecados del pueblo. En este sentido los caldeos son «instrumento de la justicia de Dios» (4,11-17; 6,22-26). Jr lucha contra una falsa confianza en las promesas. Dios abandonará su «morada»[19] y destruirá la ciudad, a merced de los caldeos. Pero simultáneamente el Señor puede operar salvación en la destrucción y más allá de las fronteras de Israel (e incluso esta salvación puede abarcar a los no israelitas, cf. carta a los exiliados). Para Jeremías sólo es posible la salvación cuando se consume el juicio de Dios contra un estado corrupto.

---

[17] J. Bright, *La historia de Israel*, 397; de esta dependencia de Isaías es también partidario R. Albertz, *Historia*, I, 448.

[18] L. Alonso Schökel – J.L. Sicre, *Profetas*, I, 408.

[19] Jr y el partido reformista parten también de la aceptación del aspecto cúltico de la reforma. La diferencia fundamental estaba en la valoración del Templo. «Las discrepancias con Jeremías radicaban principalmente en que éste concebía la vinculación entre Yahvé y el templo como un aspecto relacionado con el comportamiento social (Jr 7.1-15*) y proclamaba que la actuación salvífica de Dios no se limitaba exclusivamente a Israel (Jr 29,7)»; R. Albertz, *Historia*, I, 448-449.

Evidentemente a oídos de la «teología nacionalista» esto suena a blasfemia.

En este horizonte se percibe la profunda diferencia que separaba a los dos partidos rivales, en cuanto a la apreciación de la propia época histórica. Para Jeremías, la muerte de Josías había inaugurado una época de juicio (Jr 4,8); la nueva salvación sólo podría despuntar después de que se hubiera cumplido definitivamente el juicio de Dios sobre un reino que el profeta presentía ya convertido en un montón de ruinas (Jr 29,7;32,15). En cambio, para el partido nacionalista, que apelaba al oráculo de Isaías, el juicio era una realidad del pasado; con la renovación del culto en Jerusalén durante el reinado de Josías se había inaugurado una nueva época de salvación que, aunque oscurecida por ocasionales zarpazos del destino, como la reciente invasión y asedio de la capital, terminaría imponiéndose con la retirada del ejército de Babilonia (2Re 19,3)[20].

Estas diferentes comprensiones teológicas se encarnan en posturas políticas y en visiones contrapuestas de la historia. El grupo nacionalista no acepta la sumisión a Babilonia y aboga por una alianza con Egipto, un rápido retorno de los exiliados y la independencia que Dios garantiza. Un segundo grupo de corte reformista defiende una postura pro-babilónica. Sedecías inicialmente pertenece a este segundo grupo. Pero finalmente, ante las presiones del grupo nacionalista se decanta por la rebelión contra Babilonia.

La interrupción del asedio abre un nuevo debate: ¿significa el inicio de una nueva situación política o es tan sólo una mera pausa de espera? Jr apuesta por lo segundo. El partido nacionalista tiene un argumento histórico a su favor: el Señor salvó Jerusalén de manera milagrosa en tiempos de Ezequías contra el asedio de Senaquerib 2Re 18–19. «Esto debería confirmar, desde una perspectiva histórica, las esperanzas del partido nacionalista, en cuya mentalidad liberación y retirada del ejército babilonio iban íntimamente unidas»[21].

La renovación del asedio es una nueva ocasión perdida (los últimos años de Judá es una continua sucesión de signos de restablecimiento siempre frustrados: Josías, cierta independencia bajo Joaquín y Sedecí-

---

[20] R. ALBERTZ, *Historia*, I, 449.
[21] R. ALBERTZ, *Historia*, I, 447. Esta apreciación realza el aspecto que destacábamos en la composición retórica respecto a la recurrencia de la expresión «en manos de los caldeos» y similares. El texto anuncia un mensaje de esperanza que no pasa por la retirada o victoria sobre los babilonios sino precisamente por todo lo contrario: «la rendición incondicional».

as, la interrupción del asedio...). Un cerco cada vez más estrecho que Israel no interpreta como mensaje de Dios. Los terraplenes sustituyen a las casas derruidas. La ciudad se llena de cadáveres (33,4-5). El tiempo va dando la razón a Jr. Es el final, se derrumba también Jerusalén y el Templo[22], baluarte del pueblo elegido, queda destinado al fuego y al saqueo.

El anuncio de Jr desde los días de Joaquín ha sido claro: la sumisión a los babilonios es aceptar el castigo de Dios (acción simbólica del yugo 27–28). El pueblo con sus jefes y el rey a la cabeza han rechazado los planes del Señor. Tratan alianza con otros reinos (Moab, Edom, Tiro, Sidón; Jr 27). Pero todo es inútil. Nuestro texto no ofrece otras opciones: los planes de Dios se acabarán imponiendo. Los nacionalistas judíos han justificado el abandono de Dios de la primera deportación como algo transitorio: al fin y al cabo «ellos», los desterrados, no son el verdadero Israel; y ya han recibido el castigo de Dios. La situación no es el final como anuncia Jr. Mientras hay vida hay esperanza. Pero ésta en opinión de Jr, no brota de la lucha o resistencia, «no venceréis».

En medio de esta densidad política y teológica del momento histórico, cuando se están jugando los destinos del pueblo de Israel, un episodio de la vida corriente sirve al profeta para comprender y transmitir que la salvación sólo puede venir de la misericordia de Dios; sólo ésta dará lugar a un nuevo comienzo (32,15):

> En estos momentos tan difíciles, cuando todo parece abocado al fracaso absoluto, Jeremías tiene una de las experiencias más importantes de su vida. Su primo Hanamel se presenta en el atrio de la guardia pidiendo que le compre el campo de Anatot. La cosa más absurda para un hombre que lleva años anunciando la catástrofe y el destierro; la peor inversión en un momento de crisis. Sin embargo, Jeremías verá en esto un mensaje de Dios lleno de esperanza: «se comprarán campos en esta tierra... porque cambiaré su suerte»[23].

---

[22] A pesar de Jr 52,13 y 2Re 25,9 que afirman la destrucción del Templo, es posible o que la destrucción no fuese total o que poco después se reanudase el culto en el tempo (como parece deducirse de Jr 41,5), cf. J.M. MILLER – J.H. HAYES, *A History*, 426. Más allá de la realidad histórica, la lectura teológica de la invasión caldea supone el final del Templo como garantía absoluta de la presencia de Yahveh.

[23] L. ALONSO SCHÖKEL – J.L. SICRE, *Profetas*, I, 409.

2. La acción del rescate: *goelato*

La cita anterior de L. Alonso Schökel y J. L. Sicre nos propone un aspecto no suficientemente valorado, a nuestro juicio, en diversos comentarios. Jeremías no efectúa propiamente una compra, o al menos lo que en nuestros días entendemos por una compra. Los diversos autores reconocen que la acción es una redención y que en su carácter simbólico anuncia la renovación de la vida económica en Israel:

> El contenido del mensaje de esperanza es claro: llegará un día en el que se dará una retorno a la vida normal y la economía y todos los medios de trabajo y agricultura en la tierra, que estaba en aquel momento tan desolada y amenazada por los ejércitos de Babilonia. La ominosa y terrible situación, incluso más impresionante por el hecho del propio encarcelamiento de Jeremías a manos de su propia gente, provoca un gran contraste con la simplicidad y certeza de la palabra de esperanza de parte de Dios. [...] Dios había sido de hecho misericordioso y compasivo, y en este simple acto comercial de la compra de un campo, Jeremías encontró para él mismo el elemento de esperanza que esa misericordia divina conllevaba. Además no era una esperanza que sólo era válida para él, sino para todas las personas que sobrevivirían para tomar parte en este nuevo Israel que un día habría de nacer[24].

Sin duda es importante valorar el momento histórico que hace que la compra sea absurda. No es momento de inversiones, y menos para el profeta que ha anunciado la destrucción total. El texto no da datos sobre la situación concreta que motiva la petición de Janamel, sobre las condiciones que le obligaron a privarse de su finca. Cabe incluso preguntarse si forzaron a Janamel las circunstancias externas o si más bien, éste no es más que un oportunista del momento que coacciona a Jr apelando a la ley de redención. El texto calla al respecto, por eso descartamos una segunda intención en Janamel. Acude y apela a la ley de redención porque su situación es de precariedad (suponer lo contrario conlleva admitir que Jr toma en serio un juego que le utiliza, y lo que es peor, que el Señor respalda ese juego aunque sea para sus propios fines

---

[24] R.E. CLEMENTS, «Jeremiah, Prophet of Hope», 351. Esta cita puede considerarse un buen prototipo de interpretación de numerosos comentarios, cf. J. BRIGHT, *Jeremiah*, 236-239; L. ALONSO SCHÖKEL – J.L. SICRE, *Profetas*, I, 566-571; R.P. CARROLL, *Jeremiah. A Commentary*, 620-623; W. MCKANE, *Jeremiah*, II, 841.

de transmitir un mensaje)[25]. Por lo tanto, la misma ambientación histórica inicial nos sitúa en un contexto que hace comprensible la apelación a la ley de redención. En ese momento histórico de Judá, la situación de muchas personas se agrava: peligra la posesión de sus tierras. La descripción de la ley de la redención en Lv 25 indica que sólo en casos de extrema necesidad puede concebirse la venta de la tierra. Se trata del último recurso ante la desesperación (o ante medidas más humillantes)[26].

Pero no es suficiente considerar el rescate del campo como una «compra absurda que anuncia un restablecimiento de la vida normal»[27]. Tal mensaje se podría deducir de cualquier otro tipo de transacción comercial o de la compra de cualquier otra propiedad. Sin embargo, al apelar a la redención de la tierra la acción profética cobra matices propios. En ambos casos es cierto que hay futuro; pero el modo de anunciarlo y de anticiparlo apunta a un futuro bien diverso. La acción de la compra de Jr en su realización como redención, dice algo nuevo sobre ese futuro y sobre la manera de anticiparse y, lo que es más importante, revela algo nuevo sobre el Dios que lo anticipa.

A la hora de considerar la acción de Jr, hallamos una primera dificultad en la amplia gama de significado de la raíz קנה: comprar, adquirir, conseguir, poseer, crear, fundar, establecer, rescatar[28]. Como sentido básico señala una relación de posesión-pertenencia pero en un amplio arco que va desde la transacción económica hasta el acto creador[29]. Ya hemos mencionado que la acción de Jr no refleja un interés de mero intercambio económico. El texto matiza que Jr tiene sobre el terreno el derecho de adquisición y de rescate (32,7-8). Más que hablar de compra

---

[25] Wang propone que la intención de Janamel no es otra que crear dificultad a Jeremías y comprobar así su fidelidad al mensaje anunciado, cf. M.C.-C. WANG, «Jeremiah's Message», 20; en esta misma línea, F.B.J. HUEY, *Jeremiah, Lamentations*, 291.
[26] Cf. R.L. HUBBARD, «The Go'el in Ancient Israel», 7.
[27] Cf. L. ALONSO SCHÖKEL – V. COLLADO – J.L. SICRE, «Jeremías 30-33», 21: «Lo sorprendente de esta compraventa de terreno es que se realice en vísperas de la catástrofe ya inevitable. ¿Qué sentido tiene en ese momento comprar un terreno para que quede en la familia? Todo está perdido ya. Precisamente lo absurdo del acto le da su sentido: a efectos legales inmediatos de nada servirá la compra. A efectos proféticos es un admirable acto de esperanza en el futuro».
[28] Cf. L. ALONSO SCHÖKEL, *Diccionario bíblico hebreo-español*, 663.
[29] Cf. E. LIPIŃSKI, «קָנָה», 63-69; W.H. SCHMIDT, «קנה», 819-830.

debemos referirnos a un rescate[30]. El hecho de que la acción realizada supere una mera compra como intercambio económico abre el horizonte de interpretación del mensaje de los vv. 15.43-44. No se trata sólo de una rehabilitación de la vida económica del pueblo en su tierra. Jeremías actuando como redentor (goel) no sólo dramatiza una esperanza para el futuro sino que actualiza la acción redentora de Yahveh como «Goel» de Israel.

Por ello acentuamos esta clave de interpretación y nos proponemos profundizar en ella. ¿Qué significa propiamente un «rescate»? ¿Qué leyes lo rigen? ¿Qué significado encierra el hecho de que Jr realice un rescate? Tres aspectos vamos a examinar en este apartado:

1. El funcionamiento y contenido de la ley;
2. Aspectos antropológicos de la acción del rescate;
3. Interpretación teológica.

2.1 *El funcionamiento y contenido de la ley*

Un primer aspecto para la comprensión de esta ley se encuentra en su contexto. Las leyes relativas al rescate están descritas en Lv 25,23-55 en el contexto de la regulación del año jubilar y del año sabático. El motivo de la inserción de estas leyes en este contexto lo explica Hartley en los siguientes términos:

> las deudas era la mayor amenaza interna contra el cimiento social de la igualdad de todos los israelitas, basada en el derecho perdurable de cada familia a su patrimonio. Estas leyes trataban de garantizar este ideal igualitario en medio de las fuerzas de buena o mala suerte que el paso del tiempo motiva que unos lleguen a ser ricos y otros pobres... Estas leyes, por tanto,

---

[30] Además de esta ampliación del campo semántico presente en el texto, otros indicios avalan esta interpretación del verbo como «rescatar»: - «es un verbo equivalente no técnico de גָּאַל», cf. L. ALONSO SCHÖKEL, *Diccionario bíblico hebreo-español*, 143; -algunos textos bíblicos ponen en relación ambas raíces Sal 74,2: «Acuérdate de la comunidad que de antiguo adquiriste (קָנִיתָ), la que tú rescataste (גָּאַלְתָּ)...»; Ex 15,13-16; y especialmente, por tratarse de una situación similar a la de nuestro texto, Rut 4,4-10. Este uso no técnico del verbo קנה permite comprender de manera más amplia el mensaje del v.15: Se comprarán, se amplía a: «se rescatarán, se poseerán...». Por otra parte a la luz del goelato en Lv 25,23-34 (prohibición de la venta de tierra, y con matices de viviendas), no tiene mucho sentido hablar de un tiempo donde se comprarán tierras y casas y viñas: sería contravenir la ley. Es lógico pensar en un tiempo en que se rescatará todo lo perdido, conforme a la ley.

no son un apéndice añadido a las leyes del año jubilar, sino una dimensión fundamental de su programa[31].

Estas leyes se basan en la obligación del grupo para proteger a los miembros débiles y oprimidos. En concreto la ley concerniente al rescate de la tierra (25,23-28) trata de salvaguardar la propiedad familiar. Cada familia tiene su propia heredad para siempre, por tanto no puede ser desposeída de ella. Dios es el único y verdadero dueño de la tierra y el da a cada uno su parte, su «heredad». Como huéspedes de Dios, cada familia israelita está bajo su protección. Desposeer a una familia de sus bienes es ir contra Dios. Si sobre la posesión de las casas hay matizaciones (Lv 25,29) sobre la tierra no hay excepción posible: «En todo terreno de vuestra propiedad concederéis derecho a rescatar la tierra» (Lv 25,24).

Las únicas circunstancias donde el AT concibe esta posibilidad es en caso de pobreza. Si un israelita llega a un estado de pobreza que le impide el sacar adelante a su familia y la única forma de supervivencia[32] es la venta de su patrimonio, «su goel más cercano» saldrá en su defensa y rescatará lo vendido. La expresión «su goel[33] más cercano» supone la jerarquía de personas con el derecho a ejercer esa función[34]. Según Lv 25,48-49 éstas son[35]: hermanos, tío paterno, el hijo de su tío o algún

---

[31] J.E. HARTLEY, *Leviticus*, 424-425. Para un estudio más amplio de Lv 25 cf. R. NORTH, *Sociology of the Biblical Jubilee*, y *The Biblical Jubilee*.

[32] No debemos olvidar la gravedad de la situación que induce a un israelita a deshacerse de su propiedad. Recordemos el episodio de Nabot que no cede ni ante la presión del rey (1Re 21). La situación es descrita por R. L. Hubbard así: «a case of severe indebtedness probably lies behind the surrender of land [...] A measure of his desperation, he preferred to suffer the loss of land rather than the cruel consequences of an unpaid debt»; cf. ID., «The go'el in Ancient Israel»,7. En esa gravedad de la situación insiste también R. WESTBROOK, *Property*, 59.

[33] No es está la única «obligación» familiar del goel. Para una comprensión detallada de nuestro texto véase R. DE VAUX, *Instituciones del Antiguo Testamento*,35-37.52-53; N.K. GOTTWALD, *The Tribes of Yahweh*, 263-267; L.G. PERDUE, «The Israelite and Early Jewish Family», 192-203. Una reflexión teológica sobre las distintas funciones del goel cf. L. ALONSO SCHÖKEL, «La Redención, obra de solidaridad», especialmente 242-253 y 259-262. Nosotros nos ocuparemos aquí únicamente de lo referente al rescate.

[34] La mención de esta jerarquía aparece también en Rut 3,12; 4,4.

[35] Si bien los versículos hablan de la redención de esclavos, se supone que el orden de la redención de tierras es la misma. Una confirmación de este orden se encuentra en el caso de la herencia de Nm 37,8-11. Como señala Westbrook, en ambos casos el derecho pasa a la línea colateral por ausencia de descendientes. Si el redentor era un

otro pariente cercano. La ley establece que a falta de goel, él mismo podrá operar el rescate «si adquiere recursos suficientes». En el peor de los casos — es la tercera y última solución —, en el año Jubilar la tierra debe volver a su poseedor inicial. En tal caso Dios es goel, si es que no hay un goel humano o la propia persona no logra a rescatar lo que por «derecho divino» le pertenece.

Pero la ley deja una serie de puntos oscuros:

– ¿Es una ley de rescate de una venta efectuada o de «pre-rescate» previo a la venta, como parece ser el caso de Jr 32? La ley no excluye en su formulación la posibilidad de «pre-rescate»[36] y el derecho de «pre-redención» se convierte en derecho a redención si la venta se ha hecho sin conocimiento del goel. Por lo tanto en la práctica no hay gran diferencia[37]. Con todo, y sin pretender extrapolar detalles, este aspecto de que la acción propiamente sea una pre-redención es significativo para la comprensión teológica. Jr compra por adelantado antes de que se consume la venta y antes de que la destrucción sea total. Es Dios mismo el que con esta adquisición salva al pueblo, redime, antes de que se consume la pérdida de la ciudad. Es la pre-redención la que cambia el sentido de lo que va a suceder. El pueblo ha recuperado, mejor dicho no pierde, su condición de «pueblo de Dios» incluso en su destrucción, y cuando aparentemente el pueblo no tenga un goel que salga en su defensa.

– La propiedad en venta ¿vuelve a su dueño original o pasa a ser disfrutada por el goel hasta el año jubilar? La opinión no es unánime entre los autores. Una primera lectura del texto parece indicar que vuelve al primer propietario, pero ésta no es concluyente[38]. Más allá del detalle preciso todos los autores subrayan el hecho «que la tierra continuaba en la familia. Que una vez en el ámbito familiar, podría eventualmente volver al propietario original o a sus descendientes era tal vez deseable.

---

potencial heredero él podría intervenir «rescatando» su propia herencia. Lo mismo puede ocurrir en nuestro texto, ya que Janamel menciona el «derecho de adquisición» Jr 32,8 (*yerushah*) lo cual subrayaría la situación de desamparo de Janamel, cf. R. WESTBROOK, *Property*, 61-62.

[36] Partidarios del derecho previo a la venta, cf. B. PERRIN, «Trois textes bibliques», 393; R. DE VAUX, *Instituciones del Antiguo Testamento*, 235-236.

[37] Cf. R. WESTBROOK, *Property*, 59.

[38] A favor de que la tierra pasa a Jeremías, cf. J. PEDERSEN, *Israel: Its Life and Culture*, 84-85; B. PERRIN, «Trois textes bibliques», 412. Partidarios de la ley que devuelve la posesión al primer propietario, cf. J.J. STAMM, «גאל», 552. Sobre esta discusión puede verse R. NORTH, *The Biblical Jubilee*, 45-46.

Pero esto no era inevitable»[39]. En el caso de Jeremías todo parece indicar que al final el beneficiario del rescate es Janamel. Jeremías ni por su condición de profeta, y más por su situación de encarcelado puede disfrutar de la posesión, ni claramente después del mandato de celibato (16,2) esa posesión pasa a sus descendientes.

– ¿En qué medida Jr podía rechazar la petición de Janamel? La ley habla de una obligación, pero en la historia de Rut tenemos el caso de una negativa (Rut 4,1-8). Según De Vaux el goel podría renunciar a su derecho u obligación sin ningún tipo de penalización[40]. Podemos pues pensar que Jr no está forzado a la redención. Este aspecto añade tensión dramática a la petición de Janamel, ya que no es segura la respuesta de Jeremías; pero sobre todo destaca que la acción depende de la iniciativa de Jeremías, y en último término (como aclara la narración) de la iniciativa divina (vv. 8.25).

– Un último detalle, ¿qué se puede saber respecto al precio pagado por el terreno? En el v. 9 Jeremías menciona que paga diecisiete siclos de plata. R. Westbrook señala tres criterios para establecer el valor: - el precio del mercado; - un precio fijo establecido para cualquier rescate (de esta manera la tierra no era propiamente considerada como material de venta); - el precio original (el más probable tal y como sugiere la ley del Levítico)[41]. Sin embargo el texto no da ninguna indicación para concluir el criterio utilizado, y por tanto es difícil saber si era un precio

---

[39] R. WESTBROOK, *Property*, 68. Westbrook se sitúa más en una postura en favor de que la tierra queda en manos del redentor; por su parte Hartley está más en favor de la posesión por el primer propietario; pero se manifiesta en la misma línea de conclusión, cf. J.E. HARTLEY, *Leviticus*, 438-439: «however one understands these alternatives, the design of this law is to prevent land from passing out of a clan's hand».

[40] R. DE VAUX, *Instituciones del Antiguo Testamento*, 52; de la misma opinión es E.W. DAVIES, «Land: its Rights and Privileges», 360: «the law did not force a reluctant kinsman to redeem his relative's property, and consequently it could not have been difficult for him to evade his obligation (cf. Ruth 3.13)». Parece una contradicción hablar de una ley impracticable. Pero no olvidemos el carácter utópico de este conjunto de leyes; que de hecho se duda mucho de su aplicación, por ejemplo la del año jubilar. En cualquier caso la crítica profética demuestra claramente que a pesar de todas las leyes de solidaridad y de igualdad, amplios estratos sociales se hundían en la pobreza. La «causa del pobre» venía conculcada. Sobre el carácter más programático que de cumplimiento real de estas leyes, cf. D. DAUBE, *Studies in Biblical Law*, 39-62; R. GNUSE, *Comunidad*, 70.104.

[41] Cf. R. WESTBROOK, *Property*, 62.

alto o bajo, ni obtener información sobre la extensión del terreno[42]. Poco es pues lo que podemos sacar en claro, con todo el dato nos parece cumplir una función en la acción. Dentro de la serie de detalles minuciosos que Jeremías da respecto al aspecto legal de la compra, la mención del dinero indica que la redención se opera con la inmediatez del pago. Janamel puede disfrutar del campo porque se ha pagado por él, el dinero ya se ha entregado. La redención es *ya* efectiva[43].

2.2 *Aspectos sociales y antropológicos de la acción del rescate*

Al presentarnos una acción de rescate el texto nos sitúa de frente a un acto de solidaridad con un explícito componente social. El principal objetivo de esta ley es conservar íntegramente las posesiones de la tribu recuperando lo perdido. Por su dinámica propia es una medida que favorece a los grupos socialmente inferiores limitando los derechos de los más ricos[44]. El contexto de desintegración social descrito anteriormente subraya la importancia de este aspecto de la acción del profeta. Dicho de otro modo, podemos ver en esta acción el complemento al mensaje de denuncia social pronunciado por Jeremías contra la codicia y la confianza en las riquezas acumuladas[45] (cf. 5,26-28; 7,1-15; 9,22-23; 22,13-19). En una situación propicia para los que tienen más recursos, el gesto de Jr debe leerse como solidaridad con el débil y, simultáneamente, como denuncia de los que pretenden beneficiarse aprovechando

---

[42] Cf. R. WESTBROOK, *Property*, 91. A pesar de la ausencia de datos Westbrook sugiere que Jr pagó un precio bajo (según el precio de mercado en una situación de crisis); así, también el posterior rescate por parte de Janamel fue a bajo precio. La reconstrucción de Westbrook nos resulta poco fundamentada y condicionada por su interpretación de que el beneficiario del rescate es Jeremías, cf. *Ibid.*, 90-117.

[43] Que el pago del dinero es un aspecto importante lo demuestra la repetición del término tanto en las acciones propias del rescate (vv. 9.10) como fuera de ellas (cf. v. 25 en el mandato divino de compra y v. 44 final del anuncio de restauración). Cf. el análisis narrativo de la repetición del verbo «pesar», vv. 9 y 10. Véase también la misma insistencia en el «dinero» en Gn 23: (cf. la repetición del término «dinero» כֶּסֶף en los vv. 9.13.15.16). Para Abraham no es suficiente la tierra para la sepultura de Sara; necesita que el terreno sea de *su propiedad*, la cual consigue mediante el peso y entrega de una suma de dinero, cf. W. ZIMMERLI, *Die Weltlichkeit des Alten Testaments*, 74.

[44] Cf. D. DAUBE, *Studies in Biblical Law*, 44; R.L. HUBBARD, «The Go'el in Ancient Israel», 5; Y. AMIT, «The Jubilee Law», 47-59.

[45] Para una síntesis del mensaje social de Jeremías, cf. J.L. SICRE, *Los dioses olvidados*, 140-148.

el caos generalizado. Una crítica similar desata el retracto de la manumisión de los esclavos (cap. 34)[46].

La peculiaridad de la acción de Jr radica en que él ha anunciado que todo está perdido y está perdido como voluntad del Señor. El fundamento o apoyo divino a estas medidas de solidaridad parece haber caído. ¿En virtud de qué puede verse él obligado a rescatar nada? E incluso previamente, ¿con qué esperanzas puede acudir Janamel a su primo para que su campo sea rescatado? No debía tener muchos otros parientes Janamel a quien recurrir, o si los tenía y había recurrido no se habían mostrado dispuestos a secundar su petición. No sólo ha cesado la motivación teológica para mantener la solidaridad, también los resortes humanos parecen fallar. Nadie se interesa por el que está en una situación de debilidad, nadie practica la justicia (5,1; 6,13; 8,10: «Así que yo daré sus mujeres a otros, sus campos a nuevos amos, porque desde el más chiquito al más grande todos andan buscando su provecho, y desde el profeta hasta el sacerdote, todos practican el fraude»). Llegamos así a un sentido más profundo de la degradación social. La injusticia está ahora tan generalizada que en el ámbito social ha perdido su propio carácter negativo: «La codicia no se limita a los poderosos, es una tentación para todos, pequeños y grandes»[47] cobrando carta de ciudadanía. La visión de la miseria humana y social del momento no ha conducido a la compasión; en una especie de aturdimiento solidario ha provocado un endurecimiento del corazón ante la necesidad del hermano. En esta situación sólo le queda a Janamel un último intento a la desesperada. La respuesta positiva de Jeremías frena esa dinámica deshumanizadora y revaloriza una serie de valores sociales[48]: humanos, legales y teológicos.

---

[46] La relación de estos dos textos, cc. 32 y 34, viene acentuada por los siguientes motivos: - ambos hacen referencia a prescripciones de Lv 25; - las dos acciones se realizan en el mismo marco histórico: el asedio de la ciudad; - en ambos casos el pecado de codicia afecta a Dios y al prójimo; cf. J.L. SICRE, *Los dioses olvidados*, 143-144.

[47] Cf. J.L. SICRE, *Los dioses olvidados*, 140.148. Es ésta una de las características específicas de la predicación de Jeremías.

[48] Excede a los límites de este trabajo una consideración desde la sociología de las acciones proféticas. Digamos solamente que en una sociedad como la del tiempo de Jeremías, sus acciones (dado su status de profeta), desencadenan una serie de reacciones personales y sociales, cf. J.J. PILCH, «Jeremiah and Symbolism», 107-108: «Jeremiah, a Mediterranean Jew in Palestine around 650 B.C., lived in a strong group. A strong group is characterized by high pressure to conform to strong corporate

– En el ámbito humano, Jr legitima la institución del goelato. La solidaridad entre hermanos de una misma familia está por encima de las vicisitudes históricas. El vínculo de sangre está por encima de las circunstancias cuando hay que defender la integridad del clan-tribu. La redención como institución jurídica tiene un profundo fundamento humano: los miembros de una familia están ligados por la solidaridad y a ella deben fidelidad absoluta.

– En el ámbito jurídico: la acción simbólica es una acción legal[49]; su forma narrativa hace hincapié en su detallada realización. Con ello se respalda la validez de la ley, y no sólo la respeta Jeremías: Dios mismo (el donante de la ley que parece haber abandonado a su pueblo y con ello haberla derogado) estimula a su cumplimiento.

– En el ámbito teológico: tras el drama humano se escucha la voz de Dios. La respuesta de Jeremías tiene su motivación última en el anuncio del Señor, en el reconocimiento de su palabra y en la obediencia a su mandato de actuar a favor de Janamel.

En el aspecto social de esta ley hay un mecanismo para impedir las diferencias dentro del pueblo que cobra especial importancia al considerar el objeto del rescate: la tierra como fuente básica de ingresos[50]. Una persona forzada a vender la tierra está inevitablemente abocada en un círculo vicioso a seguir vendiendo todas sus posesiones (y por contrapartida la persona que adquiere entra en una dinámica de acumula-

---

identity. Clear sets of boundaries separate the "ins" (observant Jews) from the "outs" (non-observant Jews and non-Jews). Indeed, Jeremiah's initial prophetic activity relative to Josiah's reform around 620 B.C. helped "strengthen" the group. In a strong group, Jeremiah's world, there is always a clear, but limited and select set of normative symbols which define, express, and replicate group identity. A prophet in Israel is a symbol. The prophet is creatively chosen by God (Jeremiah's vocation – 1:4-10) as a vehicle of indirect communication to his people. The prophet represents in his person God's plan for and relationship with Israel. (See Jer 13, his waistcloth; or Hos 1 and 3, his marriages.) Symbols in a strong group are perceived as functioning independently of the consent of members of society. The society neither elects nor legitimates the prophet. Like it or not, he is prophet. In addition, strong group symbols are believed to be effective *ex opere operato*. If done faithfully and accurately as prescribed, symbolic actions are perceived to be infallibly effective. They create the reality to which they point. That is why Jeremiah and other prophets were so infuriating at times. They could not be simply ignored or disparaged».

[49] Cf. A. VIBERG, *Symbols of Law*, 8-18.

[50] Rescatar un campo en una economía agraria es más que un gesto de compasión, es un acto de solidaridad que concierne a las estructuras sociales, cf. J. BLENKINSOPP, «The Family», 49-57.

ción)[51]. Por ser la base del sustento económico, la dependencia de la tierra de una persona y de toda la familia, es total. La posesión de una tierra garantiza el bienestar, seguridad y dignidad de cada persona y comunidad[52]. Es más, la posesión de la tierra posibilita ser alguien y tener futuro en medio de la comunidad:

> La tierra no sólo era claramente importante para la existencia de Israel como nación, sino también para la existencia y la viabilidad económica de cada una de las familias dentro de Israel. Mientras las personas permanecían libres, los propietarios de tierras, su posición en la vida de la comunidad estaba relativamente garantizada; sin embargo, la falta de posesión de tierras no sólo habrían traído consigo severa dificultad económica sino también, con toda probabilidad, una pérdida de representación en la asamblea local[53].

Añadamos a esta consideración sociológica de la tierra un elemento de antropología bíblica. Hay lazos íntimos que unen a las personas con su tierra, y a través de ella con sus antepasados[54]. Dos episodios bíblicos pueden ilustrarlo. En primer lugar, el episodio de Nabot y el rey Ajab en 1Re 21,1-16. Ajab ofrece a Nabot a cambio de su viña otra viña mejor, o en su caso dinero. No es un caso de desposesión, ni siquiera de una propuesta injusta. El problema es que Nabot no puede desprenderse de su herencia sin romper con ello con sus padres. Poseer *esa* tierra recibida en herencia es el modo de seguir vivo, enraizado en una familia y en un pueblo. Renunciar a ella es renunciar al pasado que le ha permitido llegar a ser, y que en último término le une a Dios (y por lo tanto supone una falta contra Dios mismo cf. 1Re 21,3)[55]. Así entre tierra y familia hay un nexo trascendental que se manifiesta como dere-

---

[51] Cf. R.L. HUBBARD, «The Go'el in Ancient Israel», 9-13.
[52] Cf. W. BRUEGGEMANN, *A Commentary on Jeremiah*, 272.
[53] E.W. DAVIES, «Land: its rights and privileges», 363. En la misma línea de la tierra como base de la economía y de la vida individual y familiar; de la tierra como pilar de la sociedad insiste P.M. MCNUTT, *Reconstructing the Society*, 158-162.
[54] Cf. J. PEDERSEN, *Israel: Its Life and Culture*, 81-96; H.C. BRICHTO, «Kin, Cult, Land and Afterlife», 37-40. No ser enterrado, no poseer una tierra de reposo conlleva la ruptura de la vida tras la muerte (similar a morir sin descendencia). Así, es una maldición no tener tierra donde ser enterrado, o que los huesos queden esparcidos por la tierra, cf. Jr 7,33–8,33; 16,1-4.
[55] Cf. R. GNUSE, *Comunidad*, 163-164.

cho inalienable a «la tierra de mis padres»[56]. El segundo episodio lo constituye la compra de la cueva de Makpelá, Gn 23. La primera posesión que Abraham adquiere de la tierra de la promesa es esta cueva para enterrar a Sara. Dios liga así al pueblo de Israel a una tierra, por medio de Sara y Abraham[57]. En el caso de Nabot la tierra nos liga a la familia; en el caso de Abraham, cerrando el círculo, es un muerto el que religa a la tierra[58].

Esta profunda ligazón entre tierra y ser humano nos permite entender la personificación de la tierra presente en nuestro texto como algo más que un recurso literario. Tiene una profunda base antropológica y social y sobre esa base es lógico el empeño legal y teológico por asegurar su posesión.

Otro aspecto significativo, tanto social como antropológico, de la ley del rescate se refleja en el ámbito de ejercicio de esta ley: la familia[59].

---

[56] Podemos hablar de una «propiedad vivencial» de la tierra frente a la «propiedad comercial» más propia de nuestra cultura occidental. Para salvar la distancia cultural de estas dos concepciones de la tierra son interesantes las reflexiones antropológicas sobre las culturas populares de América Latina que proponen M. DE BARROS – J.L. CARAVIAS, *Teología de la tierra*, 71-126. El interés de estas reflexiones viene además reforzado por ser la base de una teología de la tierra urgida por el «terricidio» y avalada por los «mártires de la tierra».

[57] En ese mismo lugar será enterrado Abraham, Gn 25,9. El ser enterrado en el lugar donde están enterrados los antepasados en tema recurrente en el AT, cf. p.e.: Gn 35,27-29; Gn 47,30; 2Sam 19,38; cf. H.C. BRICHTO, «Kin, Cult, Land and Afterlife», 9-10.

[58] Permítasenos un recurso a la literatura como muestra de la raigambre humana del episodio que tratamos. Las siguientes palabras recogen la profundidad de la experiencia humana de la religación tierra y muerte: «Es además una presencia que une, que convoca... alrededor del muerto se hace comunidad de amigos y sentimientos. Los muertos ligan a la tierra, completan una especie de ciclo familiar y/o comunitario... los muertos se convierten en un polo que atrae, que liga. Por ello la conmemoración de la memoria, es tan importante en el pueblo latinoamericano. En *Cien Años de Soledad*, novela que nos refleja tanto, escuchamos el siguiente diálogo: "No nos iremos - dijo -. Aquí nos quedamos, porque aquí hemos tenido un hijo. Todavía no tenemos un muerto - dijo él -. *Uno no es de ninguna parte mientras no tenga un muerto bajo la tierra*. Úrsula replicó— con una suave firmeza: Si es necesario que yo me muera para que se queden aquí, me muero..." (Gabriel García Márquez)», C. NAVIA VELASCO, «Meditaciones femeninas», 13. (Desconocemos si este material ha sido publicado, hemos tenido acceso a él únicamente a través de Internet).

[59] No nos interesa ahora definir con exactitud la diferencia entre familia, casa paterna, clan, tribu (cf. J. PEDERSEN, *Israel: Its Life and Culture*, 46-60: los límites de estas instituciones están poco definidos; así también R. DE VAUX, *Instituciones del Antiguo Testamento*, 26-32.49-54). Nos concentramos en la conexión social por el

Como ya hemos señalado, la familia es al mismo tiempo responsable y beneficiaria del rescate. Las leyes del año jubilar defienden la propiedad inalienable no de la persona en cuanto tal, sino de la familia[60]. El clan trasciende al individuo sin perjuicio de éste, ya que el grupo tiene realidad a través del individuo y viceversa[61]. Es ésta una dimensión de la personalidad corporativa propia del Israel bíblico:

> el hombre forma una unidad completa con el todo de su familia, su «casa» y su propiedad. La *personalidad corporativa* significa, sobre todo, una voluntad común y por ello una responsabilidad común. El hombre es el centro de esta voluntad común. Él no actúa por sí mismo, sino por el todo de su casa. Cualquier cosa que él haya hecho, la casa, la familia lo ha hecho igualmente, porque juntos forman un organismo íntimamente unido de manera que ninguna parte individual puede separarse como algo independiente[62].

Así pues la acción de Jeremías cobra matices nuevos. El episodio del cap. 32 no puede enfocarse como un problema personal entre Jeremías y Janamel, ni siquiera como un «problema de familia». Por su propia situación personal, Jr está *separado* de la vida familiar. A esta situación ha llegado tanto por mandato divino (16,1-13), como por el rechazo de los suyos (11,21; 12,6). Secundando la ley del rescate Jeremías, manifiesta por un lado reconciliación con su casa paterna; por otro, respalda la misma institución familiar, y en concreto la función que tiene como soporte de esperanza para el propio individuo. En un clima de degradación social, el debilitamiento de la institución familiar era causa y consecuencia de decaimiento del orden social[63]. Rehabilitar la ley del

---

cual el individuo queda unido al grupo y que lo mantiene desde la solidaridad, cf. C.J.H. WRIGHT, *God's People in God's Land*, 71-103; C. MEYERS, «The Family in Early Israel», 32-41.

[60] Cf. R. NORTH, *The Biblical Jubilee*, 35; C.J.H. WRIGHT, *God's People in God's Land*, 124-127.

[61] Cf. R. NORTH, *Sociology of the Biblical Jubilee*, 175.

[62] J. PEDERSEN, *Israel: Its Life and Culture*, 271. Sobre el concepto de personalidad corporativa cf. J.R. PORTER, «The Legal Aspect», 361-380; A. CANNIZZO, «The Corporate Personality», 593-620; J.W. ROGERSON, «The Hebrew Conception», 43-59. Rogerson y el mismo Porter reconocen la necesidad de revisión crítica de este concepto. A pesar de todo, estos autores lo admiten como válido especialmente para los casos de conflictos de sangre y asuntos referidos a la tierra.

[63] Cf. R. NORTH, *Sociology of the Biblical Jubilee*, 215; R. DE VAUX, *Instituciones del Antiguo Testamento*, 236: «Pero el *go'el* no ejercía siempre su derecho de preferencia en la compra, y la evolución económica de los primeros siglos de la monarquía

goelato en su propia familia supone revitalizar los ámbitos de justicia personal y social[64].

Este aspecto se entiende mejor a la luz de los precedentes intentos de Josías que vio en el ámbito familiar un lugar propicio para tomar medidas eficaces de cara a los fines reformistas:

> los reformadores deuteronómicos, desde su constatación del sincretismo privado que reinaba en Israel en el siglo VII, quisieron atar corto a la religiosidad familiar. De hecho, en la historia de la religión israelita ellos fueron los primeros en afrontar con seriedad el problema del pluralismo religioso interno que había arraigado en las familias. Por eso, quisieron imponer a la religiosidad personal su concepción teológica de la religión de Israel. Había que introducir en las prácticas cultuales un nuevo sentido histórico-teológico y un componente ético del que habían carecido hasta entonces, y había que dar todo su relieve a la experiencia personal de Dios, para infundir en la religión oficial yahvista una nueva capacidad de interiorización[65].

En este sentido la acción de Jr insiste en la obligación ética derivada de la fidelidad del israelita hacia la divinidad. El fundamento de una renovación de la religiosidad de Israel se pone más en una acción de la vida diaria y no tanto en una medida cúltica. La prolongación del rescate con la oración vincula esta acción a las acciones del Señor en la historia del pueblo y concretamente al éxodo[66]. Es clave rehabilitar el ám-

---

precipitó la desmembración de los bienes familiares en provecho de los ricos propietarios».

[64] Cf. J. PEDERSEN, *Israel; Its Life and Culture*, 277: «the family as the fundamental factor of life to which everything comes home. That which is in the family is shared by all its members, but not in such a manner that each has a share of the whole. The family embodied in every man, with all its blessing, all its substance, and so also its responsibility. One may say that he is the family, because it manifests itself completely in him».

[65] R. ALBERTZ, *Historia*, I, 406.

[66] Lo cual no hace sino subrayar el carácter social de la misma acción, cf. D. DAUBE, *Studies in Biblical Law*, 52: «The part played in Hebrew thought by the deliverance from thraldom in Egypt, construed as a proper act of redemption, can hardly be overrated. For one thing, if the laws concerning redemption had been the main element in the interpretation of the exodus (a thesis which I hope I have made probable), the exodus thus interpreted in turn influenced social legislation to a very high degree. Egypt is mentioned in connection with a large number of laws, most of them of a social character, in favour of slaves and the poor, either as a particularly cogent reason why a law be faithfully observed or even as the reason why a law has been laid down».

bito de la familia partiendo de la experiencia de un Dios que rescata, libera y se presenta como un Dios «familiar». Desde estas experiencias de la vida cotidiana se fundamenta una «nueva orientación ética y una auténtica transformación social»[67].

La ley del rescate de campos vista en el contexto del Antiguo Testamento (y en concreto en Lv 25) puede verse como un conjunto de leyes que manifiesta en orden creciente el carácter sagrado de la vida humana. El rescate es de la tierra, de la libertad humana y de la misma vida humana (vengador de sangre). Es sin duda significativa la graduación de los distintos aspectos que comprende la vida del hombre (posesiones, libertad, la propia vida), pero lo común de estas leyes es que apuntan hacia la totalidad de la vida humana (entendida ésta también en su aspecto social). La negación de los derechos, aun en el nivel más superficial, afecta a la totalidad de la persona y del grupo:

> La institución quiere proteger la *integridad* de la vida de la familia o de la tribu haciendo a *todos* los miembros responsables de esa vida. *Todo* lo que implica la integridad: vida, libertad, propiedades, es objeto de la responsabilidad de *todos* los miembros. Ser *go'el* es consecuencia de pertenecer a una sociedad determinada: es un derecho que se puede ejercer, un deber que hay que complir [sic] cuando llega el momento[68].

Al acogerse al fuero de esta ley, se subrayan también sus componentes teológicos. La solidaridad viene reforzada por el derecho divino. No acoger una redención es inculcar los derechos de Dios sobre su tierra y su voluntad de que ésta sea poseída por una determinada persona o tribu. Por el contrario la redención perpetúa el acto primero de liberación

---

[67] No era otra, según Albertz, la orientación de la reforma deuteronómica, cf. R. ALBERTZ., *Historia*, I, 398: «Una expresión tan íntima y tan personal como "*mi Dios*"/"*tu Dios*" no se había oído en Israel, hasta entonces, fuera del ámbito familiar. Pues bien, ahora, esa expresión individual de la relación con Dios, nacida en el seno de la familia y fruto de una extrema confianza, se extiende a todo Israel. Al mismo tiempo, la relación de cada individuo con Dios participa de la misma exclusividad que caracteriza la relación de Yahvé con Israel, un aspecto desconocido hasta entonces para el israelita. De ese modo, la relación personal con Dios adquiere el carácter de una estrecha vinculación emotiva e internamente aceptada. Y eso es, para el reformador deuteronómico, lo que constituye el fundamento de una nueva orientación ética del individuo y la raíz de una auténtica trasformación social». La familia seguirá jugando ese papel sociológico importante para la conservación del yahismo durante el exilio, cf. *Ibid.*, II, 510-512.

[68] L. ALONSO SCHÖKEL, «La Redención, obra de solidaridad», 247. Las cursivas son nuestras.

de Egipto (Lv 25,42.54-55) y de su establecimiento en Israel (incluida la distribución de la tierra).

2.3 La interpretación teológica

El paso a la interpretación teológica lo impone el mismo concepto jurídico de goelato. No se trata de una ley «preventiva» o de justicia social, hay más. Se trata de «recuperar» una condición inicial. En el ámbito de las leyes de Lv 25 debemos subrayar el aspecto de «restablecimiento» de una relación originaria que estas leyes procuran implantar. Buscan la renovación de un orden anterior perdido, de un legítimo status malogrado. «Con esto se trasciende lo puramente jurídico y se abarca también el carácter salvífico del concepto, pues la recuperación de los bienes tribales perdidos lleva consigo la liberación y salvación, la renovación de un orden anterior, el restablecimiento de una totalidad perdida»[69].

La motivación teológica de la ley la encontramos en el v. 23: «porque la tierra es mía, ya que vosotros sois para mí como forasteros y huéspedes». El Señor tiene el título de propiedad y el derecho sobre la tierra. Israel la habita como un acto de gracia del Señor. En Lv 25,55 es Yahveh el «propietario del pueblo». Por tanto, él es el defensor. El pueblo está bajo su protección. La raíz teológica del rescate está en su misma base y no es mero desarrollo religioso, transposición conceptual o metafórica, del concepto jurídico familiar:

> La g^e'ulla como derecho u obligación de rescatar una propiedad familiar perdida o una persona hecha esclava, no se limita a Israel. También el derecho babilónico conoce esta institución respecto a un terreno o a una persona vendida [...] Lo específico de la g^e'ulla israelita frente a la babilónica reside en su relación con Yahvé. El país pertenece a Yahvé y los israelitas lo han recibido de él en feudo; por eso no puede ser vendido para siempre, sino que está sometido a la ley del rescate (Lv 25,23s). Del mismo modo, según Lv 25,42, un israelita no puede ser vendido para siempre, ya que desciende de aquello a quienes Yahvé liberó de Egipto[70].

Para Israel la recuperación de los bienes perdidos es un acto en sí mismo salvífico que lleva a la renovación del orden establecido por Dios. Como afirma Hubbard, esto exige orientación distinta del problema: «Esencialmente, el redentor humano cumple el proyecto de re-

---

[69] J.J. STAMM, «גאל», 555.
[70] J.J. STAMM, «גאל», 553.

dención del "Gran Redentor", el mismo Yahveh. Incluso se puede decir que el redentor humano representa personalmente a Yahveh en la transacción»[71]. Por lo tanto en el rescate humano es Dios mismo quien interviene operando la redención como hizo en el éxodo.

En la evolución de lenguaje religioso-teológico el término goel es aplicado a Yahveh (Jr 50,34; Sal 19,15; Prov 23,10; Is 41,14; 43,14; 48,17; 49,7) como el protector del débil contra un enemigo potente. Pero Dios no es sólo goel de personas individuales. Dios actúa en favor de la colectividad del pueblo. Recupera lo que le pertenecía desde siempre. Yahveh usa su derecho sobre Israel porque él lo ha creado como pueblo[72], rescatándolo de Egipto[73] (Ex 4,22-23) y lo librará en el futuro (Jr 31,11; Is 63,1.16).

A través del goelato el Señor dota a Israel de un medio para salvar a los israelitas desvalidos. «Con ello, el se manifiesta como el Gran Redentor, el poderoso protector del débil. Por medio de la redención, él salva ciudadanos pobres sin esperanza del ciclo de una pobreza interminable»[74]. Podemos hablar de una dimensión social intrínseca al concepto teológico de redención[75], que está implícito también en el texto que examinamos.

Además de esa dimensión social y profundizando más en el carácter antropológico-teológico, la redención se puede aplicar a Dios sobre la base de que Israel es presentado como *propiedad* de Dios en función de

---

[71] R.L. HUBBARD, «The Go'el in Ancient Israel», 11-12.
[72] Cf. J.J. STAMM, «גאל», 560-561.
[73] Cf. D. DAUBE, *Studies in Biblical Law*, 54: «The deliverance from Egypt, I have said, as the great historical precedent, formed the main starting-point for the further development of the religious idea of redemption».
[74] R.L. HUBBARD, «The Go'el in Ancient Israel», 13.
[75] Cf. D. DAUBE, *Studies in Biblical Law*, 61: «the prominent part played by this legal-social element, redemption, no doubt is one of the causes, and effects, of that constant stressing, in the leading religious literature of Judaism and Christianity, of the tremendous importance attaching to our practical work, here and now, by being merciful to the weak, for the final deliverance of the world. In Judaism and Christianity more than in other religions that I can think of is the idea of salvation combined with that of social justice and charity on earth. Salvation is the triumph of love, but it is not dim, sentimental love, but serious love, on which you can rely because it acts in a definitive way. If this might seem overrating the influence of the early history of the idea of redemption, surely the very least that one can say is: it must be the result of something specific in the spirit of Jewish-Christian religion that one of the main terms for salvation, גאלה, redemption, should have its origin in that province of the protection of the weak, in the province of social legislation».

la liberación-adquisición del éxodo Ex 6,6. El éxodo es presentado como el rescate de un esclavo[76]. En otras ocasiones no es en función de propiedad sino en función de relación (familiaridad-parentela de Dios con Israel): Israel es hijo, primogénito de Dios Ex 4,22 (imagen presente fuertemente en el contexto del libro de la consolación a través de Efraín y Jacob como hijo Jr 30,10; 31,9.11.20).

La acción de Jeremías tiene así una mayor profundidad. Es redención como en Egipto no sólo de una situación humana precaria, de destrucción, además — al igual que en Egipto — es redención de la esclavitud. Así se pueden entender las palabras del Señor, vv. 34-35, que en continuidad con el AT, presenta la esclavitud radical de Israel: la idolatría. Para el AT es esclavo el que abandonando al Señor se postra ante los ídolos[77].

Por otro lado, que la redención operada por Jeremías se realice en un contexto familiar no sólo apunta al ámbito legal, propio según prescribe la ley. En primer lugar, el contexto señalado del libro de la consolación con su recurso a la imagen de filiación-paternidad para la relación de Dios con Israel señala una clave para entender la acción simbólica. Por otro lado el mismo capítulo 32 insiste repetidamente en la relación familiar entre Jeremías y Janamel (vv. 7.8.9.12)[78]. El rescate sólo puede entenderse en un ámbito de relación entre las partes cuya índole viene definida por el parentesco de familia.

De esta forma la acción concreta de Jeremías puede verse bajo dos aspectos: el *resultado* cuya relevancia es más evidente: el campo rescatado. Por el anuncio que realizan los vv. 15 y 43-44 el resultado es la anticipación del restablecimiento de la vida normal. El campo rescatado es garantía de que en el futuro en Israel volverá a establecerse la actividad económica. Pero el otro aspecto complementario es la garantía de la *acción* de Jeremías como goel en primera instancia y de Dios como

---

[76] Esta presentación del éxodo con una primera referencia a la propiedad tiene una dificultad: hay que justificarla apelándose a la creación y alianza con los patriarcas. Pero esta consideración excede nuestro actual tratamiento directamente relacionado con el goelato, cf. J.J. STAMM, «גאל», 558-559.

[77] Cf. L. ALONSO SCHÖKEL, «La Redención, obra de solidaridad», 261.

[78] Es significativa la repetición de la raíz בֵּן/hijo en 11 versículos del capítulo 32 (7.8.9.12.16.18.19.30.32.35.39; un total de 15 veces, más una mención de la raíz בַּת/hija v. 35 y dos de אָב/padre vv. 18.22). Es cierto que en varios casos no sirve sino para designar personas o colectivos; aun así la relación padre-hijo aparece en el texto en momentos cruciales (aparte del rescate): sufrimiento del juicio de Dios (v. 18), en el momento del pecado (v. 30.35) y en el gozo del don de Dios (v. 22.39).

Gran Goel. Jeremías actúa como goel de Janamel en virtud de su relación familiar. Dios se muestra como redentor de su pueblo, lo cual es sin duda más importante para Israel, ya que revela la naturaleza de su Dios. Él es redentor, y en situaciones como ésta actúa en favor de su pueblo (como lo hizo en Egipto, como lo ha hecho con Janamel). Dios se *compromete* a responder a una petición de redención. Este doble aspecto de la redención está en relación con la pregunta que plantea L. Alonso Schökel: ¿redime porque es redentor o es redentor porque redime? Pregunta que toca la identidad-naturaleza de Dios y del hombre mismo. Analizando la redención humana afirma Alonso Schökel: «un israelita no es redentor porque redime, sino que redime porque es redentor»[79]. El hecho fundamental para el hombre es ser redentor, el acto en sí mismo es una actualización de esa capacidad/derecho. Si desde el punto de vista legal Jr podía renunciar a la compra, no lo puede hacer desde su misma naturaleza de redentor, desde su ligazón de parentesco, afirmación que es válida también para Dios.

Como agravante de la situación — y profundidad de la reacción en la parte redentora — podemos preguntarnos si esa unión no ha sido rota, anulada y por tanto no compromete. En el ámbito humano, Jeremías ha sido traicionado por la gente de Anatot (11,21) y en concreto por su propia familia (12,6). Ya veíamos en el análisis narrativo que este aspecto incluía un elemento de expectativa. Es cierto que el texto no dice expresamente que Janamel perteneciese al grupo de opositores. Pero las observaciones anteriores han aportado nueva luz sobre el relato. No se trata de una petición que afecta personalmente sólo a Janamel. Son los lazos de familia los que están en juego[80]. Sin embargo, podemos matizar y especificar que esos lazos han sido rotos sólo en una dirección, sólo por parte de los familiares. Jeremías se sigue sintiendo ligado a su casa y no puede menos de sentir las vicisitudes que le envuelven.

---

[79] L. ALONSO SCHÖKEL, «La Redención, obra de solidaridad», 248. Lo cual es válido respecto a Dios como lo afirma en pag. 253: «La solidaridad se sobreentiende: cuando los hombres se desentienden, el Señor interviene. Dios redime / rescata a su pueblo porque es redentor». Alonso defiende un vínculo profundo entre Dios y el hombre que asegura la redención.

[80] Para una sociedad urbana moderna es seguramente más difícil el paso del ámbito personal al familiar. No así para sociedades antiguas, e incluso rurales de no hace mucho años, donde la personalidad colectiva de las familias envuelve a todos sus miembros. Por eso, un enfrentamiento entre familias afecta a todos sus miembros sin excepción. Cf. lo afirmado sobre la personalidad corporativa en las pp. 272-274, especialmente la nota 62.

Esta consideración tiene una mayor trascendencia en la esfera divina de la redención. Jeremías no se cansa de anunciar que Israel ha abandonado a su Dios (1,16; 2,13.19.32; 3,21; 5,7.19; 16,11...). Es más, Dios mismo afirma haber abandonado a su pueblo (12,7). Parece que la relación está irreparablemente rota. Sin embargo en este momento Dios parece incapaz de renunciar a la fidelidad de su amor (31,2-3). También de Dios podemos afirmar que la relación se ha quebrado unilateralmente, pero el Goel no puede renunciar a su propio ser.

Israel ha roto la alianza, Yahveh justamente lo castiga, ¿hay futuro para el pueblo? ¿En función de qué hay futuro? Se subraya así la pura iniciativa divina; Dios es el único que puede salir garante de una alianza rota. El Dios de la alianza castiga a Israel, pero ésta no es esa su decisión definitiva, él redimirá a *su* pueblo. La mención del éxodo en la respuesta de Yahveh expresa tanto su *capacidad* redentora, como su estrecha relación con el pueblo, y por tanto su *derecho* a rescatarlo. De esta manera la alianza toca sus últimas consecuencias: punición del pueblo ciertamente, pero también una nueva alianza con un nuevo acto de redención. No está ya vigente la antigua alianza; es la familiaridad de Dios con su pueblo la que le empuja a actuar como goel.

Al hablar de la relación literaria del capítulo 32 con el 29, mencionábamos la ambigua lectura de este rescate, visto desde Jerusalén y desde Babilonia. Dicho de otro modo: hay una aparente contradicción entre el mensaje a los deportados («construid casas y habitadlas...») y el del rescate: «todavía se comprarán casas... en esta tierra». ¿A quién va dirigido este mensaje de salvación y cómo se interpreta rectamente? Conviene distinguir tres aspectos: - la reivindicación al derecho de propiedad de las posesiones enajenadas; - la lucha por la supremacía como comunidad legítima (entre los residentes en Babilonia y los que permanecen en Judá) tras la catástrofe; - el mensaje teológico respecto a la futura restauración.

Desde las reflexiones anteriores la tesis conclusiva de Rubinger no es convincente:

> Pero más que aliviar el espectro de total devastación que rodeaba Jerusalén, la adquisición de la propiedad por parte de Jeremías era para proporcionar una tabla de salvación de la fe y fidelidad nacional para aquellos que estaban exiliados en Babilonia[81].

---

[81] N.J. RUBINGER, «Jeremiah's Epistle», 91.

La acción del goelato tiene su ámbito social en una situación de pobreza, de alienación de propiedades personales en torno a Jerusalén. No es preciso pensar en Babilonia cuando ya la realidad circundante clama al cielo. ¿Por qué buscar los personajes fuera de la escena? Si Janamel apela al derecho de rescate es porque su situación es angustiosa.
Rubinger afirma:

> La comunidad exílica representaba la alta clase social y económica de la sociedad judía que, antes de la deportación, constituía la aristocracia propietaria de la tierra (2R 24,12-16; Jr 24,1). De hecho, estos eran aquellos, que indudablemente, dejaron atrás sus «casas» y «jardines» cuando fueron deportados por la fuerza a Babilonia. La carta del profeta no sólo rechaza sus ambiciones nacionalistas, sino que también pone en duda las esperanzas que podían contemplar respecto a la restauración de su antigua posición[82].

En opinión de este autor, las reacciones que su carta había suscitado en Babilonia (Jr 29,29), llegaron a Jeremías por medio de Sofonías. La visita de Janamel da ocasión a Jeremías para tranquilizar a los exiliados. Con su rescate Jr afirma:

> no sólo el exilio tendrá una duración limitada sino, también, que los derechos legítimos de herencia y propiedad serían restituidos y respetados. Sea cual sea la manera que la nueva Jerusalén pueda ser redimida y cambie su orientación religiosa, las normas de adquisición de campos y comercio continuarán válidas[83].

En nuestra opinión Rubinger hace de Jr 32 una lectura exclusivamente centrada en los exiliados. No negamos que también ellos reciban un mensaje de esperanza, pero no vemos que la acción del rescate vaya necesariamente dirigida a ellos o esté hecha en función de ellos. En el momento del anuncio el rescate tiene como primeros destinatarios a Janamel y los presentes en el patio de la guardia; y con ellos todos los habitantes de Jerusalén.

Jr no propugna con esta acción una mera vuelta a la situación previa al exilio (son los días de Joaquín, cuando los exiliados vivían desahogadamente), sino la vuelta a una situación «original» de justicia, que es la que instituye Yahveh como redentor. Esto es ciertamente una buena noticia, sobre todo y primariamente, para los más empobrecidos como Janamel. Jeremías ve en el exilio la posibilidad de un nuevo renaci-

---

[82] N.J. RUBINGER, «Jeremiah's Epistle», 89.
[83] N.J. RUBINGER, «Jeremiah's Epistle», 90-91.

miento de Israel si es que éste acepta el castigo. Por eso, la solución no es que todos vayan a Babilonia. Jr insiste a los que quedan en Jerusalén de permanecer allí (cc. 41 y 42). Una vez asumida la inevitable voluntad divina, comenzará para todos el nuevo futuro encerrado en el simbolismo de «construir casas y plantar viñas»; es decir, todos, exiliados o no, tendrán la bendición de Dios.

Posteriormente a la destrucción de Jerusalén pudo suscitarse el problema de posesión de las tierras (como indican los siguientes textos de Ez 11,14-21 y 33,24: «Hijo de hombre, los que habitan esas ruinas, en el suelo de Israel, dicen: "Uno solo era Abraham y obtuvo en posesión esta tierra. Nosotros somos muchos; a nosotros se nos ha dado esta tierra en posesión"»). Tras la segunda deportación los que quedaron pudieron beneficiarse de la nueva situación ya que el exilio de ricos terratenientes habría liberado a más de uno de sus deudas[84]. Algunos bien podían entender el inicio del cumplimiento de esa promesa de restauración en la reforma de Godolías:

> Las nuevas circunstancias brindaron al partido reformista, después de largos años de oposición, y por primera vez después de la muerte de Josías, una nueva posibilidad de actuación política. Hay toda una serie de indicios que inclinan a pensar que el pequeño grupo reunido en torno a Godolías y Jeremías estaba decidido a aprovechar la abolición de las viejas estructuras monárquicas y de las relaciones de poder, y servirse de la colaboración del invasor para convertir en realidad un aspecto de la reforma deuteronómica que anteriormente había fracasado, a saber, la reforma social[85].

Que en este conflicto se apele a la autoridad de figuras proféticas (Jeremías y Ezequiel) para dar fundamento teológico a las distintas pretensiones nos lleva a un segundo estadio de interpretación. La permanencia de Jeremías en Judá (Jr 39,13-14 y 40,1-6), apoya indirectamente la lectura del rescate partiendo de los que permanecen en el país: o al menos dificulta su lectura en función de los desterrados.

Pero al final la historia se decanta por la supremacía de la comunidad de Babilonia:

> Para fundar su supremacía, la *gôlâ* y sus herederos declararon a las demás comunidades, sobre todo la de Judea, inexistentes; la de Egipto, ilegítima y condenada a la aniquilación. Cuando los *b^{e}né haggôlâ* tomaron el poder de

---

[84] Cf. F.J. Gonçalves, «El "destierro". Consideraciones históricas», 457-458.
[85] R. Albertz, *Historia*, I, 450.

Judea gracias a la autoridad imperial persa, su versión de la historia se impuso. Posiblemente hasta integraron en ella elementos de la versión rival que daban los judíos de Palestina; por ejemplo, parte o la totalidad del estrato primitivo de Jr 39–43. Sin embargo, la han acomodado a su ideología[86].

Es muy posible que el interés a favor de los exiliados quede recogido en el cap. 32 en las promesas de los vv. 37-41. Con todo, dada la forma final del libro de Jr la acción no puede reducirse a un gesto a favor de la posesión de la tierra por parte de los exiliados[87]. El mensaje, incluido el aspecto social, tiene a nuestro parecer otro centro de interés. Dicho interés lo hallamos en una lectura conjunta de los cc. 24, 29, 32 y 40 a la luz de los acontecimientos históricos. En todos ellos Jeremías sale defensor de los que en ese momento sufren el juicio: Dios sigue interesándose por aquellos que aparentemente abandonados de su mano, más incluso castigados por ella[88] (24,5; 29,7; 32,43). El mensaje de Jr es que Israel acepte el «correctivo» del Señor que llega a través de los acontecimientos históricos. Sólo así podrá llegar también la salvación. Dios se hace presente en el castigo aun cuando éste no se acepte como

---

[86] F.J. GONÇALVES, «El "destierro". Consideraciones históricas», 461.

[87] El hecho de que el segundo momento de la redacción del texto tenga un contexto histórico y social nuevo (en función de los exiliados) no anula la intención primera en la acción de Jr (mirando a la comunidad en Judá). La reflexión teológica debe asumir ambas etapas y su consiguiente tensión, cf. W. BRUEGGEMANN, «A Second Reading», 156: « the two literatures (Jeremiah and Deuteronomistic), from the two periods (pre- and post-587), with the two themes (judgment and hope), must not be confused with each other. But they also must not be separated from each other. The one follows the other, is shaped and informed and becomes poignant because of the other. Theological exegesis of the "second stage" must attend to the claim that is the same God who destroys and works newness, who works newness precisely out of the destruction over which God has previously presided. Thus, I regard the inclination to separate clearly the two moves of literature (as in the case of Carroll, who acts as though these are simply distinct literatures) as missing the main theological point of juxtaposition, that the God who judges to death is a very God who works new life». Véase también C.R. SEITZ, *Theology in Conflict*, 203-248.

[88] Así pues, Jr critica en cada situación histórica la opinión popular de que Dios castiga a los «malos» y que son «justos» quienes no han sido tocados por la desgracia. Por ejemplo la visión del cap. 24 debe entenderse a la luz de los acontecimientos. Es lógico pensar que los deportados son culpables, y el resto se ha librado del juicio de Dios. Sin embargo no es esa la lectura de Dios que en su soberana libertad contraviene el juicio popular ya que los que soportan el castigo del exilio son declarados ahora portadores de bendición, cf. W. BRUEGGEMANN, «A Second Reading», 159.

voluntad suya. Con su presencia Yahveh valora lo que estaba desvalorizado.

Entonces, ¿para qué comunidad es relevante la acción simbólica de Jeremías? De hecho existen diversas comunidades que viven experiencias distintas, aunque en último término la comunidad exílica haya impuesto su propia interpretación. Pero tal vez no sea ésta la pregunta correcta — pregunta que por parte del hombre no deja de ser un intento de *fijar* la presencia de Dios[89]. Seguramente es más útil preguntarse bajo qué condiciones históricas y/o sociales de la comunidad constatamos la presencia o la acción de Dios. La presencia de Dios va condicionada a la experiencia y realidad social de su pueblo. Las afirmaciones de Jr sobre la presencia de Dios en las distintas comunidades o en los diversos momentos reflejan una crítica directa a la teología del Templo-Jerusalén. La presencia divina en la comunidad, cuyo rasgo definitorio no es su ubicación geográfica sino su rostro social como el que sufre el castigo, es sin duda una concepción mucho más dinámica. Ni del Dios de Israel se pueden hacer imágenes que garanticen su presencia, ni del pueblo de Dios se puede hacer imágenes que condicionen su presencia[90]. Dios está con la comunidad que sufre (sea en Babilonia, sea en Judá), con la comunidad que necesita un mensaje de esperanza. En esa situación cuando la comunidad ha sufrido el juicio, cuando ha perdido la tierra y palpa la lejanía de Dios, porque ha roto su alianza; entonces, paradójicamente Dios se hace presente[91].

---

[89] De esta forma podemos establecer una correlación entre la prohibición de hacerse imágenes de Dios con la dificultad (¿prohibición?) de hacerse imágenes de la comunidad que garantiza la presencia de Dios.

[90] El caso de los recabitas pone de manifiesto que a diversidad de comunidad corresponden diversidad de mensaje, cf. W. BRUEGGEMANN, *A Commentary on Jeremiah*, 330-332. Los recabitas Jr 35 y los exiliados Jr 29 reciben un distinto mensaje. Los recabitas se proponen como ejemplo de comunidad fiel, y no tanto como un estilo concreto de vida. Son fieles porque «obedecen-escuchan» (Jr 35,8-10 raíz שמע) el mandato de no habitar casas, no poseer campos... Cf. W. ZIMMERLI, *Die Weltlichkeit des Alten Testaments*, 76.

[91] Cf. N.K. GOTTWALD, *All the Kingdoms*, 301: «The prophet understood the community of Yahweh worshipers in chiefly non-political but not non-collective terms. *The individualism of Jeremiah means only that one by one Yahweh believers will pass through the collapse of the old institutions and on the other side band themselves in new form of community, but the community will endure.* One form was emerging in exile and another in Judah. These communities might or might not have independent political rulers. What was important was their fidelity to the ancient

Tanto a los desterrados como a los que todavía están en Jerusalén se les anuncia una salvación paradójica. La diferencia está en que al hablar de estos últimos se piensa en la posibilidad de que no acepten la sumisión (27,8) — y por ello el anuncio es alternativa —, mientras que respecto a los desterrados no cabe tal posibilidad, pues la sufren de hecho[92].

Desde esta clave de interpretación resulta significativo que los cc. 30–31 no están datados, carecen de referentes, de una comunidad determinada (todo Israel y Judá). Por así decirlo, son palabras dirigidas «a quienes las necesiten»; bien porque están lejos, bien porque habitan una ciudad derruida o porque están heridos. Es más, el primer destinatario histórico del mensaje (al menos el núcleo original de 30–31)[93] era el reino del norte, un Israel que ya no existe geográficamente o políticamente; existe sólo como comunidad «dispersa». En el corazón de las diversas experiencias históricas se abre paso una palabra que las transciende. Su auditorio o interlocutor es ahora una comunidad sin identidad precisa, o mejor aún, es el grupo marcado por las huellas del dolor o del abandono en su rostro.

El drama no es sólo la pérdida de la tierra, es sobre todo, la pérdida de la identidad de pueblo rescatado por Dios[94]. La entrega de Jerusalén en poder de los caldeos, más que un mero momento histórico transitorio, es la terrible amenaza de que Israel deje de ser pueblo.

La cuestión básica es más seria; Yahveh ha rehusado el derecho de goel. El pueblo ha roto la alianza, y por tanto Yahveh debe castigarlos por medio del ejército enemigo; en vista de esto ¿querrá intervenir y rescatar la tierra? Aparentemente este problema era una cuestión teológica esencial en la situación histórica[...] De hecho, él ha determinado castigar a su pueblo de acuerdo con la ley de retribución y de la alianza, *pero* a pesar de todo él

---

Yahwistic conceptions of social righteousness and an intimate life of prayer». Las cursivas son del autor.
[92] J.M. ÁBREGO, *Jeremías*, 198.
[93] Cf. J. BRIGHT, *Jeremiah*, 284-287; R.E. CLEMENTS, «Jeremiah, Prophet of Hope», 348-349; W.L. HOLLADAY, *Jeremiah*, II, 155-171; H. CAZELLES, «La vie de Jérémie», 29; N. LOHFINK, «Der junge Jeremia», 351-368.
[94] Cf. Ex 6,6; 15,13.16; Sal 74,2; Jr 50,34 donde del pueblo se dice «que ha sido comprado» y/o «rescatado». El pueblo se llama a sí mismo la «heredad» de Dios, su propiedad como la tierra es la heredad de Israel. Dios rescata a su pueblo porque es su propiedad, Yahveh es redentor del pueblo, cf. L. ALONSO SCHÖKEL, «La Redención, obra de solidaridad, 253.

continuaba con la voluntad de redimirlos [...] Jeremías actúa la voluntad redentora de Yahveh en la situación de ruptura de la alianza[95].

Ahora Israel se encuentra a merced de Dios, depende totalmente de él. Y a pesar de todo, la última palabra divina, más allá de la resistencia del pueblo a la conversión, es una palabra «redentora», «salvífica». Por eso la obra de redención que Dios actúa, por medio de Jr, supera los límites del rescate de propiedades. «La adquisición del campo por Jeremías — como el texto mismo muestra —, enfatiza su confianza tanto de la restauración del pueblo como de la tierra»[96].

Se proclama un renacimiento del pueblo que no es simplemente material[97] sino al mismo tiempo hondamente espiritual. El rescate en cuanto tal devuelve al pueblo su «identidad originaria». El renacimiento espiritual inyectará profundos cambios sociales, porque la salvación-redención de Dios que en la historia es liberación de los opresores[98] (Egipto), ahora se presenta en la acción de Janamel como el liberador de la situación de pobreza. Actualizando el derecho de redención, Jeremías afirma la soberanía de Dios, sobre todo soberanía en favor de aquellos que sufren en medio de una situación caótica[99].

---

[95] M.C.-C. WANG, «Jeremiah's Message», 19. Las cursivas son del autor.

[96] P.M. CHANG, «Jeremiah's Hope in Action», 246. Esta es la apertura que se da por la ampliación del campo semántico casas, viñas, campo.

[97] Cf. M. WEINFELD, «Jeremiah», 17.

[98] Esta connotación histórica de la redención es propia de la concepción veterotestamentaria de Dios como redentor, cf. C.R. NORTH, «The Redeemer God», 7-9. El autor señala dos cosas:
– la alusión casi siempre concreta a la acción histórica redentora de Dios (principalmente de Egipto de Babilonia, pero siempre referencia concreta histórica). Pocas veces se habla de redención del pecado (como p.e. en Salmo 130,7-8)
– la redención es del pecado e inseparablemente de sus consecuencias. Se trata de una comprensión del pecado que engloba indistintamente tanto el pecado-culpa como sus consecuencias; se redime de ambos, al margen de la valoración moral. Cf. ID., *Ibid.*, 9: «The paucity of reference to redemption from moral evil has often been quoted as evidence of the crudity of Old Testament soteriology, the more so since the psalm has in mind the iniquities of Israel rather than of the individual Israelite. That may be so, but it should be remembered that redemption in the Old Testament is always redemption from a concrete situation, which may, in part at least, have been brought upon a man by his own moral delinquency. "Iniquity" in the Old Testament, can stand not only for the wrongdoing itself, but also for its consequences (cf. Gen. 4:13, A.V. and A.S.V. margins); for the Hebrew the two were inseparable».

[99] Cf. P.M. CHANG, «Jeremiah's Hope in Action», 249.

3. La escritura y los testigos

El tema de la «escritura» es frecuente en Jr; constituye lo que hemos llamado un «motivo»[100] del libro de Jr. Por tanto, en el episodio de la compra no es algo secundario o casual. ¿Cuál es el significado teológico de este «motivo» dentro del conjunto de la obra de Jr?

En la obra de Jr aparecen tres grandes escritos:

– El «libro» del capítulo 36, que contiene fundamentalmente los oráculos contra Judá.

– Un segundo «libro» que contiene los oráculos contra las naciones (25,13; 45,1; 51,60.63)[101].

– Finalmente el «libro de la consolación» (30,2) con las palabras de restauración para Israel, ampliadas en un segundo momento para Judá.

En este último bloque se inserta nuestro texto[102]. Podemos hablar de una «escritura» dentro de la «escritura», de un documento dentro del libro. Estamos ante un juego de planos superpuestos[103].

En este juego de «escrituras», ¿qué sentido adquiere el hecho mismo de ser escritas? La puesta por escrito concede a la acción y a las palabras pronunciadas por el profeta un carácter definitivo y de veracidad[104]. Una prueba de la verdad de las palabras de promesa es la existencia de esa escritura a la que el relato de modo sorprendente concede toda su atención.

---

[100] Limitando las referencias al término סֵפֶר «libro» (otros términos posibles de estudio serían: מְגִלָּה «rollo», verbo כבת «escribir», סֹפֵר «escriba», etc.) encontramos 22 versículos donde aparece un total de 24 veces (3,8; 25,13; 29,1.25.29; 30,2; 32,10.11.12.14.16.44; 36,2.4.8.11.13.18.32; 45,1; 51,60.63). Como señala J. M. Ábrego no es sólo significativa la repetición, también la colocación estratégica de las apariciones del «libro» en los capítulos 25-51, cf. ID., *Jeremías*, 207. En su estudio Ábrego prescinde en parte de la referencia a los escritos de los capítulos 32 y 29; sin embargo consideramos que sus apreciaciones son válidas para nuestro texto (con la diferencia del valor positivo como anuncio de salvación).

[101] También este escrito está involucrado en una acción simbólica Jr 51,59-64. El mensaje de esta acción vuelve a ser positivo. El fin de Babilonia significará para Israel el retorno al país.

[102] Palabras similares de esperanza contiene la carta a los exiliados del capítulo 29, que sin estar dentro del bloque de la consolación está en relación con él, como ya hemos observado.

[103] Recuérdese lo expuesto sobre este juego de planos en pp. 227-228.

[104] El proceso de fijación de las palabras proféticas tiene un patente significado hermenéutico por lo que conlleva de «canonización» de lo escrito, además de la misma aceptación profética de un cierto final en su misión. Cf. J.M. ÁBREGO, *Los libros proféticos*, 146-148.269-276, sobre el libro como prolongación del profeta.

La escritura de compra es a la vez testimonio de las palabras dirigidas por Jr y prueba fehaciente de que sus palabras son verdadera profecía. Entra de esta forma en el ámbito de los testigos.

Pero a la vez su puesta por escrito convierte la palabra en clave de interpretación del futuro cuando éste se haga realidad. Cuando el pueblo vuelva a habitar en la tierra y vuelva a comprar casas y campos y viñas debe entender la nueva realidad desde la acción de Dios: es un «rescate» fruto de su misericordia. La escritura abre el sentido del presente: «ya estaba escrito...». El documento inicia la «redención» en el tiempo de la espera y la actualiza en el tiempo de la realización de la promesa. Acredita la palabra del Señor. «En la cosa escrita hay algo de irrevocable; es una expresión solemne y definitiva de la palabra, por lo cual se presta naturalmente a expresar el carácter inefable e intangible de la palabra divina, la que permanece para siempre (Sal 119,89)»[105]. La palabra de Dios rompe así los límites del tiempo mostrando su fidelidad y desvelando anticipadamente el porvenir.

Por el carácter definitivo otorgado a la palabra escrita Dios se «empeña» para siempre en la historia. Las palabras orales se las lleva el viento, «lo escrito escrito está» (Jn 19,22). En el papel Dios deja para siempre huella de su acción en la historia. Dios lo ha dicho y lo ha escrito. Existe la prueba notarial. «El libro (*seper*) da perdurabilidad al suceso narrado [...] interesa que quede constancia de su fidelidad, de la permanencia del Dios liberador y se escribe para que conste»[106]. Por ello también la insistencia en la presencia de testigos.

Junto a su valor interpretativo de la realidad, destaca el carácter «notarial» del libro. Las dos únicas apariciones de סֵפֶר, en el libro de Jr, que no encajan plenamente con el aspecto comunicativo son: כְּרִיתֻתֶיהָ סֵפֶר «carta de su divorcio» (3,8) y סֵפֶר הַמִּקְנָה «escritura de la compra» (32,10.11. 12.14.16.44). Ambas tienen un carácter legal en el ámbito familiar pero con significado contrapuesto. En la primera, la «escritura» marca el rechazo de la mujer adúltera; la segunda sirve para el rescate de una tierra de propiedad familiar. No resulta difícil ver en ambos documentos el cambio dramático que sufre la historia y las palabras que el Señor dirige a su pueblo. Es más: en ambos casos existe un contexto de

---

[105] M.L. Ramlot – J. Guillet, «Escritura», 288. Interesante desde esta perspectiva ver la importancia del «cumplimiento de la escritura» presente en el NT.
[106] J.M. Ábrego, *Jeremías*, 206.

«alianza», ya en clave matrimonial, ya en clave de pacto de transacción dentro del ámbito familiar.

La mención de la escritura y sus partes evoca la alianza sinaítica y el don de la ley. No en vano la escritura tiene dos partes («la copia abierta y la copia sellada»), como dos son las tablas de la ley Ex 31,18; 34,1.4; Dt 4,13; 5,22; 9,4;10,3; y la escritura contiene «lo estipulado y las condiciones» הַמִּצְוָה וְהַחֻקִּים, la misma expresión «los mandatos y preceptos» de la Ley en Dt 5,31. El texto subraya que en todo se procede según la ley. La ley que el Señor entregó para vivir en la tierra prometida (Dt 4,1; 5,1), y que Israel no ha cumplido. Precisamente por este motivo la tierra queda ahora en poder de Nabucodonosor (Jr 32,23).

Como ha anotado B. Z. Wacholder[107] es iluminadora la relación de este texto con Dt 31,24-30. El ambiente de los dos es el contexto de alianza. Se dona la ley para poseer la tierra, y se pierde la tierra por haber infringido la ley. Jr explica el porqué de esa pérdida de la tierra, pero también apunta una nueva donación en el ámbito de una «nueva alianza». En ese contexto los actos de Moisés y Jr son similares: «entrega de un escrito» y «mandato de colocarlo como testimonio» para el futuro. Estas semejanzas pueden también constatarse en los términos usados:

Jr 32,14:
לָקוֹחַ אֶת־הַסְּפָרִים הָאֵלֶּה אֵת סֵפֶר הַמִּקְנָה הַזֶּה וְאֵת הֶחָתוּם וְאֵת הַגָּלוּי
וּנְתַתָּם בִּכְלִי־חָרֶשׂ לְמַעַן יַעַמְדוּ יָמִים רַבִּים:

Dt 31:26:
לָקֹחַ אֵת סֵפֶר הַתּוֹרָה הַזֶּה וְשַׂמְתֶּם אֹתוֹ מִצַּד אֲרוֹן בְּרִית־יְהוָה אֱלֹהֵיכֶם
וְהָיָה־שָׁם בְּךָ לְעֵד:

Wacholder destaca los siguientes puntos comunes[108]:
– la presencia de la misma palabra clave inicial לָקֹחַ,
– la presencia de documentos manuscritos,

---

[107] Cf. B.Z. WACHOLDER, «The "Sealed" Torah». El autor se centra en el interés de los textos de Jr 32, 10-14 y Dt 31, 24-30 para la comprensión del pasaje de Qumran y sobre la existencia de dos «Torah» distintas. Recojo algunas de sus aportaciones en relación con el texto de Jr y Dt.

[108] Cf. B.Z. WACHOLDER, «The "Sealed" Torah», 356. A propósito de la diferencia de que Jr manda guardar las dos partes de la escritura, el autor subraya la situación de especial contingencia en la que se encuentra Jerusalén que recomienda guardar ambas partes en la jarra de barro «para que duren mucho tiempo», cf. Ibid., 360.

– el momento de entrega a un discípulo para la conservación,
– el modo de conservación,
– la previsión de cumplimiento en un tiempo «futuro-escatológico».

Todo esto nos lleva a la superposición de situaciones «encontradas»[109]. En ambas situaciones el pueblo se encuentra en los «límites de posesión de la tierra». Con la muerte de Moisés inicia la conquista de la tierra. Jr anuncia la pérdida de esa tierra y del destierro como «anti-éxodo» y simultáneamente la nueva «posesión». El documento del rescate es símbolo de la «nueva alianza» (cf. Jr 31,31-34 y 32,38-41) como superación de la antigua alianza. Un cambio significativo de esa superación se da en la función de la escritura: en la primera alianza el «libro» sirve de «testimonio contra» el pueblo (Dt 31,26); ahora la escritura es testimonio a favor, es garantía para el pueblo. Garantía porque la nueva alianza conlleva una nueva bendición. Las palabras de castigo se están cumpliendo en la ciudad sitiada, en la destrucción del país, en los deportados... Pero la palabra de castigo no es la única que debe cumplirse en la historia. «Al menos no es la única anunciada por Jeremías. Hay otra palabra anterior (en término espaciales, más profunda!) [...] las palabras de bendición se tienen también que cumplir»[110]. El documento de la compra muestra que también se cumple la palabra de esperanza, y se cumplirán en plenitud y de manera irreversible. La escritura, (al igual que en el cap. 36 y aunque no se trata propiamente de un libro también en 51,59-64), no es sólo para Jr, o para los testigos; o para los actuales oyentes/lectores. La escritura es «empeño» también para Dios. Dios queda «ob-ligado» por su misma palabra, no puede olvidar su promesa. Por la palabra pronunciada y por la acción llevada a cabo se obliga a empujar la historia hacia el final trazado[111]. De esta forma, el mismo hecho de depositar la escritura supone un acto con ca-

---

[109] Para el estudio de las figuras de Moisés y Jr cf. L. ALONSO SCHÖKEL, «Jeremías como anti-Moisés», 245-254; C.R. SEITZ, «The Prophet Moses», 3-27; L. STULMAN, *Order amid Chaos*, 158-166. Subrayo en este texto los que son los dos temas centrales en Dt 31: el traspaso de la autoridad de Moisés a Josué y el testamento de Moisés a Israel. Dos aspectos trasladables a Jr, es la primera mención de Baruc en el libro como discípulo, y en el momento de consumación de la catástrofe las palabras de consolación es el mensaje «final» de Jr.

[110] J.M. ÁBREGO, *Jeremías*, 208.

[111] Cf. W. BRUEGGEMANN, *A Commentary on Jeremiah*, 485: «The theological function of the scroll is to provide a guide and norm for Yahweh's exercise of sovereignty. It is as though the scroll functions to say to God, "This is what it means to be God, and this is how to be God"».

CAP. VI: LA COMPRA COMO RESCATE

rácter sacramental[112], ya que actúa lo que anuncia, y simultáneamente asegura la presencia de Dios de la misma manera que en ese concreto momento histórico. El anuncio como palabra toma cuerpo en la palabra escrita. La acción misma toma entidad en la escritura. Evidentemente, no son los acontecimientos históricos los que ocasionan la afirmación/escritura de la esperanza, sino que es a pesar de ellos, que el Señor en su pura iniciativa decide tal acción. Su iniciativa es la garantía de la acción futura.

La insistencia en los testigos es el complemento de lo anterior. En nuestro texto el acto legal de «aducir testigos» sobrepasa lo jurídico con un sentido teológico[113].

En primer lugar debemos distinguir dos grupos de testigos o dos acciones ante testigos:
– los testigos aducidos para la compra;
– los testigos de la entrega de la escritura (Janamel, los testigos firmantes de la escritura, todos los judíos que estaban en el patio de la guardia, y la escritura misma es testimonio de la entrega).

Mientras el primer grupo está en función de una acción particular, el segundo, más amplio, lo está en función del significado universal de la acción.

Se da así una correspondencia: lo que «los testigos oficiales» cumplen respecto a la compra, lo realiza también el círculo ampliado de testigos sobre la entrega de la escritura de la compra y del significado de la misma.

Hay dos aspectos complementarios en el hecho de «ser testigo»[114]:
– un significado básico: el testigo está presente, es el que presencia un hecho como tercera persona. En este sentido los testigos son «agentes de sanción»[115] de una acción determinada;

---

[112] Cf. W. BRUEGGEMANN, *A Commentary on Jeremiah*, 485-486. En ese carácter sacramental de la acción de Jr insiste también R.E. CLEMENTS, *Jeremiah*, 194.

[113] Cf. C. VAN LEEUWEN, «עֵד», 279: «Como el derecho era en el antiguo Oriente expresión de la voluntad de los dioses y en Israel de la voluntad de Yahvé, las disposiciones legales que hablan de 'ed profano tienen también, según su naturaleza, un trasfondo teológico». A esta razón básica de «derecho» añadamos el «juego» de acciones-testigos de una acción humana hecha desde la palabra de Dios.

[114] Cf. H. SIMIAN-YOFRE – H. RINGGREN, «עוד», 1116.1121; C. VAN LEEUWEN, «עֵד», 275.

[115] Cf. P. BEAUCHAMP, *Ley, profetas, sabios*, 224-225.

– una consecuencia de lo anterior: el testigo reproduce (o repite) un hecho con sus palabras. En este sentido el testigo es «transmisor de la acción». El primer aspecto subraya la legalidad y solemnidad del hecho (la compra y el anuncio); el segundo asegura la continuidad de la acción.

Estos aspectos obvios del testigo adquieren un significado especial en nuestro texto. Los testigos oficiales presencian la compra y en el futuro testimoniarán que la compra se ha llevado a cabo (al igual que la escritura misma). Los testigos presentes a la «palabra de Yahveh» reconocerán que esa palabra es verdadera cuando se convierta en realidad, cuando sea un «hecho»[116]. Serán testigos de la verdad de la profecía: la realidad estaba *pre-dicha* como palabra y *pre-hecha* como acción por Dios. Los testigos son una realidad necesaria:

> Sin los testigos el cumplimiento de la palabra es inútil, es destruir por destruir, matar por matar. Es necesario algún superviviente que sea testigo del cumplimiento, que sufra en su piel el dolor de la condena. Serán pocos, pero tendrán que reconocer que nadie es capaz de destruir la palabra del Señor. No son excepción a la regla, ni disminución del cumplimiento, sino necesidad de la misma condena de la palabra.[...] la existencia de este grupo de testigos es interpelación para el futuro (y para los lectores de la narración). Su presencia es testimonio. El testimonio engendra el reconocimiento, el reconocimiento la alabanza. De nuevo este grupo de testigos puede provocar una palabra verdadera de respuesta a la continua palabra del Señor, que habla de ellos... y no puede dejar de hablar. Este grupo de testigos vuelve a ser posibilidad de nuevo comienzo[117].

En las palabras de condena son portadores del dolor; en el anuncio del nuevo comienzo, los testigos son fuente de esperanza, garantía de la palabra verdadera. La palabra del Señor se cumplirá, tanto la que anun-

---

[116] Recogemos así los dos sentidos del término hebreo *dabar* y más en concreto la Palabra de Dios que «puede enfocarse en dos aspectos, indisociables, pero distintos: revela y obra. Dios habla para poner el pensamiento del hombre en comunicación con su propio pensamiento. Su palabra es alternativamente ley y regla de vida, revelación del sentido de las cosas y de los acontecimientos, promesa y anuncio del porvenir. [...] Sin embargo la palabra de Dios no es sólo un mensaje inteligible dirigido a los hombres. Es una realidad dinámica, un poder que opera infaliblemente los efectos pretendidos por Dios», cf. A. FEUILLET – P. GRELOT, «Palabra de Dios», 631-632.

[117] J.M. ÁBREGO, *Jeremías*, 181. Como afirma Ábrego, ese nuevo comienzo se promete a Baruc, como personificación de los testigos, de manera más directa en el cap. 45.

cia destrucción — el relato nos la hace vivir ahora — como la palabra de salvación, tan difícil de creer en el presente. El profeta no es sólo el que *prevé* el futuro sino también el que *habrá previsto* desde una mirada retrospectiva en el futuro, dando así la razón de la historia acaecida:

> Cuando lo que había dicho ocurre, el acontecimiento es visitado por el decir anterior, y el decir anterior adquiere el espesor de una acontecimiento: «él lo había dicho», afirmación que debe ser enunciada por otra persona. Este mantenimiento de la palabra por un tercero y para un tercero tiene por instrumento la escritura. Desde el comportamiento del profeta que anuncia se afirma el recurso a la escritura como acta notarial, extendida ante testigos[118].

En un contexto de alianza, normalmente los testigos delatan en caso de incumplimiento de lo estipulado (Dt 31; Jos 24), en nuestro texto los testigos de la «nueva alianza» no desempeñan un papel acusador (igual que veíamos con la escritura). Al contrario, son convocados a presenciar el cumplimiento de esa alianza, al menos su comienzo, para que así lo anuncien al futuro pueblo.

«Como en los pactos humanos, los compromisos de Israel con su Dios son atestiguados con objetos-signo que dan testimonio contra el pueblo en caso de infidelidad: así el libro de la ley (Dt 31,26)»[119]. Pero en nuestro caso no se da posibilidad de esa infidelidad porque no se explicitan obligaciones para el pueblo. La escritura al igual que la Torah en Ex 20,2-3; Dt 31, es testimonio *'edut* de la acción salvadora de Dios y ante todo, de su voluntad[120]. El escrito significa la permanencia del acto particular que Dios realiza en la historia universal. Se trata, por tanto, de una acción todavía sin concluir.

Este acto puntual desvela la esencia del futuro. Nos presenta otro modo de conocer la «nueva alianza»:

> Existen otros medios de conocer la alianza además de recurrir a los documentos de su renovación periódica. Si es verdad que la alianza dirige toda la vida, es normal que se diversifique en los actos del derecho; y si es ver-

---

[118] P. BEAUCHAMP, *Ley, profetas, sabios*, 71-72.

[119] M. PRAT – P. GRELOT, «Testimonio», 887; en la misma línea de interpretación cf. H. SIMIAN-YOFRE – H. RINGGREN, «עוד», 1120.1125-1126.

[120] Cf. C. VAN LEEUWEN, «עֵד», 283.

dad que su esencia es la historia, deberá servir también de vehículo a lo que cambia[121].

La puesta en práctica de esa alianza renovada muestra que el criterio de acción es la misericordia, es el rescate de lo perdido o en peligro de perderse. Los acontecimientos de la vida cotidiana nos hablan de una alianza basada en la misericordia y en la solidaridad, y de Dios como goel.

---

[121] P. BEAUCHAMP, *Ley, profetas, sabios*, 219.

CAPÍTULO VII

Dios en la redención

En este segundo capítulo dedicado a los aspectos teológicos fijamos nuestra atención en la acción y en la oración vista desde el Señor. El objetivo es contemplar al Dios que se muestra en la redención, caracterizar su presencia *cuando Dios redime*. En el análisis narrativo apuntábamos la dificultad de delimitar los rasgos del personaje literario «Yahveh»: su omnipresencia en el relato más allá de sus intervenciones directas y de las autoafirmaciones en su respuesta a Jeremías. Iniciamos la tarea de aprehensión de esa «presencia elusiva»; dividimos el capítulo en cinco apartados[1]:
1. Teología de la tierra
2. Presencia del Señor en la redención
3. Soberanía de Dios
4. Sufrimiento desde Dios
5. La redención como (re-)creación.

1. Teología de la tierra

Es innegable la importancia teológica que el concepto «tierra» tiene en el AT: es el «signo visible» de la relación entre Israel y el Señor[2]. En cuanto signo su contenido fluctúa entre un sentido literal (material) y un sentido simbólico (más allá de los avatares históricos de posesión o pérdida del territorio). El sentido literal nos previene contra

---

[1] No pretendemos en estas páginas un tratamiento sistemático de cada uno de los temas teológicos apuntados, pues llevaría demasiado lejos, tanto en una reflexión del libro entero de Jr como, más aún, en una perspectiva de toda la Biblia.

[2] Cf. E.W. DAVIES, «Land: Its rights and privileges», 349; y en particular en Jr como «gozne» teológico, cf. S. HERRMANN, *Jeremia*, 192-194.

una excesiva espiritualización; por su parte el sentido simbólico revaloriza la importancia de la tierra para nuestros días[3].

La historia de Israel es en definitiva la historia de una tierra[4]: tierra prometida y anhelada, atisbada y poseída, desolada y abandonada, añorada y rehabilitada. O si se prefiere, la biografía del Israel bíblico atraviesa cuatro momentos: la expectativa de un «pueblo sin tierra» por un espacio donde afincarse; la posesión del territorio; el exilio (fuera o dentro de las fronteras del país); y por último, el retorno a casa.

La diversidad de términos que en el AT se usan para designar la tierra (אֶרֶץ, אֲדָמָה, שָׂדֶה, נַחֲלָה, אֲחֻזָּה, תֵּבֵל, חֵלֶק) y su frecuente aparición corroboran la importancia de este concepto. Pero es esa misma diversidad la que dificulta una presentación sistemática de una «teología de la tierra»[5]. De hecho, podemos hablar de distintas teologías de la tierra, con frecuencia no articuladas como tales sino presentadas mediante términos, conceptos, ideas y/o imágenes diseminadas a lo largo de toda la Biblia. Ante la imposibilidad de una síntesis teológica, nos contentamos con indicar a continuación las líneas de fuerza de las principales concepciones sobre la tierra[6]. Con ello nos acercamos a la encrucijada

---

[3] Cf. W. BRUEGGEMANN, *The Land*, 3: «Land is always fully historical but always bearer of over-pluses of meaning known only to those who lose and yearn for it. The current loss of and hunger for place participate in those plus dimensions —at once a concern for actual historical placement, but at the same time a hunger for an over-plus of place meaning. This dialectic belongs to our humanness. Our humanness is always about historical placement in the earth, but that historical placement always includes excess meanings both rooted in and moving beyond literalism».

[4] Obviamente no nos detenemos a definir sus confines geográficos, variables a lo largo del tiempo. En el caso del libro de Jeremías el referente principal de la «tierra» es el reino del sur. Habitualmente las mismas menciones de «Jerusalén», «ciudades», «calles» y «habitantes» hacen referencia a todo el reino del sur, cf. P. DIEPOLD, *Israels Land*, 42-55.66-72.

[5] Cf. E.W. DAVIES, «Land: Its rights and privileges», 349; W. JANZEN, «Land», 143-144. Por su parte, N.C. HABEL, *The Land is Mine*, identifica en el AT seis ideologías diversas sobre la tierra con sus correspondientes implicaciones teológicas.

[6] Nuestra presentación no sigue una línea de génesis y evolución de las tradiciones en torno al tema de la tierra. Ésta puede verse en las obras de J. PIKAZA, *La Biblia*; y M. DE BARROS – J.L. CARAVIAS, *Teología de la tierra*, 127-289; centrada en Dt-Jr y la redacción deuteronomista de ambas libros: P. DIEPOLD, *Israels Land*, 76-176. Según J. Pikaza en Jr se unen las tradiciones que él llama patriarcales y profética, cf. *Ibid.*, 155. Una presentación temática tiene la ventaja, a nuestro juicio, de mostrar la tensión teológica que tal unión genera. En Jr no nos encontramos con una evolución orgánica de tradiciones sino con un desgarro irreparable a causa de los acontecimientos históricos. De ahí las afirmaciones de signo contradictorio (p.e. el país será destruido totalmente según 25,9; mientras que en 5,18; 30,11 la destrucción no es total),

histórica y religiosa del «pueblo que pierde su tierra»; en ella quedará inmerso Jr, y desde ella nosotros podemos entender las implicaciones teológicas de su acción:
1. Tierra como promesa,
2. Tierra como don,
3. Tierra como tarea,
4. La tierra propiedad del Señor,
5. La tierra en Jr: *nahalah* de Yahveh «y» *nahalah* de Israel.

1.1 *Tierra como promesa*

Las narraciones sobre los patriarcas (Gn 12–50, y sobre todo las del ciclo de Abraham) nos presentan al germen del pueblo de Israel como un pueblo errante. Lo que pone en movimiento a ese pueblo es la promesa de una tierra. La promesa inicia en la historia de Abraham y luego la hace suya el pueblo (Gn 12,1: «Yahveh dijo a Abram: "Vete de tu tierra, y de tu patria, y de la casa de tus padres, a la tierra que yo te mostraré"»). El acto de promisión no se da únicamente al inicio. Esta promesa es al mismo tiempo el motor del proceso que ha desencadenado: en primer lugar, la escuchará el mismo Abraham en distintos momentos de su vida (Gn 12,7; 13,15.17; 15,7.18; 17,8); en segundo lugar pasará a sus descendientes (Isaac, Gn 26,3-4; Jacob, Gn 28,13-15; 35,12). Conocemos bien la historia de la promesa. Sin embargo conviene destacar ya en estos inicios algunos aspectos inherentes a la promesa misma, y por lo tanto, concernientes a todo el pueblo que vive de ella:

– Abraham tiene que dejar su tierra. Ya antes de la promesa la primera palabra que Abraham escucha es el mandato de abandonar la tierra que habita. El primer paso de acceso, no ya a la tierra sino a la promesa, es por tanto un desposeimiento. Abraham debe renunciar a su presente a cambio de un futuro, a todo su «mundo» (*su* tierra nativa, *su* patria, *su* casa paterna) como precio de un país que en ese momento ni siquiera está al alcance de la vista[7].

---

que van más allá de una explicación evolutiva de pensamiento teológico o de redacciones de distintas manos. Son huellas de la lucha teológica en un momento de futuro incierto para la tierra.

[7] Cf. S. TERRIEN, *The Elusive Presence*, 72-76. Esta misma dinámica de renuncia como salida que abre a la promesa la encontramos en otros episodios: en la separación de Abraham y Lot (Gn 13,5-18); Abraham cede a Lot el derecho a elegir la tierra más fértil (vv. 10-11) y el Señor le reitera su bendición (vv. 15-17); Jacob en su huida (Gn 28,1-19), recibe la bendición (vv. 13-14).

– Pero una vez que se entra en la esfera de la promesa, caen todas las condiciones. El destinatario debe sólo aceptarla. En este sentido la promesa es un *juramento*. El texto que mejor refleja este aspecto es Gn 15. Dios sella sus palabras con el rito de los animales (Gn 15,17). El compromiso es de Dios, que pasando por medio de las víctimas se compromete con Abraham mediante un pacto sólo unilateral. Por eso decimos que más que un pacto, es un juramento solemne:

> De esta manera, Él y sólo Él se empeña a cumplir los términos de este juramento. A Abraham no se le pide ni se le exige que se obligue de la misma forma. La entera responsabilidad para el cumplimiento del don de la tierra recae en el Oferente divino y no en la devoción del patriarca[8].

Este juramento conlleva además un carácter ilimitado en el tiempo, es para siempre. En ello insiste el relato de Gn 17 con la expresión «alianza eterna» (בְּרִית עוֹלָם en los vv. 7,13 y 19).

– Abraham vivirá de la promesa toda su vida. No poseerá ningún terreno, a excepción de una finca para enterrar a Sara (Gn 23,3-20), y donde él mismo reposará tras su muerte (Gn 25,7-10). Abraham se autopresenta como «forastero residente גֵּר־וְתוֹשָׁב» en el país de su esperanza. La promesa mantiene en vilo a Abraham, sólo con la muerte llega la posesión. Al final, más que un poseedor, Abraham es un ser poseído por la tierra.

> Con este acto [compra de la finca de Makpelá] Abrahán posee un terreno en la tierra prometida y es en cierto modo ciudadano del país. Sólo que la propiedad la consigue a través de una muerte: primero la de su mujer, después la suya y la de los patriarcas. Como un sacrificio de fundación, entierra sus huesos como cimiento, para construir un pueblo en su puesto. Como unas raíces que a través de la muerte aceptada, diesen arraigo a los sucesores. Gran paradoja: sólo a través de su muerte toma verdadera posesión de la tierra para sus sucesores. No fue posible en vida, fue necesario aceptar el último sacrificio de la muerte[9].

---

[8] W.C. KAISER, «The Promised Land», 303. Esta misma opinión del carácter incondicional de la promesa es mantenida por J.L. TOWNSEND, «Fulfillment», 322: «The ratification ceremony on Genesis 15:9-17, when compared with ancient Near Eastern custom, indicates that the Lord alone obligated Himself to fulfill the covenant since only He walked between the parts of the slain animals». Para un estudio detallado de Gn 15 cf. N. LOHFINK, *Die Landverheißung als Eid*.

[9] L. ALONSO SCHÖKEL, «Salvación y Liberación», 73. Vemos ya anticipada la misma dinámica que encontraremos en Jeremías: la renuncia es camino para la posesión del país.

– La promesa de la tierra va unida a otras promesas. Puede aparecer aislada, pero con frecuencia viene asociada con otros dones:
- ✓ Una descendencia, normalmente descrita como numerosa, convierte la posesión de la tierra en la realidad de una nación (Gn 12,2.7; 13,15-16; 15,5-7; 17,2-6; 26,4-5.24; 28,13-14).
- ✓ Abraham instrumento de bendición, tanto a gran escala («todos los linajes del mundo» Gn 12,3; 18,18; 22,18; 26,4; 28,14) como en el seno familiar[10] (Sara Gn 17,16; Hagar Gn 16,10; Ismael Gn 17,20; Lot Gn 13,1-5; 19,29).
- ✓ La asistencia del Señor; presencia, protección y defensa de Abraham (Gn 15,1; 26,3.24; 28,14-15; 31,3).
- ✓ Una relación nueva con el Señor definida como «alianza eterna» (Gn 17,1-8).
- ✓ Buena ancianidad y reposo en paz tras la muerte (Gn 15,15), una gran recompensa (Gn 15,1).

La promesa de la tierra se convierte en aglutinante de bendición. La tierra es *lugar* de bendición. Se transforma en símbolo de abundancia e independencia, prosperidad, felicidad, plenitud de ser en comunión con Dios y con los hombres (incluidos los antepasados)[11].

– La acogida de la promesa es obediencia en la fe. La aceptación del futuro anunciado no posee garantía alguna en el presente, sólo una palabra (Gn 12,1-3). Es más, con frecuencia la promesa se escucha en circunstancias que la hacen humanamente discutible (situación de hambre Gn 26,1-4, esterilidad 15,1-2; 17,1-8.15-19; 18,10-15; en huida 27,43–28,15). En el caso paradigmático de Abraham en Gn 12,1-9, la prontitud en la respuesta (por una parte, en el mandato de salir del país nativo; y por otra, en la recepción de la oferta en el futuro) no se funda en un conocimiento previo o en una experiencia pasada que justifique ahora su confianza[12]. El vínculo con el Dios de la promesa va creciendo a medida que el Señor reitera su palabra y él la va haciendo realidad.

---

[10] La bendición de Sara puede leerse como concomitante y necesaria para la propia bendición de Abraham; no así la de Hagar, Ismael y Lot que constituyen pueblos paralelos a Israel. Cf. A. GONZÁLEZ LAMADRID, *La fuerza de la tierra*, 131-132.

[11] Cf. J.I. ALFARO, «The Land», 51-55; E.W. DAVIES, «Land: Its Rights and Privileges», 350. Sobre la relación intrínseca de los tres elementos fundamentales de la promesa (posteridad, tierra y relación con Dios) cf. D.J.A. CLINES, *The Theme of the Pentateuch*, 29-43.

[12] Abraham no conoce el Dios que se le hace presente; también para Isaac y Jacob Yahveh sigue siendo un dios en gran parte desconocido (cf. Gn 32,23-32); cf. R. JOHNSON, «The Old Testament Demand», 29-31.

Por lo tanto, la promisión provoca una novedad en la historia humana e implica un mayor conocimiento del Señor.

En consecuencia, la tierra entendida como promesa supone un reconocimiento del Señor en la historia. Si Israel vive en la tierra de Canaán esto no se debe a su propia iniciativa o a las casualidades históricas[13]. El Señor le ha ido conduciendo hasta ella. Canaán es el territorio destinado a Israel. Por ese territorio merece la pena vivir en manos de otro, renunciar a construir una historia con las fuerzas propias y abrirse a una historia incontrolable. A su vez, la tierra es más que un *lugar donde habitar*, es un *lugar con*. Canaán no es meramente el espacio donde Israel llega a ser nación (libre y sin presiones), es el enclave de su plenitud como pueblo (en su sentido histórico: su ser en relación con el Señor): «La tierra que Israel anhela y que recuerda no es nunca un espacio sin reivindicaciones, sino siempre *un sitio con Yahveh*, un lugar lleno de recuerdo de vida con él, promesa hecha por él y votos pronunciados a él».[14]

1.2 *Tierra como don*

Evidentemente la promesa a los patriarcas conlleva la dimensión de gratuidad de la tierra. La tierra es *lo* prometido a Abraham, Isaac y Jacob (Gn 12,7; 26,3; 28,13). Pero es en el Deuteronomio donde se desarrolla principalmente una teología de la tierra como don[15].

Dos caracterizaciones del país de Canaán destacan particularmente:

– es la *tierra entregada* (ארץ + נתן) por el Señor (Dt 1,8.25; 4,1.21; 5,31; 6,23...)[16]. «Los textos muestran que en Israel un hombre puede dar a otro la propiedad de un terreno, como regalo o préstamo. Pero nunca se dice (como es posible en Egipto y en el Antiguo Oriente) que el hombre dé tierra. El dar tierra un hombre, en las narraciones de repartos, es forma derivada»[17]. Este dato nos sitúa ante el territorio como el don por antonomasia y ante una de las características fundamentales de Dios: el Señor es el que *da*.[18]

---

[13] Cf. E.W. DAVIES, «Land: Its Rights and Privileges», 350.

[14] W. BRUEGGEMANN, *The Land*, 5. Las cursivas son del autor.

[15] Cf. W. BRUEGGEMANN, *The Land*, 45-70.

[16] Cf. J.G. PLÖGER, *Literarkritische, formgeschichtliche und stilkritische Untersuchungen*, 79-82; presenta el formulario de Dt relacionado con el don de la tierra.

[17] L. ALONSO SCHÖKEL, «Salvación y liberación», 76.

[18] Cf. L. ALONSO SCHÖKEL, *Salvezza e liberazione: l'Esodo*, 130. Así se comprende mejor la inversión que se produce en Jr 32. La ciudad se entrega no a Israel sino a los enemigos; con todo se mantiene la presentación de Dios como aquél que da.

– Canaán es lugar de abundancia y fertilidad: «tierra que mana leche y miel» (Dt 6,3; 11,9; 26,9...); «tierra buena» (Dt 6,18; 8,10); capaz de saciar (Dt 6,11; 8,7-12; 11,15)[19]. La magnificencia del país engrandece al donante y al mismo tiempo es señal de la intensidad de la relación entre ambos. Sin embargo el don de la tierra es arma de doble filo: la fecundidad al margen del donador se convierte en agravante del pecado (véase el contraste en Jr 3,19-20; 32,22-23).

Por ser un don el pueblo no tiene derechos naturales o absolutos sobre el territorio. No es un pueblo nativo con derechos adquiridos sobre la tierra. El único derecho de propiedad que Israel puede esgrimir es el amor de su Dios. Ésta es la razón última que ha movido al Señor a conducirlo hasta Canaán (Dt 4,37-38; 7,7-8; 10,11-15). Junto a la carencia de derechos, la esplendidez del terreno genera en Israel una conciencia de indignidad ante el donador; y ante el don mismo, conciencia de don inmerecido. El sentido de dependencia de Yahveh adquiere aquí un matiz más concreto y material. Ya no es, como en los patriarcas, el futuro de una identidad nacional; ahora se trata del presente de un suelo a punto de habitarse.

La tierra es, a su vez, regalo que sobrepasa las expectativas del pueblo de Israel. Y, curiosamente, entre esos dos factores positivos surge la tensión, tercer rasgo fundamental. La tierra se convierte en peligro y tentación. La grandeza de la dádiva puede hacer olvidar que ha sido recibida (Dt 4,5-9; 6,10-12; 8,10-14). Su fuerza de seducción es grande y puede apartar de la dinámica del don. Para contrarrestar este peligro hay que someterse necesariamente a una determinada conducta cuando Israel posea la tierra. Para recibirla propiamente, como lo que es — un don —, hay que cumplir la Ley (*Torah*). Por eso entre Tierra y Torah se crea una relación intrínseca (Dt 5,31-33; 6,1-12; 30,15-18):

> La Torah es el modo que Israel tiene de vivir la vida donada. No es necesario aquí revisar todas las comprensiones erróneas de la Torah bajo la noción genérica de la Torah como obras de justicia. Es suficiente afirmar que la Torah para Israel es el modo de disfrutar los dones. [...] La Torah existe para que Israel no olvide de quién es la tierra y cómo nos ha sido dada. Sólo los que habitan la tierra están tentados de olvidar. Sólo los establecidos y aparentemente saciados están tentados de olvidar la historia de esterilidad y esclavitud, de hambre y maná, de dones y promesas cumplidas más allá de toda expectativa humana. La Torah sirve precisamente para preservar la memoria de aquellos más tentados de olvidar. La Torah no es para reprimir

---

[19] Cf. E. LEVINE, «The Land».

comportamientos, ni para coaccionar o controlar, sino para mantener a Israel en su historia con Yahveh y con la tierra [20].

Esta comprensión de la tierra integra la Ley como condición de posibilidad del don. La Ley, recibida a su vez como don (נתן + תורה Ex 24,12; Dt 4,8), guía a la posesión del país y una vez poseído se convierte en norma de vida dentro de él. La Ley no precede a la tierra, de modo que ésta pueda entenderse como una recompensa al cumplimiento de la Ley. En la visión del Deuteronomio, la ley se da en el umbral de la posesión de Canaán. El cumplimiento de la Ley inicia el estilo de vida que acredita el asentamiento en el país[21].

La Ley (*Torah*) entendida ante todo como enseñanza e instrucción hace referencia a la escucha del interlocutor (cf. la frecuencia del imperativo «Escucha שְׁמַע»)[22]. Es ésta la condición para poder mantener el don: más que un contenido concreto de mandatos, la ley subraya que la actitud básica es la escucha de Dios a través de su palabra. La posesión del país pende de la escucha del pueblo y de la práctica de la ley como conciencia del amor de Dios plasmado en la alianza. Se entiende así que las constantes críticas de Jr ataquen una de las raíces del pecado del pueblo: el descuido de la palabra (Jr 7,24: «Más ellos no escucharon ni prestaron oído, sino que procedieron en sus consejos según la pertinacia de su mal corazón, y se pusieron de espaldas, que no de cara»)[23].

1.3 *Tierra como tarea*

La consideración del don de la tierra supeditado al cumplimiento de la Ley parece dejarnos en las antípodas de la gratuidad. En último término, el disfrute de la tierra según el Deuteronomio está sometido a la obediencia de la Ley (Dt 30,15-20)[24]. En este sentido, entramos así en

---

[20] W. BRUEGGEMANN, *The Land*, 61.
[21] Cf. H.E. VON WALDOW, «Israel and Her Land», 505.
[22] Cf. Dt 4,1; 5.1.27; 6,4; 9,1; 20,3; 27,9; 33,7. Es significativo que el mandato de amar al Señor del «Shema Israel», Dt 6,4-9, concentra su interés en la palabra: ésta debe ser escuchada, meditada, pronunciada, enseñada, escrita, repetida, etc.
[23] Cf. Jr 7,28; 9,12; 11,8; 13,11; 17,23.26.28; 29,19; 32,23; 34,14; 35,16-17; 36,31; 43,7; 44,5.
[24] Cf. P. DIEPOLD, *Israels Land*, 76-104 sobre la teología de la tierra en Dt. Diepold insiste en la complementariedad de estos dos aspectos entendidos en el marco de una teología de la alianza: don de la tierra (*Landgabe*) y conquista de la tierra (*Landnahme*) se implican mutuamente y son inseparables, así afirma en pag. 87: «Gott hat seinem Volk das Land geschenkt, er selbst sorgt für die Verwirklichung seiner Verheißungen, doch nicht automatisch, nicht selbstverständlich, nicht über Israels Kopf

la dialéctica del *don condicionado*: la posesión de la tierra es don y tarea. Es don recibirla, tarea mantenerla.

Por ello es equívoco hablar de «don condicionado». Desde la perspectiva de Dios, el don es incondicional y plenamente gratuito. Al pueblo, junto a la tierra, se le da la responsabilidad de conservarla. Sólo, por tanto, desde el hombre aparece como un don condicionado. El destino del don está en sus manos y depende del ejercicio de su libertad. En una visión temporal podemos decir que la promesa es incondicional; lo que está condicionado es la realización:

> la promesa de la tierra en la alianza hecha con Abraham está incondicionalmente y eternamente garantizada a los descendientes de Abraham, pero *el disfrute* de las bendiciones prometidas *por cada una de las generaciones* está condicionado a la obediencia[25].

La tierra es el don que se presenta como *conquista*. La narrativa del libro de Josué desarrolla este concepto. Precisamente en su capítulo final, una vez que el pueblo ha tomado posesión de la tierra, Josué confronta al pueblo ante la libre elección de habitar el país (Jos 24). El texto subraya el carácter gratuito e inmerecido de la situación que Israel ahora disfruta: «Os he dado una tierra que no os ha costado fatiga, unas ciudades que no habéis construido y en las que sin embargo habitáis, viñas y olivares que no habéis plantado y de las que os alimentáis» (Jos 24,13). Desde el comienzo de su historia como pueblo *en la tierra*, Israel debe decidir si construir o no su futuro con Yahveh. Israel asume el empeño de edificar la propia historia sirviendo al Señor. Esta historia se perfila como «historia de todos», en igualdad fraterna. El territorio es entregado como una totalidad al pueblo entero. Siguiendo la opinión de L. Alonso Schökel, la propiedad colectiva es el dato primario. Es el pueblo en su integridad quien tiene derecho a poseer el país. Para realizar este derecho, la tierra se divide por tribus, clanes y familias. El reparto y la propiedad privada es el dato secundario. Para llevar este de-

---

hinweg, sondern nur, indem Israel das Heil ergreift, d.h. das Land besetz und im Lande die volle Willensoffenbarung (תורה) seines Gottes zur Geltung bringt. Landgabe erfordert Landnahme im umfassenden Sinne: Jahwes *Wort* kann nicht ohne Israels *Ant-Wort* bleiben; die Israel zugesprochene Liebe seines Gottes fordert eine entsprechende Liebe Israels für Jahwe, damit Israel ihrer wirklich teilhaftig werde, und mit ihr der Segensverheißungen eines Lebens in Fülle und Ruhe im Lande».

[25] J.L. TOWNSEND, «Fulfillment», 331. Las cursivas son del autor. En la misma línea cf. W.C. KAISER, «The Promised Land», 306-307.

recho a la práctica el pueblo asume una serie de deberes: con Dios, con el prójimo y con la tierra[26].

La tarea puede resultar fatigosa pero no es una carga ajena. Es el compromiso adquirido en el momento de definir la propia identidad. Sólo si el pueblo es fiel a sí mismo tiene acceso a la tierra. El respeto a la Ley, empresa que Israel asume sobre sí, es el modo de ser en plenitud pueblo en la tierra con Yahveh. Ésa es su peculiaridad frente a los otros pueblos y la continua alternativa que tiene delante.

El proceso histórico que inicia con Josué y se prolonga hasta el segundo libro de los Reyes puede leerse en clave de gestión de la tierra[27]. La monarquía tiene el difícil reto de mantener la singularidad de Israel ante la acuciante tentación de ser «como los otros pueblos» (Dt 17,14; 1Sam 8,5.20). La administración real de la tierra llevará paradójicamente a la pérdida de la tierra: al exilio (2Re 24–25). Al final la fuerza seductora del hecho mismo de poseer hace olvidar la naturaleza de lo poseído. El rey olvida[28] que la tierra es don dentro de una relación de alianza con Yahveh. Y así, el rey puede tranquilamente apropiarse del suelo. Cambiado el signo de la relación con la tierra, ésta se convierte en maldición (véase el episodio paradigmático de Ajab y Nabot en 1Re 21[29]). La Historia Deuteronomista insistirá en la responsabilidad del pueblo y de sus gobernantes cuando da razón de la catástrofe[30]. El exilio es consecuencia del pecado del pueblo, no es indolencia del Señor. Sin embargo, la historia no puede acabar ahí, el pueblo volverá a ocupar su enclave *si* se arrepiente y vuelve a Dios[31].

1.4 *La tierra propiedad del Señor*

La gravedad de la punición, el exilio como *maldición* (Dt 28,63-65), refleja el carácter sagrado de la tierra. La ruptura de la relación con el

---

[26] Cf. L. ALONSO SCHÖKEL, «Salvación y liberación», 78-80.

[27] Cf. W. BRUEGGEMANN, *The Land*, 73-79.

[28] El olvido de la peculiaridad de la tierra tiene su origen en la inobservancia de la primera obligación del rey: observar la Ley (Dt 17,18-19). El resultado es el engreimiento sobre los hermanos y la ruptura de la igualdad fraterna. Por lo tanto, sin justicia y fraternidad no es posible la recta posesión de la tierra, cf. J.I. ALFARO, «The Land», 54-55.

[29] Cf. W. BRUEGGEMANN, *The Land*, 93-98. Para una presentación más sistemática de la «ideología real» cf. N.C. HABEL, *The Land is Mine*, 17-32.

[30] Cf. J. PIKAZA, *La Biblia*, 80-89; A. GONZÁLEZ LAMADRID, *La fuerza de la tierra*, 148-152. Ambos autores insisten en el carácter condicionado de la posesión de la tierra en la historia deuteronomista.

[31] Cf. E.W. DAVIES, «Land: Its Rights and Privileges», 363.

Señor conlleva una pérdida de la tierra. No se trata de un mero correctivo pedagógico. El abandono del Señor conlleva necesariamente alejarse del ámbito de convivencia con Yahveh. Tanto la tradición legal como la tradición profética fundamentan la sacralización de la tierra. Ambas comprenden la tierra como pertenencia del Señor[32].

– «La tierra no puede venderse para siempre, porque la tierra es mía» (Lv 25,23). La posesión de la tierra exige una precisa conducta tanto por ser don para el pueblo como por ser propiedad del Señor. En este segundo aspecto, no sólo Israel puede pervertir la tierra con la trasgresión de la Torah; también los habitantes precedentes la han contaminado con su conducta (Lv 18,24-27). Por eso la misma tierra ha reaccionado contra ellos y los ha expulsado (Lv 18,28: «Y no os vomitará la tierra por vuestras impurezas, del mismo modo que vomitó a las naciones anteriores a vosotros»). La profanación justifica la expulsión de sus antiguos habitantes y que la tierra se conceda ahora a Israel. La fuente de profanación es doble: la idolatría y una injusticia grave contra la vida humana[33]. Los cananeos han cometido abominaciones (תּוֹעֵבֹת); por eso son desalojados en favor de los israelitas, pero ahora son éstos los transgresores. La acusación es de idolatría Jr 16,18; 32,35 y de injusticia Jr 7,10. Por consiguiente, también el pueblo de la tierra debe ser *des-terrado*.

La razón última de su carácter sagrado es que «Dios mismo habita en medio de la tierra» (Nm 35,34). El «suelo» tiene sus propios derechos, como lo muestra los mandatos concernientes al año sabático[34] (Lv 25,1-7) y el año jubilar (Lv 25,8-17). Por lo tanto, una recta relación con Dios impone una preocupación por la tierra, que bien podemos llamar «eco-teológica»[35].

---

[32] Sin duda se podría estudiar la presencia de esta afirmación en otras partes del AT, como p.e. en los relatos de creación (cf. Gn 1,1–2,25; 8,15–9,17) o en la literatura sapiencial (cf Prov 3,19; Sal 8; 24,1-2; 50,10-12; 104...). Nos concentramos en estas dos tradiciones por ser más propias del contexto de nuestro estudio.

[33] Cf. L. ALONSO SCHÖKEL, «Salvación y liberación», 75-76; A. GONZÁLEZ LAMADRID, *La fuerza de la tierra*, 134-138; J.I. ALFARO, «La tierra», 124.

[34] Cf. W. BRUEGGEMANN, *The Land*, 63-64: «Sabbath is a voice of gift in a frantic coercive self-securing world. Land Sabbath is a reminder that (a) land is not *from* us but is a gift *to* us, and (b) land is not fully given over to our satiation. Land has its own rights over against us and even its own existence. It is covenant with us but not totally at our disposal. Sabbath is for honoring land».

[35] Cf. E.A. MARTENS, *God's Design*, 121; K. GNANAKAN, *God's World*, 72-82.136-149. Desde estas consideraciones la reflexión ecológica se abre de ser una preocupación por «ser en el mundo» (y en este sentido un tanto pragmática por salva-

– En la permanente amenaza de perder la tierra, se alza la voz profética[36]. El profeta habla *en la tierra* contra la tentación de una posesión que lleva al engreimiento[37] (cf. Dt 18,9-22; la figura de Elías contra Ajab en 1Re 21). La afirmación profética de la tierra como propiedad del Señor intenta frenar una apropiación perversa, a base de atropellos e injusticias (1Re 21,19: «Has asesinado ¿y además usurpas?»). Israel no tiene un derecho inalienable sobre el país (Am 2,10; 9,7). La tierra tiene un único dueño: Yahveh (Os 2,10-17; Jr 2,7; 12,7-11). El ser humano es usufructuario mientras respete y use rectamente el bien que disfruta. El abuso conduce al juicio y al exilio (Am 7,11-17; Mi 2,4; Os 9,3; Is 5,8-9; 6,11-12). La administración correcta de la tierra presupone una distribución justa de los campos y de sus frutos. Olvidarse del hermano en la posesión del patrimonio equivale a olvidarse del Señor[38]. «Justicia» y «conocimiento del Señor» pueden sintetizar las exigencias que los profetas presentan para conservar la fertilidad del erario común (Os 2,21-25). Cuando tras el destierro de Israel las naciones se apoderen de lo que no es suyo (Ez 36,5), el Señor anunciará la restauración y ésta será «buena noticia» también para la tierra que se llenará de júbilo y fecundidad (Ez 36,8-11[39]; Is 55,12-13).

---

guardar el escenario del género humano) a una preocupación por «ser con el mundo», y además en una prespectiva teológica ya que ambos — género humano y creación (tierra, mundo) — tienen su fundamento en Dios, cf. S. MCFAGUE, *Modelos de Dios*, 26-39.

[36] Tratamos simplemente de enmarcar el tratamiento posterior de Jr dentro del conjunto de tradiciones de Israel. Para una mayor información del tema tierra en el contexto de la literatura profética cf. A. GONZÁLEZ LAMADRID, *La fuerza de la tierra*, 132-161; W. ZIMMERLI, «The "Land"»; M. DE BARROS – J.L. CARAVIAS, *Teología de la tierra*, 157-198.

[37] Cf. W. BRUEGGEMANN, *The Land*, 92: «The prophet is intended precisely for speech (a) in the *land*, (b) in the face of the *king*, (c) against idolatrous forms of *self-securing*». A nuestro juicio, el enfrentamiento con el rey debe ser entendido en un sentido amplio: enfrentamiento contra toda forma de propiedad cerrada en el interés personal y que atenta contra los derechos mismos de la tierra (lo que N.C. Habel llama «ideología real», cf. *The Land is Mine*, 17-32). La crítica profética comienza con la casa real para extenderse poco a poco a la clase poderosa. Denuncia toda forma de avidez que usurpa los derechos de los pequeños propietarios.

[38] Para un estudio de la crítica profética de la riqueza cf. J.L. SICRE, *Los dioses olvidados*; R. GNUSE, *Comunidad*, 166-179; N.K. GOTTWALD, «Ideology»; J.L. SICRE, *Profetismo en Israel*, 387-411. Aquí es suficiente notar que la tierra no es un don absoluto.

[39] Sobre el cap. 36 de Ez como el «evangelio de la tierra», cf. J. PIKAZA, *La Biblia y la teología de la historia*, 165-167; M. DE BARROS – J.L. CARAVIAS, *Teología de la tierra*, 183-184.

1.5 La tierra en Jr: nahalah de Yahveh y nahalah de Israel

No basta afirmar que el tema de la tierra es importante en Jeremías. La afirmación es obviamente cierta, pero de todos modos no rinde justicia a la riquísima experiencia histórica y teológica del profeta. Como anotan diversos autores, la simbología de la tierra encuentra en Jeremías su máxima expresión, hasta el punto de poder definirlo como «el poeta de la tierra por excelencia»:

> Nadie como Jeremías ha vivido en el Antiguo Testamento la tragedia de su pueblo. [...] Solo, contra todos, aun en contra de sus mismas inclinaciones, tendrá que anunciar el juicio destructor de Dios sobre la tierra. Si hay alguien para el que Israel es tierra de promesa divina, de dolor, de tragedia y de esperanza, ese hombre es Jeremías[40].

El momento histórico que le toca vivir no es para menos: la pérdida de la tierra. Como Ezequiel es testigo del exilio. Pero a diferencia de éste, Jeremías vive toda la tragedia encarnada en la tierra misma: su destrucción progresiva hasta convertirse en «tierra desolada».

1.5.1 Tierra desolada

Las diversas comprensiones antes expuestas adquieren en Jeremías rasgos dramáticos. La promesa se revela incumplida, el don es tentación irresistible y la amenaza es ahora realidad implacable que pone a Israel en trance de ser un «sin-tierra», un «no-pueblo». La maldición que se cernía sobre Israel como riesgo en los lindes de la tierra (Dt 28,47-68) se cumple ahora desterrando al pueblo fuera del país.

En los primeros capítulos del libro, 2,1–4,31, Jeremías narra la historia de Israel en clave de tierra[41]:

– El momento inicial del seguimiento amoroso 2,2.6: «²...De ti recuerdo tu cariño juvenil, el amor de tu noviazgo, aquel seguirme tú por el desierto[42], por la tierra no sembrada... ⁶¿Dónde está Yahveh que nos

---

[40] J. PIKAZA, *La Biblia*, 144-145. Una evaluación muy semejante presentan W. BRUEGGEMANN, *The Land*, 107; E.W. DAVIES: «Land: Its Rights and Privileges», 354; N.C. HABEL, *The Land is Mine*, 75.

[41] Cf. W. BRUEGGEMANN, «Israel's Sense», 153.

[42] En Jr la imagen del «desierto» es ambivalente. Por un lado, el desierto es como en este caso: lugar de seguimiento del Señor; por otro (p.e. 4,26 véase más adelante) es sinónimo de devastación. Jr recoge así las dos experiencias de Israel, que podemos formular como «dos historias»: para el pueblo desconfiado y descontento, el desierto es camino hacia la muerte, vuelta a la esclavitud; para unos pocos (Caleb y los niños como símbolo de la generación futura) el desierto es camino hacia la tierra (cf. Nm

subió de la tierra de Egipto, que nos llevó por el desierto, por la estepa y la paramera, por tierra seca y sombría...».

– El tiempo del don, del goce en la abundancia: «Luego os traje a la tierra del vergel, para comer su fruto y su bien» (2,7); y de la identidad del «pueblo plantado como cepa selecta» (2,21).

– Tiempo de ingratitud: «Llegasteis y ensuciasteis mi tierra, y pusisteis mi heredad asquerosa» (2,7; cf. 3,1-2.9).

– Momento presente, «tiempo de desgracia» (2,28): «dejaron su país hecho una desolación, sus ciudades incendiadas, sin habitantes» (2,14; cf. 4,7.20). Israel ha convertido el vergel en yermo (2,26), ha desandado los caminos de su historia con el Señor y se encuentra en su punto de partida: en el desierto (4,26). Más radicalmente aún: el pueblo ha deshecho el acto creador de Dios y el universo ha vuelto al *caos* inicial[43]: «Miré a la tierra, y he aquí que era un caos; a los cielos, y faltaba su luz» (4,23).

Esta relectura de la historia entronca con la teología deuteronómica[44]; Jr, sin embargo da un paso más. El destino de Israel no corre ya paralelo al destino de la tierra. En Jeremías la identificación es tan intensa que se formula como una personificación:

> Una de las características más sobresalientes de la proclamación original de Jeremías [...] era su personificación de la tierra (cf. Jr 6,19; 8,16; 22,29); de hecho, la tierra aparece de vez en cuando identificada con el pueblo de Israel, y ambos son designados, de manera semejante, como la «herencia» de Yahveh (*nahalah* cf. Jr 12,7-13). La tierra de Israel era la tierra de Yahveh, y el pueblo de Israel era el pueblo de Yahveh, y tan íntima era la asociación entre el pueblo y la tierra que los destinos de los dos estaban indisolublemente unidos[45].

---

14). Para una amplia exposición de la teología del desierto cf. W. BRUEGGEMANN, *The Land*, 28-44.

[43] Este versículo evoca con fuerza el relato de la creación en Gn 1. La luz es el primer elemento creado por Dios (Gn 1,3), antes sólo existe el caos (Gn 1,2; la expresión descriptiva del caos es la misma en ambos versículos תֹהוּ וָבֹהוּ, únicas apariciones en todo el AT, junto a Is 34,11 aplicado a Edom). Ambas imágenes (el vergel como desierto; la tierra como caos) señalan que la historia ha desembocado en un vacío primordial similar a la situación originaria sin Dios.

[44] No sólo el esquema básico es el de la teología del Dt — como lo ha puesto de manifiesto Diepold —, sino también muchas de las afirmaciones de Jr sobre la tierra llevan el sello de la escuela deuteronomista tanto en el lenguaje como en la ideología, cf. P. DIEPOLD, *Israels Land*, 155-176.

[45] E.W. DAVIES: «Land: Its Rights and Privileges», 354. Davies sigue a Diepold en el reconocimiento de un mensaje *original* de Jr, visible en el libro de Jr a pesar de las

Pero la tierra no sólo se identifica con el pueblo. En diversos textos aparece como una prolongación del mismo Yahveh. El abandono del Señor por parte de Israel se manifiesta en una contaminación del suelo (2,7; 3,1-2.9; 9,11-12; 16,18; 18,15-16). Israel ha *profanado* la tierra, no ha respetado su carácter sagrado (17,1-4; 23,10) y la ofensa llega hasta Dios y él reacciona con la expulsión (cf. Lv 18,28). Es precisamente el término *nahalah* (נַחֲלָה heredad) el que concentra y mejor expresa esa íntima relación[46]; bien la del pueblo con la tierra, bien la de Yahveh con la tierra. Ya hemos mencionado la reivindicación de la tierra como propiedad del Señor en la tradición legal y profética. Con todo, en Jr la tierra presenta un carácter particular[47]: Palestina es la propiedad personal, su patrimonio inalienable. Por ser propiedad inalienable el significado de *nahalah* implica una pretensión de propiedad permanente[48]. Por lo tanto, ¿cómo es posible que también Israel reclame Palestina como *nahalah*? ¿Puede ser posesión irrenunciable de ambos?

La solución a esta aparente aporía la da el libro de Jr en un juego de relaciones íntimas. Hay una relación entrecruzada de los tres miembros: La tierra es a la vez heredad de Israel (17,4) y del Señor (2,7) ya que Israel es heredad del Señor (10,16) y Yahveh es el lote[49] de Israel (10,16). «Yahveh, Israel y Canaán están llamados a establecer conjuntamente una relación simbiótica dios-tierra-pueblo»[50]. Por lo tanto la desaparición de uno de los elementos significa el desvanecimiento de los otros[51]. En este tipo de relación la tierra adquiere una entidad pro-

---

posteriores revisiones deuteronomistas, cf. P. Diepold, *Israels Land*, 106-110. Más allá de la *autenticidad*, nos interesa anotar que es un rasgo propio de la teología del libro de Jr en su forma final.

[46] Cf. P. Diepold, *Israels Land*, 108-109.180.

[47] Cf. G. Wanke, «נַחֲלָה», 86: «Frente a la idea, tan ampliamente documentada, de que Yahvé es el dador y garante de la *naḥᵃla* de Israel y de sus tribus, ocupa sorprendentemente un segundo plano la afirmación de que Palestina es la *naḥᵃla* de Yahvé. Solo aparece en el libro de Jeremías (2,7; 12,7-9; 10,16=51,19; 16,18; 50,11) y en el Salmo posexílico 68,10».

[48] Cf. E. Lipiński, «נַחֲלָה / נִחֲלָה», 356-358; G. Wanke, «נַחֲלָה», 82-88.

[49] El término usado en 16,10 no es propiamente נַחֲלָה sino חֵלֶק (herencia, porción, lote). ¿Se trata de una reticencia ante la equiparación de las dos direcciones en la relación Yahveh-Israel? El pueblo no puede pretender «poseer al Señor», sólo analógicamente el Señor es *heredad* de Israel.

[50] Cf. N.C. Habel, *The Land is Mine*, 76.

[51] Las imágenes más expresivas de esta relación nos las ofrece el ámbito familiar: la unión padre e hijo (Jr 31,9.20); esposo y esposa (Jr 3,1-5; 12,7-13). La filiación o la paternidad, mejor aun la maternidad, cobran una mayor realidad en sí mismas echan-

pia. No es posible pensar una relación del Señor con el pueblo al margen de ella. Desde esta perspectiva no es el Señor quien decide poner fin a este vínculo. Es la tierra que exige sus derechos, clama como parte agraviada. El pueblo ha hecho un uso incorrecto de ella y ha provocado su desolación. El Señor no hace sino llevar la decisión a sus últimas consecuencias: *arrancar* al pueblo del suelo.

La tierra ha sufrido la contaminación de las acciones cultuales, políticas y sociales de Israel[52]. Pero por muy contaminada que aparezca, no puede prescindir de ella. En una relación como la descrita el sufrimiento de uno se convierte en el destino del resto:

> La ideología del libro de Jeremías se centra de forma consistente en el destino de la tierra. El pueblo ha contaminado la «tierra abundante» perteneciente a YHWH (Jr 2,7). La ira de Dios es tal que los enemigos deben ser conducidos contra el pueblo que ha profanado esta tierra buena. El pueblo debe ser expulsado de la tierra, y la tierra quedar sin habitantes y desolada (9,10-11). La tierra es víctima de la contaminación de Israel, de los ejércitos devastadores de Babilonia, y de la ira de YHWH. Con el sufrimiento de la tierra como víctima, del pueblo como exiliado, y de YHWH como gobernante de ambos, se enfatiza la profundidad de la tragedia. La ideología del sufrimiento de la tierra resalta la angustia personal de cada uno de los tres miembros de la relación tierra-dios-pueblo. En simbiosis, cuando uno sufre, todos sufren[53].

La tierra deja de ser objeto de la desolación (marco donde ésta se manifiesta) para convertirse en sujeto de la desolación (sufre la desolación causada por el pueblo). Israel probará en su propia carne, por una parte, la desolación del país —causada por él mismo— experimentando la tierra como desierto; por otra el sufrimiento que la desolación de la

---

do mano de la relación dentro del seno materno, donde el cordón umbilical hace las veces de ese tercero en *concordia*, que en nuestro caso es la tierra (cf. Jr 1,5).

[52] Véase la personificación a través del sufrimiento y el duelo en 4,28; 12,4; 23,10. Sobre la contaminación en su triple aspecto: cultual, político y de justicia social cf. N.C. HABEL, *The Land is Mine*, 80-84.

[53] N.C. HABEL, *The Land is Mine*, 87-88. A la luz de esta caracterización de la unión entre Dios, pueblo y tierra alcanza mayor profundidad y vigencia lo afirmado en la pag. 305, especialmente en la nota 35, sobre la eco-teología. La ecología desborda el respeto interesado del ámbito vital. La creación es parte protagonista en el proyecto de redención divina. Aspecto también presente en el NT, cf. Rom 8,22 («Pues sabemos que la creación entera gime hasta el presente y sufre dolores de parto»), 1Cor 15,28. Encontramos en estas ideas una base bíblica para la consideración metafórica del «mundo como cuerpo de Dios», cf. S. McFAGUE, *Modelos de Dios*, 126-139.

tierra ha causado a Dios, manifestado ahora en su ira. Así la pérdida de la tierra supone para Israel el final de la historia con el Señor; y por lo tanto, el final de todo futuro. Si Israel surge en el desierto como sujeto capaz de historia es sólo gracias a la acción de Dios. Ahora se encuentra de nuevo en el desierto, pero esta vez arrojado allí por la mano de Dios. ¿Quién lo sacará de él? Sólo queda sufrir por un futuro imposible (31,15: «En Ramá se escuchan ayes, lloro amarguísimo. Raquel que llora por sus hijos, que rehúsa consolarse — por sus hijos — porque no existen»).

Pero si la tierra perdida significa ausencia de futuro para Israel, tampoco Dios tiene futuro. En la relación establecida la continuidad de un miembro depende de la continuidad de los otros. ¿Puede permitir el Señor final semejante? La misión de Jr no es sólo arrancar y destruir, es también reconstruir y plantar (1,10). En su anuncio hay destrucción pero ésta no es definitiva (4,27; 5,10.18; 30,11; 46,28). El suelo reclama su purificación (33,8), el pueblo saborea el acíbar de sus obras (9,15; 30,11), pero Yahveh sigue necesitando de ambos (12,15: «Después de arrancarlos, volveré a compadecerme de ellos y a traer a cada uno a su tierra y su heredad[54]»; cf. 31,20; 42,12). Sólo él es capaz de continuar, de renovar esa relación: la redención de la tierra y del pueblo. No basta la rehabilitación del pueblo, sólo habrá auténtica renovación si se da la redención conjunta del pueblo *y* de la tierra.

1.5.2 La tierra redimida

Las reflexiones precedentes explican que se anuncie la restauración del pueblo bajo el motivo «regreso a la tierra» (12,15; 16,15; 30,3; 33,11) como una reconciliación entre pueblo y suelo. *Como* el juicio de Yahveh implicaba devastación de la tierra y destierro del pueblo; *así* la restauración de la relación entre Yahveh e Israel sólo puede sellarse definitivamente con la restauración del pueblo y la prosperidad de la tierra (32,42). La tierra juega un papel decisivo tanto en el juicio como en la salvación del pueblo: padece su pecado y articula su redención. La restauración es para la tierra y el pueblo el *reverso* del juicio sobre la tierra; pero no sólo por los efectos benignos que en el futuro gozará la tierra, sino lo que es más importante, por la erradicación total de las causas que provocaron su desgracia.

De manera esquemática podemos identificar:

---

[54] Traducción de la Biblia del peregrino.

En cuanto a las *causas* de la calamidad señalamos tres principales:
- ✓ La ruptura de la alianza con Yahveh: 11,10-12; 22,8-9.
- ✓ La no observancia de la Ley; 2,7-8; 6,19; 8,8-10; 9,12; 16,11; 32,23.
- ✓ Ciertas actitudes del pueblo (que podemos denominar «defectos del corazón (לב)»; 9,13-16; 14,13-16; 16, 12-13; 17,1-5.

Los *efectos* del juicio en la tierra son tres:
- ✓ La tierra es contaminada y se viste de luto; 3,1-2; 14,2-4.
- ✓ La tierra deja de ser vergel y en cambio manifiesta su dureza física (desolación, desierto, sequía, hambre...); 4,26; 9,10; 12-12.
- ✓ Queda vacía con la expulsión de sus habitantes; 4,7.25; 26:9; 44:22.

Restauración de los *efectos* que padece la tierra:
- ✓ La tierra como lugar de reconocimiento del Señor con alabanza y de júbilo, 31,7.8-12.13; 32,37.
- ✓ Lugar de nueva plantación y de abundancia; 31,5.12; 32,41; 42,10.
- ✓ Acoge el retorno de los hijos que la habitan 12,15; 16,15; 24,6; 30,3; 32,37.

Restauración de las *causas*:
- ✓ Reanudación de la alianza (31,31-32; 32,40).
- ✓ Observancia de la Ley (31,33).
- ✓ Transformación radical de sus actitudes perversas: cambio del corazón (24,7; 31,33; 32,39).

De esta manera la restauración no es mera recuperación de lo perdido; sobre todo garantiza que no se pueda perder de nuevo. La promesa para la tierra conlleva la voluntad de redimir las causas[55].

Al momento de arrancar sucede el tiempo de *plantar* (1,10; 18,9; 24,6; 31,5.28; 32,41). Se expresa así la voluntad última del Señor: la prolongación del «consorcio» en sus tres miembros. La narración de Jr 32 ilustra y sella tal voluntad:

---

[55] Cf. J. M. BRACKE, *The Coherence*, 72-76. El autor señala en la pérdida de la tierra han contribuido numerosos factores; sin embargo señala las tres recogidas en el esquema anterior como las principales en el libro de Jr y especialmente subrayados en el contexto de nuestro capítulo, el libro de la consolación, cf. *Ibid.*, 73 nota 7. Puede verse también T.M. RAITT, *Theology of the Exile*, 176-181. En último término la manera más radical de redimir las causas es convertir la condición de la alianza (obediencia a la Ley) en consecuencia de la alianza misma (don de la Ley, cf. 31,33; don de un corazón indiviso y del temor de Dios 32,39-40) que se transforma así en alianza incondicional, cf. G.J. NIETO, «El quiebre», 505-507.

A pesar de todo para Jeremías, un trozo de la tierra es preservado como un recordatorio del retorno de YHWH a esta *nahalah*. Jeremías es introducido como primer Israelita para poseer la tierra en el nuevo orden anticipado para Israel. [...] Según esta narración, Jeremías se queda en Canaán porque su ideología también contiene una convicción tenaz: más allá de la profanación, más allá de la purificación, y más allá del destierro habrá redención, una restauración de la relación tierra-dios-pueblo del pasado idealizado. La tierra será redimida, el pueblo de Dios volverá a casa, y YHWH plantará de nuevo al pueblo en la *nahalah* del mismo YHWH[56].

El anuncio de consolación encaja en una lógica de necesidad: el pueblo, la tierra, el Señor sólo encuentran consuelo en la restauración de los otros miembros. No es tan lógico, sin embargo el *momento* del anuncio y el *modo* del inicio de esa redención.

Como hemos visto ni la acción de Jr 32 es una compra ni se adquiere una simple propiedad. El campo simboliza aquello que el pueblo judío está a punto de perder: el favor de su Dios. La adquisición del campo no sólo ocurre en un momento de «crisis económica» (es, por tanto, una mala inversión) sino de profunda contradicción teológica. Lo que está en juego no es un campo, ni siquiera una ciudad, sino la tierra, el territorio nacional; es decir la condición misma de posibilidad de la existencia de Israel. Tres observaciones apoyan esta última reflexión:

– El uso del verbo «entregar» (נָתַן)[57]. El texto mismo insiste en que la ciudad es *entregada* por Dios a Nabucodonosor. Dios niega la promesa *concedida* a su pueblo.

– La ciudad de Jerusalén es el último baluarte del país y representa a toda la nación. De ella puede partir la restauración nacional, y sin embargo, ahora pasa al poder de Nabucodonosor. El mismo cap. 32 amplía la perspectiva de la ciudad a toda la nación (32,22.24.36.43-44)[58].

– La acción de Jr, según la ley del goelato, se fundamenta teológicamente en la tierra como don de Dios. Actualizar esa realidad en un

---

[56] N.C. HABEL, *The Land is Mine*, 91.

[57] En el análisis retórico hemos puesto de manifiesto que נָתַן es una palabra clave. En la perícopa, Dios *entrega* la ciudad, Sedecías es *entregado*, y Jr *entrega* la escritura. Estas entregas evocan los dones de Dios, principal de los cuales es la tierra; cf. L. ALONSO SCHÖKEL, «Salvación y liberación», 76-77: «El verbo ntn[נָתַן] con 'rs [אֶרֶץ] como complemento se lee más de 120 veces en el AT, con 'dmh [אֲדָמָה]unas 30 veces; el sujeto es siempre Yhwh. De ninguna cosa, material o espiritual, se dice en el AT con tanta frecuencia que Yhwh la haya dado como de la tierra».

[58] La imagen de la reconstrucción de la ciudad como restauración del pueblo está también presente en el libro de la consolación (cf. 30,18-20; 31,4-6).

momento en que Dios parece retirar su protección al pueblo es altamente problemático (32,25).

Con todo, ¿es lícito hablar de toda la tierra a partir de un campo particular? El paso del rescate de un terreno familiar al don de la tierra no es sólo legítimo en virtud del simbolismo. La posesión de la tierra de Israel está articulada a través de la familia. El binomio familia-tierra es la estructura básica en la cual se apoya la relación entre Dios e Israel. Los ámbitos social, económico y teológico están unidos de manera intrínseca teniendo en la familia su punto de unión. C. J. H. Wright representa la articulación con el siguiente diagrama[59]:

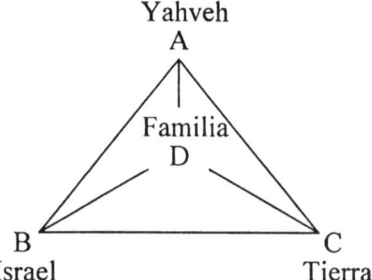

La familia era mediadora de la relación con Dios. En nuestro texto es mediadora de una redención para todo Israel. La restauración de la finca familiar supone un restablecimiento de la relación del Señor con el pueblo[60].

---

[59] Cf. C.J.H. WRIGHT, *God's People in God's Land*, 71-103. Presentamos brevemente su conclusión en pag. 88: «To sum up, then: the family was of pivotal importance in Israel's relationship with God. This has been seen in the military and judicial spheres (in both of which the household's ownership of land was also found to be important), and even more so in the various aspects of the family's part in maintaining and perpetuating the traditions of Israel's faith. Hence, on this wide basis, the proposition advanced earlier may be affirmed with clarity. The relationship between Israel and Yahweh was vested, initially at any rate, in the socio-economic fabric of household-plus-land units. On them lay a large measure of responsibility for the fulfilment of the obligations of the relationship and for the preservation of its historical traditions». Véase también J. BLENKINSOPP, «The Family», 78-92; L.G. PERDUE, «The Israelite and Early Jewish Family», 203-212.

[60] La familia es la unidad básica del tejido social, de la tenencia de la tierra y de la relación con el Señor, con lo cual los ámbitos sociales, económicos y teológicos estaban indisolublemente unidos teniendo a la familia como el punto de fuerza del que surgen las responsabilidades éticas; cf. C.J.H. Wright, *God's People in God's Land*, 104-105.

Pero antes de llegar al rescate de Jr la realidad proclama la ruptura de la relación. El pueblo que ha adquirido la tierra en virtud de la promesa debe ahora renunciar a ella. Toda renuncia es costosa. Pero ésta es mucho más dolorosa porque se renuncia a algo más que a una propiedad. Se renuncia a la propia identidad. Más aún: el pueblo de Israel nace como pueblo de la promesa de una tierra. Si ahora Yahveh cambia su decisión sobre el don, el pueblo está condenado a desaparecer. El exilio no es una alternativa, más o menos afortunada, de vida fuera del territorio. «La pérdida de la tierra es el final de la historia»[61]. Y lo es porque la destrucción en último término no viene de los caldeos; viene de Yahveh. Nabucodonosor no actúa por cuenta propia, hace el trabajo de Dios, es «su siervo»[62] (Jr 25,9; 27,6; 43,10). Dios ha decidido el final de *su* pueblo en *su* tierra. La fe de Israel a través de sus diversos momentos históricos ha girado en torno a la cuestión de la tierra[63]. En este momento del 587 el carácter problemático de la posesión alcanza su punto culminante y pone a dura prueba la fe: ¿Por qué la pérdida de nuestra tierra? ¿Podremos subsistir sin ella? La primera reacción es defender hasta el final lo que se considera propio. Renunciar a la tierra es renunciar a la propia vida. El pueblo que se creía con derecho a la posesión, es desposeído. En esta situación límite surge la pregunta: ¿Cómo y por qué el Señor ha cambiado de proyecto? En la oración que sigue a la compra, Jr deja claro que el exilio no es atribuible a un cambio del plan divino; sino al pecado del pueblo. No es Dios el que rechaza al pueblo; es el pueblo quien ha rechazado a Dios. Ante esta clarividente situación sólo queda padecer el final.

Sin embargo, en este contexto de no-futuro Jr lanza su paradójico mensaje: renunciar a la promesa y asumir la carencia de futuro es, al mismo tiempo, el camino para sentir la presencia del Señor que abre un

---

[61] W. BRUEGGEMANN, *The Land*, 113: «The destroyer is indeed an identifiable historical force. But it is an historical agent commissioned and sent. The one who will take the land away from Israel is not some alien power, but it is the Holy One who gave the land. Yahweh himself wills the end of Israel's history in the land»; cf. P. DIEPOLD, *Israels Land*, 126-127.

[62] Como ya hemos indicado en el análisis retórico, Nabucodonosor juega un papel relevante en el texto. T. Overholt ha señalado el carácter teológico de la presentación que Jr hace de Nabucodonosor, cf. ID., «King Nebuchadnezzar», 45. Una interpretación distinta de los textos ofrece W.E. LEMKE, «Nebuchadrezzar, My Servant».

[63] W. BRUEGGEMANN, «Israel's Sense», 150. También ha insistido en el carácter central de la tierra en la fe de Israel H. E. VON WALDOW, «Israel and Her Land», 493. Según Von Waldow el aspecto de la tierra es en la Biblia más dominante que el tema de la alianza.

nuevo futuro. Es necesario renunciar a la visibilidad de la promesa, si se quiere recuperar verdaderamente la promesa. Si Israel renuncia a la tierra, Yahveh volverá a concederla. El momento recuerda los orígenes del don. Entonces Abram tuvo que fiarse de Dios ante una promesa improbable, humanamente inaceptable (Gn 12,1-9; 15,1-21; 18,1-15)[64]. Si toda la predicación anterior de Jr era absurda, y hasta herética — la tierra prometida es una tierra perdida —, ahora su mensaje resulta blasfemia: la tierra *profanada* es lugar de revelación y de encuentro con Dios.

Israel ha olvidado que la tierra pertenece al Señor (אַרְצִי Jr 2,7; נַחֲלָתִי 16,18). Se ha comportado como si la hubiera ganado por sus propios méritos. Ha actuado sin tener en cuenta a Dios. Israel se ha «instalado»[65] en ella usurpando la propiedad de "Otro". Cuando el Señor entregó la tierra estableció la ley como medio de permanencia en ella (Dt 4,1; 5,31; 6,1-3). El carácter sacro de la tierra no ha sido respetado y ésta ha sido profanada.

> Sentida y vivida así la tierra, ya no liga o religa a Dios, no tiene función religiosa. He ahí el peligro capital del don. Para superar dicho peligro el pueblo ha de sentir y vivir a través de la tierra su vínculo con el Señor. Así superará la visión material con la relación personal, y el sentido inmanente con la apertura trascendente[66].

Precisamente en la pérdida de la tierra Israel experimenta trágicamente la trascendencia de Yahveh. Los israelitas no escarmentaron en cabeza ajena. Los cananeos también habían recibido el territorio de Dios pero por no respetar a Dios fueron expulsados (Lv 18,24-28; Dt 8,19-20). Israel olvida que no merece la tierra como recompensa sino por puro amor (Dt 6,8), y ahora ese mismo amor es el agravante del pecado (Jr 3,19-20). En esa situación sucede lo inesperado. El rescate de una parte de la tierra es ya restauración del pueblo, como propiedad del Señor. El futuro de Israel esta asegurado, Israel volverá a habitar «en su propio suelo» (está acción dará un nuevo título a Yahveh, Jr 23,7-8, «el que subió y trajo la simiente de la casa de Israel del país del norte y de todas las tierras a donde los arrojara»). El Señor sigue fiel a su prome-

---

[64] Ante el misterio de un promesa del Señor humanamente inconcebible se recuerda que *nada es imposible para Dios*, cf. Gn 18,14; Jr 32,17.27 (con terminología común). Afirmación repetida en el momento de la promesa definitiva en la Encarnación de Jesucristo, Lc 1,37.

[65] Como contraposición, Jr presenta la postura de los rekabitas que continúan llevando una vida nómada (Jr 35).

[66] L. ALONSO SCHÖKEL, «Salvación y liberación», 79.

sa, la tierra es para Israel posesión perpetua (Gn 13,15; 48,4; Ex 32,13). Son momentos de nuevo éxodo, de nueva conquista de la tierra y de nueva alianza. En la esperanza por la nueva posesión de la tierra se reaviva la apertura hacia un futuro de nueva actuación divina. Las palabras de Dios por medio de Jr piden un nuevo acto de fe, como si la historia empezase de nuevo con la pérdida del país. Israel vuelve a escuchar la llamada a Abraham de ponerse en camino. Pero «la antigua alianza precedió a la conquista y al asentamiento. Es decir, la obediencia precedió al cumplimiento de la promesa. Para la nueva alianza, sin embargo, no se ponen condiciones de ingreso en la tierra, sino que ésta es su consecuencia»[67].

2. Presencia del Señor en la redención

El relato de Jr 32 subraya claramente los siguientes aspectos:
1. La iniciativa divina por medio de su palabra.
2. Irrupción de la novedad al límite de la espera.
3. Triunfo en la aceptación de la derrota.

2.1 *Iniciativa divina por la palabra*

El análisis narrativo y retórico ya destacaban la omnipresencia de la palabra. Es más, todo el episodio se presentaba como una «palabra» (v. 1). En Jr 32, como en el caso de Abraham en Gn 12, aparece la fuerza del mandato; y al mismo tiempo la obediencia carece de toda motivación fuera de la autoridad de la palabra pronunciada. Ésta debe ser acogida sin más garantía ni razones que su procedencia. El reconocimiento del origen divino (v. 8: «וָאֵדַע כִּי דְבַר־יְהוָה הוּא Reconocí que aquello era la palabra de Yahveh») desencadena la redención; el rescate del campo y el anuncio sobre el futuro. Esto pone de manifiesto, por una parte, el dinamismo de la Palabra de Dios: una vez pronunciada se convierte en realidad (v. 24: «lo que habías anunciado se ha cumplido»). Esa es la garantía única frente a la promesa: fiarse del poder efectivo de la Palabra. Por otra parte, se subraya un rasgo antropológico: la dependencia humana de la palabra divina. El ser humano no tiene control sobre ella, debe vigilar para reconocerla.

Ambos aspectos están presentes en la llamada propia de Jr del cap. 1. En su vocación el profeta aduce sus dificultades para «tratar» con la palabra (v. 6 «no sé hablar דַּבֵּר לֹא־יָדַעְתִּי»). El don de la palabra (v. 9

---

[67] Cf. E.W. DAVIES, «Land: its Rights and Privileges», 355.

«pongo mis palabras en tu boca נָתַתִּי דְבָרַי בְּפִיךָ») supone la autoridad del profeta en su misión de arrancar y plantar. En contacto con esa palabra Jeremías viene trasformado (v. 9 «tocó mi boca»), capacitado para realizar la promesa recibida: «ser profeta». La palabra genera posibilidades más allá de las propias capacidades del ser humano precisamente porque éste se abre a ella en obediencia. En 32,8 Jr reconoce la palabra de Dios y la ejecuta, dando paso a una trasformación de la realidad.

Pero la palabra puede ser desoída y rechazada (v. 23: «no obedecieron tu voz וְלֹא־שָׁמְעוּ בְּקוֹלֶךָ»); pero esto no frena su eficacia sino que desata la tragedia. La desgracia es a su vez fruto de la palabra del Señor, v. 24 «lo que habías anunciado se ha cumplido» (no es mera carencia por omisión de los efectos positivos, como si Dios se hubiese desentendido de su pueblo y por su falta de atención llega la calamidad). El ser humano puede incluso pretender el control de la palabra y encerrarla (la prisión de Jr vv. 2-3 es a causa de la palabra). Pero tampoco así se contrarresta su potencia. Incluso en esas condiciones de rechazo la palabra sigue dominando los destinos históricos; personales (Sedecías) v. 4 y del pueblo v. 5.

¿Qué le resta al ser humano ante esta potestad de la palabra divina? La respuesta obvia, al menos tácticamente, es la de claudicar ante su superioridad. Así formulada surge como una renuncia. Jr responde con más optimismo: hay que *rendirse a la evidencia* de su capacidad de generar vida. No es otra la lección que Jeremías e Israel deben sacar de la propia historia (cf. las dos presentaciones de la historia del pueblo en vv. 20-24 y 30-35). La dependencia de la palabra está vivificada por la memoria. La mención que Jr y el Señor hacen de la historia pasada no es un simple inventario de pecados; es un ejercicio teológico que dispone al pueblo en actitud de escucha. La memoria histórica prepara a la acogida de la palabra. De esta forma, en la visión de Jr, la antropología del «hombre en relación con la palabra» va unida a la dimensión histórica del ser humano[68]. El hecho aparece más claro desde su aspecto negativo. Cuando el pueblo se cree realizado y autónomo en su realización histórica se olvida de la palabra. El pueblo saciado desatiende su propia identidad de ser relacionado a la palabra (cf. Dt 6,12; 8,11-19; 11,16; Jr 32,22-23). Como cualquier otro don, la tierra es ocasión para

---

[68] El nexo de unión vuelve a ser la tierra. La tierra es a la vez condición de posibilidad para ser un pueblo como sujeto histórico y fruto, don, de la Palabra de Dios. Así tierra y «escucha de la palabra» aparece claramente unidos tanto en el momento de la toma de posesión (Dt 6,4-12; 29,1–30,20; Jos 23,14–24,24), como en el momento de su pérdida. Cf. W. BRUEGGEMANN, *The Land*, 47-53.

la memoria histórica. Es motivo para afirmar la precariedad histórica de la existencia de Israel. Sin embargo tiene el riesgo de convertirse en el enemigo de la memoria. Instalado en la abundancia y fertilidad el pueblo pierde su sensibilidad de apertura a otras realidades que fueron o que pueden ser:

> El bienestar asegurado embota la memoria. La saciedad garantizada mina la capacidad de mantener la distancia y la conexión entre cómo era y cómo es y amortigua la capacidad de estar abierto a cómo podría ser todavía. Donde han desaparecido esa distancia y esa conexión, uno ya no puede recordar un tiempo antes del don y en ese momento difícilmente podemos recordar que es un don. [...] Acomodado en una situación de seguridad sin límites, uno difícilmente sabe que de hecho es interpelado en la historia por la voz que da y reclama. Y si uno no es interpelado, no necesita contestar. Y si uno no contesta, no siente la necesidad de preocuparse, de decidir, de esperar, de celebrar[69].

La experiencia de inestabilidad dispone al ser humano para la palabra, para pronunciarla y para recibirla. El texto de Jr 32 tiene que ver precisamente con una palabra dirigida en un momento crítico: precariedad de Janamel que pide a Jeremías ayuda en su pobreza. Precariedad de Israel que recibe una palabra de memoria y de futuro. Jeremías, a su vez en una situación precaria, representa la acogida de ambas palabras. El texto aúna literariamente las dos palabras: la de Janamel y la del Señor. Jr reconoce en las palabras de Janamel la Palabra de Dios, vv. 8.25[70]. No puede darse una verdadera apertura a la una sin la otra; la escucha de una ayuda a sintonizar con la otra.

Por eso la saciedad no sólo ensordece ante la voz de Dios, sino que endurece al clamor de los necesitados[71]. En su actual situación Israel palpa el propio fracaso en el intento de existir como pueblo autónomo. Todo lo ha perdido porque ha pretendido realizarse al margen de su ser histórico. Israel nace en la acogida de una promesa pronunciada y sólo

---

[69] W. BRUEGGEMANN, *The Land*, 54.

[70] El texto no da indicaciones del proceso de «reconocimiento» de la palabra de Dios en las palabras de Janamel. Como hemos señalado en el análisis narrativo el único motivo en el texto para la actuación de Jr es la angustiosa insistencia de su primo. Tampoco encontramos otra razón a la reacción de Dios ante su pueblo que la situación de sufrimiento. El único criterio de discernimiento que parece ofrecer el texto es el «estar a tono con las prioridades del corazón de Dios», cf. J.L. SEGUNDO, «Revelación», 460.

[71] El tema de la «saciedad» como el peligro de las riquezas se prolonga en el NT, cf. p.e.: Lc 16,19-30 y 18,18-27.

puede existir como pueblo en la escucha[72]. Debe reconocer que su plenitud no se da en la abundancia ensordecedora sino en la finitud que activa la escucha.

Janamel apela a Jeremías como último recurso. Con la fuerza del último recurso se acerca al profeta con el único aval de la declaración de su desdicha. ¿Supone este reconocimiento una conversión? Ciertamente no. A lo más puede interpretarse como paso previo a la conversión, incluso como un paso necesario; pero el relato no contiene huellas que apunten a una conversión entendida como confesión de los pecados (por parte de Israel) o admisión de una culpa (en el caso de Janamel).

Mientras en la teología deuteronomista[73] el don se renueva *si* precede la conversión del pueblo, en Jr 32 el rescate del campo y la restauración de Israel, no esperan una respuesta positiva ni de Janamel ni del pueblo. Como si la situación que están viviendo ya justificara una intervención profética y divina. El don de la redención es incondicional. En eso precisamente consiste el don: el Señor pertrecha a su pueblo con los elementos necesarios para una respuesta positiva («corazón indiviso», «conducta íntegra», etc, 32,39-41). El hombre no tiene nada que perder y por ello mismo nada que aportar. Janamel está a merced de Jeremías, Israel en manos del Señor. Por eso, tanto la suerte de Janamel como la suerte de Israel quedan respectivamente en manos de Jr y de Dios.

Jr 32 no recoge un momento de conversión[74] y este silencio no es un olvido casual o un acto que se da por supuesto[75]. Esta dinámica de au-

---

[72] Aparece aquí un importante rasgo de antropología bíblica: el hombre no puede ser más que en obediencia, entendida como ser «a la escucha» y «en relación con», cf. A.J. HESCHEL, *Who Is Man?*, 97-98. Esta es la experiencia constante de Israel durante el éxodo. En el desierto Israel experimenta que Dios lo mantiene en vida con sus dones, a veces no deslumbrantes pero siempre suficientes. Israel experimenta la vida como un don inmerecido y siempre regalado por el Dios fiel, cf. W. BRUEGGEMANN, *The Land*, 28-44. La imagen del barro en manos del alfarero, Jr 18, representa una de las imágenes bíblicas más bellas de la realidad antropológica de la *creaturalidad* del ser humano (y de la realidad histórica de Israel): «ser dependiente de».

[73] El hecho que la escuela deuteronomista incorpore de nuevo en su teología la necesidad de una conversión puede deberse bien a una involución teológica en tiempo posterior a Jr, bien a la lejanía histórica de la desgracia, cf. T.M. RAITT, *A Theology of Exile*, 119-122; J. UNTERMAN, *From Repentance to Redemption*, 179.

[74] Cf. J. UNTERMAN, *From Repentance to Redemption*, 115: « Jer. 32.36-44 is an authentic prophecy of redemption originating during the period of the destruction of Jerusalem. In this prophecy, as in its larger cousin, 31.27-37, God's mercies, expressed by His commitment to His relationship with His people, are the only cause and condition for redemption. Repentance is not a factor». No se presupone un cambio moral ni en Janamel ni en Israel. La actuación en favor de Janamel y de Israel ra-

sencia de conversión la encontramos por tres veces en Jr 32: a propósito de Sedecías vv. 2-5[76], de Janamel vv. 7-15, y de Israel vv. 36-44. En el contexto del libro de la consolación, la imagen de la «herida incurable» expresa con rotundidad inapelable esta convicción:

> Jr 30: [12]Porque así dice Yahveh: Irremediable es tu quebranto, incurable tu herida. Estás desahuciado; para una herida hay cura, para ti no hay remedio... [15]¿Por qué te quejas de tu quebranto? Irremediable es tu sufrimiento; por tu gran culpa, por ser enormes tus pecados te he hecho esto... [17]Sí, haré que tengas alivio, de tus llagas te curaré — oráculo del Señor.

Lo que parece diagnóstico fatídico y definitivo, se quiebra repentinamente en alivio[77]. Ninguna acción del pueblo motiva la intervención divina, fuera del grito de su dolor. El único factor en juego es el sufrimiento que está causando el pecado.

Es claro por una parte, que la actividad principal procede del Señor[78]; por otra, la acción de Dios y sus consecuencias para el hombre están directamente relacionadas. Dicho de otro modo, la acción humana no es sino una consecuencia de la acción divina.

Esta concepción teológica ha dejado su huella en el texto en el uso del verbo comprar, como acción directamente relacionada con la tierra y símbolo de la actividad en el futuro. Su forma nifal יִקָּנוּ de 32,15 no debe pasar inobservada. En todo el TM קָנָה aparece 75 veces en distintas conjugaciones y formas verbales (qal: participio, infinitivo absoluto, infinitivo constructo, imperfecto, perfecto e imperativo; hifil: perfecto; y nifal: imperfecto y perfecto). Curiosamente las formas nifal sólo se

---

dica en su estado de desgracia, no es su actitud moral. Dios y Jeremías actúan a favor del necesitado en cuanto necesitado. El aspecto moral es en este momento no está en cuestión.

[75] Es cierto que Jr ha invitado incansablemente a la conversión, urgida además con la proximidad del castigo. Es más, en este sentido hay una radicalización de su mensaje (cf. T.M. RAITT, *A Theology of Exile*, 40-45.58.110-119); de hecho, el castigo se cumple ante la incapacidad del pueblo para la conversión. El cumplimiento del juicio supone un cambio en la predicación de Jr: habrá redención al margen del arrepentimiento. En esta dirección cf. J. UNTERMAN, *From Repentance to Redemption*, 116.

[76] La pregunta abierta al inicio del capítulo (el destino sorprendente de Sedecías v. 5) apunta en esta dirección. No se considera su eventual arrepentimiento sino su rehabilitación final, cf. J.G. MCCONVILLE, *Judgment and Promise*, 101.

[77] Jr retoma el motivo de la herida en 33, 6. El viraje positivo sin que haya existido cambio alguno en el pueblo está presente en el resto de motivos: p.e.: la angustia y el pánico de la ciudad 30,5-11; el llanto de Raquel, 31,15-17; la ciudad reconstruida desde sus ruinas, 30,18; desolación trasformada en júbilo 33,10-11; etc.

[78] Cf. P.R. ACKROYD, *Exile and Restoration*, 234.

encuentran en el capítulo 32 de Jr, vv. 15 y 43 (el versículo 32,43 como repetición en la respuesta del Señor a la oración de Jr). Es un uso atípico que tiene su explicación en las peculiaridades estilísticas del libro.

En Jr es frecuente el empleo de estilemas a partir de la repetición de una misma raíz en conjugaciones diversas[79] (normalmente una forma causativa y una forma pasiva o estativa). Podemos poner como ejemplo la raíz בנה en 31,4: «Volveré a edificarte y serás reedificada, virgen de Israel». El marco poético se presta más al juego lingüístico-estilístico[80]; pero la narración sigue el mismo esquema: por orden divina Jr compra (qal). Consecuencia de la compra: *se comprarán campos* (nifal). Está claro que la acción futura es fundamentalmente resultado de la acción divina[81]. La conversión misma no es condición sino consecuencia (32,37-41).

Si el arrepentimiento no justifica la actuación divina podemos preguntarnos qué le mueve a intervenir. La motivación para el castigo es el pecado; sin embargo para la promesa no encontramos otro móvil que la libre iniciativa de Dios ante la precariedad humana:

> La pregunta por la motivación de Yahveh para restaurar Judá es considerada de una manera sorprendente en este discurso. Su motivación para cumplir el juicio sobre su pueblo se analiza muy claramente en 32,29-35 y esta se remonta a las acciones pecaminosas del pueblo. Se afirma el esquema de acto y consecuencia. Pero éste no es el caso con la restauración. No se menciona ningún esquema de acto/consecuencia. Yahveh restaurará su pueblo porque «disfrutaré por ellos haciéndoles el bien» (32,41a). La motivación del Señor es interior y «emocional»; su motivación se apoya únicamente dentro de la esfera de su propia iniciativa y decisión[82].

Cuando, como Jeremías, intentamos comprender la racionalidad de la acción divina nos vemos abocados a un ámbito que supera la lógica humana; nos adentramos en el fuero interno divino: en el *pathos* de Dios; volveremos sobre ello más adelante.

---

[79] Cf. Jr 1,17 (חתת); 2,7 (בוא); 2,26 (בוש); 8,5 (שוב); 11.18 (ידע); 15,19 (שוב); 16,21 (ידע); 17,14 (רפא, ידע); 19,9 (אכל); 20,7 (פתה); 20,14 (ידע); 23,19 (חיל); 30,16 (אכל); 30,21 (נגש); 31,4 (בנה); 31,5 (נטע); 31,13 (שמח); 31,18 (שוב, יסר); 51,19 (רפא).

[80] Las referencias de la nota anterior muestran que el recurso está muy concentrado en los capítulos 30-33 que hablan de la restauración futura. Precisamente en este contexto aparece el relato de la compra.

[81] Es Yahveh el que hace comprar (hipotética forma hifil), o si se quiere, es Dios mismo el que compra a través del profeta.

[82] J. APPLEGATE, «Peace», 82-83.

2.2 *Irrupción de novedad*

Por tres veces el relato da un giro en situaciones desesperadas: con Sedecías (v. 5), con Janamel (v. 9) y con los habitantes de Judá (vv. 43-44). Con estos tres cambios el Señor resta único fundamento de la historia. Es perfectamente inútil la confianza que el pueblo pueda poner en su propia fuerza al margen de Dios (v. 5 «aunque luchéis contra los caldeos no triunfaréis»). No son las armas las que consolidarán el futuro del pueblo[83] sino la voluntad del Señor. Pero los habitantes de Jerusalén tienen ante sus ojos la destrucción; se impone la constatación ineludible (vv. 36 y 43): Israel llega ahora a su debacle final. ¿Es ésta la voluntad de Dios? Jeremías lo niega. Con su acción Jr anticipa el principio de una nueva historia, justamente allí donde fracasa todo principio humano. La nueva historia es radicalmente distinta, porque se funda exclusivamente en el Señor, para quien nada es imposible (Jr 32,17.27). Israel no duda de que Yahveh es señor de la historia. Pero queda por decidir en qué historia domina: ¿es señor de una historia que deja a Israel como había nacido, sin territorio? No. Jeremías afirma el señorío de Dios sobre una *historia creativa*. La tarea de Jr es pues anunciar un más allá en la historia. No es una llamada a *esperar* que ocurra lo inevitable; es una tarea de *esperanzar*: tras la catástrofe hay un futuro nuevo.

Se manifiesta así la constante voluntad de Dios en favor de un pueblo «desheredado». La voluntad de Dios de trasformar un pueblo que se presenta como sujeto incapaz de historia. Esta dinámica la encontramos puntualmente tanto en Jr como en el AT, especialmente en momentos constitutivos del pueblo de Israel:

• Gn 12. Tras el desastre de Babel, el Señor llama a Abraham generando una novedad y arrastrando la historia más allá del callejón sin salida en que se había metido (Gn 11, 8: «Y desde aquel punto los desperdigó Yahveh por toda la faz de la tierra, y dejaron de edificar la ciudad»)[84]. Y propiamente a partir de Abraham es cuando podemos hablar de una historia del pueblo de Israel. La llamada de Dios, la promesa de una tierra y una descendencia trasforman al Abraham que vive

---

[83] En las situaciones de Sedecías y Janamel no está en juego únicamente el destino personal de dos individuos. En Sedecías se anticipa un futuro para la monarquía como institución inseparable del pueblo (cf. 33,14-26); en Janamel está en juego, como hemos visto, toda una familia y la misma organización en torno a ella.

[84] Gn 1-11 se puede leer como una historia de expulsión de la tierra; así en Gn 12 Abraham abandona la tierra de expulsión y comienza el peregrinaje de la promesa de una tierra nueva.

un pasado estático en un nuevo ser en camino hacia nuevas posibilidades. Abraham se convierte así en un «homo historicus»[85].

- Gn 18. La esterilidad y edad de Sara obstruyen todo tipo de continuidad. La historia prometedora acabará con una ancianidad, más o menos feliz. Sin embargo, irrumpe de nuevo la promesa: «tu mujer Sara tendrá un hijo». Se deja oír la voz que anuncia otra novedad en la historia, porque «nada hay imposible para Dios». Su poder vuelve a crear historia, forja expectación, generando esperanza en quienes han renunciado a toda esperanza; en definitiva «esperanzando» como rasgo propio de Dios[86].

- El éxodo es sin duda el lugar paradigmático para comprender la novedad histórica que revela la voluntad del Señor (Ex 3,7-20; 15,1-18). Dios interviene a favor de un grupo humano oprimido, esclavo y sin porvenir; lo trasforma en un pueblo que canta la intervención de Dios, creadora de libertad y futuro.

- La situación del exilio es más acuciante: el exilio es humanamente punto sin retorno; y sin embargo ahí vuelve a resonar la prolongación de la promesa como novedad radical (Jr 31,17-22; Ez 37,1-6; Is 43,16-21).

- En Jr 24; 29 y 32 encontramos la misma dinámica del final que va más allá. Siempre hay una palabra del Señor más allá de la muerte, más allá de la situación sin tierra.

En los tres capítulos mencionados el anuncio de Jr suena escandaloso. Primero porque el Señor anuncia una continuidad histórica con grupos humanos sin futuro; y en segundo lugar, porque manifiesta la predilección del Señor por los perdedores: los exiliados, que en un primer momento parece que son los únicos que sufrirán el castigo (cc. 24 y 29) y los habitantes de Jerusalén cuando la calamidad se ceba con ellos (cap. 32).

Esta muestra de textos consolida la interpretación del señorío de Dios sobre la historia como poder creativo de novedad. Por lo tanto, por una parte Dios se muestra como el poder que trasciende las condiciones históricas; por otra el carácter histórico de Israel es vivir el presente abierto a la intervención divina. Para Israel abrirse a Dios, es abrirse a la historia porque ambos significan futuro.

---

[85] Cf. S. TERRIEN, *The Elusive Presence*, 74.
[86] Cf. W. BRUEGGEMANN, *The Land*, 23. Con los mismos parámetros puede leerse Jue 13.

Este carácter estrictamente futuro —el cual no sólo está más allá, sino que se hace actuante proyectivamente en el juego promesa/esperanza, acción de Dios/respuesta del hombre— es el que permite la revelación histórica de Dios y el que obliga a los hombres a abrirse y a no quedarse cerrados en ninguna experiencia ya dada ni en ningún límite definido: es el *Deus semper novus* como una de las formas de presentarse el *Deus semper maior*. La historia es así el lugar pleno de la trascendencia, pero de una trascendencia que no aparece mecánicamente sino que sólo aparece cuando se hace historia y se irrumpe novedosamente en el proceso determinante en permanente desinstalación[87].

En el caso de Jeremías 32 el rescate propicia la promesa (vv. 43-44). Así se anticipa una nueva historia. En el mensaje previo de Jr nada hacía imaginar tal posibilidad. El intento humano de prolongar y hacer historia, desde la convicción del señorío de Dios sobre la historia, desencadena una historia alternativa. El hecho de que parte del pueblo se niegue a aceptarla no le resta validez debido a los elementos que le dan continuidad (p.e. la oposición a los caldeos tendrá como resultado la caída de Jerusalén, Jr 39; la posibilidad de reiniciar la vida en la tierra es truncada por el asesinato de Godolías, Jr 40–41). ¿Cuáles son los elementos de continuidad? En un primer momento parecería que la continuidad viene garantizada por Jeremías que se mantiene fiel en la obediencia. Jeremías persiste en actitud de escucha y recoge el testigo como representante de todo el pueblo[88].

Sin embargo el fundamento más profundo de la continuidad radica en la voluntad de Dios. No en la fidelidad humana sino en la fidelidad divina a la promesa. De ahí la importancia que la escritura de compra se conserve por largo tiempo. La voluntad de Dios es la restauración. Es en él donde hay continuidad, hasta el punto de poder leer el castigo como fidelidad a la promesa: el juicio es para la restauración. Se puede reconstruir y plantar porque hay continuidad en el agente que destruye y arranca, y en el propósito divino de seguir manifestándose en la historia. La promesa engendra una tensión del hombre hacia una historia fu-

---

[87] I. ELLACURÍA, «Historicidad de la salvación cristiana», 335. I. Ellacuría analiza la «trascendencia histórica veterotestamentaria» en las pp. 330-342. Ilumina mucho considerar el carácter futuro de la fórmula de alianza: «Serán mi pueblo y yo seré su Dios» (p.e. en Jr 32,37). El mismo nombre de Dios puede leerse en está dinámica de promesa de presencia histórica: «Aquel que siempre será» Ex 3,14, cf. J.L. LIBÂNIO, «Esperanza, utopía, resurrección», 506.

[88] En este sentido interpreta la continuidad W. BRUEGGEMANN, *The Land*, 40-43, a propósito de Nm 14. La generación del desierto perecerá (discontinuidad) pero la generación futura poseerá una tierra, gracias a la fidelidad de Moisés y Caleb.

tura. El hombre tiene carácter histórico, para construir historia y para construirse en la historia. Con ello la propia historia es el marco de la fidelidad de Dios a su palabra de promesa y con ello lugar donde se da su revelación[89]. A Dios se le reconocerá en la fidelidad histórica a la promesa. Por lo tanto el pueblo queda más íntimamente ligado a la historia. Desde la promesa la historia obtiene su sentido, tanto la historia pasada (castigo) como la futura (restauración).

2.3 *Triunfo en la derrota*

La precedente visión de la historia puede juzgarse como optimismo idílico. Aceptemos que la actitud básica de la Biblia es de optimismo histórico, ya que se afirma como historia de salvación; sin embargo no era ciertamente idílica la situación en que se anuncia[90]. Pero en Jr no es ese el mayor problema teológico. La dificultad no radica en el anuncio de salvación sino en el modo de llegar a la salvación. Es precisamente la unión entre juicio y salvación lo que distingue a Jr de los falsos profetas de su tiempo (Jr 6,14; 8,11; 14,13; 23,17; 28,2-14). Hay convergencia en el resultado final: la voluntad de Dios es la paz de su pueblo; el problema es el medio para llegar a ella: aceptación del juicio a cambio de restauración. Así Jeremías anuncia una doble paradoja: la promesa adquirida se pierde[91], y es precisamente perdiendo la tierra como arranca inmediatamente la nueva promesa. La pérdida de la tierra se presenta como condición irrenunciable para dar paso a la salvación. El castigo es para la restauración pero a la vez la salvación se da siempre después del castigo[92]. Es, por tanto, el cambio de la situación humana la que trasforma el signo de la palabra de Dios: «como ha traído sobre este pueblo toda esta gran calamidad, así traerá sobre ellos toda la prosperidad». Desde esta perspectiva la proclamación de Jr en el cap. 32 no

---

[89] Cf. J. MOLTMANN, *Teología de la esperanza*, 146-157.

[90] Cf. L. ALONSO SCHÖKEL, «Tú eres la esperanza», 96: «Idílica será la escena de 31,13, unos viejos bailando con las mozas; que el pueblo se juegue su destino histórico según confíe en Dios o en el hombre, no tiene nada de idílico».

[91] La contradicción está en esperar salvación de aquel que aparentemente aparta su rostro de Israel. La tierra es la garantía sacramental del favor de Dios. Perder la tierra, sea a nivel individual sea a nivel del pueblo entero, es señal de pérdida de la benevolencia divina y de lejanía de su poder salvífico, cf. W. ZIMMERLI, *Ezekiel*, I, 261.

[92] Cf. T.M. RAITT, *A Theology of Exile*, 114: «The deliverance is never spoken at a time, or promised as taking effect at a time, before the threats of judgment would have become a fact». Este rasgo que Raitt atribuye en general a los oráculos de salvación, aparece claramente en Jr 24, 4-7; 29,4-14; 32,36-42.

suena a simple despojo. Surge un mensaje transformado: la renuncia a la tierra es el camino de fe hacia la nueva tierra.

Este [mensaje] supone un nuevo rumbo en la fe de Israel: (a) asirse a la tierra es un acto de desobediencia (cf. Nm 14,39-45); (b) perder la tierra es un acto de fe. El destierro es el camino hacia la nueva vida en la nueva tierra. Difícilmente se puede imaginar una manera de entender la historia más radical y menos probable. En categorías de alianza, la aceptación de la maldición es la base para la bendición[93].

El relato de Jr anuncia que en el momento en que el pueblo sufre la maldición de Dios (Lv 26,17.25.31-32), se alza la bendición anulando la maldición (Dt 28,30.38-39). Entramos en la concepción del NT[94], donde perder la vida es ganarla (Lc 9,23-25) y la muerte de un maldito acarrea la bendición para toda la humanidad (1Cor 1,18-31). «Jeremías anuncia el escándalo central de la Biblia, que la pérdida radical y la ruptura realmente suceden y que son el origen de la auténtica novedad»[95].

Jeremías afirma la presencia de Dios *en* el momento de la catástrofe. El juicio no es silencio definitivo de Dios, pues vuelve a pronunciar su palabra al pueblo. Descubrir en su aparente ausencia la presencia del Señor más allá de los sentidos, más allá de los razonamientos lógicos es encontrarse con otra manera de ser Dios; o mejor aún, es percibir la profunda dimensión del Dios que saca vida de la muerte. También aquí las imágenes son los medios más evocadores para acercarnos a la experiencia del encuentro con ese Dios: la mujer en las horas de parto (Jr 4,31; 6,24; 13,21; 22,23; 30,6; son dolores para dar vida); Raquel (ma-

---

[93] W. BRUEGGEMANN, *The Land*, 122.

[94] Una prolongación del estudio de la tierra en el Nuevo Testamento puede verse en: A. GONZÁLEZ LAMADRID, *La fuerza de la tierra*, 187-226; M. DE BARROS – J.L. CARAVIAS, *Teología de la tierra*, 225-272; W.D. DAVIES, *The Gospel and the Land*; W. BRUEGGEMANN, *The Land*, 167-183; C.J.H. WRIGHT, *God's People in God's Land*, 110-114. Aquí nos referimos en concreto a la dinámica de inversión radical de la historia en favor de los desposeídos (la estéril Lc 1,7-25, los pobres Lc 1,46-55; 4,16-21; 7,22-23; 16,19-31... cf. sobre todo en las bienaventuranzas Mt 5,1-12; Lc 6,20-23). Y en modo especial aludimos a la conmoción que supone la resurrección del colgado del madero como un maldito y que con su muerte trae la *bendición* y el cumplimiento de la *promesa*, Ga 3,13-14: «Cristo nos rescató de la maldición de la ley, haciéndose él mismo maldición por nosotros, pues dice la escritura: Maldito todo el que está colgado de un madero, a fin de que llegara a los gentiles, en Cristo Jesús, la bendición de Abraham, y por la fe recibiéramos el Espíritu de la promesa».

[95] W. BRUEGGEMANN, *The Land*, 122.

dre que con su muerte a dado vida a Benjamín Gn 35,16-20), vela entre lágrimas ante el sepulcro por los hijos que no son pero su dolor se convertirá en consolación (Jr 31,15-17).

Pero más allá de las imágenes, la experiencia de la propia vida de Jeremías vuelve a ser clave para entender la experiencia de Dios. Jeremías encarna en su persona el mensaje divino de presencia en el juicio, anunciando en él lo que debe ser experiencia de la acción de Dios para todo el pueblo[96]:

– Su incapacidad para hablar se trasforma en vehículo de palabra (1,6-10); su fracaso profético en confirmación de la misión (15,10-21)[97].

– Su soledad (15,17) y celibato (16,1-9) son instrumento de solidaridad y anuncio para el pueblo (32,1-15; 16,10-13)[98].

– Su pasión (36–41) y su muerte fuera de la tierra (42–44) sobreviven en su escrito como anuncio de restauración (30–33). El libro de Jr testimonia que la muerte del profeta no ha sido la derrota definitiva sino el triunfo final.

Si el pueblo quiere recuperar la tierra no tiene más camino que renunciar a ella, y esto como modelo de posesión. Apropiarse de la tierra es perderla, recibirla permanentemente como don es la única manera de

---

[96] Existe el peligro de interpretar estos rasgos desde la óptica exclusiva de una espiritualidad personal de Jr; por eso insistimos en que deben leerse también desde la perspectiva histórica del pueblo de Israel (Israel experimenta la incapacidad para la palabra y la maldición del exilio) y desde la correspondiente hermenéutica para nuestra historia.

[97] Encontramos en Jr la misma dialéctica paulina: la fuerza de Dios se realiza en la debilidad humana (cf. 1Cor 2,3-5; 15,43; 2Cor 11,30; 12,5-10; 13,4). Cf. H.W. ROBINSON, *The Cross*, 156: «He never loses the sense of his own insufficiency, but again and again he is brought back to the sufficiency of God. The centre of gravity is transferred from his own heart to God's; the consciousness of dependence is this prophet's strength to a unique degree. [...] There is something in Jeremiah of that strange conviction which religious men so often have, that they are being used of God at their weakest point, and not at their strongest».

[98] La soledad más radical de Jeremías, portador de palabra, es el «no ser escuchado» (25,3): no le escucha el pueblo, y no le escucha el Señor. Su distanciamiento del pueblo se convierte también en anuncio profético. Especialmente duras son las palabras de Jr en su última confesión, Jr 20,7-18, que quedan sin respuesta del Señor. Pero en el silencio Jr sigue experimentando la presencia de Dios en su tarea profética. En ambos casos, la infecundidad de la palabra se convierte en lenguaje. La experiencia de una vida para anunciar atropello y expolio llevan al profeta a maldecir su nacimiento. De nuevo la bendición se trasforma en maldición; sólo la historia le hará justicia haciendo de Jr un profeta de reconstrucción.

poseer. En la experiencia de la pérdida de la tierra se vuelve a escuchar la promesa que engendra[99]. Como Jacob en la noche del Yabboq (Gn 32,23-33), Judá no ha identificado todavía a su enemigo. La auténtica lucha no es contra los caldeos, es contra Dios. De la lucha Judá saldrá herido, pero su herida será fuente de bendición. La derrota se transformará en triunfo. Al final de la noche, también Judá entenderá que en la relación con Dios perder es la única forma de victoria. El despojo de la batalla es una criatura nueva que ha encontrado «cara a cara al Señor y tiene la vida salva» (Gn 32,31; Jr 1,19; 32,38-41)[100].

3. La soberanía de Dios

La omnipotencia del Señor aparece expresamente mencionada en los vv. 17 y 27. En el versículo 17 («לֹא־יִפָּלֵא מִמְּךָ כָּל־דָּבָר» nada es imposible para ti») Jr parte de una afirmación genérica de la omnipotencia para concluir en el versículo 25 con una afirmación de la situación actual que pone en cuestión[101] el punto de partida. Por su parte, en versículo

---

[99] Cf. Mt 5,5: «Dichosos los desposeídos, porque heredarán la tierra» (traducción de la Biblia del Peregrino). La misma propuesta presenta Jesús p.e. en Mc 10,17-27: el seguimiento de Jesús pasa por la renuncia a las riquezas y la salvación está en manos de Dios «para quien todo es posible», cf. H. BOJORGE, «La entrada», 183. Al igual que en Jr su propuesta es la que él mismo encarnará en su vida, muerte y resurrección, cf. W. BRUEGGEMANN, *The Land*, 180-181: «Thus crucifixion/resurrection echoes the dialectic of *possessed land lost/ exiles en route to the land of promise*. Jesus embodies precisely what Israel has learned about land: being without land makes it possible to trust the promise of it, while grasping land is the sure way to lose it. The powerful are called to dispossession. The powerless are called to power. The landed are called to *homelessness*. The landless are given a *new home*. Both are called to discipleship, to be "in Christ", to submit to the one who has become the embodiment of the new land». Desde esta perspectiva veterotestamentaria el «ser en Cristo» revaloriza una serie de dimensiones antropológicas, sociológicas y teológicas que tienen el riesgo de ser espiritualizadas en el cristianismo, cf. J.S. CROATTO, «Los oprimidos poseerán la tierra»; D. LOSADA, «Bienaventurados los mansos»; C.J.H. WRIGHT, *God's People in God's Land*, 112-114.

[100] Cf. S. TERRIEN, *The Elusive Presence*, 85-92. B. Costacurta desarrolló ampliamente este tema (y en concreto Gn 32) en el curso no publicado «Vedere al Dio invisibile». A ella debemos algunas de las sugerencias de este apartado.

[101] Al decir «poner en cuestión» evitamos voluntariamente hablar ahora de contradicción o duda en el profeta. El v. 25 afirmando la realidad, tal como se presenta en la tensión de castigo y promesa, propicia las palabras del Señor que abre el horizonte de comprensión; así también el v. 27 es una pregunta obviamente retórica en boca del Señor que fuerza a ver los dos polos de la realidad como fruto de su omnipotencia divina. Dejando de lado una posible «crisis de fe» en el profeta o una «cierta lentitud» para entender el cambio en el mensaje que debe anunciar, el lamento de Jr introduce

27 («הֲמִמֶּנִּי יִפָּלֵא כָּל־דָּבָר»), el Señor plantea abiertamente la pregunta: «¿acaso hay algo imposible para mí?»; por tanto, retoma la dificultad y encuadra su discurso desde las *posibilidades* divinas.

En las palabras de Jr la soberanía de Dios se pone en relación:
– con el poder creador (v. 17),
– con la misericordia y justicia divina (vv. 18-19),
– con los signos y prodigios en Egipto (vv.20-21),
– con el don de la tierra (v. 22),
– con la destrucción de la ciudad (v. 23-24).

En esta descripción discurre la lógica de la historia de Israel. La dificultad se presenta en el v. 25: «¡Y tú me dices, Señor Yahveh: "compra el campo con dinero y aduce testigos", cuando la ciudad es entregada en mano de los caldeos!». El problema fundamental de Jr no es la inoportunidad del tiempo para hacer inversiones. Detrás del obstáculo económico se esconde una inconveniencia teológica. A estas alturas de su predicación tampoco el problema es el castigo[102]. Puede ser duro y difícil de imaginar pero ha llegado, está a la vista. Lo imposible es pensar que el futuro se está fraguando simultáneamente en el castigo. Entendidas así las palabras del Señor, vv. 26-44, éstas resultan pertinentes porque «dan respuesta» a la dificultad planteada[103]. Sin negar la realidad del juicio, vv. 28-29.36, su respuesta abre la posibilidad de un después y además de signo positivo. Dios afirma su soberanía tanto en el castigo presente (vv. 28-35) como en la restauración ya anticipada (vv. 36-44).

La dificultad para el profeta en ese momento es consolidar la posibilidad de un futuro impensable. En el marco del mensaje anunciado por Jr hasta el momento no cabe una compra para el futuro. Hay que ampliar el horizonte para sacar las consecuencias de su propia acción. Y

---

las palabras del Señor que clarifican las consecuencias de la acción de Jr y de su breve anuncio en los vv. 14 y 15.

[102] Para la teología oficial del tiempo de Jr también la destrucción de Jerusalén era «imposible»; es lícito interpretar la misma destrucción de la ciudad como una «imposibilidad» más realizada en la historia de Israel, cf. W. BRUEGGEMANN, «A "Characteristic" Reflection», 26. Con todo la destrucción es justificable a causa de la conducta del pueblo, vv. 23 y 30-35.

[103] Las palabras del Señor clarifican la dificultad concreta de la compra del terreno, pero también motivan el destino de la ciudad y de Sedecías (véase la estructuración del texto en el cap. 1). Ahora nos centramos en la dificultad teológica explícita en la oración de Jr; hablamos de oración/respuesta a la oración. La respuesta resulta así pertinente porque reafirma la soberanía divina superando las palabras de condenación.

precisamente la doxología de los vv. 17-22 ensancha el horizonte de lo puramente imaginable. El reconocimiento de la soberanía divina (vv. 17-24) prepara al profeta y al pueblo para pensar lo que supera la mente humana. El recurso a la historia de Israel recuerda las imposibilidades actuadas por Dios. La doble mención de Egipto (vv. 20.21) alude al evento paradigmático de las imposibilidades obradas por Dios[104]. Pero aún antes de la acción del éxodo, el texto evoca el momento primigenio de la promesa a Abraham. Jr 32 está construido sobre el trasfondo de Gn 18[105]. En ambas narraciones bajo el tema del nacimiento de un niño (Gn 18) o de la muerte de un pueblo (Jr 32) lo que está jugando es el concepto humano de «realidad posible». En ambos casos Dios desborda la esfera humana de lo impensable: el Señor empuja la historia por una parte más allá de lo que el hombre puede esperar; y por otra, más allá de lo que el ser humano considera el límite divino; así, el hombre crece en el conocimiento de un *Deus semper maior*.

La soberanía de Dios se muestra como libertad para ir más allá de la definición humana de realidad abriéndose a una utopía. Tanto en Gn 18 como en el caso de Jr hay que alimentar el convencimiento de que la posibilidad abierta se puede cumplir. El reconocimiento de la soberanía divina proporciona siempre una sorpresa mayor. Vivir en el reconocimiento de la vida como regalo no sólo garantiza la posesión de la tierra sino que habitúa a dejarse sorprender por Dios, aceptando que la realidad es mayor de lo que nosotros podemos. La dependencia de Dios se torna escandalosa para la razón ya que Dios se presenta con nuevos horizontes[106].

La tarea es pues despertar la esperanza de un pueblo abocado a desaparecer. La imaginación profética fomenta una esperanza capaz de pensar más allá de los límites humanos. Pero sólo es factible anclándose en la propia historia:

---

[104] No es sólo la doble mención de Egipto lo que concede al éxodo un puesto principal. En esta mención histórica la terminología usada por Jr en el v. 17 para referirse al acto creador, «tú hiciste el cielo y la tierra *con tu gran fuerza y con tu brazo firme*», es también terminología típica del acontecimiento del éxodo (Ex 6,6; 32,11; Dt 4,34; 26,8); lo mismo puede decirse de «signos y prodigios» (cf. Ex 4,21; 7,3; 10,1; Nm 14,22; Dt 4,34; 6,22; 28,8).

[105] La cuestión sobre la imposibilidad de la promesa aparece claramente formulada en términos semejantes en Gn 18,14: «הֲיִפָּלֵא מֵיהוָה דָּבָר ¿Hay algo imposible para Dios?»; cf. W. BRUEGGEMANN, «Impossibility», 622.

[106] Cf. W. BRUEGGEMANN, «Impossibility», 624; R.P. KNIERIM, *The Task*, 266.

¡Es toda una empresa, ciertamente, formular un futuro que nadie cree imaginable! Por supuesto que no puede hacerse a base de inventar nuevos símbolos, porque eso es un espejismo. Lo que supone, más bien, es retrotraerse a los más soterrados recuerdos de la comunidad y activar aquellos mismos símbolos que siempre han constituido la base desde la cual desmentir a la conciencia imperante. Por eso los símbolos de la esperanza no pueden ser generales y universales, sino que deben ser los ya específicamente conocidos en la historia concreta de que se trate. Y cuando el profeta, con la comunidad, retorna a esos profundos símbolos, entonces se percibe que la esperanza no es una hipótesis añadida a última hora para solventar una crisis, sino que es más bien la dimensión primigenia de cada uno de los recuerdos de la comunidad. Y la memoria de esa comunidad arranca de las prometedoras palabras dirigidas por Dios a la oscuridad del caos, a la estéril Sara y a los oprimidos esclavos de Egipto. Las palabras de Dios se refieren, por encima de todo, a un futuro alternativo[107].

Pera antes de llegar a la alternativa de futuro se hace imprescindible la experiencia de «colapso de la historia». En ese momento, sólo la presencia de Dios permite pensar en una continuidad. Por eso hay que afirmar la soberanía de Dios en el infortunio. La «entrega de la ciudad» no es consecuencia *pasiva* de los pecados del pueblo. Jr lo formula como consecuencia *activa* de la omnipotencia divina (v. 24: «lo que habías anunciado se ha cumplido», cf. vv.18-19)[108]. La omnipotencia del Señor en el juicio lleva al ser humano a palpar su finitud, cosa que para él, por sí sólo, al margen de Dios es imposible. Por el contrario, la misma omnipotencia en la restauración despliega ante el hombre nuevas posibilidades. Por amarga que sea la experiencia de constatar lo que el hombre es capaz de hacer sin Dios, ésta se presenta como ineludible para percibir lo que el ser humano es capaz con Dios. Afirmar la soberanía divina equivale a interpretar esta experiencia como regida por el Señor. Es la experiencia del límite en nuestra existencia histórica: nos supera porque no damos más de nosotros mismos, tanto individualmente como colectividad de pueblo o humanidad.

Ésta es la experiencia de Jr en su propia carne a lo largo de toda su vida:

---

[107] W. BRUEGGEMANN, *La imaginación profética*, 78.
[108] Sin duda nos sentiríamos más cómodos explicando la destrucción como consecuencia inmanente de la dinámica del pecado. Pero en Jr, resulta patente por todo lo dicho sobre la palabra, que el «anuncio» (v. 24 «וַאֲשֶׁר דִּבַּרְתָּ הָיָה») no es mera previsión sino dominio de Dios sobre la historia.

así conoce Jeremías quién es y quién fue, a la vista de su vocación: «Ah, Señor, yo no sé hablar y soy demasiado joven» (Jer 1,6). El conocimiento de sí mismo acontece aquí a la vista de la vocación y misión divinas, que exigen al hombre algo imposible. Es conocimiento de sí mismo, conocimiento del hombre y conocimiento de la culpa, conocimiento de la imposibilidad de la propia existencia, a la vista de las exigidas posibilidades de la misión divina. El hombre llega al conocimiento de sí mismo al descubrir la discrepancia entre la misión divina y su propio ser; al experimentar quién es y quién debe ser, pero no puede ser por sí mismo. Por ello, la respuesta escuchada a la pregunta del hombre por sí mismo y por su humanidad, dice así: «Yo estaré contigo». Con ello no se le dice al hombre quién fue y quién es propiamente, sino quién será y quién puede ser en aquella historia y en aquel futuro a que le lleva la misión. En la llamada se le deja entrever al hombre un nuevo poder ser. Quién es el hombre, y qué puede ser, lo experimentará en la esperanzada confianza de que Dios estará con él. El hombre experimenta su humanidad no desde sí mismo, sino desde el futuro, al que le lleva la misión[109].

Desde estas claves la omnipotencia divina en el cap. 32 se presenta primeramente en el hecho mismo de la respuesta: escuchar la promesa regenerativa en plena destrucción. Cuando Jr (v. 24) y las voces del pueblo (vv. 36.43) predicen el final de una historia porque el pueblo no ha dado la talla de su vocación histórica, la voz de Yahveh se hace presente ante todos los testigos: «Serán mi pueblo y yo seré su Dios» (v.38). Sea con la fórmula de asistencia sea con la de alianza, lo importante es que la palabra dirigida es en sí misma regenerativa. La palabra no es mero anticipo del don, es el don mismo en cuanto saca al pueblo de la cerrazón de su incapacidad[110]. La palabra es Dios que se dirige a, se interesa por Israel y no lo ha despreciado para siempre.

El futuro alternativo es ya presente en Jr transformado ahora en decidido profeta de esperanza. Podemos preguntarnos si hubiera tenido sentido una existencia profética que acabara con la destrucción de la ciudad. No ciertamente a la luz de su misión en 1,10: «extirpar y destruir, perder y derrocar, reconstruir y plantar». Jeremías no puede ser profeta si no es también al mismo tiempo profeta de esperanza, si todo su mensaje no tiene como meta la esperanza. De lo contrario sería cierta su

---

[109] J. MOLTMANN, *Teología de la esperanza*, 370.
[110] Cf. B. COSTACURTA, *La vita minacciata*, 261: «L'uomo minacciato tende a chiudersi nelle sue considerazioni spaventate, da cui non può uscire da solo. Ma con l'esortazione, irrompe in quella vita una dimensione di alterità che smaglia la rete del timore. La nuova presenza segnalata dalla parola mette fine all'impotenza della solitudine e apre l'individuo a una speranza capace di salvarlo».

queja: «¿Para qué haber salido del seno, a ver pena y aflicción, y a consumirse en la vergüenza mis días?» (Jr 20,18). Surge así lo inesperado. Su discurso no puede menos que sonar sorprendente, escandaloso y en parte ininteligible. Sorprendente, porque la gente no espera de él palabras de consuelo. Escandaloso, porque el lenguaje de la fe en la promesa entra en contradicción con la realidad presente. Ininteligible, porque está llamado a posibilitar una realidad todavía por hacerse. «La esperanza abierta por la fe en la promesa de Dios se convertirá en el litigante del pensar, se convertirá en el resorte, en la inquietud y el tormento del pensar»[111]. El hombre que como Jr ha creído en la promesa no puede quedarse tranquilo ante la desaparición, la promesa alienta el pensar cuando ella falta. Pero la esperanza no es activa sólo en el ámbito del sentimiento o del pensamiento. La esperanza mueve a una trasformación creativa de la realidad. La esperanza que ha alimentado en Jr la pasión por lo posible (la conversión y hasta el castigo), es ahora pasión por lo imposible (la restauración de un pueblo pecador). Desde aquí todo el anuncio de Jr debe ser entendido como *buena noticia*[112].

Jr irrumpe manifestando, con hechos y palabras, lo impensable: el Señor cambia la suerte del pueblo (v. 44). Lo cual resulta increíble por dos aspecto: por el hecho mismo del cambio y por el resultado.

– El hecho mismo de la intervención. A la luz de 3,1 («Si un hombre repudia a su mujer, ella se separa y se casa con otro, ¿volverá él a ella?, ¿no está esa mujer infamada? Pues tú has fornicado con muchos amantes, ¿podrás volver a mí? —oráculo del Señor—»[113]) no puede darse por descontado; al contrario resulta una imposibilidad legal (Dt 24,1-4). En la mejor de las hipótesis si Israel hubiese acogido la invitación insistente a volver de su Señor (3,2–4,4) tal vez podría albergar esperanzas, pero no es éste su caso. Judá ha permanecido tercamente en su desobediencia e idolatría (32,32-35). Y con todo, ocurre lo inverosímil: Dios interviene a favor del pueblo[114]:

---

[111] J. MOLTMANN, *Teología de la esperanza*, 41.
[112] Cf. P. RICOEUR, «The Language of Faith», 238: «Finally, what constitutes our answer to the apology of Necessity and resignation is the faith that man is founded, at the heart of his mythico-poetic power, by a creative word. Is not The Good News the instigation of the *possibility* of man by a creative word?»
[113] Traducción de la Biblia del Peregrino.
[114] La intervención en ambos casos queda registrada en la entrega de un documento de carácter legal: con «la entrega de la escritura de compra וָאֶתֵּן אֶת־הַסֵּפֶר הַמִּקְנָה 32,12» en el rescate; con «la entrega del acta de divorcio וָאֶתֵּן אֶת־סֵפֶר כְּרִיתֻתֶיהָ 3,8» en el repudio. Cf. lo dicho sobre «el libro» en el cap. 1.

La gloria venidera de Yavé se muestra en la superación y en el giro del juicio experimentado hacia la bendición. Si tuviéramos que expresar esto con categorías teológicas, habría que decir: se muestra en la superación de Dios por Dios, del Dios juzgador y mortífero por el Dios salvador y creador de la vida, de la cólera de Dios por su bondad[115].

– El resultado. No se trata de una nueva oportunidad con riesgo de recaer en lo mismo, sino de una trasformación radical: una auténtica novedad. El Señor sienta las bases para una alianza eterna y para que el pueblo no se aparte de él (vv. 37-41). Dios se revela como aquél que perdona porque es originariamente misericordia (cf. 33,26) y su misericordia puede crear en el pecador las condiciones de justicia y de amor fiel[116]. Las consecuencias de esta revelación no son meramente psicológicas o religiosas: alegría, tranquilidad por sentirse perdonado, acción de gracias, doxología... En el perdón como presencia de Dios, el sujeto queda capacitado para contemplar desde Dios una realidad, que antes experimentaba como imposible[117].

La dificultad que conlleva esta radical novedad es proclamarla. Aquí se añade un nuevo dolor a la pasión de Jr. Posee la palabra que no se puede callar pero que no se sabe decir. Si la palabra de juicio era superior a sus fuerzas y no la podía reprimir dentro de sí (Jr 20,9), ¡cuánto más la palabra de promesa! El obstáculo es encontrar expresión adecuada e inteligible para la nueva realidad que ha de brotar. Se debe hablar de lo nuevo y distinto con las categorías antiguas. Será una «alianza», pero no como la pactada con los padres (31,31-33)[118], una

---

[115] J. MOLTMANN, *Teología de la esperanza*, 171.

[116] A través del perdón el Señor se revela como el que puede hacer lo que es imposible para el hombre. No porque le esté permitido la trasgresión a la Ley (cf. Dt 24,1-4 y Jr 3,1ss), sino porque tiene la potencia de obrar lo que la Ley no puede prescribir. El hombre no puede perdonar a la mujer que se aleja de su marido; Dios tiene la capacidad de perdonar, porque es misericordioso y porque es capaz de crear nuevas condiciones que posibilitan una relación de amor perseverante. P. Bovati desarrolló esta temática con un estudio de los textos señalados en el curso no publicado «Geremia 1-6». A él debemos estas reflexiones.

[117] Cf. B. COSTACURTA, *La vita minacciata*, 265-270.

[118] La categoría misma de «alianza» sufre esa tensión entre continuidad y novedad. Jeremías se sitúa en la tradición profética de Amós y Oseas con respecto a la alianza pero supone un avance no exento de una cierta dialéctica: en cuanto al vocabulario se sitúa en la alianza sinaítica que obliga al pueblo; en cuanto al contenido, en la alianza incondicional davídica, cf. H. LALLEMAN - DE WINKEL, *Jeremiah in Prophetic Tradition*, 168-208; esa misma tensión entre continuidad y discontinuidad es puesta de manifiesto en las alteraciones del formulario en el texto de Jr 31,31-34, cf. G.J. NIETO, «El quiebre», 497-511.

alianza «que no revocaré» (32,40); será una Ley, pero no escrita en piedra, sino en los corazones (31,33). En el empeño de comunicar este mensaje Jr empleará todos sus recursos: prosa, poesía, acción, testimonio vital. La poesía expresará más vivamente la riqueza y dificultad de la pasión por lo imposible: p.e. las imágenes[119] del «parto del varón» 30,6; «mujer que ronda el varón» 31,22; «el peregrinaje de ciego, cojo, preñada y parida» 31,8. Son metáforas que pretenden despertar al Sueño de Jr y del Señor (31,26: «En esto me desperté y vi que mi sueño era sabroso para mí»).

Es un lenguaje grávido de sentido. Al margen de su formulación poética o en prosa, es lenguaje pleno, creador de posibilidades existenciales, que empuja la historia y la vida hacia adelante porque despliega sentido hacia donde encaminar nuestro ser[120]. Es el lenguaje que aúna al poeta[121] y al hombre de fe. Es la palabra creativa que le impulsa más allá del decir y pasa a la acción. Necesita de algo más que retóricas fáciles, por más que sean evocadoras y creadoras de sentido. Lo específico de nuestro capítulo es que la palabra se pronuncia respaldada y completada por una acción simbólica[122]. Jr afirma con su acción que

---

[119] Las imágenes de los cc. 30-31 reflejan claramente una tensión: hablar de lo nuevo a partir de la trasformación de lo conocido. La referencia a la historia pasada proporciona la base de las imágenes de trasformación; sin embargo, lo más significativo es la dinámica misma de trasformación, de discontinuidad en la continuidad; cf. B.A. BOZAK, Life 'Anew', 151-154. Esta misma dinámica, más radicalizada e impresionante si cabe, se encuentra en la imagen de «los huesos secos» de Ez 37,1-14.

[120] Cf. P. RICOEUR, «The Language of Faith», 231.

[121] Al afirmar aquí que Jr es poeta no entramos en la discusión sobre si el *nabi* es un poeta convertido por la tradición en profeta, cf. Carroll; o profeta con autoconciencia de su papel social, cf. Overholt; (cf. los diversos artículos y respuestas de R.P. CARROLL y T.W. OVERHOLT en *The Prophets*; cf. también las esclarecedoras aportaciones de Clements sobre la «disonancia cognoscitiva» del profeta y la «routinization» del mensaje en términos significativos para la comunidad que lo acoge, cf. R.E. CLEMENTS, «The Prophet and His Editor» y «Max Weber, Carisma»). Nuestra interpretación no se fija tanto en la figura de Jr como poeta sino en la presentación poética de su mensaje. Con sus metáforas Jr desencadena un cambio que supera los límites personales e invade los ámbitos públicos: es un «anti-lenguaje» que abre otra dimensión nueva de la realidad, sea o no «anti-sociedad», cf. Y. GITAY, «The Projection of the Prophet», 42-55; W.R. DOMERIS, «When Metaphor Becomes Myth», 244-262.

[122] Lo que P. Ricoeur afirma de la palabra simbólica adquiere mayor valor cuando la palabra se convierte en *gesto* simbólico, cf. P. RICOEUR, «The Language of Faith», 233: «With symbolic language, we are in turn faced with a language which says more that what is says, which says something other than what it says and which, consequently, grasps me because it has in its meaning created a new meaning. Here the

cree en ese futuro nuevo y lo ratifica desinteresadamente. He ahí, al profeta como hombre nuevo: «oyente y hacedor de la Palabra, escrutador de los signos de los tiempos y realizador de lo que se le ofrece como promesa»[123]:

> Cuando lo real se hace difícil y la obediencia exigente, el símbolo, acompañado de la palabra, se convierte en explícito portador de una promesa que, mientras pide la fe, la hace posible. [...] El símbolo exige la fe. Delante de él, el hombre está llamado a discernir y a creer, incluso si se trata de señales ya realizadas, recibidas por sorpresa, dadas hoy porque garantiza el mañana. La opacidad de lo real no permite nunca descifrarlo con entera seguridad, sin ambigüedad. [...] Al igual que en la exhortación a no temer, también en el símbolo se le revela al hombre una presencia que pide disponibilidad a la confianza y renuncia a los propios criterios. Se trata de salir de la cerrazón de consideraciones solipsísticas y deprimentes para abrir la propia impotencia despavorida a una ayuda que viene de lo alto[124].

El fundamento último de cuanto llevamos dicho es el Señor omnipotente como Dios propietario de la esperanza. Él hace partícipe a Israel del sueño que tiene para el hombre. Por ello, toda esperanza[125] es esperanza *de* Dios[126]. El hombre puede albergar esperanza porque Dios tiene esperanzas puestas en él, tiene para él proyectos de prosperidad. Esperanza que viene de Dios, que tiene en él su sustento y que aspira a él. En este sentido es esperanza escatológica. La plenitud de la promesa es Dios mismo y se escapa a cualquier realización en la historia; y al mismo tiempo las anticipaciones de esa promesa generan espacios de crecimiento de la realidad *ya* definitiva. Por tener su raíz en Dios, las esperanzas humanas deben confrontarse y acrisolarse con el Señor de la esperanza que se muestra Señor de la historia. Así, para la fe bíblica, la existencia histórica es esperanza y la esperanza es existencia histórica hacia la realización en Dios. Lo que en Jr 32 parecía ser una crisis de esperanza, es una radicalización de la misma, no su pérdida. Por humil-

---

words I use have a semantic charge which is, properly speaking, inexhaustible. To put in another way, a univocal signification is a signification in a single ray of meaning such that it is the meaning of something. In symbolic language, I find myself faced with multivocal significations in which one meaning leads to another meaning».

[123] I. ELLACURÍA, «Utopía y profetismo», 423.
[124] B. COSTACURTA, *La vita minacciata*, 264.
[125] Esperanza siempre en el contexto de la fe de Israel, y por lo tanto, esperanza teologal. Para una distinción entre esperanza y utopía, cf. J.B. LIBÂNIO, «Esperanza, utopía, resurrección».
[126] Cf. R.P. KNIERIM, *The Task*, 244-268.

de e insignificante que parezca la anticipación dada en Jr es ya prenda de la alianza que se promete.

La temática anterior suscita dos reflexiones: una concierne a la tarea hermenéutica y la otra al lenguaje. Por una lado, plantear la pregunta sobre la omnipotencia de Dios, de lo posible e imposible para el Señor nos sitúa ante un aspecto clave de la hermenéutica de la fe bíblica; la pregunta cuestiona el contenido de fe[127] y la metodología de la misma interpretación:

> La narrativa [de Gn 18] no contesta. Ni Sara ni Abraham responden en absoluto. Pero la pregunta persiste. Y esa pregunta apremia concretamente y vivamente, incluso de manera escandalosa; es la pregunta que la tradición de Abraham ha desatado en la fe bíblica. Es una pregunta que interroga por el *núcleo* de la fe, si Dios realmente mantiene una forma distintiva en las estructuras cambiantes de la realidad. También pone un interrogante sobre la *metodología*, sobre cada empeño interpretativo que quiere contener, cerrar y circunscribir, para reducir a la simetría y a la proporción. La pregunta invita a una opción, a una asimetría y a una desproporción que hace añicos el mundo y el campo de percepción de Abraham y Sara. Abre la perspectiva de nuevos dones que serán entregados fuera de las definiciones convencionales de la realidad[128].

También en Jr, a pesar de su inicial afirmación de la omnipotencia divina, la pregunta queda abierta. El Señor mismo rompe la seguridad de la afirmación de Jr: «He aquí que yo soy Yahveh Dios de todo viviente, ¿acaso hay algo imposible para mí?» 32,27. Formulada por el

---

[127] Evidentemente el Dios experimentado y conocido en el acto de la promesa tiene como hemos visto sus rasgos propios; cf. J. MOLTMANN, *Teología de la esperanza*, 38: «JHWH como nombre del Dios que ante todo promete su presente y su reino, y que coloca al hombre en la expectación del futuro, es un Dios cuyo "carácter constitutivo es el futuro", un Dios de la promesa y de la salida del presente hacia el futuro, un Dios de cuya libertad dimana lo venidero y lo nuevo. Su nombre no es una cifra para expresar el "presente eterno"; tampoco se lo puede traducir por el EI, el "tú eres". Su nombre es un nombre de camino, un nombre de promesa, un nombre que abre un futuro nuevo, y cuya verdad es experimentada en historia, en la medida en que su promesa manifiesta el horizonte de futuro propio de ella. Por esto es, como dice Pablo, el Dios que resucita a los muertos y hace ser a lo que no es (Rom 4,17). Este Dios está presente allí donde se aguardan sus promesas en esperanza y cambio. Merced al Dios que hace ser a lo que no es, también lo que todavía no existe, lo futuro, se torna "pensable", porque se vuelve esperable».

[128] W. BRUEGGEMANN, «Impossibility», 619. Las cursivas son del autor. La dinámica posible/imposible está presente en el NT (cf. Lc 1,37; Mc 10,27; 14,36; Mt 17,20). En último término la pregunta decisiva en la fe cristiana es la posibilidad de la pasión y la posibilidad de la resurrección, cf. *Ibid.*, 625-628.

Señor es una pregunta retórica; ésta, como interrogante puesto al lector queda latente. Su efecto es claramente desestabilizador de todo pensamiento con pretensión de carácter definitivo. Es una cuestión abierta para cada generación y para cada creyente, y de manera acuciante también para todo biblista[129]. La promesa se nos presenta como clave de interpretación y reinterpretación:

> Nos hallamos aquí ante uno de los problemas más interesantes de la teología veterotestamentaria: las promesas, que ya se han cumplido en la historia, no pierden por ello su actualidad, sino que permanecen, en un nivel distinto y con una forma en parte modificada, como promesas[130].

En definitiva, ya el mismo intento interpretativo vive de una promesa. El hermeneuta bíblico escudriña una sabiduría que no es de este mundo, «abocada a la ruina», y pretende avanzar en la misma sabiduría de Dios, que al final se nos revelará como «lo que ni el ojo vio, ni el oído oyó, ni al corazón del hombre llegó, lo que Dios preparó para los que le aman» (1Cor 2,1-9). En tanto, la misma promesa impide aferrarse únicamente a lo que humanamente es pensable; obliga a abrirse a lo imposible obrado por Dios.

El segundo aspecto tiene que ver con el lenguaje utilizado en tiempos de crisis y de renovación de la promesa. Curiosamente en el momento de ruptura epistemológica sobre lo posible e imposible para Dios, el lenguaje profético no usa tanto categorías teológicas abstractas o históricas cuanto categorías que apelan a la razón sentimental (misericordia, fidelidad, intimidad, compasión, conmoverse, disfrutar... cf. Jr 30,18-22; 31,2-5; 32,37-44)[131]. La Biblia ante el misterio de la Omnipotencia de Dios no responde con argumentos y razones apabullantes. A las grandes cuestiones por la existencia (sea la de Dios sea la del hombre/pueblo, pues en el momento final las dos van unidas) la Biblia responde con imágenes y con gestos, esa es su manera de hablar de Dios, de hacer teología. Para el hombre bíblico no sólo las ideas sino también los acontecimientos dan razón de la realidad última. Y a la hora de dar

---

[129] Cf. P. RICOEUR, «The Language of Faith», 224: «the task of the "hermeneut," of him who searches in order to interpret, is not simply to surrender before the standard of believable and unbelievable of his time, but also to question it. Furthermore, another way of making us contemporaneous with the text of another time is opened to us; it consists of transferring ourselves into another universe of meaning and thereby putting ourselves at a kind of distance with regard to *our* actual discourse. ». La cursiva es del autor.

[130] G. VON RAD, «Tierra prometida», 93.

[131] Cf. W. BRUEGGEMANN, *The Land*, 132-136.

cuenta de Dios ante la destrucción de Jerusalén, de Israel y del hombre emplea términos y gestos de compasión y de solidaridad. No es el momento de esperar cosas espectaculares sino de «tener la propia vida como rescate» (Jr 44). Pero en esa situación el mensaje debe buscar la palabra propicia y el gesto oportuno porque ante un mundo extenuado y necesitado de dinamismo, «la única acción capaz de dinamizar es una palabra, un gesto, un acto que revele que quien lo realiza cree en nuestro futuro y nos lo afirma desinteresadamente».[132]

4. Sufrimiento desde Dios

La soberanía de Dios es la causa de las tristezas y alegrías de Israel. Pero Jr 32 muestra una omnipotencia a la que no estamos habituados. La omnipotencia de Dios no brilla en la victoria militar sobre los caldeos; al contrario, su incomprensible soberanía decide ahora la muerte de Israel y la victoria de sus enemigos[133]. Jerusalén, ciudad arrasada, es el testimonio del poder de Dios. Esta situación afecta a Dios en tres categorías:

1. *Pathos* de Dios,
2. El sufrimiento desde el *pathos* de Dios,
3. La misericordia divina.

4.1 *Pathos de Dios*

El cambio de situación descrito en la acción del profeta (Janamel desposeído pasa a la posesión del campo) da pie al cambio de conocimiento por la revelación de Dios. La razón para el cambio de situación se encuentra en la reacción de Jeremías ante la petición de Janamel. ¿Cuál es la razón de el segundo cambio, cambio de conocimiento de los planes de Dios? En cierto sentido la oración de Jr puede entenderse como un *desafío*: «si tú me dices compra el campo, debes salvar esta ciudad de la catástrofe». De esta forma el lamento profético se convier-

---

[132] W. BRUEGGEMANN, *La imaginación profética*, 136. Si el Dios que resucita a Jesús de los muertos (Rom 4,15-20) es el Dios de la promesa, el Dios de Abraham, Isaac y Jacob, este tipo de lenguaje debe ser específico también de la teología cristiana en cuanto tarea de la reflexión sobre Dios. Sobre la profundidad del lenguaje religioso y del lenguaje teológico y el límite de los conceptos cf. P. RICOEUR, «Biblical Hermeneutics», 129-145.

[133] Se entreve aquí un anticipo de la crisis de la idea de Dios en la cruz, cf. J. MOLTMANN, *El Dios crucificado*, 56-57.

te en provocación y en auténtica intercesión[134]. Dos motivos descartan esta interpretación: en primer lugar, Jr quedaría asimilado al grupo que propugna la defensa militar a ultranza (en contradicción con lo anunciado en v. 5); en segundo lugar, Jr quebrantaría la prohibición de interceder por el pueblo (Jr 7,16; 11,14; 14,11). Semejante desafío propiciaría más bien el silencio divino. Lo que ahora permite entender el cambio en la revelación no es la confrontación sino la unión entre profeta y el Señor. Pero en Jr se da un giro de actitud respecto a sus familiares, ¿podemos hablar de un cambio en Dios? Nosotros afirmamos un cambio en «la revelación de Dios». Es difícil prescindir en el discurso sobre Dios de la categoría tiempo, pero nuestro lenguaje no es un lenguaje de *esencia* sino de *presencia* de Dios[135].

Entendiendo al profeta podemos comprender al Señor y viceversa, porque el profeta está configurado por él (1,6-10). Jr reacciona ante la situación de su primo. El Señor reacciona ante la situación de la ciudad. No son las palabras de Jr las que provocan la reacción, sino la inmediatez de la visión de la ciudad (v. 24 «y tú lo estás viendo» וְהִנְּךָ רֹאֶה»). Las palabras del profeta reflejan la situación desesperada de la ciudad, y en este sentido suscitan la respuesta divina (al igual que los ruegos de Janamel expresan la situación angustiosa de un hombre con toda su familia).

En ambos casos la razón última para la redención es un «modo de sentir» ante la situación del otro. Eso es lo que entendemos bajo la categoría de *pathos*. Y es precisamente en el pathos donde se manifiesta la unión profunda entre el profeta y Dios.

Como señalan A. Heschel[136] y J. Moltmann[137], la primera precisión para hablar sobre el *pathos* de Dios exige una ruptura con el ideal ético y metafísico de *apatheia* griego. En ello está en juego tanto una concepción más auténtica de Dios como un modelo humano más adecuado[138]. Desde esta perspectiva el relato propone un cambio de valores para hablar del hombre y de Dios. Si *apatheia* significa «la inalcanzabilidad cara al influjo exterior, insensibilidad y libertad del espíritu res-

---

[134] Cf. W. BRUEGGEMANN, *Old Testament Theology*, 74.
[135] Cf. A.J. HESCHEL, *The Prophets*, 275.
[136] Cf. A.J. HESCHEL, *The Prophets*, 247-267.
[137] Cf. J. MOLTMANN, *The Experiment Hope*, 69-84.
[138] El tema no es sólo cuestión de historia de la filosofía. Como señala J. Moltmann bajo el ideal de «*homo apatheticus*» se pueden reconocer rasgos actualmente presentes en el modelo del «hombre de acción», el hombre impasible, que ni sufre ni padece por lo del otro; curiosamente sólo padece su propia apatía.

pecto a necesidades interiores y prejuicios externos»[139], el Dios del AT, y en concreto el de Jr, no es «a-patético». Un Dios que se conmueve en sus entrañas por su hijo (31,20), que siente y sufre la pasión del amor propio de un enamorado (2,1–3,4), no es ciertamente apático.

La segunda precisión sugiere describir los rasgos del pathos de Dios por oposición al pathos griego. Éste vendría caracterizado como necesidad, violencia, dependencia, pasiones inferiores y sufrimiento involuntario... Por más que esté fuera de la lógica humana, el pathos de Dios no tiene que ver con lo irracional (no es limitación metafísica); ni supone una negación de la libertad (no es limitación ética). El pathos es aquí una opción de la libertad divina empeñada en una relación dinámica. Y es a la luz de esa relación donde se conoce el pathos divino; más que ideas sobre Dios en sí mismo son actitudes de Dios para con su pueblo, es el sentir de Dios con su pueblo.

Así entendido el pathos no entraña sentimientos cerrados en un solipsismo sino acciones en el devenir de esa relación libremente iniciada:

> Los eventos y las acciones humanas despiertan en Él alegría o dolor, placer o ira. A Dios no se le concibe como juzgando el mundo en la distancia. Él reacciona de una manera íntima y subjetiva, y así determina el valor de eventos. Muy claramente en la perspectiva bíblica, las acciones humanas pueden conmoverle, afectarle, afligirle o, en sentido contrario, alegrarle y complacerle. Esta noción de Dios que puede sentir íntimamente, que Él no posee meramente inteligencia y voluntad, sino también pathos, define básicamente la conciencia profética de Dios. [...] El pathos denota, no una idea de bondad, sino una preocupación intensa; no un ejemplo inmutable, sino un desafío continuo, una relación dinámica entre Dios y hombre; no mero sentimiento o afecto pasivo, sino un acto o una actitud compuesta de diversos elementos espirituales; no mera inspección contemplativa del mundo, sino una llamada apasionada[140].

El pathos de Dios es, por tanto, pathos de vida que quiere alcanzar plenitud, colmar la existencia y llenar la vida-con-el-otro de felicidad (v. 41: «Disfrutaré por ellos haciéndoles el bien»). Dios es libre hasta el punto de interesarse por el hombre, y se interesa por el hombre hasta el

---

[139] J. MOLTMANN, *El Dios crucificado*, 383. Según su descripción, la *apatheia* en sentido físico significa inmutabilidad; en el psíquico, insensibilidad y en el ético libertad.
[140] A.J. HESCHEL, *The Prophets*, 224.

punto de padecer[141]. Lo que el ser humano es y hace es relevante para Dios. Lo contrario a Dios se llama indiferencia.

La teología del sentir de Dios nos permite entender mejor dos puntos dados por supuesto a lo largo de esta presentación: la ira divina y la calamidad como castigo del pecado. La ira divina es la no-indiferencia ante el pecado del pueblo:

> Lo que el antiguo testamento llama la *ira de Dios*, no pertenece a la categoría de las aplicaciones antropomórficas de afectos humanos inferiores a Dios, sino a la del *pathos* divino. Su ira es amor herido y, por tanto, un modo de reaccionar respecto del hombre. El amor es la fuente y la base que hace posible la ira de Dios. Lo contrario del amor no es la ira, sino la indiferencia. Indiferencia frente al derecho y a la injusticia sería una retirada de Dios respecto de la alianza. Mas su ira es expresión del constante interés por el hombre[142].

Ira y amor no son dos momentos distintos en Dios, sino el fruto de un mismo corazón interesado. El dolor causado por el pueblo no desata ni un amor lánguido (vv. 28-31) ni una cólera que da rienda suelta al rencor. Es *ira salvífica* que necesita enderezar los pasos extraviados fuera del camino donde crece la relación. Por ello la catástrofe de la ciudad no se explica desde la lógica humana desobediencia/punición, que respondería a un *amor ofendido*, sino desde la lógica del *amor herido* que busca la sanación. La misma dinámica, el mismo pathos de vida, explica el «como ha traído sobre este pueblo toda esta gran calamidad, así yo traeré sobre ellos toda la prosperidad que yo les prometo» (v. 42). El deseo de Dios por la vida de su pueblo no desaparece ni en el más severo de los castigos.

A este Dios-pathos corresponde un profeta espoleado por el mismo sentir; Jr siente *con* Dios y *como* Dios:

> Por consiguiente la profecía no es el pronóstico del futuro, como determinado por el destino o por el plan salvífico de Dios. Es más bien una irrupción en el presente pathos de Dios, sufriendo en la desobediencia de Israel, y en la pasión para la justicia y honra en el mundo. [...] A través de la sympathia, el hombre corresponde al pathos de Dios. Él no entra en una *unio mystica* ahistórica, sino en una histórica *unio sympathetica* con Dios.

---

[141] Cf. J. MOLTMANN, *El Dios crucificado*, 386-394. La trascendencia de este aspecto para la teología cristiana radica en que el pathos de Dios que los profetas descubrieron y anunciaron es «presupuesto» para una correcta comprensión del Dios viviente a partir de la pasión y cruz de Jesús.

[142] J. MOLTMANN, *El Dios crucificado*, 390.

El profeta está airado con la ira de Dios. Ama con el amor de Dios. Sufre con el sufrimiento de Dios. Espera con la esperanza de Dios. En la alianza con el Dios del pathos, el hombre camina fuera de sí mismo, toma parte en la vida de otros, y puede regocijarse y sufrir con ellos. Él se interesa y se involucra[143].

Pero lo que es más importante, a ese Dios-pathos debe corresponder un pueblo que vibre al unísono con él; ésa es la misión de Jr en primer lugar como profeta; y de Israel, en segundo lugar como «profecía» para todas las naciones[144]: la propuesta del *homo sympatheticus* como persona abierta a la presencia de otro, vivamente interesada en la historia del otro[145]. Así la cuestión profunda en la crítica de Jr «no es la pérdida de la tierra, sino la pérdida de pathos»[146]. Expresado en forma positiva, Jr propone asumir la dimensión de sufrimiento que la apatía de una de las partes ha generado en la historia de su relación. La acción de Jr de redención muestra la resistencia del profeta a ceder a la indiferencia. También las palabras del Señor testimonian que no acepta la lógica de destrucción; ofrece una «teología alternativa» en la cual el sufrimiento no es la última palabra.

4.2 *El sufrimiento desde el pathos de Dios*[147]

La oración de Jeremías (vv. 18-19) representa básicamente la «justificación deuteronomista»[148] del mal. Según su conducta, el pueblo recibe premio o castigo. El Señor aparece unas veces como juez misericor-

---

[143] Cf. J. MOLTMANN, *The Experiment Hope*, 76. Para una presentación de Jr desde estas categorías cf. A.J. HESCHEL, *The Prophets*, 103-139.

[144] Cf. C. CONROY, «Jeremiah and Sainthood», 39.

[145] Sobre una antropología bíblica entendida como «antropo-pathia», véase A.J. HESCHEL, *The Prophets*, 268-278. Mientras el peligro intelectual es pensar una teología excesivamente antropomórfica; el desafío profético, también para nuestros días, es proponer una antropología que asuma el sufrimiento de las víctimas provocado por el desinterés. La complicación ineludible, más práctica que teórica, es que se trate de una antropología *demasiado* teomórfica, cf. Gn 1,26-27; Lv 20,7; Mt 5,48; Lc 6,36; 1Cor 11,1.

[146] Cf. W. BRUEGGEMANN, *The Land*, 111; T.M. RAITT, *A Theology of Exile*, 94-99.

[147] Ahora no consideramos el tema del sufrimiento en general. Únicamente nos limitamos a analizar su articulación en el cap. 32. Para un tratamiento más amplio del tema cf. T.E. FRETHEIM, *The Suffering of God*; J.C. BEKER, *Suffering and Hope*; centrados en el libro de Jr. cf. M. VARIYAMATTOM, *The Language*; L. STULMAN, *Order amid Chaos*, 120-136.

[148] Expresión de J. C. Beker en ID., *Suffering and Hope*, 40-50.

dioso, y otras como juez justo, según el «fruto de sus acciones». Con su gesto Jeremías — siguiendo el mandato y anuncio del Señor (v. 14-15) —, parece contradecir esta ley de retribución. La respuesta del Señor que apela a su omnipotencia revela la insuficiencia del esquema retributivo. Al final su misericordia prevalece sobre su justicia. Sin embargo, como hemos señalado, el perdón no es una gracia barata, fruto de un amor lánguido: la ira divina se ensaña contra la ciudad (vv. 5.27-32). Dios parece dispuesto a perdonar, pero no a olvidar la ofensa[149]. ¿Cómo explicar la necesidad, o posibilidad consentida, de la destrucción de la ciudad?

Sin duda el carácter *correctivo* y pedagógico del castigo es una primera respuesta (cf. 30,11.14; 31,18-19). El pueblo aprenderá la lección que por tanto tiempo no quiso escuchar (v. 33). Con todo, esta explicación no nos parece suficiente:

– el pasado ya ha demostrado la inutilidad de tales métodos con el pueblo (2,30; 5,3; 7,28; 17,23), ¿por qué esperar ahora que Israel despierte de su letargo?;

– además si el pueblo asimila la enseñanza, ¿qué necesidad hay de una ulterior acción de Dios, de una alianza distinta?

El pathos divino abre otra pista de comprensión. El castigo no es debido a una especie de indignación vindicativa de Dios que no puede frenar su ira. Lo que ocurre es que Dios no es indiferente al mal. El pathos del Señor, y la ira como parte suya, no es ni irracional ni irresistible; es una decisión divina contra el sufrimiento y desde el sufrimiento[150]. Desde esta perspectiva Dios no es sólo juez, es juez y parte. Así lo sugiere la narración.

En el cap. 32 Jr sufre directamente el encarcelamiento a causa de la palabra, y no es descartable el sufrimiento compartido ante el dolor por la situación del país. Janamel, inocente o no, es víctima del pecado del pueblo que ha desencadenado la invasión caldea. La intervención del profeta intenta paliar el sufrimiento de su primo. Con ello Jr resulta símbolo de la intervención del Señor. La ciudad sufre la amenaza de la

---

[149] Cf. T.M. RAITT, *A Theology of Exile*, 58. No se niega la capacidad (*existence* of the possibility) de Dios para olvidar; sin embargo el hecho de que en este momento no la ejerza en concreto (*operation*), enfatiza que es el Dios del perdón el que está a punto de destruir la ciudad.

[150] Quede claro desde el inicio que no hablamos de un sufrimiento necesariamente inocente; es más: tal y como se presenta en el relato, se trata con frecuencia de un sufrimiento culpable. Más que exponer el carácter moral del sufrimiento, el texto intenta una respuesta eficaz contra el sufrimiento.

ruina y Dios sufre la apatía de su pueblo y el mal que dicha apatía ha provocado. La intervención divina es la restauración de Israel. Pero la acción de Dios no acaba ahí, ni puede acabar, pues la tierra reclama también su purificación[151].

Si el pathos es la clave de la relación de sintonía entre Dios y su pueblo que conlleva una dimensión histórica, también la falta de pathos del pueblo ha marcado la historia. La apatía humana tampoco es simple cuestión sentimental, es una realidad eficaz que ha provocado el mal: «las obras de sus manos» (v.30), «la ciudad que han construido» (v. 31). Renovar la relación Dios-pueblo conlleva la extirpación del pecado. La entidad del pecado es tal que su presencia invalida la relación[152]. Así se demuestra el carácter profundamente ético y salvífico de la ira de Dios. Ético, porque demuestra que el pathos de Dios no es indiferente o connivente con el mal (como se ve en la acción del rescate), y las estructuras que lo encarnan («casas donde queman incienso» v.29, «los lugares de culto» v.35). Salvífico, porque sólo desde la aniquilación del pecado es posible recrear una nueva historia juntos. El pathos de vida exige manifestarse primero como ira para mostrarse como misericordia[153]. La afirmación «el Señor es justo y misericordioso» queda así transformada en «es justo porque es misericordioso». En este sentido la pregunta del porqué del sufrimiento no queda completa si no va acompañada del para qué del sufrimiento.

El Señor sufre *a causa del* rechazo de su pueblo y sufre *con* su pueblo en la desgracia. Pero el misterio quedaría truncado si su sufrimiento no fuera *por* (a favor de) su pueblo[154]. El profeta es solidario con el sufrimiento del pueblo, pero más profundamente encarna el sufrimiento de Dios en sus distintas dimensiones: *a causa de, con* y *a favor de*. De esta forma el sufrimiento es un aspecto intrínseco de la misión de Jr[155]. Su modo de afrontar el sufrimiento es nueva palabra de Dios, para que

---

[151] Como hemos afirmado en la relación Dios-tierra-Israel, cuando uno sufre todos sufren y la restauración de un miembro pasa por la restauración de los otros.

[152] Si el don cobraba entidad en la tierra, el pecado lo hace en la ciudad. En ambos casos la relación trasciende la esfera de la intimidad. Dios puede perdonar, el hombre puede convertirse; a pesar de todo el pecado ha dejado rastro fuera de ellos. El problema de este tipo de relación no es una omnipotencia ultrajada sino el hermano herido y la tierra profanada (cf. el asesinato de Caín que mancha la tierra Gn 4,10); es la dimensión que trasciende al individuo en la realización del pecado.

[153] La imagen asociada a la ira es el fuego en las dos dimensiones: fuego que purifica del mal y fuego forjador de la nueva realidad (cf. 5,14; 15,14; 17,4; 32,29).

[154] Cf. T.E. FRETHEIM, *The Suffering of God*, 107-148.

[155] Cf. M. VARIYAMATTOM, *The Language*, 331-344.

el pueblo aprenda cómo reaccionar ante el dolor[156]. Para continuar su historia con Yahveh, Israel está llamado a vivir la dimensión que falta en su aflicción: debe padecer por su pecado y con su pecado, y además debe asumir y sentir los efectos del sufrimiento en favor de su Dios, reconociendo su soberanía y su propia aflicción, para así dar paso a la prosperidad.

El sufrimiento de la ciudad no es sólo consecuencia inmanente del pecado; es decir, padecer las dinámicas negativas generadas por el mal. Es también un sufrimiento trascendente en cuanto regido por la palabra de Dios (v.24) para reiniciar la relación. El cambio depende del descubrimiento de la presencia de Dios en el juicio, del reconocimiento de su palabra. Sólo así puede asumirse el sufrimiento como fuente de auténtica esperanza. Es ésta una clave que distingue a Jr de los falsos profetas, vendedores de falsas esperanzas. La vana esperanza de estos profetas da la espalda al sufrimiento, no se hacen cargo de la situación que la idolatría y la injusticia están generando. Gritar que en esa situación «todo va bien» no es crear esperanza, es euforia históricamente irresponsable. Jr reconoce la realidad y carga con ella. Su espera traspasada de sufrimiento se convierte en esperanza. Es espera activa contra el sufrimiento trasformada en esperanza. La falsa profecía es ausencia de pathos, incapacidad para reaccionar ante el sufrimiento (cf. 6,13-14; 23,25-29).

La trascendencia de Dios queda caracterizada no como un estar más allá de la historia (sería aislamiento dentro de una relación ya iniciada, y por tanto contradictorio); sino como coherencia en dejarse afectar, sentir los efectos de la libertad del ser humano. El poder de Dios no es prepotencia o control de la relación, sino libre vulnerabilidad[157] aceptada que busca por todos los medios salvar la relación (9,6).

---

[156] Cf. T.E. FRETHEIM, *The Suffering of God*, 154-166; C. CONROY, «Jeremiah and Sainthood», 10-23. Jr sufre su pasión («*Leidensgeschichte*», cc. 37–44) no a causa de un malentendido (37,11-16), sino *a causa del* rechazo de la palabra de Dios (36,23-26, cf. A.J. LEVORATTI, «El sufrimiento de los profetas por su fidelidad a la palabra»; E.K. HOLT, «The Potent Word»). Jr sufre *con* el pueblo más allá de su situación personal (8,18–9,8). Así se convierte en sufrimiento *en favor* de Israel con sus palabras (30–31) y sus acciones (32). Como señalan C. Conroy y T. E. Fretheim, sería incorrecto leer el padecimiento de Jr como un sufrimiento vicario; sin embargo, su característica no está muy distante, cf. T.E. FRETHEIM, *Ibid.*, 163; C. CONROY, *Ibid.*, 35.

[157] Esta vulnerabilidad trasparenta la magnanimidad del creador y la dignidad de la criatura; no sólo porque la criatura ha salido de sus manos (dignidad del origen), sino porque en cuanto obra de Dios goza del continuo respeto de su creador (dignidad en

Sólo desde la clave relacional[158] se entiende que el seno de Dios se conmueva a la vista de un mundo sufriente y pronuncie: «hagamos redención» (cf. 4,19; 31,20: «¿Es un hijo tan caro para mí Efraím, o niño tan mimado, que tras haberme dado tanto que hablar, tenga que recordarlo todavía? Pues, en efecto, se han conmovido mis entrañas por él; ternura hacia él no ha de faltarme — oráculo de Yahveh —»).

4.3 *La misericordia divina*

No deja de ser chocante que para articular la realidad futura se utilice un gesto tan sencillo. El enorme sufrimiento de la ciudad, la ilimitada esperanza que se anuncia, el decisivo momento histórico parecerían requerir un signo más espectacular. La misma invocación de Jr apelando a los «signos y prodigios en la tierra de Egipto» parecía presagiar una acción «poderosa». Sin embargo entre un pasado de intervenciones portentosas y un futuro de realidades escatológicas nos encontramos con un presente modesto: un hombre, una familia que recupera un campo. Un gesto manso que en su humildad revela su osadía: trasparentar la misericordia divina.

La acción del rescate se ejerce apelando a la solidaridad familiar (ya hemos señalado que tiene además un soporte legal-teológico) y en función de un mandato divino. Se funden así dos aspectos de la acción:
– es respuesta al sufrimiento de Janamel desde la «com-pasión» de Jeremías;
– es respuesta a la catástrofe de Israel desde el «com-padecimiento» del Señor.

En ambos casos el dolor es la *razón* de la respuesta: la respuesta solidaria de Jr como expresión de la respuesta misericordiosa de Dios. El sufrimiento interiorizado del otro es principio de la reacción de misericordia. Por ello, utilizando la categoría acuñada por J. Sobrino, podemos especificar la acción *simbólica*[159] de Jeremías como una acción desde el «principio-misericordia»: «por "principio-misericordia" entendemos aquí un específico amor que está en el origen de un proceso, pe-

---

su historia). La dinámica de vulnerabilidad alcanzará el culmen en la muerte kenótica de Cristo en la cruz (Flp 2,1-11).

[158] Cf. J. MUILENBURG, «Father and Son», 285-289.

[159] Jr 32,1-15 es una acción simbólica plurivalente; y lo es *a partir* de su elemento material. El riesgo es pasar precipitadamente a lo simbolizado en el ámbito teológico sin extraer toda la riqueza del *gesto* humano, lo cual supone una pérdida también en el contenido divino. De hecho, en la interpretación del texto, el aspecto del cómo se anticipa la nueva realidad ha sido con frecuencia relegado.

ro que además permanece presente y activo a lo largo de él, le otorga una determinada dirección y configura los diversos elementos dentro del proceso»[160]. Así la acción del profeta no se limita a ser «una obra de misericordia» que mitiga los efectos del sufrimiento, sino que yendo a su raíz quiere erradicarlo:

– En primer lugar, devolver a una familia su tierra es devolverle los propios medios de subsistencia económica y social; es devolverle la vida y la dignidad (como hemos señalado en el capítulo anterior). Se trata de una misericordia «estructural» en el sentido de que pone las bases para una nueva sociedad.

– El carácter público de la acción supone una denuncia explícita de los mecanismos de impasibilidad e injusticia en los que ha caído la propia ciudad (la anti-misericordia ante la cual reacciona la ira divina para *arrancar y destruir* el mal). En este sentido, Jr realiza una crítica social y política desde la realidad del sufrimiento, «que denuncia el presente y pugna por un futuro diferente»[161].

– El rescate de Janamel es un gesto de misericordia afectiva y efectiva en la brecha abierta por la promesa en la historicidad del ser humano. La historia toma otro rumbo no sólo porque se encamina hacia un futuro distinto de lo previsto, sino también porque su realización parte de otra dinámica, y la misericordia lo anticipa y lo configura[162].

Así considerada, la acción de Jeremías no queda distante de la acción paradigmática del éxodo; es más, presenta los mismos rasgos fundamentales:

– También allí la interiorización del sufrimiento de Israel por parte de Dios (Ex 3,7-12) provoca una reacción de misericordia como principio estructural de la historia del pueblo.

– Se muestra la parcialidad de Dios por las víctimas del sufrimiento por el mero hecho de ser víctimas y su designio liberador.

– Dios se revela en la acción misma y no sólo con ocasión de ella.

– Aparece la exigencia para el pueblo de obrar misericordia histórica con los otros como modo de sentir con Dios[163].

---

[160] Cf. J. SOBRINO, *El principio-misericordia*, 32.
[161] Cf. R. AGUIRRE – J. VITORIA, «Justicia», 557.
[162] Cf. la semejanza con la perícopa evangélica del buen samaritano Lc 10,29-37; no hay más motivo para la reacción (y acción) del samaritano que el mero hecho del herido en el camino (si algo caracteriza a nuestra ciudad es precisamente su «herida incurable», cf. Jr 30,12-15.17; 33,6), cf. J. SOBRINO, *El principio-misericordia*, 25-26.
[163] Cf. J. SOBRINO, *El principio-misericordia*, 33.

Desde aquí se interpreta mejor el intento de comprender la omnipotencia de Dios en el seno de la acción de misericordia. La oración de Jr se presenta como un «*intellectus misericordiae*»[164]. La actuación de la justicia y la misericordia promueven, si no precede (como en el caso de los que defienden que la oración es posterior cronológicamente a la compra), el conocimiento del Señor. Esto entronca con la respuesta de Israel en la alianza del Sinaí en Ex 24,7: «כֹּל אֲשֶׁר־דִּבֶּר יְהוָה נַעֲשֶׂה וְנִשְׁמָע todo lo que el Señor ha dicho haremos y escucharemos». Respuesta que registra el carácter irregular de la secuencia «haremos y escucharemos», en lugar de la lógica «escucharemos y haremos». La acción que prepara a una escucha nos sitúa ante un aspecto importante de la revelación en general, y en concreto de la revelación profética. No es el esquema de la palabra divina seguida de una respuesta en obediencia y posterior comprensión humana. La revelación se enriquece en sí misma desde la obediencia y la praxis[165]. En este sentido la ortopraxis no sólo da credibilidad al anuncio de la revelación sino que la completa[166]. La praxis actúa también abriendo el círculo de interpretación hermenéutica y de la teología, iluminando y permitiendo comprender aspectos oscuros de la revelación. En palabras certeras de J. Sobrino: «el *que-hacer* teológico tiene que estar transido de misericordia; y porque esa misericordia es re-acción — acción por lo tanto —, tiene que estar transido de acción, de praxis, en el lenguaje actual»[167]. Así entendido, el rescate de Jr posibilita que la revelación de Dios sea significativa en la realidad presente trasformando la visión de la realidad porque trasforma la realidad misma. Por precaria e insignificante que sea, la acción de Jr es el criterio que abre el conocimiento sobre la realidad[168].

---

[164] Sobre el concepto «*intellectus misericordiae*» e «*intellectus amoris*» cf. J. SOBRINO, *El principio-misericordia*, 47-80; es la teología más apropiada para un mundo sufriente.

[165] Cf. T.W. OVERHOLT, «Jeremiah and the Nature», 129-150. En un enfoque antropológico Overholt presenta el proceso profético tanto de revelación entre Dios y el profeta, como del anuncio del profeta al pueblo como una interacción dinámica.

[166] Esta comprensión de la revelación está presente tanto en la tradición del judaísmo, cf. A. J. HESCHEL, *God in Search of Man*, 209-217.281-292; A. CHIAPPINI, *Amare la Torah*, 163-211, dedica a este aspecto el capítulo V, «La rivelazione di Dio» (especialmente el apartado «Prima fare, poi ascoltare: una diversa intelligenza della Parola»); como en el NT, p.e. Jn 3,21; 1Jn 4,6-8; Ga 5,6.

[167] J. SOBRINO, *El principio-misericordia*, 67. La cursiva son nuestras. En la misma línea J.L. SEGUNDO, «Revelación, fe, signo de los tiempos», 444-451.

[168] Cf. J.L. SEGUNDO, «Revelación, fe, signo de los tiempos», 448.450.

En la re-construcción de la historia de salvación la solidaridad humana es su piedra angular. La respuesta ante la situación de la ciudad es en Jeremías responsabilidad desde Dios, pero responsabilidad sentida en un primer momento, en el orden del conocimiento humano, como apelación a lo humano de cualquier persona. Teologizada después, esa respuesta se convierte en el orden del fundamento de la realidad, como fidelidad divina a la promesa. Desde ambas perspectivas el ser humano descubre que «la humanidad es fruto de la solidaridad y no la solidaridad fruto de la humanidad»[169]. El principio-misericordia es así principio configurador para salir de la inhumanidad en sus dos vertientes: por un lado, la no-humanidad como resultado (desposeídos, ciudad sufriente, pueblo sin tierra...); y por otro, la no-humanidad como causa (insensibilidad, apatía, idolatría, injusticia, pecado).

Es patente el beneficio que recibe una de las partes con el ejercicio de la misericordia, sin embargo una auténtica misericordia es una relación de enriquecimiento mutuo. Janamel resulta favorecido con el rescate del campo, Israel recibe la promesa para salir de su desgracia; sin embargo, ¿qué reciben el profeta y el Señor? En el caso del profeta, es Jr y no Janamel, a quien la solidaridad trasforma en hombre según la nueva alianza («con corazón indiviso», «con conducta íntegra», «con temor de Dios», «con la ley interiorizada», «con el conocimiento del Señor» cf. 31,31-34; 32,37-41). Janamel posibilita la entrada del profeta en la plenitud de su humanidad solidaria y en el sentido de su propia misión (no sólo arrancar, también plantar y construir). El profeta de calamidades se convierte en profeta de esperanzas, que las anuncia al pueblo y vive desde ellas.

Pero, ¿y el Señor? Parecería atrevido insinuar que obtiene algo en su ejercicio de misericordia. A lo más, podríamos afirmar que es una realización de su propia esencia misericordiosa. Con todo, desde las categorías que aquí estamos utilizando podemos afirmar que Dios *recupera* al hijo perdido (cf. Lc 15,11-31), lo cual es fuente de alegría (v. 41: «Disfrutaré por ellos haciéndoles el bien y los plantaré en esta tierra definitivamente, con todo mi corazón y con toda mi alma»). Dios recobra su propio sueño y su esperanza de no estar sólo y de construir con el hombre una nueva historia. Sólo *siendo con*, co-existiendo, se puede ser hombre y se puede ser Dios; y para el pueblo de Israel sólo siendo

---

[169] A.J. HESCHEL, *Who Is Man?*, 45: «Human solidarity is not the product of being human, being human is the product of human solidarity».

con Dios, sintiendo con su pathos, se puede ser su pueblo[170]. El Señor puede de nuevo afirmar su alianza: «serán mi pueblo, y yo seré su Dios» (v. 38).

Pero en la perspectiva divina, con la ciudad al borde del ataque inminente no es hora de esperar «grandezas גְּדֹלוֹת». Ése es el legado que Jr deja a su secretario Baruc (45,1-5). Es el momento de tener la vida salva como botín preciado. Esa es la promesa (1,8.19) y el compromiso de la vida entera de Jr, una vida vivida en solidaridad hasta el punto de morir fuera de la tierra. Es el momento del gesto osado y humilde de solidaridad que apunta el clarear de una nueva realidad, que alberga en sí la esperanza de un futuro mayor[171]. Es necesario realizar aquello que a los ojos humanos es absurdo y que aparece como imposible desde los ojos de Dios. Es el momento de creer y actuar la fuerza creativa del principio-misericordia.

5. La redención como (re-)creación

5.1 *Soteriología «versus» protología*

El debate de los últimos decenios en torno a la primacía teológica en el AT bien de la doctrina de la creación bien de la historia de salvación ha dado abundante frutos[172]. Partiendo de la postura de G. von Rad[173] de la primacía soteriológica se ha llegado hasta el extremo opuesto re-

---

[170] Cf. A.J. HESCHEL, *Who Is Man?*, 119: «It is accepted fact that the Bible has given the world a new concept of God. What is not realized is the fact that the Bible has given the world a new vision of man. The Bible is not a book about God; it is a book about man. From the perspective of the Bible: Who is man? *A being in travail with God's dreams and designs*, with God's dream of a world redeemed, of reconciliation of heaven and earth, of a mankind which is truly His image, reflecting His wisdom, justice, and compassion. God's dream is not to be alone, to have mankind as a partner in the drama of continuous creation. By whatever we do, by every act we carry out, we either advance or obstruct the drama of redemption; we either reduce or enhance the power of evil». Las cursivas son del autor.

[171] Cf. J. JIMÉNEZ LIMÓN, «Sufrimiento», 477.484.

[172] Para una visión general de la temática cf. W.H. BELLINGER, «Maker of Heaven and Earth», 27-35; B.W. ANDERSON, *From Creation to New Creation*, 3-28; L.G. PERDUE, *The Collapse of History*, 113-150.

[173] Cf. G. VON RAD, «El problema teológico». Mantiene la prioridad teológica, no necesariamente cronológica en la historia de la religión de Israel, de la soteriología, y en concreto en los profetas, cf. *Ibid.,* 133: «Yahvé, el creador, el que ha sacado al mundo del caos, no puede dejar a Jerusalén caótica; él, que hace secarse las aguas primitivas, hará resurgir a Jerusalén. Evidentemente, aquí ha sido incluida la fe en la creación dentro de la dinámica de la fe salvífica profética».

presentado por H. H. Schmid[174]. Al margen del contenido específico del debate queda como conclusión y tarea la necesidad de enfocar ambas perspectivas desde el enriquecimiento mutuo[175]. Israel piensa inseparablemente en Yahveh como creador y como Señor de la historia. Jeremías 32 puede ilustrar esta concepción.

En un primer momento parecería que la mención de Dios creador en nuestro texto es sólo una mención doxológica (vv. 17.27) que apoya la intervención en la historia (decantándonos por la postura de von Rad). Así se puede pensar también desde Jr 1, donde el nacimiento (= creación) puede contemplarse en función de la misión profética.

Sin embargo, por otra parte, es posible ver en ambos textos, Jr 1 y 32, la dimensión universal tanto de la misión de Jeremías (1,5 «yo profeta de las naciones te constituí») como de la acción creadora del Señor (32,27 «yo soy Yahveh Dios de todo viviente»). A juicio de C. Westermann[176], este rasgo de universalidad permite identificar la doctrina de la creación como presupuesto implícito de la fe en el Dios salvador. Desde esta perspectiva la primacía recae sobre la creación, entendida además como algo distinto de la intervención divina en la historia.

Una visión conciliadora recuerda que la afirmación del poder creador es al mismo tiempo poder salvífico en la historia[177]; ambos son fruto de la misma voluntad y de la misma omnipotencia divina. Es esa voluntad la que fundamenta la universalidad, tanto espacial (por referencia a Israel y a todas las naciones) como temporal (lo que está al inicio — desde siempre, anterior incluso al nacimiento Jr 1,5 — y a lo largo de la historia). La intervención divina fundamenta la realidad que el hombre percibe como creación y como redención.

5.2 Creación «e» historia

Un primer escollo que tenemos que salvar para una visión conjunta de los dos aspectos de la intervención divina es la insuficiencia del len-

---

[174] Cf. H.H. SCHMID, «Creation, Righteousness, and Salvation». Teniendo en cuenta que «creación» es un concepto amplio que incluye: el orden de las cosas, armonía, derecho y justicia... y la permanencia de todo estos valores; Schmid mantiene que es el tema fundamental de la teología bíblica.

[175] Cf. P.D. MILLER, «Creation and Covenant», 155-168.

[176] Cf. C. WESTERMANN, «Creation», 15-18.

[177] Cf. G.M. LANDES, «Creation and Liberation», 137. En esta línea más conciliadora entre von Rad y H. H. Schmid se mueven R.P. KNIERIM, «Cosmos» y B. OCH, «Creation and Redemption», 229-230.

guaje cuando quiere expresar los límites del pensamiento humano que aborda el hecho mismo de la creación:

> Ya que en el AT el verbo [ברא crear] está reservado únicamente a Dios, no puede encontrarse ninguna analogía a esta acción creadora ni puede elaborarse ninguna representación de la misma, pues la actuación divina puede ser representada sólo en cuanto semejante a la humana. El verbo, pues, no dice nada sobre el cómo de la creación[178].

El lenguaje de la teología dogmática de la creación como *creatio ex nihilo* nos separa del lenguaje bíblico y apunta a una vaga separación entre creación y redención. Por su parte el AT presenta diversidad de lenguajes a la hora de hablar de creación:
– creación en clave de nacimientos,
– como resultado de una batalla o victoria militar,
– creación por medio de acciones,
– creación por la palabra[179].

De esta manera la creación es fundamento de la historia no porque dé paso a la historia, sino porque perfila un principio absoluto en relación con Israel[180]. La historia no es la acción de Dios por el *mantenimiento* de la creación, sino el espacio donde Dios manifiesta su poder creador contra el caos[181]. La tensión, pues, no se presenta como un enfrentamiento creación *versus* historia, sino creación *versus* caos en la historia. Así algunas relecturas bíblicas nos dan pautas para afrontar el tema en Jeremías.

El acontecimiento del éxodo es un referente obligado que se puede leer desde estas claves de creación:

---

[178] W.H. Schmidt, «ברא», 489; de manera similar cf. J. Bergman – H. Ringgren – K.H. Bernhardt – G.J. Botterweck, «בָּרָא», 788.

[179] Cf. C. Westermann, «Creation», 13-15 (sobre todo nota 4); J.D. Levenson, *Creation*, 47-50. Lo decisivo en la noción bíblica de creación, y en este sentido se puede hablar de *creatio ex nihilo*, es que se trata de una acción extraordinaria, soberana, completamente libre, «que hace surgir algo nuevo, que antes no existía de ese modo», cf. W.H. Schmidt, «ברא», 490.

[180] Cf. D.J. McCarthy, «"Creation" Motifs», 75.85; J. Bergman – H. Ringgren – K.H. Bernhardt – G.J. Botterweck, «בָּרָא», 788-789.

[181] Para una visión de la creación como *Chaoskampf*, cf. J.D. Levenson, *Creation*, 3-46. No sostenemos un caos primordial a la par de Dios, sino una historia abierta a la tarea creativa de Dios. No hay simetría entre el poder creador de Dios en la historia, pero trascendente, y el caos que es intrahistórico, cf. P. Trigo, «Creación y mundo material», 27-28. Como veremos más adelante, Dios crea en la historia porque la trasciende y se opone a una creación abocada al caos.

El Éxodo fue el tiempo de la creación *ex nihilo* de Israel — que es, cuando Dios en la libertad actuó para constituir un pueblo en relación con él. No es accidental que el Segundo Isaías, cuyo mensaje recapitula la tradición del Éxodo, habla de Yahveh como el creador de Israel y evoque el tiempo cuando, en el Mar Rojo, él actuó creando. Es más, en el «Cántico del Mar Rojo» en Ex 15,1-18, un himno que alaba Yahveh para los hechos poderosos a través de los cuales demostró su majestad, la liberación del Mar Rojo es entendida como un acto de la creación de Israel. Esto es evidente en el texto hebreo del versículo 16, que debería traducirse: «Hasta que pasó tu pueblo, oh Yahveh, hasta pasar el pueblo que creaste»[182].

El texto hebreo utiliza la expresión «creaste[183] קָנִיתָ» en relación con la acción redentora (Ex 15,13 «pueblo rescatado עַם־זוּ גָּאָלְתָּ»). La creación se manifiesta como un evento histórico, como un nuevo comienzo en la historia.

El Segundo Isaías presenta sistemáticamente la acción redentora del Señor con la comunidad en el exilio como nueva creación (Is 41,17-20; 43,14-19; 45,11-13; 48,7; 51,9-11); y esto nos ofrece pistas para rastrearla también en Jeremías[184]; así se expresa en 42,5-9:

Así dice el Dios Yahveh, el que crea los cielos y los extiende, el que hace firme la tierra y lo que en ella brota, el que da aliento al pueblo que hay en ella, y espíritu a los que por ella andan. Yo, Yahveh, te he llamado en justicia, te así de la mano, te formé, y te he destinado a ser alianza del pueblo y luz de las gentes, para abrir los ojos ciegos, para sacar del calabozo al preso, de la cárcel a los que viven en tinieblas. Yo, Yahveh, ése es mi nombre, mi gloria a otro no cedo, ni mi prez a los ídolos. Lo de antes ya ha llegado, y anuncio cosas nuevas; antes que se produzcan os las hago saber.

Otro aspecto, sin duda importante en Jr, es la creación por la palabra. La palabra de redención no es distinta de la palabra de creación, ambas muestran un mismo poder:

---

[182] B.W, ANDERSON, *Creation versus Chaos*, 37.

[183] El verbo קנה tiene el significado de «comprar, adquirir, crear, fundar...». Aunque la traducción más común sea «comprar o adquirir», en el caso de Ex 15,16 — al igual que B.W. Anderson — preferimos el significado de «crear» (en un sentido amplio como generar, fundar, dar a luz; cf. Dt 32,6; Sal 139,13; Prov 8,22). Esta misma opción presentan L. ALONSO SCHÖKEL, *Diccionario bíblico hebreo-español*, 663 y J.I. DURHAM, *Exodus*, 199-202.208. Admitiendo la amplitud de significados, W. H. Schmidt propone el sentido de adquirir, cf. ID., «קנה», 821.823; en la misma línea B.S. CHILDS, *The Book of Exodus*, 220-242.251-252.

[184] Cf. P. BEAUCHAMP, *Ley, Profetas, Sabios*, 238; B.W. ANDERSON, *From Creation to New Creation*, 17.

En Israel la palabra de Dios era un poder cósmico que creó y sostuvo toda la realidad. La presentación clásica de creación por la palabra es la narración sacerdotal de la creación en Gn 1,1–2,4a. Ahí en un redundante estilo, y por consiguiente más eficaz, ocho actos de creación son estructurados en una secuencia de seis días. A través del decir, toda la creación entra en la existencia, y a través del nombrar, todas las cosas obtienen su lugar y función dentro del orden majestuoso de Dios[185].

Pero la creación no se concluye con el decir de Dios. En el poder de la palabra se funden la creación divina y la acogida humana de dicha creación, que puede entenderse como co-creación (Gn 2,18-24). Desde esta visión, la «des-creación» es fruto del desoír la palabra (cf. Jr 32,23.33). Si toda la historia de Gn 1–11 acaba en un nuevo caos, es porque no se escucha la voz de Dios; sin embargo, el Señor vuelve a pronunciar su palabra y la historia se recrea y comienza de nuevo con Abraham[186].

La soberanía de Dios creador no implica la invulnerabilidad del orden de la creación. Por ser una creación para ser habitada por la humanidad en diálogo, la creación depende también de la respuesta humana. La soberanía del creador queda pendiente del reconocimiento de la criatura. La creación está amenazada por la desatención humana. La creación por la palabra comparte con ella su fragilidad. Pero el caos es más que una amenaza, es una realidad: en el caso de Jr está a la vista que la situación caótica se debe al pecado del pueblo. Para Jr es patente que el caos requiere una intervención divina, que el pueblo por sí sólo es incapaz de recomponer el desorden que ha originado. Es necesario algo más que el arrepentimiento del hombre; para que el mundo sea justo y Dios pueda regir como creador, se requiere una recreación[187].

5.3 *Re-creación en Jr*[188]

A propósito de la soberanía de Dios en la historia afirmábamos su capacidad de impulsar una *historia creativa*; ahora podemos hablar de

---

[185] L.G. PERDUE, *Wisdom in Revolt*, 43-44; cf. B.W. ANDERSON, *From Creation to New Creation*, 6-7. Sobre la palabra como metáfora del poder creador en Israel y en la literatura del Antiguo Oriente, cf. L.G. PERDUE., *Ibid.,* 42-46.

[186] Cf. lo dicho sobre Abraham como *homo historicus*, pp. 323-324.

[187] Cf. P. TRIGO, *Creación e historia*, 81-122; J.D. LEVENSON, *Creation*, 47-50.140-148.

[188] No pretendemos tratar detenidamente el tema en el libro de Jr sino sugerir algunas pistas de lectura que completan lo dicho sobre el cap. 32. Para ulterior información cf. L.G. PERDUE, *The Collapse of History*, 141-150.

creación histórica. Historia y creación quedan unidas por un enemigo común: el caos.

La acción de Israel ha conducido a una situación de nuevo caótica, Jr 4,23-26[189]:

> Miré a la tierra, y he aquí que era un caos; a los cielos, y faltaba su luz. Miré a los montes, y estaban temblando, y todos los cerros trepidaban. Miré, y he aquí que no había un alma, y todas las aves del cielo se habían volado. Miré, y he aquí que el vergel era yermo, y todas las ciudades estaban arrasadas delante de Yahveh y del ardor de su ira.

Con todo, el caos no es una fuerza enfrentada al Señor en paridad de condiciones. Dios domina sobre el caos porque éste también es fruto de su ira (4,26). De igual forma, 4,5–5,17 describe la invasión del enemigo como retorno al caos, pero la invasión también depende de la voluntad divina, 5,17-18. El poder creador de Dios se define como dominio sobre el caos manifestado en la historia[190]. Dominio que se ejerce creando, dando vida ante la muerte inminente.

La promesa de salvación de la catástrofe es promesa de creación a escala individual y colectiva. Así la promesa a Baruc en 45,5: «te daré la vida salva por botín», se entiende en el contexto de destrucción de la creación en Gn 6,12-22[191]. Ante el misterio de la congoja ante la muerte se apela al Dios creador (Señor de «todo viviente כָּל־בָּשָׂר», cf. 32,27). Y en esa misma dirección apunta la promesa colectiva a Israel en cc. 30–33:

– 31,35-36: El Señor recurre a su autoridad sobre toda la creación como garantía de la nueva alianza (cf. 33,2-3.20-22);

– la promesa misma se anuncia como «nueva creación» 31,15-22 (v. 22 «crea Yahveh una novedad en la tierra בָּרָא יְהוָה חֲדָשָׁה בָּאָרֶץ»)[192].

---

[189] El mismo lenguaje de destrucción evocado en la creación es perceptible en 4,7; 6,8; 9,11; 10,22.25). Sobre 4,23 cf. pag. 308, nota 43.

[190] Cf. B.W. ANDERSON, *Creation versus Chaos*, 132; J. HELBERG, «The Significance», 58.

[191] Cf. H. WEIPPERT, «Schöpfung und Heil in Jer 45», 95-100. Ébed-Mélek recibe una promesa similar, cf. 39,15-18.

[192] Sobre Jr 31,15-22 cf. P. TRIBLE, *God and the Rhetoric*, 40-53. Ante el misterio de la creación divina toda semejanza humana es insuficiente; es sin duda el misterio del seno materno que genera don de vida el que más se le acerca. El vientre femenino que se abre dando a luz una nueva vida es metáfora de la misericordia creativa de Dios, como bien pone de manifiesto P. Trible (recuérdese que la misma etimología del nombre de Jr apunta en esta línea). Véase además B.W. ANDERSON, «The Lord»; B. COSTACURTA, *La vita minacciata*, 279-284.

El poder creativo de la palabra divina, otorgado al profeta (1,9), hace que su anuncio llegue también a la existencia. Ser profeta no significa pronunciar una palabra impersonal; significa entrar en un diálogo fecundo: pronunciar libremente una palabra personal que ya ha sido pronunciada por la Palabra personal. Por ello la palabra del profeta, como la Palabra divina que la origina es palabra creadora de vida. Así, la compra[193] y anuncio de Jr es *realidad* de la nueva creación divina (31,31-34)[194]. Una salvación entendida sólo como curar heridas, ayudar al necesitado, perdonar pecados... se queda corta[195]. Salvación es algo más radical: es recreación como experiencia histórica, en parte poseída y en parte como esperanza. No es una creación como mero acto repetitivo de algo ya conocido; es un crear nuevo, y más extraordinario si cabe[196]. Salvación es una creación extraordinaria, no tanto porque surge de la nada, sino porque nace de la muerte y es *por nada*, plenamente gratuita. Salvación es creación enraizada únicamente en el amor eterno que generó y se prolonga en fidelidad (31,3), en entrañas que se conmueven y siguen generando vida (31,20).

De este modo, la teología sobre la redención en la historia adquiere mayor profundidad. Dios es el Señor de la historia *y* el Creador de todo lo viviente. Separando historia y creación no se entiende la profundidad de la teología de Jr[197], expresada en su propia vocación, Jr 1. Dios es

---

[193] El mismo verbo comprar (קנה) rememora la terminología propia de la creación (Ex 15,2-28; Dt 32,6) en el sentido humano de «procreación» cf. D.J. MCCARTHY, «"Creation" Motifs», 78.

[194] Tanto por el hecho de que la alianza anterior no da más de sí, como por ser una alianza en un plano completamente distinto y superior, la nueva alianza ha de entenderse en clave de recreación, cf. G.J. NIETO, «El quiebre», 511-512.

[195] Cf. Jr 18,1-12. La imagen del alfarero contiene esa radicalidad de la nueva obra. Es inútil intentar apaños con un pueblo terco. Una gracia nueva requiere odres nuevos cf. Mt 9,17. Esa novedad está presente en el NT también bajo la imagen del parto y del nacimiento, cf. Jn 3,1-10; Rom 8,18-25; Ga 4,19.

[196] Jr 31,22 habla no sólo de creación, sino de creación de novedad. Lo novedoso, a pesar de lo enigmático del poema, es que ahora la mujer tiene la iniciativa. Independientemente de las posibles interpretaciones, el texto de Jr 31,22 sugiere claramente una creación no como repetición de algo conocido y en ese sentido extraordinario, cf. B.W. ANDERSON, «The Lord», 368-371.380. La trascendencia de Dios se refleja en nuestra incapacidad para representar y pensar conceptualmente de manera adecuada su acto creador, cf. P. TRIGO, *Creación e historia*, 111.

[197] Es el mismo caso de Ezequiel o Isaías; si no hay creación histórica ¿cómo entender las palabras del Señor: «Infundiré mi espíritu en vosotros y viviréis», cf. Ez 37,14, o «antes habrá gozo y regocijo por siempre jamás por lo que voy a crear» Is 65,18?; cf. P. TRIGO, *Creación e historia*, 67-77.

redentor como soberano de la historia porque es creador y soberano de la creación. La mención doxológica al Dios Creador en Jr 32 es la apelación en el momento de muerte al Dios de la vida como fundamento trascendente de la historia. Cuando todo parece perdido para el pueblo y no le queda otra posibilidad, Dios hace lo que sólo el Creador puede hacer:

> En pleno asedio, Jeremías se expresa así en la súplica en que representa a Israel: «¡Ay, mi Señor! Tú hiciste el cielo y la tierra con tu gran poder, con brazo extendido...» (Jr 32,16ss). Introduce así el prólogo histórico, que contiene los títulos para reclamar la ayuda de Dios [...] el recuerdo de las acciones creadoras de Yahvé utiliza el participio *intemporal*, llamado participio «hímnico». La forma hímnica hincha la lista de títulos divinos, transforma al mismo tiempo sus acciones en atributos y las presenta así como siempre eficaces. Ahora es cuando Dios es creador y ahora es cuando es salvador. Es ahora porque es siempre, y estos dos atributos se ejercen en un acto indistinto[198].

Jr, por tanto, anota tres características de la actuación propia de Dios en esta redención como creación histórica[199]:
– es obra de su absoluta soberanía y trascendencia. La acción no agota la capacidad creadora de Dios: ser creador y ser misericordia no son simples accidentes de Dios; ser creador y ser misericordioso caracteriza la revelación y presencia de Dios con su pueblo.
– contiene una novedad sorprendente preñada de futuro. Su realización histórica puede ser precaria e incompleta, pero en Dios se hace definitiva (en ese sentido durará para siempre, cf. Jr 31,31.34; 32,39-40). Apunta a un no-tiempo de Dios sólo accesible al hombre mediante su experiencia intrahistórica, pero superada en una dimensión escatológica. El Dios de la vida en la historia es el Dios de la vida más allá de la historia.
– es una acción vivificante y trasformadora de Israel que se muestra en éste como principio estructural del nuevo pueblo, de la nueva humanidad.

---

[198] P. BEAUCHAMP, *Ley, Profetas, Sabios*, 238-239.
[199] Cf. P. TRIGO, «Creación y mundo material», 20-21.

CONCLUSIÓN

La estructuración inicial del capítulo 32 que presentamos al comenzar este trabajo nos orientaba en una línea enriquecedora a la hora de interpretarlo. El esquema de oración de Jeremías y respuesta del Señor, para los versículos 16-44, resulta incompleto. Las palabras del Señor sobrepasan la temática personal del profeta, posibilitando a su vez el emplazamiento de la oración en el marco de la situación de la ciudad y del destino de Sedecías y Janamel, versículos 1-15. Con ello la prioridad en la interpretación se traslada de la sicología del hombre Jeremías o del proceso de su fe en un momento de crisis hacia una mayor comprensión del anuncio profético. Lo que está en juego no son las vicisitudes personales de un hombre llamado Jeremías que en un momento adverso de su vida puede resultar modelo de obediencia a la voluntad de Dios. Nos interesa, claro está, la figura de Jeremías, pero no tanto por lo que tiene de singular cuanto por lo que hace relación a su tarea como profeta. Es la misión profética misma la que se debate por perpetuarse. ¿Cómo ser portador de una palabra de futuro, en nombre del Señor, cuando la mano de Dios está poniendo el punto final, tan inquebrantablemente anunciado como juicio divino definitivo? Así el auténtico nudo gordiano no reside en el plano humano del profeta: anunciar salvación cuando está encarcelado; ni en el momento histórico que hace desaconsejable una transacción económica porque los enemigos están a la puerta; ni siquiera el hecho de que el sujeto que recibe el mensaje sea el idóneo para acogerlo. Sin duda, son éstos aspectos que agudizan y dramatizan una más profunda contradicción. Bajo cada uno de estos elementos de inconveniencia se revela la raíz del problema: la inoportunidad teológica de una palabra de salvación actuada en un contexto de condena.

La interpretación y reinterpretación de la compra y del anuncio en diversos momentos históricos han cambiado el sujeto preferente al que el mensaje se dirigía. Pero deja invariable el núcleo de la palabra divina: el Señor se coloca a favor de los «sin tierra». Eso sí, la variación en el sujeto primero del anuncio supone un giro, no pequeño, en la articulación del aspecto social y político en función del grupo que impuso su interpretación, la *Golah babilónica*. Con todo las distintas reinterpretaciones históricas han conformado un texto que aúna irreversiblemente por un lado palabra humana y palabra divina; y por otro, palabra y acción, bajo el gesto profético llevado a cabo en tiempo de desgracia.

Unidad entre acción y palabra que se confirma e intensifica contemplando el episodio bajo la óptica narrativa de la técnica del «montaje» (*tiling technique*). Vistas así las palabras de Jeremías, y junto a ellas las palabras del Señor que desencadenan, no son un reconocimiento (con efecto retardado) de lo absurdo de la compra; más bien son una expansión de toda la fuerza implícita en la acción y de la realidad que genera. Esta fuerza radica en la iniciativa divina a través de la acción del profeta y en la gratuidad de la restauración. Dicho en términos narrativos, la esencia del relato reside en el protagonismo imponente de Dios y en el desenlace sorprendente del resto de los personajes; en términos teológicos, en el carácter incondicional de la promesa y en la incapacidad humana para ser merecedora de ella. La tensión dramática del relato que mantiene en vilo al lector expresa la fuerza teológica que mantendrá viva la esperanza del pueblo.

No es otra la dinámica que la composición final del capítulo subraya: la inversión inexplicable de la situación. Reiteradamente el análisis retórico ha puesto de manifiesto que el quicio del texto es la trasformación sorprendente del destino de un rey, de una ciudad y de un pueblo que están en manos de los enemigos. Lo más grave no es estar vendido en manos ajenas; se ha llegado a esa situación por voluntad de aquel que no es ajeno al pueblo. Tras los enemigos está la decisión del Dios que voluntariamente les entrega. Sin embargo la iniciativa divina no se detiene en la destrucción. La inversión es doblemente imprevisible: el Dios que castiga es el Dios que salva. Las palabras del Señor acentúan el contraste entre los dos polos aparentemente contrarios de la voluntad divina, juicio y restauración, «como he traído sobre este pueblo toda esta gran calamidad, así yo traeré sobre ellos toda la prosperidad». Sin olvidar que ambas realidades se afirman en una simultaneidad temporal: «tú me dices, Señor Yahveh: "compra el campo con dinero y aduce testigos" cuando la ciudad es entregada en mano de los caldeos».

En ese escenario de incongruencias la compra del campo, a la par que las ha desatado y puesto de relieve, es principio hermenéutico y práctico para comprender y obrar la ambivalencia de la voluntad divina.

La compra es una «redención» que pone en juego aspectos antropológicos, sociales y teológicos esenciales para una recta comprensión de la actuación enigmática de Dios. El rescate es simultáneamente *anuncio* de un futuro de restauración y *denuncia* de un pasado que ha conducido al pueblo al desposeimiento. El ejercicio de una ley de solidaridad en el seno familiar comporta tres aspectos. En primer lugar desenmascara el pecado de idolatría e injusticia poniendo en evidencia sus consecuencias: la tragedia personal y comunitaria de malograr la identidad al perder la tierra. Con sus palabras y conducta Jeremías pone de relieve que el orden presente necesita renovación. En segundo lugar, manifiesta la solidaridad del profeta y de Dios mismo con el pueblo sin desentenderse de la dinámica del mal. Reconducir la situación hacia un horizonte de justicia implica hacerse cargo del pecado y sus efectos. En tercer lugar, abre la posibilidad de otra manera de ser pueblo de Dios, de otra alternativa de sociedad. El profeta siembra así lo que se daba por perdido ante el infortunio: la esperanza.

La restauración prometida pasa por una renovación social partiendo de las relaciones familiares, con lo que éstas tenían de estructurantes en el mundo israelita. El mensaje de esperanza se encarna humana y socialmente en medidas de solidaridad; no se trata de algo meramente psicológico, espiritual o proyectado puramente en un tiempo escatológico. El cap. 32 de Jr concreta toda la promesa de consolación de los cc. 30–33 en una apuesta por la restauración basada en la solidaridad fraterna. No parece lícito desligar el mensaje de esperanza de los signos que la anuncian y la promueven. La insistencia en las circunstancias históricas del relato hace insoslayable este aspecto: en una ciudad expuesta al saqueo, de los enemigos y de los mismos del pueblo, Jeremías se sitúa del lado de los que están siendo desposeídos. En el momento de colapso social de las instituciones, y de los valores que esas instituciones defienden, o deberían defender, se proclama su regeneración desde la base normativa de la solidaridad (ésta sigue estando vigente en cualquier circunstancia por crítica que sea).

Es justamente en el objeto desposeído, la tierra, donde se hace más notorio el carácter paradójico del encargo profético. Lo que en un primer momento es el tema de la trama literaria del relato, el rescate de un campo, se convierte en la urgencia del drama social, la restauración de la infraestructura económica; para pasar finalmente a ser la tragedia teológica de la tierra prometida y que ahora se pierde. No son niveles independientes o alternativos de interpretación. En la profunda relación de esos niveles hallamos la clave para afrontar el misterio del Dios que se nos revela en esta escenificación profética.

Si el pueblo pierde el favor de Yahveh y con ello la posesión de la tierra, es porque ha olvidado que la relación con el Señor pasa por una manera concreta de poseer la tierra, por un modo de gestionarla muy *peculiar* — poseer como quien no posee, habitar «como forasteros y huéspedes», Lv 25,23 —, en el cual no se olvidan los derechos ni de la tierra misma ni de la persona (individual o colectiva) que la posee. La pretensión de una apropiación del territorio al margen de Dios conduce a la catástrofe, al igual que la relación con Dios al margen de la tierra supone el final de la historia. Por ambos aspectos Israel se encuentra ante la encrucijada del exilio: porque se ha instalado en la tierra sin el reconocimiento debido al donador (abandono de la *Torah*) y porque pretende una relación con el Señor que no asume la responsabilidad ante la tierra (profanación de la *nahalah*). La entrega en mano de los caldeos significa el exilio fuera de la tierra (el destierro) y el exilio fuera de Dios (la maldición). Todo indica el derrumbe fatídico de las relaciones. Sin embargo Dios a pesar de su ultraje sigue anhelando la intimidad con el pueblo. De su entera iniciativa depende que pueda prolongarse esa historia de amor imposible. Pero ni la historia primera ni la renovación pueden pensarse enclaustrada en un diálogo «yo-tú» que no cuente de manera inclusiva con la realidad «tierra». En el vínculo Yahveh-Pueblo entra constitutivamente una dimensión de alteridad. Ese tercer elemento adquiere tal entidad que impide que la relación sea intimista ya que necesariamente está abierta a una responsabilidad frente a «lo otro» (prójimo, ciudad, tierra...). Por ello la restauración de la relación exige una restauración íntegra de los tres miembros.

El Señor en su soberanía puede realizar imposibles: el retorno y la bendición. Y los realizará. Como conjuntamente realizará la purificación de la tierra. No puede ser de otra manera, no puede actuar de otra manera un amor apasionado. Un amor apasionado que no es indiferente ante el pecado y muestra su ira, en lo que el hombre lee como castigo. Un amor apasionado que no es inmisericorde ante el pecador y despliega su compasión, en lo que el hombre lee como salvación. Su ira pide purificar la tierra, su misericordia la restauración de Israel.

Es claro el punto de no retorno que supusieron en esta línea los acontecimientos del 587. No fue tan evidente para los protagonistas del momento, es más todo estaba envuelto bajo el signo de la contradicción. La soberanía de Dios se reducía a una aparente debilidad, las esperanzas del pueblo acabarían siendo vanas ilusiones de victoria, y el profeta de contiendas y calamidades se torna profeta de consolación. Cuando todos los indicios son de muerte no resulta fácil entrever una prolongación de vida; y esto no tanto por la dificultad humana innegable — aun cuando se de una visión espiritual — cuanto por la dificultad teológica. Los signos de muerte son la maldición en cumplimiento de la palabra pronunciada por Dios. Es sumamente problemático anunciar bendición, incluso resulta inimaginable y hasta absurdo. Es el escándalo para la razón y el escándalo para la fe de confesar la presencia de Dios en la maldición y en la muerte. Una rápida lectura cristológica de este mensaje no nos puede hacer olvidar el contexto judío en el que fue pronunciado. Constituye sí un atisbo del mensaje pascual neotestamentario, lo cual no obsta para subrayar su carácter de *imposibilidad*. La confrontación con la reacción lógica, e incluso creyente, ante tal mensaje nos ayuda seguramente a reavivar su radicalidad. Mensaje que resultaba inadmisible en los últimos días del reino de Judá (como vemos en Jr); en los momentos iniciales de la predicación cristiana (1Cor 1,23: «nosotros predicamos a un Cristo crucificado: escándalo para los judíos, locura para los gentiles»); y también inaceptable en nuestros días como lo muestran las palabras de E. Wiesel: «No, la muerte no es jamás un regalo. La tradición judía nunca aceptaría esa idea. La vida es regalo, no la muerte»[1].

Sin embargo nosotros no afirmamos cualquier presencia de Dios en la muerte, sino la de aquel que sufre con el sufrimiento del que soporta la maldición *y* que crea futuro desde la solidaridad. No sólo Dios sufre pasivamente ante el mal sino que desde esa pasión responde activamente ante el sufrimiento del hombre. No basta decir que Dios sufre, con lo que de analógico o metafórico tenga este lenguaje; Jr 32 presenta una reacción divina ante el sufrimiento. El dolor y el sufrimiento solidario por sí solo no redime, se requiere la respuesta activa del *goel* que genera vida guiada por el «principio misericordia». En el *sufrir-con* generando vida no se rebaja la soberanía del Señor convirtiéndola en debilidad, ya que en esa situación el Dios de la vida muestra un poder más auténtico, más fuerte que la muerte.

Si bien no es suficiente cualquier sufrimiento para calificarlo de redentor, parece que al menos sí es dato irrenunciable la necesidad de asumir la situación en desgracia del otro. La novedad ante el fracaso de la alianza no puede ver la luz sino bajo el signo de todo parto: la pasión

---

[1] Esta es la enérgica reacción de E. Wiesel ante una lectura cristológica de la Shoah, J.B. METZ – E. WIESEL, *Esperar a pesar de todo*, 105.

por una nueva vida. Y a su vez, visto desde el otro extremo, la vida nueva colma de sentido las contrariedades aceptadas. Sólo desde esta clave se entiende la paradoja de la vida de un hombre que, como Jeremías, profetizando la destrucción se convierte en mensaje de esperanza en el momento de mayor desesperación. Sólo él que conoce las entrañas desgarradoras del sufrimiento puede hablar de esperanza. Él que se ha hecho solidario poniéndose del lado de los que sufren y de los que han sido desposeídos es testimonio creíble de los proyectos divinos de prosperidad.

Así es como Jeremías lleva a cumplimiento su tarea profética: destruir y edificar, arrancar y plantar. Sus palabras, sus acciones, sus gestos, su destino personal; su vida entera es significativa y tiene valor de profecía. Desde este punto de vista es relevante la narración de la vida del hombre elegido, consagrado para ser portador de la palabra. Más que un mensaje que viene de parte de Dios en Jr la palabra toma cuerpo, y en esa realización es figura de Israel. Jr no es profeta de profesión, toda su existencia está atravesada por el efecto de la palabra pronunciada. El rescate de un campo no es algo ocasional en su carrera, sino una muestra más de su vida al servicio del anuncio. De este modo Jr mismo se convierte en anuncio anticipando el misterio de la ciudad, sufriendo en su propia carne la cerrazón a la palabra y permaneciendo a pesar de todo como ciudad inexpugnable (1,18). Es más, la acción que realiza Jeremías le convierte en el primero del pueblo que participa de la nueva alianza. Anuncia con la palabra un nuevo tiempo, lo anticipa con su compra y, sobre todo, inaugura la realización en su persona. El tiempo de la reconstrucción es escatológico porque su plenitud se dará más allá de la historia *y* porque es ya realidad en la vida cotidiana. Lo escatológico no se agota en la historia ni se da su plenitud fuera de la historia. Si con razón podemos hablar de *Jeremías y el final del reino*, no es menos cierto que podemos hacerlo de Jeremías y el comienzo de un futuro imposible. Jr marca el final de un mundo conocido y es el inicio de una nueva realidad, difícil de concebirla humanamente pero no imposible de ejecutarla de parte del Señor (32,17.27). El profeta al igual que el cantor puede afirmar: «hoy es el tiempo que puede ser mañana»[2]; más aun, él es testigo fehaciente del hoy que comienza a ser mañana.

---

[2] Canción de Víctor Jara, «Plegaria a un labrador», citada en M. DE BARROS – J.L. CARAVIAS, *Teología de la tierra*, 436.

Por pequeño e insignificante que sea su gesto, impropio de una soberanía ostentosa, deja claro que la soberanía de Dios no se mueve en la disyuntiva poder *versus* capacidad de sufrimiento. La soberanía es lo opuesto a la indiferencia. Dios es poderoso y solidario, soberano en la solidaridad, soberano porque solidario. Por poco relevante que pueda parecer en el contexto económico y social del momento, la compra tiene la fuerza de la acción profética cuya ejecución supone la aurora de un nuevo amanecer (Is 58,8-10). Tiene la osadía del gesto que cumple también la función de esperanzar, de esperanzar *a pesar de todo* lo que está a la vista. Fuerza y osadía humana *y* divina, porque es el Señor quien se empeña públicamente, ante testigos, y dejando la garantía legal de su acción redentora en la escritura. Yahveh no sólo anuncia el «cambio de suerte», lo adelanta. La anticipación supera la categoría de estrategia literaria convirtiéndose en clave teológica. El Señor predijo que Janamel vendría, y vino; prometió la tierra a los padres y la dio; anunció que la ciudad sería entregada y así ha sido; por eso se puede concluir: «lo que habías anunciado se ha cumplido» (32,24). También el cambio de suerte es un hecho en Janamel y la alianza eterna una realidad en Jeremías, ese hombre «que tuvo el privilegio insigne y terrible de vivir esta experiencia y el mérito de no dejar que fracasara»[3] (31,31-34; 32,38-41). Jr en el encuentro con la necesidad del hermano, descubre y se convierte en el hombre según la nueva alianza.

Es en ese empeño divino donde radica la esperanza ante tal novedad insospechada. El ser humano por sus solas fuerzas no puede abandonar el círculo del pecado («¿Muda el kusita su piel, o el leopardo sus pintas?» 13,23). De la iniciativa gratuita del Señor depende toda posible conversión. Sólo él puede curar, y cura, una fractura irreparable creando las condiciones previas para la conversión y el retorno. En una situación humana desesperada, ¿qué cabe esperar? Por ello la acción de Dios es creación de novedad (Jr 18,1-12, Yahveh como alfarero puede crear lo nuevo ante el fracaso de lo viejo). Novedad en el resultado pero antes novedad en el origen porque la razón para la intervención no deriva de la situación humana; arranca de la *ilógica lógica* del Señor que supera los límites epistemológicos del hombre (cf. el «לָכֵן *por eso*» divino en 32,36 que rompe todo razonamiento humano; lo mismo que en 30,16-17). Es la lógica divina que no puede conformarse con la devastación o el abandono, sino que se muestra como victoria sobre la muerte, no evitándola, sino atravesándola. Así el «*por eso*» divino une el do-

---

[3] E. BEAUCAMP, *Los profetas de Israel*, 148.

lor por la herida incurable y la alegría por su misteriosa curación, muerte y vida, no sucesivamente sino en tensión creativa. Aunque la palabra de castigo se cumple y nada la evita, hay más allá una palabra de salvación porque la voluntad última de Yahveh es salvífica, es arrancar *para plantar*.

Esta esperanza contra toda esperanza es anhelo de una realidad trascendente y el hecho mismo de anhelarla es ya una realidad trascendente porque no proviene de la historia. Dicho de otro modo, humanamente no hay motivos para la esperanza y la novedad originada supera las expectativas humanas como creación en la misma historia. Esta reflexión de la «creación histórica» rompe la tentación de una consideración de la creación cerrada y superada: «La concepción de un Dios creador en posición de descanso, que por así decir en su calidad de Dios creador, contempla desde lo alto los sufrimientos de su creación, es una concepción absolutamente contradictoria que sólo puede llevar al cinismo y a la apatía»[4]. Por el contrario el Dios creador de cielo y tierra es Señor de la historia cuya voluntad primordial es la vida, en la historia y más allá de la historia.

Jr 32 nos sitúa como lectores al filo del exilio y de la tierra, al igual que Dt 30 deja a Israel en el umbral de la tierra y Jeremías se encuentra en el umbral del destierro. La elección debe ser tomada; Jr presenta la suya como acto de solidaridad con sus semejantes y acto de apertura al Dios trascendente, soberano y *semper maior*. Más allá de las páginas de este trabajo, resta pues la tarea de prolongar, testimoniar la verdad de ese mensaje: hacer visible la fidelidad y la misericordia del Señor que esta página bíblica nos revela. Un quehacer interpretado en modos diversos, según las distintas tradiciones y dentro de las tradiciones según las diversas corrientes. En la tradición cristiana el mensaje de Jeremías y la esperanza de restauración se interpreta a la luz de la encarnación de la Palabra de Dios en Jesucristo. La puerta de acceso a la nueva situación es la Nueva Alianza, anunciada por Jeremías y culminada en Jesucristo. Una alianza sellada en favor de todas las personas sin distinción. Una alianza que es *redención* del género humano y que manifiesta un Dios que actúa desde la solidaridad y la misericordia. Allí donde se manifiesta la maldición del poder destructor del ser humano estamos llamados a decir y actuar la palabra de misericordia de parte de Dios, a rescatar la heredad de los desheredados o están amenazados de serlo. Sea la heredad que sea: la tierra, la dignidad, la vida... Es cierto que an-

---

[4] Palabras de Metz en J.B. METZ – E. WIESEL, *Esperar a pesar de todo*, 62.

te esta invitación a la acción uno no puede menos de echarse a temblar cuando se sabe que tal servicio a la Palabra es pasión. Sólo es posible desde la experiencia propuesta por Jr como hombres nuevos trasformados por la Palabra y movidos por su *pathos*, contagiados de ese anhelo y sueño de Dios (31,26). Tal vez el sentir los efectos de la solidaridad nos abra el corazón y el entendimiento a la paradoja que el profeta supo afrontar.

Jeremías abrió caminos de imposibilidad y misericordia divina a través del rescate de un campo, ¿cómo anunciar y actuar hoy cauces de *compasión*? Esa es también nuestra tarea desde el compartir la pasión de Dios y la pasión del profeta por Dios, pasión como sufrimiento con el herido del camino y como esperanza del Señor puesta en el hombre por crear historia y dar a luz una humanidad nueva. Una llamada promovida por el Dios que desde la invisibilidad de su presencia vuelve a pedir confianza en su promesa y obediencia a su Palabra porque para él nada es imposible.

SIGLAS Y ABREVIATURAS

AcBi	Actualidad bíblica
Am	Amós
AnBib	Analecta biblica
AncB	Anchor Bible
AT	Antiguo Testamento
ATD	Das Alte Testament Deutsch
AThANT	Abhandlungen zur Theologie des Alten und Neuen Testaments
ATSAT	Arbeiten zu Text und Sprache im Alten Testament
AUU.SSU	Acta Universitatis Upsaliensis. Studia Semitica Upsaliensia
BA	*Biblical Archaeologist*
BBB	Bonner biblische Beiträge
BCR	Biblioteca di cultura religiosa
BEThL	Bibliotheca Ephemeridum theologicarum Lovaniensium
BEvTh	Beiträge zur evangelischen Theologie
BHS	Biblia Hebraica Stuttgartensia
Bib	*Biblica*
BiBh	*Bible Bhashyam*
BiBi	Biblioteca biblica
BJ	Biblia de Jerusalén
BiLiSe	Bible and Literature Series
BIOSCS	*Bulletin of the International Organization for Septuagint and Cognate Studies*
BiSe	Biblical Seminar
BiTod	*Bible today*
BS	*Bibliotheca Sacra*
BTB	*Biblical Theology Bulletin*
BWAT	Beiträge zur Wissenschaft vom Alten Testament
BZAW	Beihefte zur Zeitschrift für die alttestamentliche Wissenschaft
cap./cc.	capítulo/capítulos
CB.OT	Coniectanea biblica. Old Testament Series
CBQ	*Catholic Biblical Quarterly*

CeB	The Century Bible
cf.	véase
CNEB	Cambridge Bible Commentary on the New English Bible
1Cor	Primera carta a los Corintios
1-2Cr	Primer y segundo libro de las Crónicas
CSB	Studi biblici. Bologna
CuaBi	*Cuadernos Bíblicos*
CuBi	*Cultura Bíblica*
D	redactor deuteronomista
Dn	Daniel
Dt	Deuteronomio
DTMAT	*Diccionario teológico manual del Antiguo Testamento*, ed. E. Jenni – C. Westermann, I-II, Madrid 1978, 1985.
dtr	deuteronomista
DtrH	Redacción histórica de la historiografía deuteronomista
DtrN	Redacción nomista de la historiografía deuteronomista
DtrP	Redacción profética de la historiografía deuteronomista
EAJT	*East Asia Journal of Theology*
ed.	editor/editores
EdF	Erträge der Forschung
EMISJ	Estudios monográficos. Institución San Jerónimo para la investigación bíblica
EstAT	Estudios del Antiguo Testamento
EstB	*Estudios bíblicos*
EstFr	*Estudios Franciscanos*
ET	*Expository Times*
EtB.NS	Études bibliques. Nouvelle série
etc.	etcétera
EthL	*Ephemerides theologicae Lovanienses*
Ex	Éxodo
ExAu	*Ex Auditu*
Ez	Ezequiel
Flp	Filipenses
FRLANT	Forschungen zur Religion und Literatur des Alten und Neuen Testaments
Fs.	Festschrift/Estudios en honor de
Ga	Gálatas
Gn	Génesis
GTJ	*Grace Theological Journal*
HAR	*Hebrew Annual Review*
HAT	Handbuch zum Alten Testament
HBT	*Horizons in Biblical Theology*
HD	Historiografía deuteronomista

Hermeneia	Hermeneia. A Critical and Historical Commentary on the Bible
HSAT	Die Heilige Schrift des Alten Testamentes
HSM	Harvard Semitic Monographs
HThR	*Harvard Theological Review*
HUCA	*Hebrew Union College Annual*
Ibid.	*Ibidem*, la última obra anterior citada en la misma nota
IBSt	*Irish Biblical Studies*
ICC	International Critical Commentary
ID.	*Idem*, el último autor anterior citado en la misma nota
IEJ	*Israel Exploration Journal*
Interp.	*Interpretation*
IRT	Issues in Religion and Theology
Is	Isaías
JAAR	*Journal of the American Academy of Religion*
JBL	*Journal of Biblical Literature*
Jdm	*Judaism*
Jn	Evangelio de Juan
1Jn	Primera carta de Juan
JNWSL	*Journal of Northwest Semitic Languages*
Job	Job
Jos	Josué
JQR	*Jewish Quarterly Review*
Jr	Jeremías, libro de Jeremías
Jrm	Jeremías, en cuanto personaje histórico
JSNT.S	Journal for the Study of the New Testament. Supplement Series
JSOT	*Journal for the Study of the Old Testament*
JSOT.S	Journal for the Study of the Old Testament. Supplement Series
Jue	Jueces
KAT	Kommentar zum Alten Testament
KHC	Kurzer Hand-Commentar zum Alten Testament
Lc	Evangelio de Lucas
Lv	Levítico
LXX	Texto de los Setenta
Mc	Evangelio de Marcos
Mi	Miqueas
Mt	Evangelio de Mateo
NCBC	The New Century Bible Commentary
Neh	Nehemías
Nm	Números
NRTh	*Nouvelle Revue Théologique*

OBO	Orbis biblicus et orientalis
ÖBS	Österreichische biblische Studien
Os	Oseas
OTEs	*Old Testament Essays*
OTGu	Old Testament Guides
OTL	Old Testament Library
OTS	Oudtestamentische studiën
p.e.	por ejemplo
pag./pp.	página/páginas
Prov	Proverbios
PThM	The Pittsburg Theological Monograph Series
R	Redactor
RdQ	*Revue de Qumrân*
RdT	*Rassegna di teologia*
1-2Re	Primer y segundo libro de Reyes
RevBib	*Revista bíblica*
RExp	*Review and Expositor*
RHDF	*Revue historique de droit français et étranger. 4e Série*
Rom	Romanos
RPS	Religious Perspectives
Rt	Rut
Sal	Salmos
SalTer	*Sal Terrae*
1-2Sam	Primer y segundo libro de Samuel
SB	La Sacra Bibbia
SBB	Stuttgarter biblische Beiträge
SBFA	Studium biblicum Franciscanum Analecta
SBL	Society for Biblical Literature
ScrHie	Scripta Hierosolymitana
ScrVict	*Scriptorium Victoriense*
SEAJT	*South East Asia Journal of Theology*
SJOT	*Scandinavian Journal of the Old Testament*
SO.S	Symbolae Osloenses. Suppl.
StBi	Studi Biblici. Brescia
StMiss	*Studia missionalia*
ss.	siguientes
SubBi	Subsidia biblica
SWJT	*Southwestern Journal of Theology*
TGUOS	*Transactions of the Glasgow University Oriental Society*
ThW	Theologische Wissenschaft
ThWAT	*Theologisches Wörterbuch zum Alten Testament*, ed. G.J. Botterweck – H. Ringgren, V-VII, Stuttgart 1986, 1989, 1993.

TM	Texto Masorético
TynB	*Tyndale Bulletin*
v./vv.	versículo/versículos
VeIm	Verdad e imagen
VT	*Vetus Testamentum*
VT.S	Supplements to Vetus Testamentum
VTB	*Vocabulario de teología bíblica*, ed. X. Léon-Dufour, Barcelona 1993[16].
WMANT	Wissenschaftliche Monographien zum Alten und Neuen Testament
ZAW	*Zeitschrift für die alttestamentliche Wissenschaft*

BIBLIOGRAFÍA

ÁBREGO DE LACY, J.M., *Jeremías y el final del reino. Lectura sincrónica de Jer 36–45*, EstAT 3, Valencia 1983.

———, *Los libros proféticos*, Introducción al estudio de la Biblia 4, Estella 1993.

ACKROYD, P.R., *Exile and Restoration. A Study of Hebrew Thought of the Sixth Century B.C.*, OTL, London 1968.

AGUIRRE, R. – VITORIA, F.J., «Justicia», en I. ELLACURÍA – J. SOBRINO, ed., *Mysterium liberationis. Conceptos fundamentales de la teología de la liberación*, II, Madrid 1990, 539-577.

ALBERTZ, R., «Le milieu des deutéronomistes», en A. DE PURY – T. RÖMER, J.-D. MACCHI, ed., *Israël construit son histoire. L'historiographie deutéronomiste à la lumière des recherches récentes*, Le monde de la Bible 34, Genève 1996, 377-407.

———, *Historia de la religión de Israel en tiempos del Antiguo Testamento. I. De los comienzos hasta el final de la monarquía. II. Desde el exilio hasta la época de los Macabeos*, Madrid 1999.

ALFARO, J.I., «The Land –Stewardship», *BTB* 8 (1978) 51-61.

———, «La tierra prometida sacramento de la liberación del éxodo», *RevBib* 46 (1984) 117-129.

ALONSO SCHÖKEL, L., «Nota estilística sobre la partícula הִנֵּה», *Bib* 37 (1956) 74-80.

———, «La Rédemption oeuvre de solidarité», *NRTh* 93 (1971) 449-472.

———, *Manual de poética hebrea*, Madrid 1978.

———, «Salvación y liberación», *CuaBi* 5 (1980) 1-131.

———, «Jeremías como anti-Moisés», en M. CARREZ – J. DORE – P. GRELOT, ed., *De la Tôrah au Messie*, Fs. H. Cazelles, Paris 1981, 245-254.

ALONSO SCHÖKEL, L., «"Tú eres la esperanza de Israel" (Jer 17,5-13)», en L. RUPPERT – P. WEIMAR – E. ZENGER, ed., *Künder des Wortes*, Fs. J. Schreiner, Würzburg 1982, 95-104.

———, *¿Dónde está tu hermano? Textos de fraternidad en el libro del Génesis*, EMISJ 19, Valencia 1985.

———, «La Redención, obra de solidaridad», en *Hermenéutica de la Palabra. III. Interpretación teológica de relatos bíblicos*, Bilbao 1990, 241-262.

———, *Diccionario bíblico hebreo-español*, Madrid 1994.

———, *Salvezza e liberazione: l'Esodo*, Bologna 1996.

ALONSO SCHÖKEL, L. – COLLADO, V. – SICRE, J.L., «Jeremías 30-33», *CuaBi* 3 (1979) 1-29.

ALONSO SCHÖKEL, L. – SICRE, J.L., *Profetas. I. Isaías. Jeremías II. Ezequiel. Doce Profetas Menores. Daniel. Baruc. Carta de Jeremías*, Madrid 1980.

ALTER, R., *The Art of Biblical Narrative*, New York 1981.

AMIT, Y., «The Jubilee Law –An Attempt At Instituting Social Justice», en H.G. REVENTLOW – Y. HOFFMAN, ed., *Justice and Righteousness. Biblical Themes and their Influence*, JSOT.S 137, Sheffield 1992, 47-59.

ANDERSON, B.W., ed., *Creation in the Old Testament*, IRT 6, Philadelphia 1984.

———, «"The Lord Has Created Something New": A Stylistic Study of Jer 31:15-22», en L.G. PERDUE – B.W. KOVACS, ed., *A Prophet to the Nations*, Winona Lake 1984, 367-380.

———, *Creation versus Chaos. The Reinterpretation of Mythical Symbolism in the Bible*, Philadelphia 1987.

———, *From Creation to New Creation. Old Testament Perspectives*, Overtures to Biblical Theology 34, Minneapolis 1994.

ANDRÉ, G., *Determining the Destiny. PQD in the Old Testament*, CB.OT 16, Lund 1980.

———, «פָּקַד», *ThWAT*, VI, 707-723.

APPLEGATE, J., «"Peace, Peace, When There Is No Peace". Redactional Integration of Prophecy of Peace Into the Judgment of Jeremiah», en A.H.W. CURTIS – T. RÖMER, ed., *The Book of Jeremiah and Its Reception*, BEThL 128, Leuven 1997, 51-90.

———, «The Fate of Zedekiah: Redactional Debate in the Book of Jeremiah. Part I», *VT* 48 (1998) 137-160.

APPLEGATE, J., «The Fate of Zedekiah: Redactional Debate in the Book of Jeremiah. Part II», *VT* 48 (1998) 301-308.

BALENTINE, S.E., «Jeremiah, Prophet of Prayer», *RExp* 78 (1981) 331-344.

———, «The Prophet As Intercessor: A Reassessment», *JBL* 103 (1984) 161-173.

———, *Prayer in the Hebrew Bible. The Drama of Divine-Human Dialogue*, Overtures to Biblical Theology 29, Minneapolis 1993.

BAR-EFRAT, S., *Narrative Art in the Bible*, BiLiSe 17, Sheffield 1989.

DE BARROS, M. – CARAVIAS, J.L., *Teología de la tierra*, Madrid 1988.

BARSTAD, H.M., *The Myth of the Empty Land.A Study in the History and Archaeology of Judah During the "Exilic" Period*, SO.S 28, Oslo 1996.

BARTHÉLEMY, D., *Critique textuelle de l'Ancien Testament*, II. *Isaïe, Jérémie, Lamentations*, OBO 50/2, Göttingen 1986.

BAUER, A., «Dressed to Be Killed: Jeremiah 4.29-31 As an Example for the Functions of Female Imagery in Jeremiah», en A.R.P. DIAMOND – K.M. O'CONNOR – L. STULMAN, ed., *Troubling Jeremiah*, JSOT.S 260, Sheffield 1999, 293-305.

BEAUCAMP, E., *Los profetas de Israel o el drama de una alianza*, Estella 1988.

BEAUCHAMP, P., *Ley, profetas, sabios. Lectura sincrónica del Antiguo Testamento*, Madrid 1977.

BEGG, C.T., «Yahweh's "Visitation" of Zedekiah (Jer 32,5)», *EThL* 63 (1987) 113-117.

BEKER, J.C., *Suffering and Hope. The Biblical Vision and the Human Predicament*, Grand Rapids 1994.

BELLINGER, W.H., «Maker of Heaven and Earth: The Old Testament and Creation Theology», *SWJT* 32 (1990) 27-35.

BERGMAN, J. – RINGGREN, H. – BERNHARDT, K.H. – BOTTERWECK, G.J., «בָּרָא», en G.J. BOTTERWECK – H. RINGGREN, ed., *Diccionario teológico del Antiguo Testamento*, I, Madrid 1973, 782-790.

BERLIN, A., *Poetics and Interpretation of Biblical Narrative*, Winona Lake 1994.

Biblia de Jerusalén, Bilbao 1975.

Biblia del peregrino, Bilbao 1993.

BIDDLE, M., «The Literary Frame Surrounding Jeremiah 30,1–33,26», *ZAW* 100 (1988) 409-413.

BLENKINSOPP, J., *A History of Prophecy in Israel*, Louisville 1996².

BLENKINSOPP, J., «The Family in First Temple Israel», en L.G. PERDUE – J. BLENKINSOPP – J.J. COLLINS – C. MEYERS, ed., *Families in Ancient Israel*, Louisville 1997, 48-103.

BOGAERT, P.-M., «Les documents placés dans une jarre. Texte court et texte long de Jr 32 (LXX 39)», en G. DORIVAL – O. MUNNICH, ed., *Katà toùs o' selon les Septante: Trente études sur la Bible grecque des Septante*, Fs. M. Harl, Paris 1995, 53-77.

———, «De Baruch à Jérémie. Les deux rédactions conservées du livre de Jérémie», en P.-M. BOGAERT, ed., *Le Livre de Jérémie. Le prophète et son milieu. Les oracles et leur transmission*, BEThL 54, Leuven 1997², 168-173.430-432.

BOJORGE, H., «La entrada en la tierra prometida y la entrada en el reino. El trasfondo teológico del diálogo de Jesús con Nicodemo (Jn 3)», *RevBib* 41 (1979) 171-186.

BOVATI, P. – MEYNET, R., *Il libro del profeta Amos*, Roma 1995.

BOZAK, B.A., *Life 'Anew'. A Literary-Theological Study of Jer. 30-31*, AnBib 122, Roma 1991.

BRACKE, J.M., *The Coherence and Theology of Jeremiah 30-31*, Ann Arbor 1983.

———, *Jeremiah 1-29*, Westminster Bible Companion, Louisville 2000.

———, *Jeremiah 30-52 and Lamentations*, Westminster Bible Companion, Louisville 2000.

BRETÓN, S., *Vocación y misión. Formulario profético*, AnBib 111, Roma 1987.

BRICHTO, H.C., «Kin, Cult, Land and Afterlife –A Biblical Complex», *HUCA* 44 (1973) 1-54.

———, «The Worship of the Golden Calf: A Literary Analysis of a Fable on Idolatry», *HUCA* 54 (1983) 1-44.

BRIGHT, J., «The Book of Jeremiah: Its Structure, Its Problems, and Their Significance for the Interpreter», *Interp.* 9 (1955) 259-278.

———, *Jeremiah*, AncB 21, Garden City 1965.

———, *La historia de Israel*, Bilbao 1970¹³.

———, «The Date of the Prose Sermons in Jeremiah», en L.G. PERDUE – B.W. KOVACS, ed., *A Prophet to the Nations*, Winona Lake 1984, 193-212.

BROOKE, G.J., «The Book of Jeremiah and Its Reception in the Qumran Scrolls», en A.H.W. CURTIS – T. RÖMER, ed., *The Book of Jeremiah and Its Reception*, BEThL 128, Leuven 1997, 183-205.

BRUEGGEMANN, W., «Jeremiah's Use of Rhetorical Questions», *JBL* 92 (1973) 358-374.

———, «Israel's Sense of Place in Jeremiah», en J.J. JACKSON – M. KESSLER, ed., *Rhetorical Criticism*, Fs. J. Muilenburg, Pittsburgh 1974, 149-165.

———, *The Land. Place As Gift, Promise, and Challenge in Biblical Faith*, Overtures to Biblical Theology 1, Philadelphia 1977.

———, «"Impossibility" and Epistemology in the Faith Tradition of Abraham and Sara (Gen 18$_{1-15}$)», *ZAW* 94 (1982) 615-634.

———, «The Book of Jeremiah. Portrait of the Prophet», *Interp.* 37 (1983) 130-145.

———, «A Second Reading of Jeremiah After The Dismantling», *ExAu* 1 (1985) 156-168.

———, «The "Uncared for" Now Cared for (Jer 30:12-17): A Methodological Consideration», *JBL* 104 (1985) 419-428.

———, *La imaginación profética*, Presencia teológica 28, Santander 1986.

———, *Old Testament Theology: Essays on Structure, Theme, and Text*, Minneapolis 1992.

———, «A "Characteristic" Reflection on What Comes Next (Jeremiah 32.16-44)», en S.B. REID, ed., *Prophets and Paradigms*, Fs Tucker, JSOT.S 229, Sheffield 1996, 16-32.

———, *A Commentary on Jeremiah: Exile & Homecoming*, Grand Rapids 1998.

CANNIZZO, A., «The Corporate Personality», en G. DE GENNARO, ed., *L'antropologia biblica*, Napoli 1981, 593-644.

CARROLL, R.P., *From Chaos to Covenant. Prophecy in the Book of Jeremiah*, New York 1981.

———, *Jeremiah. A Commentary*, OTL, London 1986.

———, *Jeremiah*, OTGu, Sheffield 1989.

———, «Textual Strategies and Ideology in the Second Temple Period», en P.R. DAVIES, ed., *Second Temple Studies. 1. Persian Period*, JSOT.S 117, Sheffield 1991, 108-124.

———, «The Myth of the Empty Land», *Semeia* 59 (1992) 79-93.

———, «Poets Not Prophets. A Response to "Prophets Through the Looking Glass"», en P.R. Davies, *The Prophets*, BiSe 42, Sheffield 1996, 43-49.

———, «Surplus Meaning and the Conflict of Interpretations: A Dodecade of Jeremiah Studies (1984-95)», *Currents in Research. Biblical Studies* 4 (1996) 115-159.

CARROLL, R.P., «Whose Prophet? Whose History? Whose Social Reality? Troubling the Interpretative Community Again: Notes Towards a Response to T.W. Overholt's Critique», en P.R. DAVIES, ed., *The Prophets*, BiSe 42, Sheffield 1996, 87-101.

CAZELLES, H., *Storia politica d'Israele. Dalle origini ad Alessandro Magno*, Roma 1985.

―――, «La vie de Jérémie dans son contexte national et international», en P.-M. BOGAERT, ed., *Le Livre de Jérémie. Le prophète et son milieu. Les oracles et leur transmission*, BEThL 54, Leuven 1997², 21-39.418-422.

CHANG, P.M., «Jeremiah's Hope in Action. An Exposition of Jeremiah 32:1-15», *EAJT* 2 (1984) 244-250.

CHIAPPINI, A., *Amare la Torah più di Dio. Emmanuel Lévinas lettore del Talmud*, Firenze 1999.

CHILDS, B.S., *The Book of Exodus. A Critical, Theological Commentary*, OTL, Philadelphia 1974.

―――, *Introduction to the Old Testament As Scripture*, OTL, London 1979.

CLEMENTS, R.E., «Jeremiah, Prophet of Hope», *RExp* 78 (1981) 345-363.

―――, *The Prayers of the Bible*, London 1985.

―――, *Jeremiah*, Interpretation, Atlanta 1988.

―――, «The Prophet and His Editor», en D.J.A. CLINES – S.E. FOWL – S.E. PORTER, ed., *The Bible in Three Dimensions. Essays in celebration of forty years of Biblical Studies in the University of Sheffield*, JSOT.S 87, Sheffield 1990, 203-220.

―――, «Max Weber, Charisma and Biblical Prophecy», en Y. GITAY, ed., *Prophecy and Prophets. The Diversity of Contemporary Issues in Scholarship*, SBL. Semeia Studies 33, Atlanta 1997, 89-108.

CLINES, D.J.A., *The Theme of the Pentateuch*, JSOT.S 10, Sheffield 1978.

CONDAMIN, A., *Le Livre de Jérémie*, Paris 1936³.

CONROY, C., *Absalom Absalom! Narrative and Language in 2Sam 13-20*, AnBib 81, Rome 1978.

―――, «Jeremiah and Sainthood», *StMiss* 35 (1986) 1-40.

CORNILL, C.H., *Das Buch Jeremia*, Leipzig 1905.

COSTACURTA, B., *La vita minacciata. Il tema della paura nella Bibbia Ebraica*, AnBib 119, Roma 1997.

COUSIN, H., *La Biblia Griega. Los Setenta*, Documentos en torno a la Biblia 21, Estella 1992.

COWLEY, A.E., *Gesenius' Hebrew grammar. As Edited and Enlarged by the Late E. Kautzsch*, Oxford 1910.

CRENSHAW, J.L., «*YHWH S^{e}ba'ôt S^{e}mŏ*: A Form-Critical Analysis», *ZAW* 81 (1969) 156-175.

CROATTO, J.S., «Los oprimidos poseerán la tierra», *RevBib* 41 (1979), 245-248.

DAUBE, D., *Studies in Biblical Law*, Cambridge 1947.

DAVIES, E.W., «Land: Its Rights and Privileges», en R.E. CLEMENTS, ed., *The World of Ancient Israel: sociological, anthropological and political perspectives*, Cambridge 1989, 349-369.

DAVIES, W.D. *The Gospel and the Land. Early Christianity and Jewish Territorial Doctrine*, BiSe 25, Sheffield 1994.

DIAMOND, A.R.P., «Portraying Prophecy: Of Doublets, Variants and Analogies in the Narrative Representation of Jeremiah's Oracles. Reconstructing the Hermeneutics of Prophecy», *JSOT* 57 (1993) 99-119.

DIAMOND, A.R.P. – O'CONNOR, K.M. – STULMAN, L., ed., *Troubling Jeremiah*, JSOT.S 260, Sheffield 1999.

DIEPOLD, P., *Israels Land*, BWAT 95, Stuttgart – Berlin – Köln – Mainz 1972.

DOMERIS, W.R., «When Metaphor Becomes Myth: A Socio-Linguistic Reading of Jeremiah», en A.R.P. Diamond – K.M. O'Connor – L. Stulman, *Troubling Jeremiah*, JSOT.S 260, Sheffield 1999, 244-262.

DUHM, B., *Das Buch Jeremia*, KHC 11, Tübingen – Leipzig 1901.

DURHAM, J.I., *Exodus*, Word Biblical Commentary 3, Dallas 1987.

DUTCHER-WALLS, P., «The Social Location of the Deuteronomists: A Sociological Study of Factional Politics in Late Pre-Exilic Judah», *JSOT* 52 (1991) 77-94.

EISSFELDT, O., *Einleitung in das Alte Testament*, Tübingen 1964[3].

ELLACURÍA, I., «Historicidad De La Salvación Cristiana», en I. Ellacuría – J. Sobrino, *Mysterium liberationis. Conceptos fundamentales de la teología de la liberación*, I, Madrid 1990, 323-372.

———, «Utopía y profetismo», en I. Ellacuría – J. Sobrino, *Mysterium liberationis. Conceptos fundamentales de la teología de la liberación*, I, Madrid 1990, 393-442.

ELLIGER, K. – RUDOLPH, W., ed., *Biblia Hebraica Stuttgartensia*, Stuttgart 1990[4].

ESKHULT, M., *Studies in Verbal Aspect and Narrative Technique in Biblical Hebrew Prose*, AUU.SSU 12, Uppsala 1990.

FEUILLET, A. – GRELOT, P., «Palabra de Dios», *VTB*, 630-636.

FISCHER, G., *Das Trostbüchlein: Text, Komposition und Theologie von Jer 30-31*, SBB 26, Stuttgart 1993.

———, «Zum Text des Jeremiabuches», *Bib* 78 (1997) 305-328.

FLOR SERRANO, G. – ALONSO SCHÖKEL, L., *Diccionario terminológico de las ciencias bíblicas*, Madrid 1979.

FOHRER, G., «Die Gattung der Berichte über symbolische Handlungen der Propheten», en G. FOHRER, ed., *Studien zur alttestamentiche Prophetie (1949-1965)*, BZAW 99, Berlin 1967, 92-112.

———, *Die symbolischen Handlungen der Propheten*, AThANT 54, Zürich 1968².

FOWLER, J.D., *Theophoric Personal Names in Ancient Hebrew*, JSOT.S 49, Sheffield 1988.

FRETHEIM, T.E., *The Suffering of God. An Old Testament Perspective*, Overtures to Biblical Theology 14, Philadelphia 1984.

FRIEBEL, K.G., *Jeremiah's and Ezekiel's Sign-Acts. Rhetorical Nonverbal Communication*, JSOT.S 283, Sheffield 1993.

GARCÍA DE LA FUENTE, O., «El contrato de Jeremías (32,6-15): comparación con los documentos del antiguo oriente», en CONSEJO SUPERIOR DE INVESTIGACIONES CIENTÍFICAS, ed., *XV Semana Bíblica Española*, Madrid 1955, 187-212.

GERSTENBERGER, E.S. – FABRY, H.-J., «פלל», *ThWAT*, VI, 606-617.

GEVARYAHU, H.M.I., «Biblical Colophons: A Source for the "Bibliography" of Authors, Books and Texts», en *Congress Volume Edinburgh 1974*, VT.S 28, Leiden 1975, 42-59.

GITAY, Y., «Rhetorical Criticism and the Prophetic Discourse», en D.F. WATSON, ed., *Persuasive Artistry*, Fs. G.A. Kennedy, JSNT.S 50, Sheffield 1991, 13-24.

———, «The Realm of Prophetic Rhetoric», en S.E. PORTER – T.H. OLBRICHT, ed., *Rhetoric, Scripture and Theology: Essays from the 1994 Pretoria Conference*, JSNT.S 131, Sheffield 1996, 218-229.

———, «The Projection of the Prophet: A Rhetorical Presentation of the Prophet Jeremiah (According to Jer 1:1-19)», en Y. GITAY, ed., *Prophecy and Prophets. The Diversity of Contemporary Issues in Scholarship*, SBL. Semeia Studies 33, Atlanta 1997, 41-55.

GNANAKAN, K.. *Gods World. A Theology of the Environment*, International Study Guide 36, London 1999.

GNUSE, R., *Comunidad y propiedad en la tradición bíblica*, Estella 1986.

GONÇALVES, F.J., «El "Destierro" Consideraciones Históricas», *EstB* 55 (1997) 431-461.

GONZÁLEZ ECHEGARAY, J., *El creciente fértil y la Biblia*, Estella 1991.

GONZÁLEZ LAMADRID, A., *La fuerza de la tierra. Geografía, Historia y Teología de Palestina*, Biblioteca de estudios bíblicos 39, Salamanca 1981.

GOTTWALD, N.K., *All the Kingdoms of the Earth. Israelite Prophecy and International Relations in the Ancient Near East*, New York 1964.

———, *The Tribes of Yahweh. A Sociology of the Religion of Liberated Israel 1250-1050 B.C.E.*, London 1979.

———, «Ideology and Ideologies in Israelite Prophecy», en S.B. REID, ed., *Prophets and Paradigms*, Fs. G.M. Tucker, JSOT.S 229, Sheffield 1996, 136-149.

GROß, W., ed., *Jeremia und die «deuteronomistische Bewegung»*, BBB 98, Weinheim 1995.

HABEL, N.C., *The Land Is Mine. Six Biblical Land Ideologies*, Overtures to Biblical Theology 35, Minneapolis 1995.

HARDMEIER, C., «Probleme der Textsyntax, der Redeeinbettung und der Abschnittgliederung in Jer 32 (mit ihren kompositionsgeschichtlichen Konsequenzen)», en H. IRSIGLER, ed., *Syntax und Text*, ATSAT 40, St. Ottilien 1993, 49-79.

HARTLEY, J.E., *Leviticus*, Word Biblical Commentary 4, Dallas 1992.

HAYES, J.H. – HOOKER, P.K., *A New Chronology for the Kings of Israel and Judah and Its Implications for Biblical History and Literature*, Atlanta 1988.

HELBERG, J., «The Significance of the Capacity of God As Creator for His Relationship to the Land in the Old Testament», en M. SHARON, ed., *The Holy Land in History and Thought*, Leiden 1988, 48-62.

HERRMANN, S., *Geschichte Israels in alttestamentlicher Zeit*, München 1973.

———, *Jeremia. Der Prophet und das Buch*, EdF 271, Darmstadt 1990.

HESCHEL, A.J., *God in Search of Man. A Philosophy of Judaism*, New York 1956.

———, *The Prophets*, New York 1962.

———, *Who Is Man?*, Stanford 1965.

HOBBS, T.R., «Some Remarks on the Composition and Structure of the Book of Jeremiah», *CBQ* 34 (1972) 257-275.

HOLLADAY, W.L., «A Fresh Look at "Source B" and "Source C" in Jeremiah», *VT* 25 (1975) 394-412.

HOLLADAY, W.L., «The Identification of the Two Scrolls of Jeremiah», *VT* 30 (1980) 452-467.

———, *Jeremiah*, I-II, Hermeneia, Philadelphia 1986, 1989.

———, «A Coherent Chronology of Jeremiah's Early Career», en P.-M. BOGAERT, ed., *Le Livre de Jérémie. Le prophète et son milieu. Les oracles et leur transmission*, BEThL 54, Leuven 1997², 58-73.425-426.

HOLT, E.K., «The Potent Word of God: Remarks on the Composition of Jeremiah 37–44», en A.R.P. DIAMOND – K.M. O'CONNOR – L. STULMAN, ed., *Troubling Jeremiah*, JSOT.S 260, Sheffield 1999, 161-170.

HORWITZ, W.J., «Audience Reaction to Jeremiah», *CBQ* 32 (1970) 555-564.

HUBBARD, R.L., «The Go'el in Ancient Israel: Theological Reflections on an Israelite Institution», *Bulletin for Biblical Research* 1 (1991) 3-19.

HUBMANN, F.D., «Bemerkungen zur älteren Diskussion um die Unterschiede zwischen MT und G im Jeremiabuch», en W. GROß, ed., *Jeremia und die «deuteronomistische Bewegung»*, BBB 98, Weinheim 1995, 263-270.

HUEY, F.B., *Jeremiah, Lamentations*, The New American Commentary 16, Nashville 1993.

HUFFMON, H.B., «The Impossible: God's Words of Assurance in Jer 31:35-37», en S.L. Cook – S.C. Winter, *On the Way to Niniveh*, Fs. G.M. Landes, ASOR Books 4, Atlanta 1999, 172-186.

HYATT, J.P., «Jeremiah», en G.A. BUTTRICK, ed., *The Interpreter's Bible*, V, New York 1952, 1042-1049.

———, «The Deuteronomic Edition of Jeremiah», en L.G. PERDUE – B.W. KOVACS, ed., *A Prophet to the Nations*, Winona Lake 1984, 247-267.

IBÁÑEZ ARANA, A., «Jeremías y el Deuteronomio», *ScrVict* 37 (1990) 266-341.

JANZEN, J.G., *Studies in the Text of Jeremiah*, HSM 6, Cambridge 1973.

———, «A Critique of Sven Soderlund's The Greek Text of Jeremiah: A Revised Hypothesis», *BIOSCS* 22 (1989) 16-47.

JANZEN, W., «Land», en D.N. FREEDMAN, ed., *The Anchor Bible Dictionary*, IV, New York – London 1992, 143-154.

JENNI, E., «אָהַב», *DTMAT*, I, 132-133.

JENNI, E. – VETTER, D., «עָיִן», *DTMAT*, II, 336-346.

JIMÉNEZ LIMÓN, J., «Sufrimiento, muerte, cruz y martirio», en I. ELLACURÍA – J. SOBRINO, ed., *Mysterium liberationis. Conceptos fundamentales de la teología de la liberación*, II, Madrid 1990, 477-494.

JOHNSON, R., «The Old Testament Demand for Faith and Obedience», *SWJT* 32 (1990) 27-35.

JONES, D.R., *Jeremiah*, NCBC, Grand Rapids 1992.

JOÜON, P. – MURAOKA, T., *A Grammar of Biblical Hebrew*, SubBi 14, Roma 1993.

KAISER, O., *Einleitung in das Alte Testament*, Gütersloh 1984⁵.

KAISER, W.C., «The Promised Land: A Biblical-Historical View», *BS* 138 (1981) 302-312.

KEOWN, G.L. – SCALISE, P.J. – SMOTHERS, T.G., *Jeremiah 26-52*, Word Biblical Commentary 27, Dallas 1995.

KESSLER, M., «Jeremiah Chapters 26-45 Reconsidered», *Journal of Near Eastern Studies* 27 (1968) 81-88.

KNIERIM, R.P., «Cosmos and History in Israel's Theology», *HBT* 3 (1981) 59-123.

——, *The Task of Old Testament Theology. Substance, Method, and Cases*, Grand Rapids – Cambridge 1995.

KOGUT, S., «On the Meaning and Syntactical Status of הִנֵּה in Biblical Hebrew», en S. JAPHET, ed., *Studies in Bible 1986*, ScrHie31, Jerusalem 1986, 133-154.

KURIAN, J., «A Message of Hope. The Life of Jeremiah the Prophet», *BiBh* 6 (1980) 233-248.

LALLEMAN - DE WINKEL, H., *Jeremiah in Prophetic Tradition. An Examination of the Book of Jeremiah in the Light of Israel's Prophetic Traditions*, Leuven 2000.

LANDES, G.M., «Creation and Liberation», en B.W. ANDERSON, ed., *Creation in the Old Testament*, IRT 6, Philadelphia 1984, 135-151.

LEENE, H., «Jeremiah 31,23-26 and the Redaction of the Book of Comfort», *ZAW* 104 (1992) 349-364.

VAN LEEUWEN, C., «עֵד», *DTMAT*, II, 273-287.

LEMKE, W.E., «Nebuchadrezzar, My Servant», *CBQ* 28 (1966) 45-50.

LEVENSON, J.D., *Creation and the Persistence of Evil. The Jewish Drama of Divine Omnipotence*, San Francisco 1988.

LEVIN, C., *Die Verheissung des neuen Bundes in ihrem theologiegeschichtlichen Zusammenhang ausgelegt*, FRLANT 137, Göttingen 1985.

LEVINE, E., «The Land of Milk and Honey», *JSOT* 87 (2000) 43-57.

LEVORATTI, A.J., «El sufrimiento de los profetas por su fidelidad a la palabra», *RevBib* 42 (1980) 3-9.

LEWIN, E.D., «Arguing for Authority. A Rhetorical Study of Jeremiah 1.4-19 and 20.7-18», *JSOT* 32 (1985) 105-119.

LIBÂNIO, J.A., «Esperanza, utopía, resurrección», en I. ELLACURÍA – J. SOBRINO, ed., *Mysterium liberationis. Conceptos fundamentales de la teología de la liberación*, II, Madrid 1990, 495-510.

LICHT, J., *Storytelling in the Bible*, Jerusalem 1978.

LIPIŃSKI, E., «נָחַל / נַחֲלָה», *ThWAT*, V, 342-360.

———, «קָנָה», *ThWAT*, VII, 63-71.

LOHFINK, N., *Die Landverheißung als Eid: eine Studie zu Gn 15*, Stuttgart 1967.

———, «Gab es eine deuteronomistische Bewegung?», en W. GROß, ed., *Jeremia und die «deuteronomistische Bewegung»*, BBB 98, Weinheim 1995, 313-382.

———, «Der junge Jeremia als Propagandist und Poet. Zum Grudstock von Jer 30–31», en P.-M. BOGAERT, ed., *Le Livre de Jérémie. Le prophète et son milieu. Les oracles et leur transmission*, BEThL 54, Leuven 1997², 351-368.439-445.

LONGACRE, R.E., «Discourse Perspective on the Hebrew Verb: Affirmation and Restatement», en W.R. BODINE, ed., *Linguistics and Biblical Hebrew*, Winona Lake 1992, 177-189.

LOSADA, D., «Bienaventurados los mansos porque ellos heredarán la tierra», *RevBib* 41 (1979) 239-243.

LUNDBOM, J.R., «Baruch, Sereaiah, and Expanded Colophons in the Book of Jeremiah», *JSOT* 36 (1986) 89-114.

———, «Rhetorical Structures in Jeremiah 1», *ZAW* 103 (1991) 193-210.

———, «Jeremiah 15,15-21 and the Call of Jeremiah», *SJOT* 9 (1995) 143-155.

———, *Jeremiah. A Study in Ancient Hebrew Rhetoric*, Winona Lake 1997².

———, *Jeremiah 1-20. A New Translation with Introduction and Commentary*, AncB 21A, New York – London 1999.

MCCARTHY, D.J., «The Uses of $w^e hinnēh$ in Biblical Hebrew», *Bib* 61 (1980) 330-342.

———, «"Creation" Motifs in Ancient Hebrew Poetry», en B.W. ANDERSON, ed., *Creation in the Old Testament*, IRT 6, Philadelphia 1984, 74-89.

MCCONVILLE, J.G., «Jeremiah: Prophet and Book», *TynB* 42 (1991) 80-95.

———, *Judgment and Promise. An Interpretation of the Book of Jeremiah*, Leicester – Winona Lake 1993.

MCFAGUE, S., *Modelos de Dios. Teología para una era ecológica y nuclear*, Presencia teológica 76, Santander 1994.

MACHOLZ, G.C., «Jeremia in der Kontinuität der Prophetie», en H.W. WOLFF, ed., *Probleme biblischer Theologie*, Fs. G. von Rad, München 1971, 306-334.

MCKANE, W., *Jeremiah. I. Introduction and Commentary on Jeremiah I-XXV. II. Commentary on Jeremiah XXVI-LII*, ICC, Edinburgh 1986, 1996.

MCNUTT, P.M., *Reconstructing the Society of Ancient Israel*, Louisville 1999.

MALAMAT, A., «The Last Kings of Judah and the Fall of Jerusalem», *IEJ* 18 (1968) 137-156.

MANAHAN, R.E., «An Interpretative Survey: Audience Reaction Quotations in Jeremiah», *GTJ* 1 (1980) 163-183.

MARGUERAT, D. – BOURQUIN, Y., *Cómo leer los relatos bíblicos. Iniciación al análisis narrativo*, Presencia teológica 106, Santander 2000.

MARTENS, E.A., *God's Design. A Focus on Old Testament Theology*, Grand Rapids 1994².

———, *Old Testament Theology*, Grand Rapids 1997.

METZ, J.B. – WIESEL, E., *Esperar a pesar de todo. Conversaciones con Ekkehard Schuster y Reinhold Boschert-Kimmig*, Madrid 1996.

MEYERS, C., «The Family in Early Israel», en L.G. PERDUE – J. BLENKINSOPP – J.J. COLLINS – C. MEYERS, ed., *Families in Ancient Israel*, Louisville 1997, 1-47.

MEYNET, R., *L'analisi retorica*, BiBi 8, Brescia 1992.

———, *«E ora, scrivete per voi questo cantico». Introduzione pratica all'analisi retorica*, Roma 1996.

———, *Leggere la Bibbia*, Milano 1998.

MIGSCH, H., *Jeremias Ackerkauf. Eine Untersuchung von Jeremia 32*, ÖBS 15, Frankfurt 1996.

MILLER, J.M. – HAYES, J.H., *A History of Ancient Israel and Judah*, Philadelphia 1986.

MILLER, P.D., «Creation and Covenant», en S.J. KRAFTCHICK – C.D. MYERS – B.C. OLLENBURGER, ed., *Biblical Theology. Problems and Perspectives*, Fs. J.C. Beker, Nashville 1995, 155-168.

MLAKUZHYIL, G., *The Christocentric Literary Structure of the Fourth Gospel*, AnBib 117, Roma 1987.

MOLTMANN, J., *Teología de la esperanza*, Salamanca 1969.

———, *The Experiment Hope*, Philadelphia 1975.

MOLTMANN, J., *El Dios crucificado: la cruz como base y crítica de toda teología cristiana*, Velm 41, Salamanca 1977.

MOWINCKEL, S., *Zur Komposition des Buches Jeremia*, Kristiania 1914.

MUILENBURG, J., «Form Criticism and Beyond», *JBL* 88 (1969) 1-18.

———, «Father and Son», en T.F. BEST, ed., *Hearing and Speaking the Word. Selections from the Works of James Muilenburg*, Chico 1984, 283-289.

———, «The Linguistic and Rhetorical Usages of the Particle כי in the Old Testament», en T.F. BEST, ed., *Hearing and Speaking the Word. Selections from the Works of James Muilenburg*, Chico 1984, 208-233.

MUÑOZ IGLESIAS, S., *Los géneros literarios y la interpretación bíblica*, Madrid 1968.

NASUTI, H.P., «A Prophet to the Nations: Diachronic and Synchronic Reading of Jeremiah 1», *HAR* 10 (1986) 249-266.

NAVIA VELASCO, C., «Meditaciones femeninas para Semana Santa y Pascua», material no impreso obtenido de Internet en la siguiente dirección: www.servicioskoinonia.org/biblioteca/biblica.

NICCACCI, A., *Sintassi del verbo ebraico nella prosa biblica classica*, SBFA 23, Jerusalem 1986.

———, *Lettura sintattica della prosa ebraico-biblica. Principi e applicazioni*, SBFA 31, Jerusalem 1991.

NICHOLSON, E.W., *Preaching to the Exiles. A Study of the Prose Tradition in the Book of Jeremiah*, Oxford 1970.

———, *The Book of the Prophet Jeremiah. I. Chapters 1-25. II. Chapters 26-52*, CNEB, Cambridge 1973, 1975.

NIETO, G.J., «El quiebre de estructura propuesto por Jeremías 31,31-34», *EstB* 58 (2000) 495-512.

NÖTSCHER, F., *Das Buch Jeremias*, HSAT 7/2, Bonn 1934.

NORTH, C.R., «The Redeemer God: The Historical Basis of Biblical Theology», *Interp.* 2 (1948) 3-16.

NORTH, R., *Sociology of the Biblical Jubilee*, AnBib 4, Rome 1954.

———, *The Biblical Jubilee... After Fifty Years*, AnBib 145, Rome 2000.

OCH, B., «Creation and Redemption: Towards a Theology of Creation», *Jdm* 44 (1995) 226-243.

OESCH, J.M., «Zur Makrostruktur und Textintentionalität von Jer 32», en W. GROß, ed., *Jeremia und die «deuteronomistische Bewegung»*, BBB 98, Weinheim 1995, 215-223.

OHLER, A., *Gattungen im AT. Ein biblisches Arbeitsbuch*, I-II, Düsseldorf 1972, 1973.

OVERHOLT, T.W., «King Nebuchadnezzar in the Jeremiah Tradition», *CBQ* 30 (1968) 39-48.

———, «Remarks on the Continuity of the Jeremiah Tradition», *JBL* 91 (1972) 457-462.

———, «Jeremiah and the Nature of the Prophetic Process», en A.L. MERRILL – T.W. OVERHOLT, ed., *Scripture in History and Theology*, Fs. J. Coert Rylaarsdam, PThM 17, Pittsburg 1977, 129-150.

———, «Jeremiah 2 and the Problem of "Audience Reaction"», *CBQ* 41 (1979) 262-273.

PEAKE, A.S., *Jeremiah and Lamentation. II. Jeremiah 25-52, Lamentations*, CeB 9, London 1911.

PEDERSEN, J., *Israel: Its Life and Culture*, London 1946-1947.

PENNA, A., *Geremia*, SB, Torino – Roma 1952.

PERDUE, L.G., *Wisdom in Revolt. Metaphorical Theology in the Book of Job*, JSOT.S 112, Sheffield 1991.

———, *The Collapse of History. Reconstructing Old Testament Theology*, Overtures to Biblical Theology 33, Minneapolis 1994.

———, «The Israelite and Early Jewish Family: Summary and Conclusions», en L.G. PERDUE – J. BLENKINSOPP – J.J. COLLINS – C. MEYERS, ed., *Families in Ancient Israel*, Louisville 1997, 163-222.

———, «The Book of Jeremiah in Old Testament Theology», en A.R.P. DIAMOND – K.M. O'CONNOR – L. STULMAN, ed., *Troubling Jeremiah*, JSOT.S 260, Sheffield 1999, 320-338.

PERDUE, L.G. – BLENKINSOPP, J. – COLLINS, J.J. – MEYERS, C., *Families in Ancient Israel. The Family, Religion, and Culture*, Louisville 1997.

PERRIN, B., «Trois textes bibliques sur les techniques d'acquisition immobiliére (Genése XXIII, Ruth IV, Jérémie XXXII,8-15)», *RHDF* 41 (1963) 5-19.177-195.387-417.

PIKAZA, J., *La Biblia y la teología de la historia. Tierra y promesa de Dios*, AcBi 28, Madrid 1972.

PILCH, J.J., «Jeremiah and Symbolism: A Social Science Approach», *BiTod* 19 (1981) 105-111.

PLÖGER, J.G., *Literarkritische, formgeschichtliche und stilkritische Untersuchungen zum Deuteronomium*, BBB 26, Bonn 1967.

POHLMANN, K.-F., *Studien zum Jeremiabuch. Ein Beitrag zur Frage nach der Entstehung des Jeremiabuches*, FRLANT 118, Göttingen 1978.

PONTIFICIA COMISIÓN BÍBLICA, *La interpretación de la Biblia en la Iglesia*, Città del Vaticano 1993.

PORTER, J.R., «The Legal Aspects of the Concept of "Corporate Personality" in the Old Testament», *VT* 15 (1965) 361-380.

PRAT, M. – GRELOT, P., «Testimonio», *VTB*, 886-889.

DE PURY, A. – RÖMER, T. – MACCHI, J.-D., ed., *Israël construit son histoire. L'historiographie deutéronomiste à la lumière des recherches récentes*, Le monde de la Bible 34, Genève 1996.

RABIN, C. – TALMON, S. – TOV., E., *The Book of Jeremiah*, The Hebrew University Bible Project, Jerusalem 1997.

VON RAD, G., «El problema teológico de la fe en la creación en el Antiguo Testamento», en G. von Rad, ed., *Estudios sobre el Antiguo Testamento*, Biblioteca de estudios bíblicos 3, Salamanca 1982, 129-139.

———, «Tierra prometida y tierra de Yahvé en el Hexateuco», en G. von Rad, ed., *Estudios sobre el Antiguo Testamento*, Biblioteca de estudios bíblicos 3, Salamanca 1982, 81-93.

RAITT, T.M., «Jeremiah's Deliverance Message To Judah», en J.J. JACKSON – M. KESSLER, ed., *Rhetorical Criticism*, Fs. J. Muilenburg, Pittsburgh 1974, 166-185.

———, *A Theology of Exile. Judgment/Deliverance in Jeremiah and Ezekiel*, Philadelphia 1977.

RAMLOT, L.-M. – GUILLET, J., «Escritura», *VTB*, 287-289.

RENDTORFF, R., *Das Alte Testament. Eine Einführung*, Neukirchen-Vluyn 1988³.

RIBERA FLORIT, J., *Traducción del Targum de Jeremías*, Biblioteca midrásica 12, Estella 1992.

———, «Relación entre el Targum y las versiones antiguas. Los targumes de Jeremías y Ezequiel comparados con LXX, Peshitta y Vulgata», *EstB* 52 (1994) 317-328.

RICCIOTTI, G., *Il libro di Geremia*, Torino 1923.

RICOEUR, P., «Biblical Hermeneutics», *Semeia* 4 (1975) 27-148.

———, «The Language of Faith», en C.E. REAGAN – D. STEWART, ed., *The Philosophy of Paul Ricoeur*, Boston 1978, 223-238.

RINGGREN, H., «גָּאַל», en G.J. BOTTERWECK – H. RINGGREN, ed., *Diccionario teológico del Antiguo Testamento*, I, Madrid 1973, 901-907.

ROBINSON, H.W., *The Cross in the Old Testament*, London 1955.

ROFÉ, A., «The Classification of the Prophetical Stories», *JBL* 89 (1970) 427-440.

———, «The Vineyard of Naboth: The Origin and Message of the Story», *VT* 38 (1988) 89-104.

———, «The Arrangement of the Book of Jeremiah», *ZAW* 101 (1989) 390-398.

———, *Introduzione alla letteratura profetica*, StBi 111, Brescia 1995.

ROGERSON, J.W., «The Hebrew Conception of Corporate Personality: A Re-Examination», en B. LANG, ed., *Anthropological Approaches to the Old Testament*, IRT 8, Philadelphia 1985, 43-59.

RÖMER, T., «Y a t-il une rédaction deutéronomiste dans le livre de Jérémie?», en A. DE PURY – T. RÖMER – J.-D. MACCHI, ed., *Israël construit son histoire. L' historiographie deutéronomiste à la lumière des recherches récentes*, Le monde de la Bible 34, Genève 1996, 419-441.

———, «How Did Jeremiah Become a Convert to Deuteronomistic Ideology?», en L.S. SCHEARING – S.L. MCKENZIE, ed., *Those Elusive Deuteronomists. The Phenomenon of Pan-Deuteronomism*, JSOT.S 268, Sheffield 1999, 189-199.

RÖMER, T. – DE PURY, A., «L'Historiographie Deutéronomiste (HD). Histoire de la recherche et enjeux du débat», en A. DE PURY – T. RÖMER – J.-D. MACCHI, ed., *Israël construit son histoire. L' historiographie deutéronomiste à la lumière des recherches récentes*, Le monde de la Bible 34, Genève 1996, 9-120.

RUBINGER, N.J., «Jeremiah's Epistle to the Exiles and the Field in Anatot», *Jdm* 26 (1977) 84-91.

RUDOLPH, W., *Jeremia*, HAT 12, Tübingen 1968³.

SCHARBERT, J., «Jeremia und die Reform des Joschija», en P.-M. BOGAERT, ed., *Le Livre de Jérémie. Le prophète et son milieu. Les oracles et leur transmission*, BEThL 54, Leuven 1997², 40-57, 422-424.

SCHMID, H.H., «ירש», *DTMAT*, I, 1068-1073.

———, «Creation, Righteousness, and Salvation: "Creation Theology" As the Broad Horizon of Biblical Theology», en B.W. ANDERSON, ed., *Creation in the Old Testament*, IRT 6, Philadelphia 1984, 102-117.

SCHMID, K., *Buchgestalten des Jeremiabuches. Untersuchungen zur Redaktions- und Rezeptionsgeschichte von Jer 30-33 im Kontext des Buches*, WMANT 72, Neukirchen-Vluyn 1996.

SCHMIDT, W.H., «ברא», *DTMAT*, I, 486-491.

———, «קנה», *DTMAT*, II, 819-830.

SCHOTTROFF, W., «ידע», *DTMAT*, I, 942-968.

———, «פקד», *DTMAT*, II, 589-613.

SCHREINER, J., «Formas y géneros en el Antiguo Testamento», en J. SCHREINER, ed., *Introducción a los métodos de la exégesis bíblica*, Barcelona 1974, 253-298.

———, «Jeremia und die joschijanische Reform. Probleme - Fragen - Antworten», en W. GROß, ed., *Jeremia und die «deuteronomistische» Bewegung*, BBB 98, Weinheim 1995, 11-31.

SEGUNDO, J.L., «Revelación, fe, signos de los tiempos», en I. Ellacuría – J. Sobrino, *Mysterium liberationis. Conceptos fundamentales de la teología de la liberación*, I, Madrid 1990, 443-466.

SEITZ, C.R., «The Crisis of Interpretation Over the Meaning and Purpose of the Exile. A Redactional Study of Jeremiah XXI-XLIII», *VT* 35 (1985) 78-97.

———, «The Prophet Moses and the Canonical Shape of Jeremiah», *ZAW* 101 (1989) 3-27.

———, *Theology in Conflict. Reactions to the Exile in the Book of Jeremiah*, BZAW 176, Berlin 1989.

SELLIN, E. – FOHRER, G., *Einleitung in das Alte Testament*, Heidelberg 1969[11].

SHEAD, A.G., «Jeremiah 32 in Its Hebrew and Greek Recensions», *TynB* 50 (1999) 318-320.

SHILOH, Y. – TARLER, D., «Bullae from the City of David. A Hoard of Seal Impressions from the Israelite Period», *BA* 46 (1986) 197-209.

SICRE, J.L., *Los dioses olvidados. Poder y riqueza en los profetas preexílicos*, EstAT 1, Madrid 1979.

———, *Profetismo en Israel. El profeta. Los profetas. El mensaje*, Estella 1996[2].

SIMIAN-YOFRE, H., ed., *Metodologia dell'Antico Testamento*, CSB 25, Bologna 1997.

SIMIAN-YOFRE, H. – RINGGREN, H., «עוד», *ThWAT*, V, 1107-1130.

SKA, J.L., *Our Fathers Have Told Us*, SubBi 13, Roma 1990.

SKA, J.L., «Sincronia: L'analisi Narrativa», en H. SIMIAN-YOFRE, ed., *Metodologia dell'Antico Testamento*, CSB 25, Bologna 1994, 139-170.

———, *Introduzione alla lettura del Pentateuco*, Roma 1998.

SMEND, R., *Die Entstehung des Alten Testaments*, ThW 1, Stuttgart 1978.

SOBRINO, J., *El principio-misericordia. Bajar de la cruz a los pueblos crucificados*, Presencia teológica 67, Santander 1992.

SODERLUND, S., *The Greek Text of Jeremiah. A Revised Hypothesis*, JSOT.S 47, Sheffield 1985.

SOGGIN, J.A., *Introduzione all'Antico Testamento*, BCR 14, Brescia 1987[4].

———, *Nueva historia de Israel. De los orígenes a Bar Kochba*, Bilbao 1999[2].

SOMMER, B.D., «New Light on the Composition of Jeremiah», *CBQ* 61 (1999) 646-666.

STÄHLI, H.-P., «פלל», *DTMAT*, II, 541-548.

STAMM, J.J., «גאל», *DTMAT*, I, 549-564.

———, «Der Name Jeremia», *ZAW* 100Suppl. (1988) 100-106.

STERNBERG, M., *The Poetics of Biblical Narrative. Ideological Literature and the Drama of Reading*, Indiana Literary Biblical Series, Bloomington 1985.

STIPP, H.-J., «Zedekiah in the Book of Jeremiah: On the Formation of a Biblical Character», *CBQ* 58 (1996) 627-648.

STREANE, A.W., *The Book of the Prophet Jeremiah Together with the Lamentations*, Cambridge 1913.

STULMAN, L., «Insiders and Outsiders in the Book of Jeremiah: Shift in Symbolic Arrangements», *JSOT* 66 (1995) 65-85.

———, *Order Amid Chaos. Jeremiah As Symbolic Tapestry*, BiSe 57, Sheffield 1998.

STURDY, J.V.M., «The Authorship of the "Prose Sermons" of Jeremiah», en J.A. EMERTON, ed., *Prophecy*, Fs. G. Fohrer, BZAW 150, Berlin 1980, 143-150.

TALMON, S., «The Presentation of Synchroneity and Simultaneity in Biblical Narrative», en J. HEINEMANN – S. WERSES, ed., *Studies in Hebrew narrative art throughout the ages*, ScrHie27, Jerusalem 1978, 9-26.

TERRIEN, S., *The Elusive Presence. Toward a New Biblical Theology*, RPS 26, New York 1978.

THIEL, W., *Die deuteronomistische Redaktion von Jeremia 1-25*, WMANT 41, Neukirchen-Vluyn 1973.

THIEL, W., *Die deuteronomistische Redaktion von Jeremia 26-45*, WMANT 52, Neukirchen-Vluyn 1981.

THONDIPARAMBIL, J., «Prophecy As Theater. An Exegetico-Theological Study of the Symbolic Acts in the Book of Jeremiah», Dissertatio Pontificia Universitas Gregoriana, Roma 1989.

Tov, E., «Some Aspects of the Textual and Literary History of the Book of Jeremiah», en P.-M. Bogaert, ed., *Le Livre de Jérémie. Le Prophète et son milieu. Les oracles et leur transmission*, BEThL 54, Leuven 1981, 145-167.

———, *The Text-Critical Use of the Septuagint in Biblical Research*, Jerusalem 1997².

Townsend, J.L., «Fulfillment of the Land Promise in the Old Testament», *BS* 142 (1985) 320-337.

Trible, P., *God and the Rhetoric of Sexuality*, Overtures to Biblical Theology 2, Philadelpia 1978.

Trigo, P., *Creación e historia en el proceso de liberación*, Madrid 1988.

———, «Creación y mundo material», en I. Ellacuría – J. Sobrino, *Mysterium liberationis. Conceptos fundamentales de la teología de la liberación*, II, Madrid 1990, 11-48.

Tucker, G.M., «Prophetic Speech», *Interp.* 32 (1978) 31-45.

Unterman, J., *From Repentance to Redemption. Jeremiah's Thought in Transition*, JSOT.S 54, Sheffield 1987.

———, «Redemption (OT)», en *The Anchor Bible Dictionary*, V, New York 1992, 650-654.

Van Dyke Parunak, H., «Oral Typesetting: Some Uses of Biblical Structure», *Bib* 62 (1981) 153-168.

———, «Transitional Techniques in the Bible», *JBL* 102 (1983) 525-548.

Variyamattom, M., «The Language of Suffering in the Book of Jeremiah. A Semantico-Theological Study», Dissertatio Pontificia Universitas Gregoriana, Roma 1988.

Vater, A.M., «Narrative Patterns for the Story of Commisioned Communication in the Old Testament», *JBL* 99 (1980) 365-382.

de Vaux, R., *Instituciones del Antiguo Testamento*, Barcelona 1985.

Viberg, A., *Symbols of Law. A Contextual Analysis of Legal Symbolic Acts in the Old Testament*, CB.OT 34, Stockholm 1992.

Volz, P., *Studien zum Text des Jeremia*, BWAT 25, Leipzig 1920.

———, *Der Prophet Jeremia*, KAT 10, Leipzig 1928².

Wacholder, B.Z., «The "Sealed" Torah Versus the "Revealed" Torah: An Exegesis of Damascus Covenant V,1-6 and Jeremiah 32,10-14», *RdQ* 12 (1986) 351-368.

von Waldow, H.E., «Israel and Her Land: Some Theological Considerations», en H.N. Bream – C.A. Moore, ed., *A Light unto My Path*, Fs. J.M. Myers, Philadelphia 1974, 493-508.

WANG, M.C.-C., «Jeremiah's Message of Hope in Prophetic Symbolic Action: The "Deed of Purchase" in Jer. 32», *SEAJT* 14 (1973) 13-20.

WANKE, G., «נַחֲלָה», *DTMAT*, II, 82-88.

———, «Jeremias Ackerkauf: Heil im Gericht?», en V. FRITZ – K.-F. POHLMANN – H.-C. SCHMITT, ed., *Prophet und Prophetenbuch*, Fs. O. Kaiser, BZAW 185, Berlin 1989, 265-276.

WEINFELD, M., *Deuteronomy and the Deuteronomic School*, Oxford 1972.

———, «Jeremiah and the Spiritual Metamorphosis of Israel», *ZAW* 88 (1976) 17-56.

WEIPPERT, H., *Die Prosareden des Jeremiabuches*, BZAW 132, Berlin 1973.

———, «Schöpfung und Heil in Jer 45», en R. ALBERTZ – F.W. GOLKA – J. KEGLER, ed., *Schöpfung und Befreiung*, Fs. C. Westermann, Stuttgart 1989, 92-103.

WEISER, A., *Das Buch Jeremia. II. Kapitel 25,15–52,34*, ATD 21, Göttingen 1966[4].

WELCH, A.C., *Jeremiah. His Time and His Work*, Oxford 1951.

WESTBROOK, R., «Redemption of Land», *Israel Law Review* 6 (1971) 367-375.

———, *Property and the Family in Biblical Law*, JSOT.S 113, Sheffield 1991.

WESTERMANN, C., «Creation and History in the Old Testament», en V. VAJTA, ed., *The Gospel and Human Destiny*, Minneapolis 1971, 11-38.

———, *Grundformen prophetischer Rede*, BEvTh 31, München 1978[5].

———, *Prophetische Heilsworte im Alten Testament*, FRLANT 145, Göttingen 1987.

WILLIS, J.T., «Dialogue Between Prophet and Audience As a Rhetorical Device in the Book of Jeremiah», *JSOT* 33 (1985) 63-82.

WRIGHT, C.J.H., *God's People in God's Land. Family, Land and Property in the Old Testament*, Grand Rapids 1990.

———, *Knowing Jesus Through the Old Testament*, Downers Grove 1995.

YADIN, Y., «Expedition D - The Cave of the Letters», *IEJ* 12 (1962) 227-257.

ZIEGLER, J., ed., *Ieremias. Baruch. Threni. Epistula Ieremiae*, Septuaginta. Vetus Testamentum Graecum 15, Göttingen 1976[2].

ZIMMERLI, W., «Land und Besitz», en W. ZIMMERLI, ed., *Die Weltlichkeit des Alten Testaments*, Göttingen 1971, 72-84.

ZIMMERLI, W., *Ezekiel. I. A Commentary on the Book of the Prophet Ezekiel. Chapters 1-24*. II. *A Commentary on the Book of the Prophet Ezekiel. Chapters 25-48*, Hermeneia, Philadelphia 1979, 1983.

————, «The "Land" in the Pre-Exilic and Early Post-Exilic Prophets», en J.T. BUTLER – E.W. CONRAD – B.C. OLLENBURGER, ed., *Understanding the Word*, JSOT.S 37, Sheffield 1985, 247-262.

ÍNDICE DE AUTORES

Ábrego: 23, 130, 220, 222-223, 225, 285, 287-288, 290, 292
Ackroyd: 117, 321
Aguirre: 349
Albertz: 109-111, 115-116, 124, 254-256, 258-260, 274-275, 282
Alfaro: 299, 304-305
Alonso Schökel: 11, 13, 23, 25-26, 29-31, 36, 51, 63-64, 127, 130, 144, 176, 225, 236, 239, 243, 252, 259, 261-265, 275, 278-279, 285, 290, 298, 300, 303-305, 313, 316, 326, 355
Alter: 151, 178, 185-188, 192
Amit: 268
Anderson: 352, 355-358
André: 53, 55
Applegate: 145, 147-148, 203-204, 222, 228-229, 232, 240, 322
Balentine: 148, 180
Bar-Efrat: 151, 168, 171, 173, 178, 181, 183, 185
de Barros: 272, 296, 306, 327, 366
Barstad: 123-124
Barthélemy: 47-48, 50, 95
Bauer: 236
Beaucamp: 367
Beauchamp: 291, 293-294, 355, 359
Begg: 53-55
Beker: 344
Bellinger: 352
Bergman: 354

Berlin: 152, 181, 219
Bernhardt: 354
Biddle: 23, 33, 35, 42-43, 225
Blenkinsopp: 23, 270, 314
Bogaert: 44, 50
Bojorge: 329
Botterweck: 354
Bourquin: 152, 168, 171-172, 174, 177, 179, 183, 191
Bovati: 33, 199, 223, 335
Bozak: 23, 28, 33, 35, 61-62, 336
Bracke: 23, 227, 335
Bretón: 31-33, 37-38, 61-62, 130, 143-144, 239
Brichto: 177, 271-272
Bright: 23, 77, 93-95, 104, 106, 123, 129, 136, 170, 251-252, 255-256, 259, 262, 285
Brooke: 44
Brueggemann: 23, 63-64, 228, 238-239, 246, 258, 271, 283-284, 290-291, 296, 300, 302, 304-308, 315, 318-320, 324-325, 327, 329-332, 338-341, 344
Cannizzo: 273
Caravias: 272, 296, 306, 327, 366
Carroll: 39-40, 44, 63, 78, 87-88, 93, 123, 126, 136, 222, 230, 233, 262, 283, 336
Cazelles: 252-253, 285
Chang: 286
Chiappini: 350
Childs: 23, 230, 232, 355

Clements: 140, 252, 262, 285, 291, 336
Clines: 299
Collado: 23, 26, 63-64, 225, 263
Condamin: 76-77
Conroy: 190, 230-231, 236, 344, 347
Cornill: 73, 79
Costacurta: 329, 333, 335, 337, 358
Cousin: 44
Cowley: 47, 49, 51-52
Crenshaw: 141-142
Croatto: 329
Daube: 267-268, 274, 277
Davies, E.W.: 267, 271, 295-296, 299-300, 304, 307-308, 317
Davies, W.D.: 327
Diepold: 236, 296, 302, 308-309, 315
Domeris: 336
Duhm: 39-40, 71-73, 79, 149
Durham: 355
Dutcher-Walls: 109, 116
Eissfeldt: 137, 147
Ellacuría: 325, 337
Elliger: 18, 44
Fabry: 241
Feuillet: 292
Fischer: 26, 44
Flor Serrano: 31
Fohrer: 129-132, 135, 137-138, 147, 149
Fowler: 178-179
Fretheim: 344, 346-347
Friebel: 63, 231, 239-240, 242
Gerstenberger: 241
Gevaryahu: 130
Gitay: 239-240, 242, 336
Gnanakan: 305
Gnuse: 267, 271, 306
Gonçalves: 123-126, 282-283
González Echegaray: 252
González Lamadrid: 299, 304-306, 327
Gottwald: 252, 254-257, 265, 284, 306
Grelot: 292-293
Groß: 105
Guillet: 288
Habel: 296, 304, 306-307, 309-310, 313
Hardmeier: 63, 135, 200
Hartley: 264-265, 267
Hayes: 104, 252, 255, 261
Helberg: 357
Herrmann: 252, 295
Heschel: 320, 341-342, 344, 350-352
Hobbs: 26, 40, 222
Holladay: 23-24, 41, 44-45, 49-50, 52, 63, 74, 78, 89-90, 92-94, 96-101, 104-106, 113, 129, 131-132, 134, 136, 139, 170, 222, 252-253, 285
Holt: 222, 347
Hooker: 104, 252
Horwitz: 237
Hubbard: 263, 268, 271, 276-277
Hubmann: 44
Huey: 263
Hyatt: 40, 77-78, 82, 105
Ibáñez Arana: 256
Janzen, J.G.: 44, 49, 89, 93, 95, 100-102
Janzen, W.: 296
Jenni: 181
Jiménez Limón: 352
Johnson: 299
Joüon: 52
Kaiser, O.: 127, 147
Kaiser, W.C.: 298, 303
Keown: 23, 28, 44, 47, 49, 52, 55-56, 63, 104, 129, 136
Kessler: 26, 220-222
Knierim: 331, 337, 353
Lalleman - de Winkel: 113, 241

Landes: 353
van Leeuwen: 291, 293
Lemke: 315
Levenson: 354, 356
Levin: 108, 111, 215
Levine: 301
Levoratti: 347
Lewin: 33, 239, 241
Libânio: 325, 337
Lipiński: 263, 309
Lohfink: 109, 256, 285, 298
Longacre: 159
Losada: 329
Lundbom: 23, 44, 90, 104, 130, 200, 219-220, 233
McCarthy: 162, 354, 358
Macchi: 105
McConville: 321
McFague: 306, 310
Macholz: 139-140
McKane: 39, 44, 46, 50-52, 55, 92-93, 95, 106-108, 170, 230, 262
McNutt: 271
Malamat: 252, 256-257
Manahan: 237
Marguerat: 152, 168, 171-172, 174, 177, 179, 183, 191
Martens: 305
Metz: 365, 368
Meyers: 273
Meynet: 199-202
Migsch: 34, 44, 64, 120, 200
Miller, J.M.: 252, 255, 261
Miller, P.D.: 353
Mlakuzhyil: 153, 155
Moltmann: 326, 333-335, 338, 340-344
Mowinckel: 39-40
Muilenburg: 22, 348
Muñoz Iglesias: 127
Muraoka: 52
Nasuti: 234
Navia Velasco: 272

Niccacci: 157-160, 162-167
Nicholson: 78, 82-84, 105, 136, 222, 230
Nieto: 312, 335, 358
Nötscher: 75-77
North, C.R.: 286
North, R.: 265-266, 273
Och: 353
Oesch: 240
Ohler: 141
Overholt: 237, 315, 336, 350
Peake: 77
Pedersen: 255, 266, 271-274
Penna: 75-77
Perdue: 265, 314, 352, 356
Perrin: 266
Pikaza: 296, 304, 306-307
Pilch: 269
Plöger: 300
Pohlmann: 119, 125
Pontificia Comisión Bíblica: 14, 69, 151, 199
Porter: 273
Prat: 293
de Pury: 105
Rabin: 44
von Rad: 339, 352-353
Raitt: 108, 312, 320-321, 326, 344-345
Ramlot: 288
Rendtorff: 23, 220, 222
Ribera Florit: 213
Ricciotti: 75
Ricoeur: 334, 336, 339-340
Ringgren: 291, 293, 354
Robinson: 328
Rofé: 23, 26, 31, 42, 133, 222
Rogerson: 273
Römer: 105, 111-112, 118
Rubinger: 280-281
Rudolph: 18, 40, 44, 46-47, 49, 78, 80-82, 94, 98, 104
Scalise: 23, 28, 44, 47, 49, 52, 55-

56, 63, 104, 129, 136
Scharbert: 256
Schmid, H.H.: 188, 353
Schmid, K.: 23, 34, 40-41, 97-98, 130, 134, 214, 228-230, 246
Schmidt, W.H.: 263, 354-355
Schottroff: 53, 184, 191-192
Schreiner: 126-127, 137, 141, 146, 256
Segundo: 319, 350
Seitz: 23, 26, 105, 114, 117-120, 122, 125, 283, 290
Sellin: 137-138, 147
Shead: 44
Shiloh: 49-50
Sicre: 11, 13, 23, 26, 51, 63-64, 97, 105, 127, 129-130, 135-137, 142, 144, 225, 236, 239, 252, 255, 259, 261, 263, 268-269, 306
Simian-Yofre: 69-70, 291, 293
Ska: 151-152, 157-158, 168-181, 183-184, 190-191
Smend: 23, 39-40
Smothers: 23, 28, 44, 47, 49, 52, 55-56, 63, 104, 129, 136
Sobrino: 348-350
Soderlund: 44
Soggin: 123, 222
Sommer: 40-41
Stähli: 138
Stamm: 179, 266, 276-278
Sternberg: 151, 172, 177-178, 183, 185, 190
Stipp: 121
Streane: 75
Stulman: 221-222, 290, 344
Sturdy: 106

Talmon: 44, 176
Tarler: 49-50
Terrien: 297, 324, 329
Thiel: 40, 78, 84-87, 93, 98, 105-107
Thondiparambil: 70
Tov: 44
Townsend: 298, 303
Trible: 357
Trigo: 354, 356, 358-359
Tucker: 127, 148
Unterman: 108, 223, 320-321
Van Dyke Parunak: 204, 246-247
Variyamattom: 344, 346
Vater: 177
de Vaux: 265-267, 272-273
Viberg: 270
Vitoria: 349
Volz: 73-74, 97, 108
Wacholder: 289
von Waldow: 302, 315
Wang: 263, 286
Wanke: 74, 97, 133-136, 309
Weinfeld: 141, 286
Weippert: 106-107, 357
Weiser: 78-79, 82, 98
Welch: 75
Westbrook: 265-268
Westermann: 127-129, 143-144, 146, 353-354
Wiesel: 365, 368
Willis: 239
Wright: 273, 314, 327, 329
Yadin: 49-50
Ziegler: 18, 44
Zimmerli: 268, 284, 306, 326

ÍNDICE GENERAL

Introducción 7

Parte I: circunscripción del texto

Capítulo I: *Delimitación y fijación del texto* 21
1. Delimitación de la unidad seleccionada 21
   1.1 Unidad de los capítulos 30–33 22
      1.1.1 Razones temáticas 25
      1.1.2 Razones formales o de composición literaria 29
   1.2 Separación de 30–31 y 32–33 34
   1.3 Separación del capítulo 32 como unidad 35
      1.3.1 Razones de contenido 35
      1.3.2 Razones formales 37
   1.4 Perspectiva histórico-crítica de la sección 38
2. Crítica textual y traducción 43
   2.1 Versículos discutibles del texto 45
      2.1.1 Versículo 8 45
      2.1.2 Versículo 9 46
      2.1.3 Versículo 11 46
      2.1.4 Versículo 12 47
      2.1.5 Versículo 14 48
      2.1.6 Versículo 26 50
      2.1.7 Versículo 33 51
      2.1.8 Versículo 44 51
   2.2 Versículos discutibles para la traducción 52
      2.2.1 Versículo 3 52
      2.2.2 Versículo 5 53
      2.2.3 Versículo 6 55
   2.3 Nuestra propuesta de traducción 56
3. Estructura de la secuencia 59

PARTE II: ESTUDIO LITERARIO

CAPÍTULO II: *Estudio de la redacción y composición*	69
1. Recorrido histórico	70
2. Status quaestionis	89
2.1 Composición del texto	89
2.1.1 La narración de la compra	91
a) Bloque 1-5	91
b) Bloque 6-15	93
2.1.2 Oración de Jeremías	98
2.1.3 La respuesta del Señor	101
2.2 Redacción del texto	105
CAPÍTULO III: *Estudio de las tradiciones y del género literario*	113
1. Estudio de las tradiciones	113
1.1 Antecedentes del conflicto en el pre-Exilio	114
1.2 Exposición literaria de las tradiciones	117
1.3 Situación en el post-Exilio	122
2. Análisis del género literario	126
2.1 Estudio de las perícopas	127
2.1.1 Vv. 1-5: Oráculo contra Sedecías	127
2.1.2 Vv. 6-15: Narración de la compra	129
2.1.3 Vv. 16-25: Palabras de Jeremías	137
2.1.4 Vv. 26-44: Anuncio de la restauración	142
2.2 Estudio del conjunto	146
CAPÍTULO IV: *Análisis narrativo de Jr 32*	151
1. Jr 32 como unidad narrativa	152
1.1 Criterios dramáticos	153
1.1.1 Unidad de acción	153
1.1.2 Unidad de lugar	154
1.1.3 Unidad de tiempo	154
1.1.4 Personajes	155
1.2 Criterios estilísticos	155
2. Estudio de las formas verbales	157
3. Análisis desde el «esquema clásico» de relato	168
3.1 Exposición	168
3.2 Inicio de la acción	169
3.3 Complicación	170
3.4 Desenlace	170
3.5 Conclusión	171
4. Análisis del episodio con criterios narratológicos	172
4.1 La trama	172

4.2 El tiempo en la narración 173
4.3 Personajes 177
4.4 El punto de vista 183
4.5 Las repeticiones 185
5. Anexo al análisis narrativo 192

CAPÍTULO V: *Análisis retórico de Jr 32* 199
1. Composición y estructura del texto 200
   1.1 Perícopa I, vv. 1-5 201
   1.2 Perícopa II, vv. 6-25 204
      1.2.1 Sub-perícopa IIa, vv. 6-15 204
      1.2.2 Sub-perícopa IIb, vv. 16-25 206
      1.2.3 Visión de conjunto de la perícopa II 209
   1.3 Perícopa III, vv. 26-44 211
      1.3.1 Sub-perícopa IIIa, vv. 26-35 211
      1.3.2 Sub-perícopa IIIb, vv. 36-41 213
      1.3.3 Sub-perícopa IIIc, vv. 42-44 216
      1.3.4 Visión de conjunto de la perícopa III 216
2. Colocación dentro del libro de Jr 220
   2.1 El cap. 32 en el conjunto del libro 220
   2.2 El cap. 32 dentro del libro de la consolación 226
   2.3 Relación del cap. 32 con el cap. 1 230
3. Recursos retóricos 235
   3.1 Personificaciones 235
   3.2 Respuesta del lector 237
   3.3 Juego de planos 241
4. Anexo al análisis retórico: relación entre perícopas 243
   4.1 Relación entre perícopas 243
      4.1.1 Perícopas I-II 243
      4.1.2 Perícopas I-III 244
      4.1.3 Perícopas II-III 245
   4.2 Visión de todo el capítulo, perícopas I-II-III 246

PARTE III: ESTUDIO TEOLÓGICO

CAPÍTULO VI: *La compra como rescate* 251
1. Situación histórica 251
   1.1 Cambios políticos 253
   1.2 Evolución de la situación social 255
   1.3 Corrientes de pensamiento teológico 258
2. La acción del rescate: goelato 262
   2.1 El funcionamiento y contenido de la ley 264
   2.2 Aspectos sociales y antropológicos de la acción del rescate ... 268

2.3 La interpretación teológica 276
3. La escritura y los testigos 287

CAPÍTULO VII: *Dios en la redención* 295
  1. Teología de la tierra 295
    1.1 Tierra como promesa 297
    1.2 Tierra como don 300
    1.3 Tierra como tarea 302
    1.4 La tierra propiedad del Señor 304
    1.5 La tierra en Jr: *nahalah* de Yahveh y *nahalah* de Israel 307
      1.5.1 Tierra desolada 307
      1.5.2 La tierra redimida 311
  2. Presencia del Señor en la redención 317
    2.1 Iniciativa divina por la palabra 317
    2.2 Irrupción de novedad 323
    2.3 Triunfo en la derrota 326
  3. La soberanía de Dios 329
  4. Sufrimiento desde Dios 340
    4.1 *Pathos* de Dios 340
    4.2 El sufrimiento desde el *pathos* de Dios 344
    4.3 La misericordia divina 348
  5. La redención como (re-)creación 352
    5.1 Soteriología «versus» protología 352
    5.2 Creación «e» historia 353
    5.3 Re-creación en Jr 356

CONCLUSIÓN 361

SIGLAS Y ABREVIATURAS 371

BIBLIOGRAFÍA 377

ÍNDICE DE AUTORES 399

ÍNDICE GENERAL 403

TESI GREGORIANA

Desde 1995, la colección «Tesi Gregoriana» pone a disposición del público algunas de las mejores tesis doctorales elaboradas en la Pontificia Universidad Gregoriana. Los autores se encargan de la composición, según las normas tipográficas establecidas y controladas por la Universidad.

Volúmenes Publicados [Sección: Teología]

1. NELLO FIGA, Antonio, *Teorema de la opción fundamental. Bases para su adecuada utilización en teología moral*, 1995, pp. 380.

2. BENTOGLIO, Gabriele, *Apertura e disponibilità. L'accoglienza nell'epistolario paolino*, 1995, pp. 376.

3. PISO, Alfeu, *Igreja e sacramentos. Renovação da Teologia Sacramentária na América Latina*, 1995, pp. 260.

4. PALAKEEL, Joseph, *The Use of Analogy in Theological Discourse. An Investigation in Ecumenical Perspective*, 1995, pp. 392.

5. KIZHAKKEPARAMPIL, Isaac, *The Invocation of the Holy Spirit as Constitutive of the Sacraments according to Cardinal Yves Congar*, 1995, pp. 200.

6. MROSO, Agapit J., *The Church in Africa and the New Evangelisation. A Theologico-Pastoral Study of the Orientations of John Paul II*, 1995, pp. 456.

7. NANGELIMALIL, Jacob, *The Relationship between the Eucharistic Liturgy, the Interior Life and the Social Witness of the Church according to Joseph Cardinal Parecattil*, 1996, pp. 224.

8. GIBBS, Philip, *The Word in the Third World. Divine Revelation in the Theology of Jen-Marc Éla, Aloysius Pieris and Gustavo Gutiérrez*, 1996, pp. 448.

9. DELL'ORO, Roberto, *Esperienza morale e persona. Per una reinterpretazione dell'etica fenomenologica di Dietrich von Hildebrand*, 1996, pp. 240.

10. BELLANDI, Andrea, *Fede cristiana come «stare e comprendere». La giustificazione dei fondamenti della fede in Joseph Ratzinger*, 1996, pp. 416.

11. BEDRIÑAN, Claudio, *La dimensión socio-política del mensaje teológico del Apocalipsis*, 1996, pp. 364.

12. GWYNNE, Paul, *Special Divine Action. Key Issues in the Contemporary Debate (1965-1995)*, 1996, pp. 376.

13. NIÑO, Francisco, *La Iglesia en la ciudad. El fenómeno de las grandes ciudades en América Latina, como problema teológico y como desafío pastoral*, 1996, pp. 492.

14. BRODEUR, Scott, *The Holy Spirit's Agency in the Resurrection of the Dead. An Exegetico-Theological Study of 1 Corinthians 15,44b-49 and Romans 8,9-13*, 1996, pp. 300.

15. ZAMBON, Gaudenzio, *Laicato e tipologie ecclesiali. Ricerca storica sulla «Teologia del laicato» in Italia alla luce del Concilio Vaticano II (1950-1980)*, 1996, pp. 548.

16. ALVES DE MELO, Antonio, *A Evangelização no Brasil. Dimensões teológicas e desafios pastorais. O debate teológico e eclesial (1952-1995)*, 1996, pp. 428.

17. APARICIO VALLS, María del Carmen, *La plenitud del ser humano en Cristo. La Revelación en la «Gaudium et Spes»*, 1997, pp. 308.

18. MARTIN, Seán Charles, *«Pauli Testamentum». 2 Timothy and the Last Words of Moses*, 1997, pp. 312.

19. RUSH, Ormond, *The Reception of Doctrine. An Appropriation of Hans Robert Jauss' Reception Aesthetics and Literary Hermeneutics*, 1997, pp. 424.

20. MIMEAULT, Jules, *La sotériologie de François-Xavier Durrwell. Exposé et réflexions critiques*, 1997, pp. 476.

21. CAPIZZI, Nunzio, *L'uso di Fil 2,6-11 nella cristologia contemporanea (1965-1993)*, 1997, pp. 528.

22. NANDKISORE, Robert, *Hoffnung auf Erlösung. Die Eschatologie im Werk Hans Urs von Balthasars*, 1997, pp. 304.

23. PERKOVIĆ, Marinko, *«Il cammino a Dio» e «La direzione alla vita»: L'ordine morale nelle opere di Jordan Kuničić, O.P. (1908-1974)*, 1997, pp. 336.

24. DOMERGUE, Benoît, *La réincarnation et la divinisation de l'homme dans les religions. Approche phénoménologique et théologique*, 1997, pp. 300.

25. FARKAŠ, Pavol, *La «donna» di Apocalisse 12. Storia, bilancio, nuove prospettive*, 1997, pp. 276.

26. OLIVER, Robert W., *The Vocation of the Laity to Evangelization. An Ecclesiological Inquiry into the Synod on the Laity (1987), Christifideles laici (1989) and Documents of the NCCB (1987-1996)*, 1997, pp. 364.

27. SPATAFORA, Andrea, *From the «Temple of God» to God as the Temple. A Biblical Theological Study of the Temple in the Book of Revelation*, 1997, pp. 340.

28. IACOBONE, Pasquale, *Mysterium Trinitatis. Dogma e Iconografia nell'Italia medievale*, 1997, pp. 512.

29. CASTAÑO FONSECA, Adolfo M., *Δικαιοσύνη en Mateo. Una interpretación teológica a partir de 3,15 y 21,32*, 1997, pp. 344.

30. CABRIA ORTEGA, José Luis, *Relación teología-filosofía en el pensamiento de Xavier Zubiri*, 1997, pp. 580.

31. SCHERRER, Thierry, *La gloire de Dieu dans l'oeuvre de saint Irénée*, 1997, pp. 328.

32. PASCUZZI, Maria, *Ethics, Ecclesiology and Church Discipline. A Rhetorical Analysis of 1Cor 5,1-13*, 1997, pp. 240.

33. LOPES GONÇALVES, Paulo Sérgio, *Liberationis mysterium. O projeto sistemático da teologia da libertação. Um estudo teológico na perspectiva da regula fidei*, 1997, pp. 464.

34. KOLACINSKI, Mariusz, *Dio fonte del diritto naturale*, 1997, pp. 296.

35. LIMA CORRÊA, Maria de Lourdes, *Salvação entre juízo, conversão e graça. A perspectiva escatológica de Os 14,2-9*, 1998, pp. 360.

36. MEIATTINI, Giulio, *«Sentire cum Christo». La teologia dell'esperienza cristiana nell'opera di H.U. von Balthasar*, 1998, pp. 432.

37. KESSLER, Thomas W., *Peter as the First Witness of the Risen Lord. An Historical and Theological Investigation*, 1998, pp. 240.

38. BIORD CASTILLO Raúl, *La Resurrección de Cristo como Revelación. Análisis del tema en la teología fundamental a partir de la* Dei Verbum, 1998, pp. 308.

39. LÓPEZ, Javier, *La figura de la bestia entre historia y profecía. Investigación teológico-bíblica de Apocalipsis 13,1-8*, 1998, pp. 308.

40. SCARAFONI, Paolo, *Amore salvifico. Una lettura del mistero della salvezza. Uno studio comparativo di alcune soteriologie cattoliche postconciliari*, 1998, pp. 240.

41. BARRIOS PRIETO, Manuel Enrique, *Antropologia teologica. Temi principali di antropologia teologica usando un metodo di «correlazione» a partire dalle opere di John Macquarrie*, 1998, pp. 416.

42. LEWIS, Scott M., *«So That God May Be All in All». The Apocalyptic Message of 1 Corinthians 15,12-34*, 1998, pp. 252.

43. ROSSETTI, Carlo Lorenzo, *«Sei diventato Tempio di Dio». Il mistero del Tempio e dell'abitazione divina negli scritti di Origene*, 1998, pp. 232.

44. CERVERA BARRANCO, Pablo, *La incorporación en la Iglesia mediante el bautismo y la profesión de la fe según el Concilio Vaticano II*, 1998, pp. 372.

45. NETO, Laudelino, *Fé cristã e cultura latino-americana. Uma análise a partir das Conferências de Puebla e Santo Domingo*, 1998, pp. 340.

46. BRITO GUIMARÃES, Pedro, *Os sacramentos como atos eclesiais e proféticos. Um contributo ao conceito dogmático de sacramento à luz da exegese contemporânea*, 1998, pp. 448.

47. CALABRETTA, Rose B., *Baptism and Confirmation. The Vocation and Mission of the Laity in the Writings of Virgil Michel, O.S.B.*, 1998, pp. 320.

48. OTERO LÁZARO, Tomás, *Col 1,15-20 en el contexto de la carta*, 1999, pp.312.

49. KOWALCZYK, Dariusz, *La personalità in Dio. Dal metodo trascendentale di Karl Rahner verso un orientamento dialogico in Heinrich Ott*, 1999, pp. 484.

50. PRIOR, Joseph G., *The Historical-Critical Method in Catholic Exegesis*, 1999, pp. 352.

51. CAHILL, Brendan J, *The Renewal of Revelation Theology (1960-1962). The Development and Responses to the Fourth Chapter of the Preparatory Schema De deposito Fidei*, 1999, pp. 348.

52. TIEZZI, Ida, *Il rapporto tra la pneumatologia e l'ecclesiologia nella teologia italiana post-conciliare*, 1999, pp. 364.

53. HOLC, Paweł, *Un ampio consenso sulla dottrina della giustificazione. Studio sul dialogo teologico cattolico luterano*, 1999, pp. 452.

54. GAINO, Andrea, *Esistenza cristiana. Il pensiero teologico di J. Alfaro e la sua rilevanza morale*, 1999, pp. 344.

55. NERI, Francesco, *«Cur Verbum capax hominis». Le ragioni dell'incarnazione della seconda Persona della Trinità fra teologia scolastica e teologia contemporanea*, 1999, pp. 404.

56. MUÑOZ CÁRDABA, Luis-Miguel, *Principios eclesiológicos de la «Pastor Bonus»*, 1999, pp. 344.

57. IWE, John Chijioke, *Jesus in the Synagogue of Capernaum: the Pericope and Its Programmatic Character for the Gospel of Mark. An Exegetico-Theological Study of Mk 1:21-28*, 1999, pp. 364.

58. BARRIOCANAL GÓMEZ, José Luis, *La relectura de la tradición del éxodo en l libro de Amós*, 2000, pp. 332.

59. DE LOS SANTOS GARCÍA, Edmundo, *La novedad de la metáfora κεφαλή – σῶμα en la carta a los Efesios*, 2000, pp. 432.

60. RESTREPO SIERRA, Argiro, *La revelación según R. Latourelle*, 2000, pp. 442.

61. DI GIOVAMBATTISTA, Fulvio, *Il giorno dell'espiazione nella Lettera agli Ebrei*, 2000, pp. 232.

62. GIUSTOZZO, Massimo, *Il nesso tra il culto e la grazia eucaristica nella recente lettura teologica del pensiero agostiniano*, 2000, pp. 456.

63. PESARCHICK, Robert A., *The Trinitarian Foundation of Human Sexuality as Revealed by Christ according to Hans Urs von Balthasar. The Revelatory Significance of the Male Christ and the Male Ministerial Priesthood*, 2000, pp. 328.

64. SIMON, László T., *Identity and Identification. An Exegetical Study of 2Sam 21–24*, 2000. pp. 386.

65. TAKAYAMA, Sadami, *Shinran's Conversion in the Light of Paul's Conversion*, 2000, pp. 256.

66. JUAN MORADO, Guillermo, «*También nosotros creemos porque amamos*». *Tres concepciones del acto de fe: Newman, Blondel, Garrigou-Lagrange. Estudio comparativo desde la perspectiva teológico-fundamental*, 2000, pp. 444.

67. MAREČEK, Petr, *La preghiera di Gesù nel vangelo di Matteo. Uno studio esegetico-teologico*, 2000, pp. 246.

68. WODKA, Andrzej, *Una teologia biblica del dare nel contesto della colletta paolina (2Cor 8–9)*, 2000, pp. 356.

69. LANGELLA, Maria Rigel, *Salvezza come illuminazione. Uno studio comparato di S. Bulgakov, V. Lossky, P. Evdokimov*, 2000, pp. 292.

70. RUDELLI, Paolo, *Matrimonio come scelta di vita: opzione – vocazione – sacramento*, 2000, pp. 424.

71. GAŠPAR, Veronika, *Cristologia pneumatologica in alcuni autori cattolici postconciliari. Status quaestionis e prospettive*, 2000, pp. 440.

72. GJORGJEVSKI, Gjoko, *Enigma degli enigmi. Un contributo allo studio della composizione della raccolta salomonica (Pr 10,1–22,16)*, 2001, pp. 304.

73. LINGAD, Celestino G., Jr., *The Problems of Jewish Christians in the Johannine Community*, 2001, pp. 492.

74. MASALLES, Victor, *La profecía en la asamblea cristiana. Análisis retórico-literario de 1Cor 14,1-25*, 2001, pp. 416.

75. FIGUEIREDO, Anthony J., *The Magisterium-Theology Relationship. Contemporary Theological Conceptions in the Light of Universal Church Teaching since 1835 and the Pronouncements of the Bishops of the United States*, 2001, pp. 536.

76. PARDO IZAL, José Javier, *Pasión por un futuro imposible. Estudio literario-teológico de Jeremías 32*, 2001, pp. 412.